道德与虚无

真与美的形而上学

魏久尧 著

商务印书馆
2011年·北京

图书在版编目(CIP)数据

道德与虚无：真与美的形而上学/魏久尧著.—北京：商务印书馆，2011
ISBN 978-7-100-08515-1

Ⅰ.①道… Ⅱ.①魏… Ⅲ.①文学理论－研究 Ⅳ.①I0

中国版本图书馆CIP数据核字(2011)第170438号

所有权利保留。

未经许可，不得以任何方式使用。

道德与虚无
——真与美的形而上学

魏久尧 著

商 务 印 书 馆 出 版
（北京王府井大街36号　邮政编码 100710）
商 务 印 书 馆 发 行
三河市尚艺印装有限公司印刷
ISBN 978-7-100-08515-1

2011年9月第1版　　开本787×1000　1/16
2011年9月北京第1次印刷　印张22 7/8
定价：49.00元

目录 Contents

前言 001

第一篇 真理与虚无

第一章 西方哲学认识论之真理批判 007

第二章 现象学与存在主义真理批判 014

第三章 呈现在东方哲学视界中的海德格尔 043

第二篇 中国古代哲学批判

第四章 现代世界哲学视野中相互照面的中西形而上学 101

第五章 儒家道德形而上学批判 123

第六章 道家形而上学与否定性原则 166

第七章 禅宗中一边辩证法 178

第三篇 现代形而上学

第八章 现代形而上学总论 195

第九章 作为现代形而上学出发点的自我存在 206

第十章　现代形而上学的语言和逻辑形式 220

第十一章　现代形而上学的基本概念和范畴 230

第四篇　自我沉沦之路：言语道断

引论 265

第十二章　神话—图腾符号世界 270

第十三章　宗教—英雄符号世界 294

第十四章　货币—庸人符号世界 311

第五篇　自我还原之路：直观明道

第十五章　倒转与自我直观 325

第十六章　自我直观三阶级 337

前言

人类文明历史,从结绳龟纹到电子媒介,陈陈相因,为时五千年矣!这一漫漫的文明历程被历代史学家、哲学家描绘得美轮美奂、昭昭穆穆,她被看成是一条前进的路、真理的路、自由的路和幸福的路;中国圣贤们则更直白地称之为与天道合一的王道或人道。但是,圣贤们所赞口不绝的这些神圣与辉煌,都是幻象和假象,它所遮蔽的真相则是历代贤人们所讳莫如深的,古今中外敢于说出真相的智者寥寥无几,即使说出几分真相,也难免背上异端邪说的骂名,如庄周、卢梭之流。其实,被文明历史的灿烂辉煌遮蔽着的另一面则是人与天道的疏离、人性的蜕变与异化、欲望的横流与肆虐、狡智的欺骗与诡谲、强权的杀戮与侵夺,这是一条充满罪恶、血污流溢的黑暗之路,挣扎在这条道路上的苦难的人们,如同进入柏拉图式的无底的黑洞,黑白不分,心智错乱,把晦暗当作自己的现实的本质,于是人与黑暗混成一体,变成黑洞,他的本真人性被黑暗遮蔽、褫夺殆尽!

西方文明降至近代,幸逢千年难得一遇的笛卡儿。此智者一反西方古代形而上学,首倡自我主体性,人被骤然提举到上帝的地位,成为绝对真理和价值的唯一创造者、裁判者和评价者,推而广之,人所创造的万事万物,乃至整个世界亦是绝对正确的,神圣而不可怀疑的,它是真、善、美的唯一源泉、牢固基底。显然,这是关于人所创造的文明世界的绝对肯定性意识,它彻底消解了古代形而上学关于人及其世界的有限性的怀疑、否定精神。

笛卡儿的自我主体性思维启现代新思维之先河，在理论与实践的各个领域深刻地影响着现代世界。它在哲学界被后起各家补充、发挥、修正、发扬光大、变本加厉，恢恢然纵贯百家，成为显学。尼采后来居上，发扬蹈厉，进一步加工改造主体性自我，使之成为超人，直接取上帝而代之，笛卡儿的自我主体性思想至此登峰造极，膨胀为一种肆无忌惮的、寡廉鲜耻的、丧心病狂的主观狂傲意识。这一自大狂意识诱导着本已陷入世界晦暗之中的昏迷人群，在所谓"进步"、"自由"的道路上狂奔乱窜，迷途不知其返。他们昏昏然与天地为敌，贪得无厌地将整个自然界和宇宙作为其欲望的对象，野蛮、粗暴地将天、地、神、人、宇宙万物当作其骄横意志任意踩躏、处置的材料，以至于恶极不可掩，罪大不可解。大自然因人类之不肖，大发雷霆之怒，以超乎人类想象力的巨大威力收回人所创造的第二自然，并以此来回敬、惩罚人类的野蛮与狂傲，使人类自作自受，自食其苦果而难以吞下其苦果，人类面临着难以预料的灭顶之灾！

铸就而今愚狂错，料当初费尽人间铁！人类自作聪明地创造了文明世界，它因此而乘上了永不掉头的无常之车，陷入空前的危险境地，如悬临万丈深渊，不能自拔！面临此绝境，当今自命不凡、势利熏天的权贵们，脑满肠肥、毛孔滴血的大亨、饕餮们，摇唇鼓舌、满口谎言的说客，文痞们，陶醉在无尽的幸福和快乐中，做着现代世界万古不变、绝对永恒的美梦，并野蛮、残暴地使用暴力和强权，以飞弹的杀戮与核武的恐怖来捍卫现代世界的绝对与永恒。只有少数良知不灭、看透历史之真谛的哲人，如萨特、海德格尔之辈，痛感人类前途不妙，危机深重，于是横空而出，对着步入歧途与绝境的人类大声疾呼：前面危险，赶快掉头！他们还满腔热情、殚精竭虑地为昏迷的人类勾勒出种种美妙的哲学图画，指出种种掉头转向、走出困境的可能性方向和路线。用心委实良苦，但未必切实可行。

人类前途十分危险。当今苦难深重的人们确实到了猛回头的时候了！

为什么要猛回头？怎样掉头转向？西方哲人说了许多，但远远没有说完。我顺着这一主题讲了我自己的看法，指出了当今人类必须猛回头的理由，以及掉头转向的有效存在方式。这就是我这本小书向读者呈现的主要东西。

我深信能真正变革现实世界的伟大力量，是通天地之正气的、千百万群众的革命实践，思想的力量在此显得微乎其微。所以我没有理由自命不凡，以力挽狂澜、拨乱反正的先知先觉者自居。我只是真诚地说出我深藏心底的话，愿与真心的读者平等地交流思想罢了。仅此而已，别无他求。庶几招来一、二同调，幸甚，幸甚！

魏久尧

2011年6月写于延安大学雅苑小区

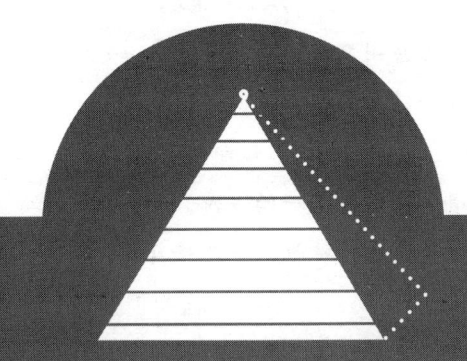

第一篇

真理与虚无

本篇的宗旨是，说明真理的虚无存在性质。真理的虚无性有两义：一是它的符号学、语言学含义，就此而言，真理死在它被符号化语言传达出的地方，所以真理是虚无。老子说，道可道，非常道，讲的就是这个道理；二是它的存在论含义，作为绝对存在之真理，是形而上之大全或整体，大全即虚无。真理与道德、认识与存在原本是统一的，但在西方自柏拉图之后，真理与道德便逐渐分离，到了现代，两者判然分道扬镳，各行其道。若仅仅着眼于西方，真理的问题绝不在探索道德的视野之内。但在东方，尤其是古代中国，情况有别，真理和道德一直是统一的。我们的视野兼顾东西，放眼世界，顾及到西方哲学的特殊性，于是将真理问题从道德中分离出来，先行单独讨论。

第一章
西方哲学认识论之真理批判

什么是真理？这个问题在科学空前普及的当代世界对任何一个哲学家、科学家，甚至是每一个受过良好教育的普通人来说，似乎是不言而喻的，每一个哲学家都十分自信地认定，真理就在他们的掌握中，他们的学说就是真理的直接显现。真理在他们手中，就像明珠在珠宝商的柜子中一样，实实在在地锁闭在里边，谁想见识见识真理，就恭恭敬敬地走进他的壮观宏伟的哲学殿堂，小心翼翼地打开柜子去看一看。然而问题就出在这里：正是在哲学家断言真理存在的地方，真理却被遮蔽了，尘封了，真理以假象、幻想的形式被歪曲地、悖谬地显现着，显现为它的反面——非真理。所以，什么是真理这个问题看似简单，实则不那么简单。欲知真理为何，必须对现成的被宣布出来的种种真理清理一番，分清其中真理与假象。最有效的办法，是消解法，即，将它们彻底打翻在地，全部烧毁，让本然的原始的真理从种种哲学的灰烬中凸现，裸露出来。

在西方认识论哲学传统中，有种种真理观，大体上归宗于两派，分属于客观主义认识论和主观主义认识论。

第一节 客观主义认识论

客观主义认识论主张，真理的本质是符合，但是各家对符合的解释不尽相同，有三种观点颇具代表性。

一、真理是认识（或思维）与存在（客观）的符合或一致，也就是主观认识形式与认识的客观对象相符合。这一真理观属于逻辑主义认识论，在西方哲学史上源远流长，从亚里士多德到马克思，一脉相承，纵贯古今。在当代中国，也有类似真理观，被推陈出新的"实事求是"说，也主张人之所是与客观事实相符合。所谓的符合实指主观与客观相同一，亦即物理的事实与心理的事实相同一。事实上，如同现象学哲学家们所指出的那样：这种同一在根本上是不可能的，事实的真相是：当哲学家们十分自信地断言两者实现了同一性的时候，仅仅是客观存在之物在主观心理留下的表象性经验与主观认识形式——逻各斯或名言——相符合，这种符合或一致是纯粹主观内在的，不夹杂任何客观成分或异物。当此种情况发生时，客观事物及其本质规律，仍然坚硬如铁，丝毫未变，一如既往地存在于这种主观的符合之外，所寻求的客观真理，仍然在它所派生出来的主观表象或幻想的遮蔽之下，并以假象显现着自身。再说，名言形式与名言所指的意义的符合本身并不包含绝对真理。海德格尔称之为"命题真理"，认为其绝对真理在于超越它必须超越的述谓的有限存在，进入前述谓的敞开状态，在那里奠定主谓同一性的形而上根基。然而在"符合"论里并没有为此种超越和形而上根基留下丝毫余地，更看不到实现超越的途径与方向。

二、基督教神学的真理观似乎前进了一步，首先确认真理的形而上根基在于上帝的存在，认为真理也是知与物的符合。这种人类之知与其创造物的符合，是以更高的形而上的"符合"——上帝之知与神创之物相符合——为根据和保证的。在本质上，真理无非是指协同，也即作为受造物的存在者在自身中间与创造主的符合一致，一种根据存在秩序之规定的"符合"。[1] 但是

---

[1]〔德〕海德格尔著、孙周兴译：《路标》，商务印书馆2001年版，第209页。

在这种"符合"里，真理并没有真正通达形而上的绝对——神或上帝，由于人和上帝之间隔着一条永远不可逾越的鸿沟，世俗真理便永远不可超越自身达及天国，与神的真理相统一，除非人死之后凭着他的幽灵携带着既已认识了的真理升到天堂，实现与神的对话与交流。但这是万万不可能的。所以真理仍然是一个虚幻美丽的表象。

三、辩证唯物主义认识论又提出了一种新的真理观，即相对真理与绝对真理对立统一说。它似乎又向前迈进了一步，断然宣布绝对真理不在上帝那里，就在客观世界之中，它像康德的"物自体"岿然不动地屹立在迢迢遥遥不知边际的远方，藐小的人类坐着知识的小车，不舍昼夜永不停止地向着它趋赴，但永远不可企及，只能慢慢地接近、靠近，逐渐缩短距离，所以人类每向前迈进一步，就是一个相对真理，其中含有绝对真理的成分，无数（x）相对真理相加之总和便等于绝对真理。在这里，一方面是相对真理的无穷大（∞），另一方面是谬误（距离）的无穷小，这两个性质相反的无穷数（x）相互抵消时，绝对真理便赫然露出本相了，然而这一过程本身又是永远不可穷尽的，它也是一个x。终了，绝对真理还像天上的上帝一样，被人类永远不可知的时间距离隔着，绝对真理成为地上的庄严伟大的上帝。这是很奇妙的学说！我这里以比喻的方式，力图说明它的奇妙，但比喻又往往引出很多误解和歧义。更奇妙的在于，这种真理一方面断言人类的有限认识永远不可穷尽绝对真理，另一方面又宣布通过特殊的手段和方式可以直接掌握绝对真理的一个部分或成分，这就是实践，即人类凭借工具改造客观世界的现实活动。

这种活动被赋予真理的绝对性质，因此它具有全能的性质。问题就出在这里：实践活动是由人类存在生成的一种存在形式，人类存在是实践活动的原始根据。所以，实践活动的绝对性就在于它的存在一般性，即人类存在的一般性。是人类存在的绝对性保证了实践活动的真理性和现实性，这是一方面的事实，如果唯物主义认识论承认实践的绝对真理性，首先必须承认这个事实，确证这个逻辑上的大前提。但是另一方面的事实是，唯物主义认识论公然推翻这个大前提，断然宣布人类是由历史决定的相对性存在，它具体表现为有知与无知的辩证法。诚然如此，有局限的人类进行的工具性实践活动亦是有限的，相对的，不可能是全能的，绝对的。因此，它和它的母体——人类本身一样不可能通达绝对真理，说有限的人类知识能成就绝对正确的实践活动，并以此通达绝对真理，这在逻辑上是一个天大的悖论。如果在现实中人类实践确实有如此奇妙的功能，那么就得相信天外神灵暗中帮助人类的美丽神话。如果不是神话，就得首先扬弃这个悖论，确证人类存在的绝对性。因此，人类的有限实践必须超越自身，在自身之上的绝对性存在中寻求安身立命之原始根基。

唯物主义认识论也承认真理在于超越，但它是循着形而下的客观路线实现超越的：从主观认识到社会实践，再到客观世界。在这一过程中，实践成为主观向客观，主体向客体过渡、超越的中介桥梁。实践的绝对真实性和正确性，保证了主体与客体之间的同一性或相互符合。但事实上实践没有这个资格来担保这种同一性的绝对正确和可靠，因为实践自身并没有实现真正的超越，获得自身存在的绝对性根据。它向客观世界超越，并不是向着自己的原始根基返回，而是向着异己的客体移居、换位。根据逻辑的必然，它产生于有限的人类认识，亦在有限性中成就自身，在有限的客观化了的实践中所生成的主体与客体的同一性亦是相对的，而不是绝对的。要保证此种相对关系的绝对真理性，实践仍需超越自身，向上寻求主客同一的形而上根据，而辩证唯物主义坚决扬弃一切形式的形而上学，它的逻辑出发点是主体与客体的分离、矛盾和对立。既然二者在原始处矛盾、对立着，那么由主体生成的实践怎么能畅通无阻地过渡到异己的客体，并实现主客同一和统一呢？唯物主义的回答是，客观物质性具有世界的普遍统一性。如果是这样，所谓实践的同一性不过是客体的客观物质性消去主体的主观性之后的结果而已。在这种情况下，主体要么被冰冷的客体冻结变质、融入客体，要么仍然持存着固有的存在本性，仍然作为异物与客体坚硬地对立着。在此，根本不存在什么主客之间的同一性和符合，因此也谈不上什么真理和绝对真理，同一性掩盖着矛盾和分离,绝对性遮蔽着事实的相对性和有限性。所以唯物主义认识论的真理观,亦是编织着关于真理的虚幻表象。值得怀疑的是:既然世界的统一性在于物质,或物质运动具有统一世界的强大功能,那么在人类存在之原始处,它的这种功能怎么突然失效,于是导致主体与客观世界或客体相矛盾呢?既然它失效了,怎么又在人类存在的过程中突然显灵了。既然它时而失灵时而生效,那么显而易见,物质运动对世界的统一性是相对的,偶然的,而不是绝对的,必然的。显然唯物主义认识论将真理由主体移入客体,并在客体的物质性中寻找真理的绝对性,这一做法是笨拙的、徒劳而无功的,要想劳而有功,必须继续超越物质世界本身,向上探求它的原始根基。

第二节 主观主义认识论

与客观主义认识论相对,又有主观主义认识论的真理观。笛卡儿为其代表。他将真理从死寂的客体移入一个全新的领域,即纯粹主观性领域——自我思维的整个敞开场。思维及思维的自我被确定为真理的唯一正确的不可动摇的出发点、始基和开端,它是优先于自然、宇宙乃至神的唯一的认识主体。在这一主体的直接确定性中思维与存在具有原始的同一性,"我思故我在"这一原理揭示的就是这种同一性,它排除了任何假设和虚妄不实的东西,它就是真理,我思维、思维我,所以我存在。我的存在是从自我思维中分离、发放出来的殊相,经自我思维裁定、判断,与思维的内在性质相符合或一致,我没有成为异己的别物,我还是我,是思维着的我,我的思维本质确保了我的存在的绝对正确与真实。在这个"我=我"的真理公式中,真理被过滤为空洞的纯粹主观的同一性,存在被限定在自我的内在直观性中,既没有超越自我的形而上的最高根据来保证它的必然性,又没有在否定的方面获得异己的规定,真正过渡到客观存在或存在一般。在这两种情况下,自我与自我在思维中的内在性符合,并没有真正通达绝对真理,充其量不过是真理在自己存在和运动过程中产生出的一个环节而已。如果到此止步不前，它便自然蜕变成一个空洞的死形式，一个透明而虚幻的表象。

　　笛卡儿也意识到这一点，他认为凡是真理都是完满、完善的，凡是完善的不仅有完满的形式，也有完满的内容，尽管它与形式在性质上具有截然不同的规定。因为纯粹的形式——主观同一性形式——并不能确保存在的绝对正确性和普遍有效性，它仍需要向异己的内容过渡并与之发生普遍的联系。因此，他又把真理定义为"认识与我们所认识的东西的真实性、客观性之间的联系"。可是纯粹的内在同一性形式怎样向外在客观性过渡呢？笛卡儿愚笨地请出了神，让全能的神来解决这个难题。神首先以概念、表象的形式落入我的心灵——思维实体之中，并且根据假定，神是完善的、完满的，因而神是普遍的客观存在。我的思维中的神的概念亦是完满的，因为凡是包含客观实在性的概念，必然有一个外在的原因先于这个概念而存在，神是完满的，作为它的结果的神的概念，不可能不是完满的，"因为它在原因里必须同在结果里一样多"[1]。

　　笛卡儿用机械降神法导致了自相矛盾：一方面自我思维的第一性，以及由此裁定的不可撼动的自我存在的直接性坚决地排斥了任何假设的东西，凡是假设的东西，都是不存在的，自我思维的存在首先是建立在否定一切假设的基础之上的；另一方面神的存在是被设定的，它是自我存在之绝对性的逻辑根据或大前提。根据第一条原理，神是不存在的，它是自我思维的否定物，即使它以概念的形式存在于自我思维中，它像思维的其他对象一样，是有限的、相对的，而不是绝对的、完满的。它的无根基状态并不能保证自我存在的必然性；根据第二条原理，神是绝对的存在，自我思维的唯一性，第一性因之而被动摇了，它理应降到全能的神之下，沉沦为相对的有限的存在。它分有了神的完满性，才将自己提升为必然性存在，成为绝对真理。这两条原理推论出的关于自我存在的两个结论是相互矛盾的，难以合乎逻辑地

---

[1]〔德〕黑格尔著，贺麟、王太庆译：《哲学史讲演录》第4卷，商务印书馆1978年版，第78页。

统一起来。笛卡儿在这里陷入了逻辑上的循环论证。他首先用自我思维的绝对性确证神的完满存在，然后又将这一出自自我内在经验的结论直接用做前提，反证或推论自我存在的绝对性，这在逻辑上是不能成立的。事实上在两头都落空了：既不能证明神的绝对性，也不能证明自我思维的绝对性和普遍客观性，最终还是返回到起点上。自我存在的绝对性就在自我思维的直接确定性和内在给予性之中，它是绝对自明的。

在此，真理以截然相反的两种性质出现于笛卡儿的哲学中：真理是自我思维的绝对的自由。它是思维在自身存在运动中自己与自己发生的内在联系，或主观的同一性。真理又具有客观必然性，它是思维与思维的异己物——客观对象之间的普遍联系。笛卡儿借助神的完满性将必然性真理强行嵌入主体的自由之中，试图使二者实现活的统一。事实上，他并没有使二者真正地统一起来，两种真理还是处在坚硬的对立之中。按照笛卡儿哲学的第一原理，即"我思故我在"，客观必然性的真理被自我思维的绝对自由排斥在外了。它没有从主观自由那里获得逻辑上的存在根据和理由，因为神是被假定、设定的存在，它理应被绝对的自我思维轻轻地击碎。所以，笛卡儿哲学中真正确立起来的真理是作为主观自由的真理。他把真理移入纯粹的主观内在性领域，使真理活了，但这活着的真理仍然处于饥饿状态中，因为它没有实现自身的超越。辩证唯物主义认识论以客体的绝对性、第一性限定否定主观、主体，并将它降格为有限的相对的存在，笛卡儿则以主观自我的绝对性、第一性限定否定客体，亦将它贬低为相对的有限的不完满的存在，二者虽然方向相反，路线不同，但殊途同归：都使主体与客体相互分离、对立，都没有为真理找到真正的牢固的形而上根基。比唯物主义略胜一筹的是，笛卡儿以走后门的不正当方式将刚从门前赶走的神偷偷地请回来，并将它安置在一个不合逻辑的尴尬位置上，作为真理的形而上根据。它是被假定的，因此它的存在理应受到自我思维的怀疑，神没有坐实坐稳，真理的必然性自然有问题了。它最终仍然是一个空洞的内在性表象，并且是遮蔽真理的表象。（关于它对真理的遮蔽，我们将在本书的有关章节作专门的清理。）

第二章
现象学与存在主义真理批判

现象学—存在主义哲学家沿着笛卡儿开辟的方向继续前进，进一步探索绝对真理问题。他们做了两方面的工作：第一，他们发展、完善了笛卡儿关于真理的一切主观内在性成就，坚守真理是自由的这一基本立场；第二，他们重新拾起了笛卡儿未竟的事业，为真理奠定牢固的形而上根基作出了卓有成效的贡献。这两方面的成就为真理问题的最终圆满解决奠定了一个良好的新起点，他们的真理观，虽不是绝对真理的最终解蔽，但为此种解蔽预示了一个模糊的前兆和序幕。

第一节 在笛卡儿方向上的新成就

胡塞尔像笛卡儿一样，认为真理事实上是自我意识的绝对自由，是先验的意向性构造与其显现现象之间的内在性协合或一致。真理既不是单一的现象之显现，亦不是先验的被给予性的自身明见性，而是关于两者协合一致的观念。"真理是一个观念，它的个别情况是在明见性的判断中的现时体验。然而，明见的判断却是原本的被给予性的意识。""人们将明见性称为对自身被给予的（事实的）事实状态或者近似模糊地称为对真理的看、洞察、把握。正如在感知的领域中不看和不存在不是一回事一样，明见性的缺乏也并不意味着非真理性。对意指行为与被意指的自身当下之物的一致性的体验，对现时的陈述意义和自身被给予的事实状态之间的一致性的体验是明见性，而这种协调性的观念是真理，真理的观念性也构成了它的客观性。"[1]在真理的客观显现中，我们看到被给予的对象与先在的被给予方式本身之间存在着不可分割的内在联系或相关性，二者似乎联结在一起，难分难解，相依为命。但胡塞尔并没有将二者放在平等的地位上等量齐观地去看待。他赋予构造性先验意识或先行构造性自我意向性活动以绝对存在的性质，因而是第一性的，它的构造对象，被显现着对象世界则是相对的，第二性的。"根据相关性的先天，被给予之间的存在方式与它的被给予方式是相符合的。据此，意识是有不同于世界中对象的主观相对存在的绝对存在。"[2]因此，当意识、自我意识判定与它相关的对象世界不存在，甚至判定自我本身亦不存在之时，意识仍然岿然不动地存在着，判定某事物存在或不存在，正是意识自身绝对存在的客观显现。胡塞尔对自我意识存在的第一性和绝对性的无条件肯定和确信，这一基本哲学立场与笛卡儿是息息相通的。

与笛卡儿不尽相同的是：在胡塞尔这里，我思或自我意识不再是空洞无物、一尘不染的存在形式，不再是我＝我的晶莹透亮的同一律。自我意识作为先天的结构形式和构造活动，充溢着活力四射的生命力和创造力，它先验地设定着自我，同时设定着对象，生成着两者先验的相关性关系和结构形式，对象世界与主体全是由此先验结构或意向性结构透射、绽放、生发、显现出来的。这一现象学的双向构造活动被胡塞尔描述为一个由浅及深、由微到著、由狭到广的层层推进过程。它不单是自我意识一味地自己与自己发生关系的封闭式自循环过程，而且是自我意识不断超越自身，与陌生的异己之物打交道，并使之还原的开放式过程。在这一过程中，一方面作为异己之物

---

[1]〔德〕胡塞尔著、倪梁康译：《现象学的方法》，上海译文出版社2005年版，第86—87页。
[2] 同上，第36页。

的对象世界不断跳入自我意识的纯净天地，充实着它的先天不足与空洞，作为判断的基底、自我意识的相关项、客观规定性之核心，生成意义内涵；另一方面，自我意识或我思也在行使绝对自由的权能，对显现的现象世界进行投射、统觉、判断、定义，使之实现内在的现象学还原，进而向着原始处完成本质还原。在这一还原过程中，对象世界虽然最终被净化掉客观外在性，内化为表象性经验，还原为自我存在的本质，但胡塞尔始终没有取消它在真理生成过程中的基础地位。主体的存在没有它的奠基作用，没有它所提供的基底塑材，就没有绝对真理性。

胡塞尔通过现象还原，巧妙地使本质必然性与主体自由性内在地统一起来。虽然是借先验本质直观的综合性构成力量完成的，但他彻底扫除了形而上的神，以直观着的先验自我主体取代神的地位，从而将笛卡儿的主观性概念提升到一个新阶段，最终宣告了传统形而上学的终结。在这里，先前由笛卡儿的机械降神法所导致的客观必然性与主体自由性的裂痕、矛盾被克服了。世界的本质必然性不再由逻辑设定的神机械地从上向下注入自我心灵的存在中，而是由先验的意向结构，人类的本质类型原始地构造出来的。世界作为存在的主体，它的本质、类型、及其所包含的一切可能性，连同现实存在的自我、自我存在的一切可能性，统统都在这一最高的和最终的绝对源泉中先在地被给予或潜在地生成。

这是一个漫长的生命运动过程。在这一过程中始终有两条上下相维的路线纽结、咬合在一起：一条是先验本质、结构从上到下不间断地沉入经验世界，深入个别存在的自由路线；一条是个体直观、原发的感知活动从下到上，由个别经验向本质范畴、世界总体不断上升的逻辑路线。两条路线交互作用，内外相维，但并非平分秋色地发挥力量和作用。自由始终为主，逻辑的力量始终为辅。因此在先验自我沉入变化万端的必然性世界之后，它能始终如一地持存不变的自我本质，并能时时处处摆脱经验世界的束缚，向着原始的先验本质返回自身，在还原了的本质直观中敞开世界总体存在的视阈，确保世界存在的绝对真理性，或整个自然科学所揭示的世界本体的绝对性。

"实际生活和经验科学的任何一个假定的开端都与这个可变的,然而始终一同被设定的视阈有联系。世界命题通过这个视阈而获得其本质意义。"[1]

在这一先验主体向着经验世界生成,构造自身的现象学还原过程及其结果中,先前由笛卡儿所创设的纯粹思维主体的内在空虚性被扬弃了。在笛卡儿那里作为我思的主体亦是自己与自己相联系的空洞的同一性形式,自我存在的诸多可能性实现的必然性,亦是由那个没来由的形而上的神来保证的。我们已经知道这个保证是靠不住的,它理应被笛卡儿的主体性概念彻底推翻,这个形而上的根据一旦被取消,自我主体之存在便成为没有任何必然性内容的纯粹的形式。事实上,笛卡儿的主体性自我将异己的外部世界和他人之在排斥在外,自我主体就是屑尘不染的自我意识。在胡塞尔这里,主体性存在状况发生了很大的变化。他人之在像自我的经验世界一样,被还原、接纳为主体性存在的本质。因此,自我与他人共在,自我主体因此而成为交互主体或主体间性。交互主体亦是由自我主体的先验意向结构构造出来的,像自然世界的现象学还原路线一样,交互主体的生成与显现亦是以原发的感知活动为基底和基础的。

他人躯体的显现,或自我对他人身体的原初经验,是自我构造主体间性的原始的朴素材料。这一原初经验像自然世界一样,是异己的陌生的经验,但他人躯体的举止使自我回忆起自己的身体与他人的躯体相似或相同,于是自我与他人便在联想中"结对",形成相似性类比关系。在类比的联想中,自我推知他拥有一个与我一样的经验世界。我的身体,作为异己的经验就在他人的经验世界中,我拥有一个与他人一样的经验世界。他人身体就在我的经验世界中。由于自我与他人在身体上的相似或相同,他人之身体就是自我的显现。可以想象,他人的身体,就是处在另一个位置上的自我的身体,因为我的身体在生命运动中不断地向前推移自身,不断改变着时空位置,而我的身体保持不变。在这一事实前提下,有两种方式可使自我与他人实现同一

---

[1] 〔德〕胡塞尔著、倪梁康译:《现象学的方法》,第 167—168 页。

或统一:"我在未来可以运动到另一个躯体现在所处的位置上去,并且我在那里可以表现出它所表现的那些举止;我当下显现是连同我的身体—躯体处于'这里',而非'那里'。其次,我现在——不是实在地,而是想象地——就可以将自己置于那另一个躯体的举止之中,并且设想,我是在那里的。"[1]根据同样的理由,可以断定,我的躯体就是他人的显现,他人亦可通过完全相同的方式与途径,实现与自我(他人的异在)的同一或统一。两相区别的经验的陌生性与隔离被类比性联想所消除,自我与他人分别拥有的两个类似独立的经验世界便融合为一,成为同一经验世界,自我与他人共在,共现于其中,于是便在感性经验世界中初步构成交互主体。在这里自我与他人的身体—躯体,这些低级的物理层面上的感性存在被纳入主体存在之中,并且获得了世界的普遍意义。这种情况在笛卡儿的我思主体中是不可能出现的,也是难以想象的。

当然如此构造出来的交互主体世界——以人的身体—躯体为核心的感性存在——尚不是自我主体的绝对本质。按照胡塞尔的一贯观点,它仅仅作为人类学、心理学、动物学意义的对象世界而存在,属于自然科学的物理世界或自然的世界,它的这种物理的自然的外在客观性是要被悬搁起来,且进行现象学还原的。经过悬置,心理学的客观显现转向内在性自我体验,在对诸多经验现象的体验中,显现出我思、纯粹意识一般、自我统觉的内在统一性。这不是退回到笛卡儿那里。我思作为纯粹意识一般,虽然排除、悬搁了自然世界,但是由它引出的经验,仍作为自我主体存在的基础,不可分割的相关项,被内在地保留下来,规定着主体存在的意义。没有它的存在,发挥统觉作用的意向性主体的诸多可能性存在及其显现是无法实现的,是它的感性的初始的奠基作用使在世界中共现着的交互主体成为经验的交互主体。它作为现象学还原的第一个积极成果,既揭示着"我思"的内在同一性或统一性,又显现着原生的充实的经验内容。

---

[1] 〔德〕胡塞尔著、倪梁康等译:《生活世界现象学》,上海译文出版社2005年版,第30页。

当然这不是自我存在之真理性显示过程的最终形态。按照现象学还原路线仍需继续前进，由现象还原进一步上升到本质还原，也就是由经验的交互主体还原到先验的交互主体。这个先验主体不是从他人与自我共在的经验世界中抽象出来的大写的我们，或人类自我。人类一般本质，"毋宁说，它所涉及的是普遍构造的一种本质结构，在其中，先验自我作为构造客观世界的自我而平淡地生活着"[1]。它先验地构造着自我，同时构造着自我的相关项以及两者互依互为的和协合一致关系和结构。胡塞尔又称之为生成世界的单子。这个单子像种子一样，在自我的本己性中萌生着另一个映现着的自我，他作为原始自我的相关要素，先验地被含摄在自我的单子中。他人也是按照构造另一个自我的方式，被先验自我单子原始地发放、显现出来，并含摄在先验自我之中，"他人按照其被构造出来的意义就是相应于我本人而言的，他人就是我本人的一种映射；与我本人相类似，但不是通常意义上的类似"[2]。先验的交互主体，"最终又是作为一个单子共同体而构造出来的，而且作为这样一个单子共同体（在其群体化地构造着的意向性中），它构造出了一个世界"[3]。"通过这种群体化，先验的交互主体就是具有了一个交互主体的本己性邻域，在其中，先验的交互主体性就交互主体地构造出了一个客观的世界，因而它作为先验的我们就是对这个世界来说的主体性，也是对人的世界来说的主体性，在这样一种形式中，主体性本身被客观化了。"[4]

由自然的经验世界还原到"我思"、"纯粹意识"的内在统一性，再由我思着的经验的交互主体还原到先验的交互主体，层层推进，经过这前后相续的两级"纯化"之后，经验世界的影响或存留物仍然没有被彻底清洗干净，那个看似晶莹透亮的单子本身就构造着超越自身又含摄于自身的某种东西，它先行给予出世界。显然，这与笛卡儿的纯粹的"我思"是大不相同的。先

---

[1]〔德〕胡塞尔著、倪梁康等译：《生活世界现象学》，第159页。
[2] 同上。
[3] 同上。
[4] 同上，第174页。

验的交互主体虽然居于经验的交互主体之上，并先行给予出后者，但它又不能完全离绝后者独立孤行，天马行空。它也在一定程度上依赖于后者，两者在平行的关系中既相互独立，又相互依存，相互渗透。还是让胡塞尔自己来解释吧！

现存的（被统摄的）我和我们以一个（统摄着的）我和我们为前提，前者对于后者来说是现存的，但后者本身并不在同样的意义上现存。我们可以通过先验的经验来直接达到这个先验主体。正如心灵的经验为达到纯化需要还原方法一样，先验的经验也需要还原方法。

因此，心理学家是再把对他来说自然有效的世界之内将出现的主体性还原为纯粹心灵的主体性——世界之中的主体性——而先验现象学家则通过他的绝对普遍的悬搁把心理学纯粹的主体性还原成为先验纯粹的主体性，还原为这样一种主体性。这种主体性进行世界统觉并且在其中进行对动物实在的心灵的客观化统觉，并且它使这种统觉在自身中有效。

一旦人们理解，先验的和心理的经验领域是一种由于观点的变化而产生的存在意义相互交织的同一，那么人们也就会理解由此而产生的先验的心理学的现象学的相同的平行性和它们所包含领域的相交织状况，先验的现象学和心理学的现象学的全部课题在于双重意义上的纯粹相互主体性。这里只须考虑到纯粹心灵的交互主体一旦受到先验的悬搁，便也会导向它的平行物，先验的交互主体。显然，平行仅仅意味着理论上的价值相同性。先验的交互主体是具体的、独立的、绝对的存在基础，所有超越之物（包括所有实在现实存在之物）都是从这里获取其存在意义，它只是在相对的，因而不完善的意义上的存在之物的存在，是一个意向统一的存在意义。这个意向统一实际上产生于先验的意义给予，产生于一致的证明和本质上与此相对应的持久的习惯信念。[1]

---

[1] 〔德〕胡塞尔著、倪梁康译：《现象学的方法》，第 193—195 页。

先验的交互主体是绝对的存在基础。这里的"绝对"、"唯一性",与旧形而上学所确认的神、理念的绝对是有天壤之别的,如果我们漫不经心地将二者混为一谈,那无疑是对胡塞尔本意的莫大曲解。也许胡塞尔意识到这一点,他又特别强调指出:"这并不是一种单子和谐的形而上学的基底结构,更不是说单子本身就是形而上学的发明或假定。相反,这本身就同属对在为我们而此在着的经验世界的事实中的意向存在所作的解释。"[1] 在旧形而上学中,神或绝对理念,作为宇宙万物的本体,是绝对真理,与之相对的自然世界,则是它的现象、表象,甚至是幻象,其真理性不在自身,而在居于其上绝对本体那里。而先验的交互主体,单子共同体,仅仅为一切经验之物的存在先行给出一个明见性视阈,而明见性本身并无真理性。它的真理性全在于它与被给予的经验之物的相关性,简言之,先验的交互主体的绝对真理实质上是明见性形式与实证性内容的本质的普遍联系。"一切可想到的实证都要回溯到这种明见性的样式,因为'它本身'(即每一种明见性样式本身)就是作为交互主体的现实的可经验之物、可实证之物而存在于这些直观本身中的,并且'它本身'并没有什么想象中的基底,一般说来,如果它要求真理的话,那么它恰好只有通过与这样一些明见性的关联才能够具有真理。"[2]

更确切地说,胡塞尔开创的现象学,不是什么新的形而上学,而是康德主义的继续和完善,是自身严密合致不露破绽的先验综合哲学。这本来是由康德首创的,但在康德那里,经验与先验的综合、结合只是形式上的外在的机械合成,而不是内在的活生生的构造、生成。连康德本人也承认:在"物自体"与主体,客观必然性王国与主观自由王国之间横隔着一条不可逾越的鸿沟,两者永远不可能实现相互过渡,彼此统一起来。如果能够统一起来的话,那也仅仅在主观的理想中存在,所以康德最终求助于纯粹主观的审美判断,企图以内在性审美情感或趣味判断统一二者。但这种主观的"应当"状

---

[1] 〔德〕胡塞尔著、倪梁康等译:《生活世界现象学》,第175页。
[2] 同上,第271页。

态,是没有现实性的,这意味着在事实上、现实性上康德的先验综合哲学最终没有真正完成客观必然性与精神自由性的统一,它在总体上揭示的是两者相互对峙的种种二律背反情形。康德当初企图统一近代经验主义与理性主义,创立全新的第三哲学,这一哲学宏愿最终没有完全实现,他留下的是一个仍需继续修补、完善的残缺体系。胡塞尔出色地完成了这一历史任务,将康德的残缺的先验综合体系,修补改造得焕然一新,完美无缺。在新的先验综合哲学中,康德所揭示的种种二律背反统统被克服、扬弃了。必然与自由、经验实证与先验统觉、科学理性主义与自我直觉主义结合得浑然一体、天衣无缝,其结合的过程和途径如上所述,无须赘言。近代经验主义与理性主义的严峻对立,整个自然科学所揭示的自然世界与美学、伦理学、宗教所揭示的精神世界之间的尖锐矛盾,在胡塞尔这里才真正实现了大和解,双方坚守的阵地合成一个全新的领域:现象学—生活世界,在两大领域中探索出的全新成就,都被纳入一个新的哲学体系——第四哲学或先验综合哲学。胡塞尔现象学哲学是康德主义哲学的终结形态,是先验哲学的最高成就。

康德哲学出现漏洞的总根由是,他不能正确地处理逻各斯主义与直觉主义的关系,这也是西方近代哲学出现问题的总根由。康德将逻辑形式(逻各斯)的根基置于主体性存在,这一做法是对的。但他又将"物自体"置于逻辑之上,使之与主体对立,永不相通,这就从根本上否定了逻辑形式通达客观必然性的可能性与现实性,这显然是错误的。在这一错误的前提下所设定的种种先验综合形式,不管设置的多么精致,但终究是空洞的形式结合,先验的逻辑形式并没有真正地从客观对象世界那里吸纳丝毫必然性内容,感性直观为此形式提供经验性内容,此类承诺是靠不住的。这种落空了的主观逻辑形式最终既不能通达"物自体"(这是康德所承认的),又不能通达生命的真理。黑格尔则将逻辑形式与生命的存在运动直接等同起来,断言生命就是一个推论,并将它作为存在的绝对本体置于自然之上,这种将逻辑先验化的逻各斯中心主义更是大错特错。因为生命如果按照逻辑的形式规则去运动,它将在上下两端掉进永无尽头的"恶无限"。在一般性的一端,如果没有逻辑之外的东西来限定，单靠逻辑自身的推论，它将不断地由较低一级的一般上升到较高一级的一般，层层上升，永无止境；在个别性一端，如果没有超越逻辑自身的存在来限定，单凭推理之力，它将向个别现象的无限可能性辗转推移，没完没了，生命将因此而永远不能返回自身。而生命存在运动的本质则是自己生成自己，并推动着自身向着原始返回自身。令人不可思议的是，黑格尔凭借他辩证法的神力竟让生命按照逻辑的直线型必然性推理路线返回自身，这在事实上是不现实的。如果将逻辑的存在绝对化、客观化，它就只能落入黑格尔讳莫如深的"恶无限"，生造出一个"真无限"来取代它也是无济于事的。所以黑格尔编造的宏大的辩证法体系，充其量不过是关于生命的美丽神话，因为他在逻辑的两端没有真正找到限制其无限性的有效前提。

黑格尔无法解决的这一重大疑难问题，被胡塞尔卓越地解决了。他发现了生命的两种最实在的直接存在形式和方式，即个体直观和本质直观，并用这两种直观形式分别从逻辑的上下两端限制逻辑存在的"恶无限"，以此将逻辑形式纳入生命的存在和运动中，以生命直观统摄、涵盖逻各斯。逻辑的必然性存在，最终被还原到主体性本质直观，本质直观或生命直观取代了"逻各斯"的中心地位和本体位置。在这一点上，胡塞尔与叔本华有某种相通之处。与叔本华不同的是，胡塞尔没有盲目地非理性地以生命直观排斥逻辑主义，相反，他肯定了逻各斯在生命中的作用和意义，并把它视为生命存在之真理性的一个不可或缺的内在性环节，与本质直观上下相维，共同构造着"生活世界"。这两者在生命存在中形成的活的统一，以及由此产生的不可分割的相关性揭示出生命世界的本真和秘密。

事实上，单是直观本身只能确立生命的直接性和第一性，但难以使生命顺利实现自身超越，通达外部世界，赢获必然性内容，而逻辑的存在方式正是客观必然性机械运动的外在表现形式，所以，生命直观只有通过逻辑形式才能通达自然的必然性世界。单是逻辑形式的直线性运动，生命便会沉沦在死寂的客观世界之中，自然世界连同生命本身都沉沦为偶然性存在，并丧失主体性自由。这沉沦的生命与世界因此而不能真正上升为必然性存在，更难以回复主体性自由。现代整个自然科学的眼光全都局限在这一偶然性的自然世界上，并将它们视界中所揭示出的东西，宣布为绝对真理，以此遮蔽主体自由和生命世界。胡塞尔现象学彻底破除了这种偏见，将现代全部自然科学所遮蔽着的生命世界和主体性自由绽露出来，以"生活世界"还原、照亮生命的原真或本己状态。

当然胡塞尔不是坚决地摒弃和反对现代自然科学的，他像对待逻辑形式一样对待整个自然科学。他把自然科学整个体系看做是〔丹麦〕斯扩展开来的形态，因此它的直接性存在亦不可避免地带有偶然性，它必须交付给主体自己处置，进行现象学还原，接受本质直观的限制和统摄。这样，整个自然科学所揭示的客观世界和积极成就，就被改造为自我主体体验着的内在经验世界，成为先验自我主体的相关项和现实性环节。"生活世界"这一概念所揭示的就是这样一个主体性存在视阈或视界，在这个全视阈中由相关性关系链接着（1）属于自然科学的经验世界；（2）自我主体统觉，统摄着构造着的自由场。这就是生命世界的真理或本真状态。据此，毫不夸张地说，自笛卡儿以降，只有胡塞尔的"生活世界"才真正揭示出生命世界的真理，这是现象学哲学沿着笛卡儿开辟的哲学方向所取得的最高成就。

但是，现象学的全部成就并不标志着绝对真理的圆满实现。客观地公允地看，现象学最终所通达的真理仅仅是生命世界的相对真理，它所揭示的世界存在的必然性与普遍性也仅限于人类经验的范围。人类经验的有限性和局限性决定了世界存在的相对性。胡塞尔本人也坦然承认这一点："不言而喻，存在着某些不能在人类经验中得到确定证明的事物和事物世界，但这种情况事实上的原因仅仅是在于人类经验事实上的局限性。"[1]

现象学方法用来证明真理的相关性原理，实质上是一种循环论证：先验自我主体的相关项——经验世界——证明着自我主体存在的绝对真理性，自我主体的绝对性又确保着经验世界的必然性和绝对性。如果一旦宣布经验世

---

[1]〔德〕胡塞尔著、倪梁康译：《现象学的方法》，第169页。

界是相对的，那就会立即出现另一个循环论证，先验自我主体与经验世界互相证明着自身存在的相对性。关于两者的真理也就成为相对真理。事实上胡塞尔经由现象学还原最终所得出的"生活世界"，仅仅揭示出人类存在的一般本质，这个一般本质仅仅在人类自己构造出的文化经验范围内有效，一旦越出这个范围，它的一般性和绝对性便失去了效力，成为相对的东西。胡塞尔慷慨地、无条件地赋予先验交互主体或单子共同体许多绝对性，诸如"绝对给予性"、绝对自明性或明见性、纯粹意识存在的绝对性、先验统觉和构造的绝对自由性，等等，所有这些仅仅是对人类自身的现实存在而言的。若将人类归属于普遍的生命世界，它便成为整个生命世界中的一个特殊种类，它自身的类本质也就自然地降格为生命世界的特殊性或殊相。人类自身存在的特殊性和相对性，在自我主体的先验构造上便显出真假来。这也是胡塞尔所承认的："自身给予是一种创造着明见合理性的行为，是对合理性、对作为正确性的真理的创造性原初建造——这恰恰是因为自身给予原初地将各种对象本身构造成了为我们存在的对象，原初地建造了意义与存在。同样，原初的不相等性作为虚无的自身给予也是对谬误的原初建造，也是对不正确性的不合理性（换一种立场来说，是对虚无性的真理、对不正确性的真理）的原初建造。"[1] 既然先验自我不能确保先验构造的绝对真理性，有可能在构造真理的同时，构造虚假与谬误，那么它自身存在的绝对性便值得存疑。

现象学缘何不能最终通达生命的绝对真理？其根本原因在于：胡塞尔彻底放弃了建构生命的任何形而上学的企图和努力，并将与现象学原则相对立的一切形而上学（包括笛卡儿的神学）消解殆尽。现象学的先验综合原则与真正的形而上学是格格不入的，它实质上是最彻底、最完整、最纯粹的经验主义，它将人类所创造出的整个经验世界纳入人类存在的自由场。与此同时，它干脆利落地斩断人类生存与其形而上学根据的、源始的、真实的本质联系。人类存在因此而失去原始根基，飘摇不定。以人类自己构造出的对象

---

[1]〔德〕胡塞尔著、倪梁康译：《现象学的方法》，第215页。

世界来回证人类自身存在的绝对真理性，这是没有来由的。这实质上等于人类自己宣布自己为绝对真理，这是十足的自大狂。这里我们又一次看到了改头换面的人类中心主义。人类中心主义是关于人类自身存在之真理性的夸张观点，是关于生命世界本真状况的虚幻表象，它亦在一定的程度和范围内遮蔽着绝对真理。克服这一幻相的唯一途径和方式是重构生命世界的形而上学本体。将胡塞尔还原了的先验自我主体再向上还原一级，还原到整个生命世界的一般存在本质，提升到超越自我的最高的绝对本体。

第二节 存在主义新形而上学

一、存在主义与现象学的本质区别

胡塞尔在探索绝对真理的道路上所遗留下来的缺憾，被他的高足们——海德格尔和雅斯贝斯等人——卓有成效地补救了。这一补苴罅漏的工作不是通过现象学方法，而是存在主义方法完成的。在学术界流行的关于现象学—存在主义的种种阐释性观点，大多关注二者之间的同一性，而对二者的巨大差异的研究甚少。存在主义方法与现象学方法虽因师承关系而联为一体，但在本质上有天壤之别。形而上学成为存在主义与现象学相互区分的唯一分野。如前所述，现象学实质上是反形而上学的，充其量只能算作是一个先验综合哲学体系，而存在主义哲学则是西方近代哲学史上自笛卡儿以来出现的独一无二的新形而上学。表面上看，两者之间确实有共同性：现象学通过层层递进的两极还原，最终在经验世界之上还原其原始的先验根据，即单子共同体或意向性结构；存在主义也是通过对人类经验世界的"还原"，居有或占有人与世界的存在本质，或先验存在根据的。既然都以被还原了的先验存在为哲学的最高真理或绝对真理，那么，缘何一个具有形而上学性质，另一个则是反形而上学的呢？其根本原因在于：先验存在在这两个哲学体系中所占据的地位，所发挥的功能和作用是大不相同的。如果说现象学的主要旨归是揭示存在的正确性，那么存在主义的旨趣则在于显现存在意义之原始根基的可靠性和牢固性。因此前者在揭明先验与经验之关系时，突出强调二者之间的"符合"与"同构"，并指明这种同构不是机械性的相互对应和比照，而是建构性生成；后者在揭示先验与经验之关系时，凸显先验存在决定、绽放经验世界的先天必然性，或不可抗拒的"天命"和律令，同时指明在这种先天必然性关系中，经验世界本身并不是先验存在的直接敞开、裸露状态，而是它的遮蔽形态。由此可见，先验与经验之关系固然是现象学与存在主义共同关注的核心问题，但二者的性质是大不相同的。由此进一步发展出来的区别是，先验存在分别在现象学与存在主义中发挥着截然不同的作用：在存在主义哲学中先验存在是唯一者、绝对者，又是经验世界的先行决定者、奠基者；而在现象学中，起奠基作用的则是经验世界，个别直观的原始经验或先验存在虽然具有绝对的自明性和给予性，但它没有绝对真理性，其真理性在于它的相关项——还原了的内在经验世界。经验世界证明、确证先验存在为绝对者或绝对真理，因为两者之间存在着不可拆解的同质同构关系。因此，经验世界在现象学中被看做是先验存在的肯定性因素，它向先验存在的还原与回归，不是从自身过渡到另一个异质的领域，而是同质性的扩延、回流、相互印证、认同，在严格意义上讲，现象学还原不是"超越"，而是先验与经验的内在性综合和统一。而在存在主义中经验世界是作为先验存在的遮蔽状态而现身的，它不是先验存在的直接肯定性因素，而是否定性因素。所以先验存在要在经验世界中持存、占有、还原自身，首先必须解蔽、解构经验世界，在这种解构过程中，经验世界跳出自身，进入一个异己的先验世界，这种从一个世界到另一个异质世界的过渡和转移，便是真正的超越，存在主义借此超越，重构起属于它们自己的形而上学。

存在主义形而上学与旧形而上学或康德以前的形而上学是大不相同的。先验存在作为形而上的绝对者、普遍者、万有的原始根基，不是与现象世界相对而立的永恒的太一，不是最高的本体。它就寓身于现实世界之中，活在世界之中，生长在世界之中，并在世界历史中持存自身。柏拉图的理式和教父哲学中的神则是横空出世，万古如斯，永恒不变的太一，是宇宙万物的最高本体，它独往独来，独立于现象世界而存在，牢笼万象，陶钧万物，它是永恒的，无限的，而现象世界则是变易不居的，有限的。一言以蔽之，古代形而上学将形而上与形而下一刀两断，分而为二，以上存下；存在主义形而上学则将形而上与形而下合为一体，以下存上。正是这一形而上学新质，使胡塞尔创立的"生活世界"在存在主义哲学中发生了根本性的变化，"生活世界"本来也有生命或生存的含义，但胡塞尔侧重揭示的是它的认识论的含义：它是先验交互主体自由存在的场域，在真理的必然性证明中，它作为先行给出的普全视界或视阈，为经验世界的合理性存在提供了必然性前提，而经验世界作为它的奠基性基底或相关项而存在，则坐实了它的绝对性和内在必然性，二者的符合一致显示出绝对真理。所以"生活世界"在实质上是经验实证的。

"生活世界"在存在主义哲学这里则被改造为纯粹的"存在论"观念。它是生命的大全世界或整体，是存在一般，是生存着、此在着的存在。它从"纯粹内在意识"、认知着的"纯粹我思"，转变为实实在在的现实存在，"它意味着，一切现实的东西，其对我们所以为现实，纯然因为我是我自身。我们不仅是存在在这里，而且我们已被赠与以我们的实存，已被赠与以作为实现我们的本原的基地"[1]。"这个存在，我们称之为无所不包者或大全（das Umgreifende）；它不是我们某一时候的知识所达到的视野边际，而是一种永远看也看不见的视野边际，一切新的视野边际却倒又从它那里产生出来。"[2]

这样一来，存在主义从现象学那里继承下来的真理观也随之发生根本性的改变。胡塞尔认为真理是自由，雅斯贝斯和海德格尔也认为"真理即自由"，但这仅仅是形式上的相似、相同，在内容上则大相径庭。胡塞尔的自由指的是先验给予与经验被给予之间的和谐一致，海德格尔等人的自由则意

---

[1]〔德〕雅斯贝斯著、王玖兴译：《生存哲学》，上海译文出版社2005年版，第1页。
[2] 同上，第4页。

指存在在存者状态中的本真显现和敞开状态。它是存在者向着存在绽放自身的生成过程，正是在这个意义上，雅斯贝斯指出："真理是指达到向我们显现的存在的道路。"[1] 在这条道路上行进，不是轻车熟路地平稳径直地直通康庄大道，而是要克服重重障碍，飞跃云山雾嶂，最终通达存在本身。不经飞跃就没有自由，没有真理。

这个飞跃是从我们作为实存、意识、精神而即是它的那种大全向我们可能是它或作为生存而真正即是它的那种大全的飞跃。因此它又是从我们当做世界而被认识了的那种大全的飞跃。因此，它又是从我们当做世界而被认识了的那种大全向那即是存在自身的大全的飞跃。[2]

二、真理之为自由的超越方式

显然存在主义真理的实质是超越，超越是新形而上学的本质，也就是它得以建构自身的唯一途径和方式。"形而上学就是一种超出存在者之外的追问，以求回过头来获得对存在者之为存在者以及存在者整体的理解。"[3] 超出存在者整体之外，也就是存在者将自身带入"无"中，在无中追问自身的本己存在。"只有当人之此在把自身嵌入无中时，人之此在才能对存在者有所作为。对存在者的超出活动发生在此在之本质中。但这种超出活动就是形而上学本身。这也就意味着：形而上学属于人的'本性'。"[4] 在此，凸显出存在主义形而上学与既往一切形而上学相区别的本质特征：真理、自由、超越、存在主义、人道主义与形而上学是浑然不分，完全统一、同一的。在这独特

---

[1] 〔德〕雅斯贝斯著、王玖兴译：《生存哲学》，第 13 页。
[2] 同上，第 12 页。
[3] 〔德〕海德格尔著、孙周兴译：《路标》，第 137 页。
[4] 同上，第 140 页。

的统一体中，超越活动是把所有其他方面融合为一、聚集起来的核心。[1]

所以，存在主义形而上学的全部问题都可归约到超越问题，即，（一）从何处开始超越；（二）向何处超越；（三）如何超越；（四）超越后最终所达及的超越存在为何？

首先，关于第一、第二这两个问题，在上述有关"超越"的论述中已经初步给出了答案：存在者从存在者自己脚下的现实基地开始超越，从存在者全体，即世界开始超越，继而超向何方？趋向存在者之为存在者的存在本质，超向存在全体。按照雅斯贝斯的解释，这一超越路线是经由几个级别不同的步骤依次逐步完成的："第一步，从一般的大全分解为即是我们的大全和即是存在自身的大全；第二步，从即是我们的大全里又分解为即是我们的实存、一般意识、精神；第三步，从内在存在达到超越存在。"[2]

这里需要说明的是：作为超越起点的存在的存在者及存在者整体或全体，不是现象学认识论意义上的纯粹经验，而是存在论意义上的世界，是存在者或此在寓身于其中的周围世界。它既不是纯粹的物质现象，亦不是纯粹的精神现象，毋宁说它既是现实实存的，又是内在精神的。海德格尔将它描述为以工具为中介，并通过结缘的方式联结起来的"因缘整体"。说它是现实的，因为它与"超越中形成的先验理想相对立，并起着限制作用；说它是精神的，因为它是以人类本质的概念持存有限的人类存在"，"世界概念仿佛就处于'经验之可能性'与'先验理想'之间，并且因而在实质上意味着人类本质的有限性之总体性。""'世界'恰恰意味着在历史性共在中的人的生存，而并不意味着人作为物种在宇宙中的出现。"[3] 尽管世界是有限的，但它作为人类存在的有限性总体，是作为个体的存在者现实地生存着的存在本

---

[1] 海德格尔解释说，于是，根据之本质问题就变成了**超越问题**。如果说真理、根据、超越的这种相互扭合是一种原始统一的组合，那么，那些相应的问题的相互联结也势必往往是在"根据"问题——而且即便只是在一种对根据律的明确探讨的形式中——更断然地被把捉之处才显露出来的。(《路标》，第157页)

[2]〔德〕雅斯贝斯著、王玖兴译：《生存哲学》，第7页。

[3]〔德〕海德格尔著、孙周兴译：《路标》，第178、179页。

质,它对于存在者而言,是规定、含摄它的存在大全。因此,存在者从自身出发超越自身,首先必须向世界超越。"'在世界之中存在'这个表达标志着超越。"[1] 正是在这个意义上,"我们把此在本身进行超越的何所往称为世界、现实,并且把超越规定为在世界之中存在"。[2]

我们刚刚说世界是超越的出发点,话音未落又立即改口说:世界是超越的何所往,或何所向,这不是自相矛盾吗?不是这样。因为我们所说的超越,不是一次完成,而是分级、分步完成的。个别存在者的存在状态是超越的初始出发点或起点,从此超向世界,这是超越的第一步。在这一级上我们完全有理由将世界解释为超越的"何所往",但这不是超越的最终目的,它的最终目的是超越人类存在之有限性,通达存在之全体。这是比前一级超越更高一级的超越。在这一级上,我们亦有充分理由将世界解释为二级超越的起点。海德格尔将这分步进行的超越路线描述得更为细密:"为这种跳跃,决定性的事件乃是:首先,赋予存在主体以空间;其次,自行解脱而进入无中,也就是说,摆脱那些人人皆有并且往往暗中皈依的偶像;最后,让这种飘摇渐渐消失,使得它持续不断地回荡入那个为无本身所趋向的形而上学的基本问题之中,为什么竟是存在者存在而无倒不存在?"[3]

世界正好处于这一超越路线的中间地带,对它以前的已经完成的超越来说,它是超越的终点,对它以后继续进行的超越来说,它又是超越的新起点。

第二,关于如何超越的问题。我们已经看到,超越不是一次完成的。在整个超越路线中至少经历了级别和程度不同的两次超越。虽然两次超越的表现形式和方式不同,但毕竟是连贯在同一条路线上的前进阶段,其趋向的目标与实质是相同或同一的,最终都是为从存在者生存于其中的世界历史中赢获存在的原始意义和本质。所以,超越不是一无所获、身轻如燕的自由跳

---

[1]〔德〕海德格尔著、孙周兴译:《路标》,第162页。
[2] 同上,第161页。
[3] 同上,第141页。

跃，而是深入世界历史之内的艰辛探寻和拿回，如何超越的问题，实质上是存在者以何种途径和方式从世界历史中收回自己固有的存在本质。雅斯贝斯认为只有通过对历史的批判和否定，才能从中收回存在的源始性本质，"源始性之意义并非一个外在于历史的或者超越于历史的理念，不如说，此种意义显示在这样一回事情上，即无前提性本身唯有在实际地以历史为取向的固有批判中才能被赢获"[1]。

这里所说的"以历史为取向的固有批判"，也就是存在对存在者之全体——世界——的否定。通过这一否定途径，存在者全体被消解，趋于无，存在一般从无中显现出来。"无乃是对存在者之全体的完全否定。""存在者之全体必须事先已经被给予，以便能够作为这样一个全体而得到彻底否定，而无本身这时候就会在这种否定中显现出来。"[2]

这里的否定不是逻辑意义上的否定，即作为肯定之对立的否定，而是存在学意义上的否定。此种否定不是将否定的对象消灭掉，推进死灭的无底深渊中，而是将存在从存在者的"不化中"显现出来。它是以"不化"的形式揭示着存在者与存在的源始的本质联系。这一深刻的内在联系，通过"不化"或"否定"的方式，将存在者全体与存在全体同时带出世界，在世界中两个全体以相互否定的方式扭结成一团。雅斯贝斯称此"否定"为"摧毁"。其实，摧毁不仅仅发生在存在者整体，同时也发生在存在之全体，是相互摧毁。在相互摧毁中存在者艰难困苦地挣扎在世界和存在中，行进在方向不同，甚至是截然相反的两条道路上：一条是存在沉落在世界或存在者将存在带进世界的向下之路。在此，精神生命的本质"成为道路，去实现它的各种性质"[3]，与此同时，它摧毁着精神的统一，打碎了存在的大全或统一体，唯有通过这种"摧毁"和"打碎"，整体才能在共同经验中被经验到；另一条是存在从沉沦的世界中升起，返回自身的向上之路。在此，存在作为整体

---

[1] 引自〔德〕海德格尔著、孙周兴译：《路标》，第7页。
[2] 同上，第126页。
[3] 同上，第20页。

发挥着摧毁世界的力量，它让世界趋向无，归于毁灭，在世界的毁灭中，它复原了自身的统一和大全，给出存在者整体的否定性界限，"对人来说，唯有某个生物或一般世界的毁灭才具有整体的特征"[1]。

所以，"摧毁"或"否定"又是存在之全体对存在者之全体的限制或界限。没有这种限制，存在者就漫无边际地飘荡在矛盾、冲突、斗争的"恶无限"中，永无休止地漫游世界，成为偶然性存在。这种不幸不仅仅会发生在存在者的肉体生命的维度上，而且会发生在"精神生命"之维度上，存在者在世界中经常陷入矛盾或二律背反也就势所难免。"'面对无限性'，人进入二律背反之中。二律背反乃是对立，而且是在'绝对者、价值的观点的条件下'的对立。"[2]因此，只有通过存在之全体限制生存之"恶无限"，人才能真正摆脱二律背反、矛盾、斗争和偶然性的束缚，且转到存在本身，在斗争被限定的界限之外，真正占有或持有存在之全体。"斗争乃是一切生存的基本形式"，但"一切生存并不是什么整体的东西"。斗争"绝不能让作为整体性的具体个体达到安静"。[3]统一、全体、大全、安静只能出现在斗争被停止的地方，被真正的无限或整一限定的地方。

雅斯贝斯将生存或生命描述为通过整体或无限的一条道路，一条长流："人始终处于通往无限者或者整体的道路上"，"作为整体的生命乃是一个'包围着'的区域，在其中进行着生命的构造和分解过程。认定力量、过程和现象运动具有一个'方向'，这一点绝不在生命的基本方面发生变化；这里所谓生命，就是作为包围着的领域、作为承载着一切运动的'流'、作为涌动不息之流的生命"。[4]就存在本身只有一种跌落到可能经验的周围世界的"客观"意蕴之中的固有倾向而言，就存在被锁闭、遮蔽在这种世界经验之中的晦暗状态而言，生存之运动确实是这样一条永无休止的直线型道路。但

---

[1]〔德〕海德格尔著、孙周兴译：《路标》，第30页。
[2] 同上，第29页。
[3] 同上。
[4] 同上，第15、22页。

这条直线型道路又被存在之大圆包围着，一旦这条直线延伸到圆的边界，它就被休止，处于临界区，成为"0"度线。从此，生存运动的直线路向被扭转、折回，反向开始了向着存在本身返回的上升道路。存在就是以如此方式和形式否定存在者存在之"恶无限"的。它实质上，是存在之大全对存在者在世界中直线前进道路的转捩和倒转，是前进之后的倒退。

这种后退不是空间距离意义上的后退，即由前进所达之点再退回到原初的起点上。相反，原初起点上的存在也随着存在者的前进运动向前推移着，持存着。既然如此，又怎么会有向着固定不变的原点的倒退呢？这是因为持存着的存在被存在者聚集起来的种种存在者现象尘封起来了，存在因处于遮蔽状态，要"退回"或复原，就得首先清除此遮蔽状态，使被遮蔽者从中显现出来，海德格尔称之为"解蔽"或"解构"。"解构"不是将存在者寓身于其中的周围世界、历史和传统拆卸开来，统统消毁掉，而是要消解那囿于传统的智性结构或锁闭在经验世界中的客观意蕴，并将它提升起来，移置在存在学的视界中，重新考虑、甄别、发现、寻回其原始的本真意义，"就是说，只有当具体的、作为以某种方式依然起作用的东西而被经验的传说得到解构，而且恰恰是着眼于对自身现实的经验的阐明之方式和手段而得到解构，只有当在说明理由之际曾经起作用的基本经验通过这种解构而得到揭露，并且就其原始性而得到讨论时，上述具体可能性才得以展开。按其意义而言，这样一种解构依然根植于具体本己的完全历史的自身关心之中"[1]。

所以，解构的实质是观点的转换。在转换中，世界历史的客观存在状态并没有发生丝毫的改变，只是将沉潜于其中的内在一般从世俗的功利的观点移置到存在主义的"诗—思"境界中。这也是对人的真正解放，即将人从生物主义和实用主义名下认识的东西的蒙蔽和专断中解放出来，"思存在之真理，这同时也意味着：思'人道的人'的'人道'"[2]。海德格尔自己解释

---

[1]〔德〕海德格尔著、孙周兴译：《路标》，第40页。
[2] 同上，第415页。

说:"其实,我探讨的这种'解构'并没有其他意图,而仅仅是力求在对已经变得流行和空洞的观点的拆解中重新赢回形而上学的原始的存在经验。"[1]

所以解构又是还原,后退或还原到存在者再也退不动、扎了根的地方。"现实一直往后退,一直退到超越存在里才站住不再后退。"[2] 这里,我们初步有了关于最后一个问题的答案:超越路线最终所达及的是"超越存在"本身。

第三,"超越存在"的状况又是怎样的呢?首先它是"无",是世界的"趋无"和"不化",它作为"被认识了的存在","不是存在本身",因而是存在的不存在。作为对存在者全体的否定,客观世界之无限性的限制或给出边际者,它又是有,是无所不包的"大全","大全是那样一种东西,它永远仅仅透露一些关于它自身的消息——通过客观存在着的东西和视野的边际透露出来——但它从来不成为对象"[3]。在这个意义上,"超越存在"又是不存在的存在,是以"不化"形式在场的存在。

这个存在作为行进中后退的最终落脚点和栖止点,是存在自己返回自身,其实质是人的本质的归复和原始的占有,一种真正的人道主义的恢复或回归。缘此恢复,一种真正的合乎人性的形而上学得以重建。因为"每一种人道主义或者建基于一种形而上学中,或者它本身就成了这样一种形而上学的根据"。"形而上学是'人道主义的',与此相应的任何一种人道主义就都是形而上学的。人道主义在规定人之人性时不仅不追问存在与人之本质的关联,人道主义甚至还阻止这个问题,因为人道主义由于出身于形而上学而不知、亦不解这个问题。反之,在形而上学中、并且通过形而上学而被遗忘的存在之真理问题的必然性和独特方式,只有当在形而上学之统治地位中间提出'形而上学是什么?'这样一个问题时,才能得到揭示。"[4]

---

[1] 〔德〕海德格尔著、孙周兴译:《路标》,第 490—491 页。
[2] 〔德〕雅斯贝斯著、王玖兴译:《生存哲学》,第 67 页。
[3] 同上,第 4 页。
[4] 〔德〕海德格尔著、孙周兴译:《路标》,第 377 页。

人道主义与形而上学就是以如此的方式纽结在一起的。这种纽结显现为二者既相互疏离又相互接近、和合的矛盾关系，这一矛盾的关系在历史的维度上表现得更为复杂、更为扑朔迷离。就形而上学方面而言，存在主义所恢复的人道主义，是对文艺复兴运动以来所倡导的种种人道主义的超越，后者所要归复的是古罗马人道主义。此种人道主义将理性规定为人的唯一本质，而将人的自然本性，非理性的东西作为非本质排斥出人的本质范畴，那些未经教化的野蛮人就不是人了。从古罗马时期到近代欧洲流行的所有人道主义，都属于罗马人道主义范畴。存在主义人道主义则超越出这一范畴，它要将人道主义的源头逆溯到罗马以远——早期希腊——真正地回归到古希腊人道主义。所以，海德格尔对以荷尔德林为代表的新人道主义大加赞赏，为了与古罗马人道主义相区别，他不把荷尔德林认作"人道主义"者。"荷尔德林不属于'人道主义'之列，而且这乃是因为，他比这种'人道主义'所能做到的更为原初地思了人之本质的命运。"[1]

　　这个关于"人之本质命运"的原初之思，是海德格尔最终所要揭明的真理之思，是不同于理性思维的"诗—思"，这也是有所栖居的"超越存在"自身存在运动的唯一的形式和方式，"这种沉思不仅思及人，而且思及人的'自然本性'，不仅思及自然本性，而且还更原初地思及那个维度，在此维度中，从存在本身来规定人之本质才有在家之感"[2]。在此超越的原始存在中，既有传统人道主义所认定的人道的东西，又有逸出此种狭隘人性范围的东西——"自然本性"——确实属于非人的无生命的纯自然元素，如古希腊自然哲学中的物质元素，水、气、火、土等。"在这个维度上，本质性东西并非人，而是存在，即作为绽出之生存的绽出状态之维度的存在。然而，这个维度并不是众所周知的空间性的东西。毋宁说，一切空间性的东西和一切时间——空间都是在此维度中成其本质的，而存在本身即作为此一维度而存

---

[1]　〔德〕海德格尔著、孙周兴译：《路标》，第 376 页。
[2]　同上，第 408 页。

在。"[1] 就是在这个意义上，海德格尔认为其形而上学含有不人道的因素和反人道主义的嫌疑。这是形而上学与人道主义相互疏离的一面。另一方面，存在主义形而上学又是最彻底、最牢固的人道主义，因为唯有这"超越存在"，才规定着人之为人的绝对本质，才是人之存在的最高根据，"人唯在其本质中才成其本质，人在其本质中为存在所要求。唯从这种要求中，人才'已经'发现了他的本质居住于何处"[2]。"人之本质对存在之真理来说是本质性的，而且据此看来，关键恰恰不在于人，不在于仅仅作为人的人。"[3] 从此不难看出：形而上学与人道主义又是相互亲近、相互依存、融洽一致的。从形而上学看，人是被存在决定并被它抛向世界的，在世界人又被存在通向人之生存的命运或"天命"捉弄着、处置着，这是非人道或反人道的；从人之存在的现身状况看，人又是存在的唯一显现者和持存者。人的本质规定着真理、存在的本质，只有人在世界中，存在才能借此将自身显现出来，最终回转到自身，居有或占有自身。因此人之在世的这种独特存在方式成为形而上学绽露存在之天命的唯一形式和途径，这又是最高远、最通透的人道主义。

从人性、人道的方面看，形而上学的人性本质不在自身，而在人的现实世界中。自然，世界及历史，科学实证意义上的触之凿凿的现实，内在和外在经验世界是人道主义得以确立起来的牢固地基，"[人道主义]的 humanitas [人性、人道] 都是从一种已经固定了的对自然、历史、世界、世界根据的解释的角度被规定的，也就是说，是从一种已经固定了的对存在者整体的解释的角度被规定的"[4]。

但我们不能因此而断言，存在主义的人道和人性是科学实证的，或实证主义和经验主义的，因而是彻底的无神论的。恰恰相反，它是对经验世界范围内出现的一切逻辑形态、价值形态和科学认识形态的消解和解构。同时它

---

[1] 〔德〕海德格尔著、孙周兴译：《路标》，第 392—393 页。
[2] 同上，第 379 页。
[3] 同上，第 407 页。
[4] 同上，第 376 页。

又为逸出主体性之客观评价范围的绝对价值或美善，为存在者信仰中的神圣的东西或上帝，为逸出逻辑主义的绝对的唯一的"相"或逻各斯保留了形而上学的牢固地位。在这个意义上说，存在主义之"超越存在"又是反逻辑、反价值、反理性的。但这种情况仅仅出现在有限的经验世界之中，在世界之外或之上，真正的逻各斯、价值、上帝和天命又以另一种形式岿然不动地屹立在云端上。这是形而上学的真面目或存在本身的现身状态。

海德格尔将它分解为四大要素，即天、地、神、人，又将它们合为一体，以"存在"打"×"之符号来标明、标示天、地、神、人以某种方式彼此结合为一个四方体。它作为存在之大全或唯一者，在自身中建立起世界历史的原始根基，确立起众多存在及存在者诸多可能性的统一根据，并通过存在者之全体成就着、证明着存在者之为存在者的必然性和"天命"。

但它又与形而上学中的最高本体大相径庭，它不是与此岸现实相对而立、截然分开的彼岸世界。它属于彼岸，但又不脱离此岸现实。它自始至终将自身托付给人的世界，世界中的存在者或生存的人，它在人的世界的流转、推移和变化中持存自身，始终与人道主义世界纽合、勾连在一起。现实世界中的人，人性和人道因此而得以超越自身，在"超越存在"中安身立命，居家归根。

这就是存在主义形而上学最终显现出来的一切，在超越最终所通达的超越存在中，最高的根据、真理、自由、人道主义与形而上学是合为一体、彼此统一或同一的。真理就是人的原始本质，就是神、人、天、地合一的绝对存在。此存在作为对存在者全体的完美否定，它又以"不化"或不在场的形式显现为"虚无"，所以，真理又是虚无。

存在主义在形而上学建设方面显然比现象学出色许多，在对绝对真理的认识上向前迈进了一大步。如果说，现象学仅将整个自然科学的对象世界还原到生活世界或生命世界，仅仅在内在直观的经验范围内揭明了存在的正确性，那么存在主义则将其哲学视野扩展到文明世界和人类历史的全体，并进一步追问、揭示其形而上学的存在意义和根据。绝对真理因此而由原来的单纯的认识论领域转向存在论的形而上学领域，并进而昭明人性、人的本质是存在的固有本质，绝对真理与人的本质具有形而上学的统一根据。这对克服西方传统的逻辑中心主义和主—客二分的异化思维方式，是卓有成效和大有裨益的。但它和现象学一样，具有来自西方传统的先天不足和难以摆脱的局限性。这种局限具体表现在以下几个方面：

第一，形而上学根基不牢固。我们已经看到先验存在，或天、地、神、人的联合体，是被设定为形而上学的最高存在，唯一者，具有类似于"理式"、"上帝"之类的彼岸存在性质，但它又不是君临万物、高高在上、岿然不动的"太一"，它直寓于此岸现实世界中，并随着它游移于现实的时间长河中，隐身藏形，持存自身。问题就出在这里：如果存在在抛出、发放存在者时连同自身一起被抛向世界，那么在它沉入世界时是连根拔起、全部发送出去呢，还是保住了根蒂，部分地将自身发送、投掷出去了？如果是前一种情况，存在就销毁了自己的原始根基，沉沦为纯粹世俗的此岸的东西，和光同尘，无法自拔，永无出头之日，那么又是什么力量使沉降的存在从世界中提举起来、实现自身的超越呢？如果是后一种情况，存在在发放存在者之时就将自身一分为二了，一部分静态地固守形而上之根基，一部分动态地坠落于形而下之世界，漂流不定。这就产生了新的问题：存在的这种原始分裂的情形又是怎样的？存在一分为二之后，两者是同质的，还是异质的呢？如果是同质，又是什么因素主使二者以不同的地位和方式存在运动呢？如果确有这种主使力量存在，存在便不是一分为二，而是一分为三呢！无论是三，还是二，只要同质，形而上与形而下便没有根本性的质的差异和变化，最多只有量的差异。在这种情况下，也就不会有实质性的超越，就像一条长河从起源到下流，只有水之大小之分，从流回溯到源，都是同一的水，没有什么超越可言。而存在主义宣布说，根本性的超越确实发生了。这又是怎么回事呢？如果二者是异质的，那么存在在其源始发端处就是充满矛盾、竞躁不宁的，它便因此而失去了其固有的岿然不动的沉沉黑夜般的大全性质，它自身亦忍受着撕裂的痛苦。这种痛苦将随着它在世界中艰难旅程的延宕而不断加剧。即使在超越之后，只要不消弥这一根深蒂固的矛盾，它就难以沉静不波地平静下来，而存在主义者又拒绝承认这种矛盾的先验的形而上性质，仅仅将矛盾、冲突、斗争限定在有限的经验世界和历史中，并赋予超越所达及的"超越存在"以和谐统一的存在性质，它安详宁静，天、地、神、人一体同仁，沐浴在神的光辉和福气中，静穆而单纯。这又怎么可能呢？所有这些问题在存在主义哲学中都晦暗不明，其形而上学所绽露出的绝对真理又在含混其词中变得昏暗朦胧。

究其原因，乃是其借以生长起来的哲学根基固有的先天不足。从存在主义的继承关系来看，他们是以笛卡儿、胡塞尔、尼采等人奠定的哲学基础为自己的出发点和起点的。在这个起点上，形而上学已被他们的老师们杀死、处决了。尼采的刀子最锋利，斩杀得也十分干净利落，这一点，海德格尔十分推崇。事实上存在主义哲学是以人或自由的人自己发放出来的世界和人类历史经验为其地基的，他们在这个"无头"的世界中周游一遭之后，大发慈悲之心，想将这砍下的头再度安置在原来的位置上，企图复活整个世界历史，这仅仅是一个天真烂漫的美丽幻想，毫无现实性可言。世界被杀死之后，便无以复生，砍下的头难以再生，从哪里开始只能还原到哪里。从人开始复归于人，很难超越人自身，真正通达形而上学之绝对存在，在形而上学被处决的地方，尤其如此。所以，存在主义的超越与形而上学是非现实的，充其量只不过是诗人的浪漫激情与主观诗意境界而已。

第二，形而上与形而下分得不明。形而上学得以成立的首要前提是形而上与形而下的分判，没有形而下就没有形而上，也就没有形而上学。中国古代形而上学在这方面表现得尤为出色，《易经》有言："形而上者谓之道，形而下者谓之器"，道（本体），器（现象）分立，上下判然分明。在存在主义形而上学中无此分判。相反，他们消去了二者的区分界限，故意将二者搅作一团，混融一体，道就在器中，存在就隐伏于存在者的现身状态中，二者相互遮蔽，又相互敞开。在存在主义哲学话语中，我们也经常看到"一"、"大全"与多，唯一者，根据与可能性，上帝、神、自然与世界，这些彼此相对的概念和范畴，但它们一并被糅合在现实世界和人类文明历史的经验范围，"一"、"大全"、"神"、"始基"，这些范畴也被挤入与它相对的概念和范畴中了，转而成为"多"、"可能性"、"现实"、和"世界"，他们因此而丢失其固有的形而上学本质。固然，海德格尔和雅斯贝斯都十分推尊"一"、"大全"的至高无上性，并将"一"与"〔丹麦〕斯"和"语言"认作是同一的。"语言是存在之家"，语言便是存在的原始居有形式，语言等于"一"。其实语言或名言，在中国形而上学的判析中，不属于形而上之道，而属于形而下之器，属于多。把语言认作形而上的"一"，是对形而上学的误判。如果有意为之，则是对形而上学的不负责任的玷污，黑格尔将逻辑规定为"一"，海德格尔把语言规定为"一"，都难逃误判、玷污真正的形而上学的罪责。（这个罪责当然应由所有西方现代哲学家们共同来承担，仅由他们二人负责是不公允的。）退一步讲，将语言归属于形而上学之道，至少也有人类中心主义的褊狭和自大之嫌。因为语言是人类的固有本质，这样形而上学之道就成为专为人类之生而设立的，成为人之本质的唯一根据，人也就成为由此生发出来的"唯一者"，独领形而上学之大道。它不是宇宙万类中的平等的一员，而是超拔于万类之上的唯我独尊者，是立于大地中的唯一的神。

第三，辩证法阙如。在流俗的哲学阐释中，形而上学与辩证法似乎是一对天敌，格格不入，在有形而上学的地方绝无辩证法，在有辩证法的地方绝无形而上学。这种陋见是怎样形成的暂且撇开不说，单由事实本身就足以说明问题。无论是中国古代形而上学还是古希腊形而上学都与辩证法合成一体，难分难解，有形而上学就必有辩证法，形而上学立根基，辩证法生枝叶。可是在存在主义形而上学中，辩证法之因素被排斥尽净。固然，我们在雅斯贝斯那里能找到生命的二律背反、有限与无限、一般与个别、矛盾、斗争、冲突之类的富有辩证意味的字眼，但他明确地将这些概念限定在人之生存的有限世界中，没有逸出"心理学世界观"之视界。这些矛盾现象的发生，不是由形而上学的根据造成的，相反，它是有限生存世界与无限的存在整体相照面时激起的一种偶然现象，与形而上之存在没有任何本质的联系。

在海德格尔晦涩的描述性话语中也汇聚起一堆貌似辩证的概念，如分解与构造、遮蔽与解蔽、晦暗与澄明、美妙（善）与狂怒（恶）、有与无、肯定与否定、沉沦与超越等等，但这些概念所描述的现象亦存在于现实的世界和历史中，它在形而上没有其存在的必然性根据，因为天、地、神、人的联合体中没有矛盾，只是和谐统一。这样，发生在现实世界中的种种矛盾力量和倾向便成为纯粹的偶然性生存现象。但是我们在存在主义的描述中看到，在存在从自身出发返回自身的道路上，交织着倾向和方向截然相反的两种力量：一种力量直线型地不断向下沉降，向外延伸；另一种力量则不断扭转前一种力量的前进方向，向内返回，向上升起。这两种神秘的力量又是从哪里出发的，又向何处收敛、聚集，海德格尔拒绝回答，偶尔言及，又语焉不详，因为他不愿意或懒得在形而上深究其原始根由。这个问题说不明，所谓的超越和"超越存在"最终都落空了，形而上学也就成为空中楼阁，不堪一击。那些本来熠熠生光的辩证法语言也被锁闭在有限的现实世界中成为断了根的枝叶和花苞，枯萎凋零。遗憾的是，海德格尔巧妙地将人道主义与形而上学勾连在一起，与此同时却笨拙地斩断辩证法与形而上学的原始联系。

第三章
呈现在东方哲学视界中的海德格尔

我们暂且将海德格尔哲学的严重错误悬搁起来，不去深究。单从其建设性成就来看，存在主义形而上学的建立，并不意味着绝对真理在此完全显现出来，新形而上学并没有真正通达绝对真理。尽管海德格尔信心十足地坚信他的哲学成就无与伦比，真理全在他的掌握中，但事实并非如此。存在主义形而上学最终所显示出来的那个绝对存在，即那个天、地、神、人"四重整体"[1]，并不是真理的绝对正确的显现形式，充其量只不过是真理的幻象或假象，是真理的又一种遮蔽形式。因此，我们要最后真正通达绝对真理，首须破除海德格尔精心制作的这一真理的幻象，解构存在主义哲学。

完成这一解构工作，继续停留在西方传统哲学的视野中是不行的。这需要一种全新的哲学视角重新审视存在主义形而上学。这个视角我们找到了——这就是以中国古代形而上学为代表的东方哲学，它为我们提供了一个照亮存在主义哲学乃至整个西方哲学的新维度和新视界（这里还不是具体描述这一新视界的适当地方和时间，我们将在下一章具体描述它。这里亟须说明的是，我们进一步深究存在主义形而上学时，已经转换了视角和视阈）。我们已经按照存在主义自身的状况概略考察了其形而上学的一般情形，现在

---

[1] 这个提法是由美国学者大卫·库尔珀在其《纯粹现代性批判》中首次提出的。

再将它置于中国古代哲学的视界中，让它再度显现一番，以便于使它的真相在中国古代形而上学的阳光下如其本然地暴露出来。只有这样，我们才能对它作出进一步的有效诊断。

按照中国古代形而上学思路，道或绝对存在有形而上（本体）与形而下（现象）之分判，上下之间界限分明。这一分判，首先确定了形而上之道的绝对性和第一性，它自本自根、自生自长，因而是永恒的，永远不可动摇的。它是无所不包的大全，它将宇宙万物之存在圆满地先行设置在自身中，万物都按其预成的完美形式真实无欺地显现出来，因而它首先是至善的。在道的绝对存在和显现中，至善、至美、至真三者是统一的，同一的。这一分判又将形而上之道与形而下之器的关系确定为辩证的关系，形而上之道体向形而下之器界推移、变化，是按照道固有的阴阳对立统一法则进行的，因而道沉入变化万千的器界或现象界之后，无时无处不显现着辩证法之逻辑。此中有真理，有至善和大美，万象纷呈的现象世界亦是道德的世界，美的世界。这就是中国古代哲学视阈中呈现出来的主要东西。我们拿这些东西与海德格尔形而上学相比照，就会更加清楚地看出它的真本相，及其不可补救的先天缺陷，就会更加准确地诊断出他的形而上学的病根之所在。为了确保我的诊断的准确无误，我将继续考问海德格尔，向他提出一系列问题来：他的形而上学的根基为什么不牢固？他将此根基到底安放在哪里？他到底承认不承认形而上之存在的第一性和绝对性？如果不承认，由谁来保证真、善、美的形而上学地位？他以先验存在与经验现象之间互相需要的现象学结构关系取代形而上与形而下的辩证关系，这样做将要引出怎样严重的不良后果呢？形而上学辩证法被取消之后，潜入现象世界的到底是什么东西？它与真正的道德是否相容？在整个存在主义哲学中到底有无真正的道德世界？本篇的全部内容都是围绕或针对这些问题展开的，只是论述的形式有所改变，暂时放弃一对一的问答式，而采取了正面直接论述、阐发的形式。当我们完全澄清海德格尔存在主义的全部真相之时，关于以上诸多问题的正确答案随之而全部给出。

现在就让我们回过头来，在新的视阈中再度审查海德格尔的新形而上学。我们用哲学的习惯思维方式姑且将其形而上学之存在分析为静态的存在和动态的存在，前者为存在之本质或原始结构，即海德格尔精心构造的"四重整体"，后者为前者在时间中、人类历史中的客观演历，海德格尔一般称之为"天命"。我们就从这两个方面来判析海德格尔的形而上学。

第一节　从形而上看新形而上学

从本体或"道"的层面来看，存在主义形而上学的建立并不是对古希腊形而上学的归复，海德格尔的形而上学与柏拉图、亚里士多德的形而上学是有天壤之别的。单从形式方面看，"存在"或绝对存在与"理念"和"现实"极其相似：它们都源始地显现为无蔽状态、逻各斯或话语。柏拉图理念的初始显现为"相"，其逻各斯形式便是柏拉图的辩证法话语体系，海德格尔的形而上之存在，在解蔽中敞开为天、地、神、人的混合体，进而以判断、命题的形式揭示、显现着自身。在话语的层面上，我们可以把它归纳为自由、真理、形而上学与人道主义的统一，也可以称之为存在从自身出发向着自身前进，并返回自身的一条道路。在这自己通向自己的道路上，它有着持存自身，使自身始终保持同一性的内在必然性，所以海德格尔又称之为"天命"。这个"天命"显现的是存在自己存在运动的道路或路线，替换成中国古代哲学的话语，便是天道。将存在主义的这些形而上学话语形式移植到古希腊形而上学，或移置到中国古代形而上学，用来解释柏拉图的"理念"，或孔子的"道"，都能讲得通。但这仅仅是话语形式层面上的相似，在实质上截然不同，这里暂且不谈它与中国古代形而上学的巨大差异，单谈它与古希腊形而上学的实质性区别。

（一）起始不同。海德格尔的绝对存在，是从地上升起来的，其根基在于现实的经验世界。而柏拉图的理念则是离绝感性的经验世界，高悬于天上的。它是从天上直接涌现出来的，其先验性或超验性同时规定了理念之为万物始因的第一性和唯一性。海德格尔也一再宣称他的存在作为超越之物具有超验性，但这种超验性并不能同时保证它的第一性。事实上，海德格尔一再强调的是"此在"或自我存在对存在的优先地位，存在首先是此在着的存在，隐身于存在者的存在。从这个意义上讲，存在的第一性被"此在"的优先权取消了。但是海德格尔也不承认"此在"作为存在的第一性，他将"此在"与存在放置于循环相生的现象学生成过程中，借助"本成事件"[1]，取消了一切存在的直接性和原始的第一性，这样，他便避开了古希腊形而上学中关于存在的始因和第一性问题，使这个问题在他的形而上学中变得晦暗不明。

在这一点上，海德格尔与黑格尔极其接近，他们都不承认有到达顶点的始基，第一性的元存在和未来的终极性。虽然如此，海德格尔还是十分看重经验和经验世界的，时时将经验摆在首要的位置上，并赋予它以存在的绝对性，"经验乃是绝对主体的主体性。作为绝对再现的呈现，经验是绝对者的在场，经验是绝对之绝对性，是绝对在彻底的自行显现中的显现"[2]。因此，超越的存在只能从绝对的经验世界中升起，并从其中获得自身存在的绝对性。

柏拉图的"理念"则是凌驾于经验世界之上的，其绝对性就出在"理念"自身。它流溢出一切感性的经验现象，并通过否定感性世界，显现自身的绝对真理性。海德格尔与柏拉图的区别，在整个古希腊形而上学与现代新形而上学的分野中，颇具代表性和典型性：前者从天上降到地上，并以天上的神性贬抑地上的感性；后者从地上升到天上，并以地上的感性降低天上的神性，进而抬高地上的感性。前者"把形而上学的本质看做一个超越性的世界"，它与感性世界相分离，"并且把超感性世界看做真实存在者，而把感性世界视为仅仅是假象的存在者"；[3] 后者则根据感性世界的实在性或存在者的存在状态思考形而上学的本质，超越的存在是从感性世界中提升起来的。

（二）视阈不同。海德格尔的超越存在，即"天命"或"天道"，是存在

---

[1] 这个概念出自大卫·库尔珀《纯粹现代性批判》，他在解释海德格尔时以"本成事件"替换"因缘整体"。
[2]〔德〕海德格尔著、孙周兴译：《林中路》，第199页。
[3] 同上，第189页。

者之大全和整体，一切存在者都从这个无所不包的"一"中发放出去，又被这个大全一览无余地吸纳进去。它标示出存在的完整界域，显现着存在主义哲学的全视界，整个世界从此视阈中涌现出来。单从字面上看，这与柏拉图的"理念"、"相"极其相似。柏拉图的"理念"也是"存在"的大全或"一"，宇宙万物都涵摄在无所不包的理念中，天、地、神、人都在理念的光照范围内显现出来，像大地万类在太阳的光芒中毕露无遗地显现出来一样。两者都以无蔽的敞开状态揭示着真理和价值。但若将两者还原到各自所从出的原始起点上，巨大的差异便显露出来。

  海德格尔的"天道"以光的形态显现出或开放出绝对真理的整全视阈。这个观点显然是深受柏拉图的"洞穴之喻"启发和影响的结果。他说"科学作为绝对认识乃是光芒，这光芒就是绝对，是照耀着我们的真理本身的光"[1]。光为真理敞开、照亮了存在之场。这个光从哪里来？从存在者整体中间发出，并为存在者所拥有，"在存在者整体中间有一个敞开的处所，一种澄明在焉。从存在者方面来思考，此种澄明比存在者更具存在者特性"[2]。存在作为真理的显现者，其掌握真理的程度，完全取决于自身的澄明程度，以及他与光亮的亲近程度，澄明与光亮是存在者之为存在者的最正确、最逼真、最深刻的本质。"唯当存在进入和出离这种澄明的光亮领域之际，存在者才能作为存在者而存在。唯有这种澄明才允诺、并且保证我们人通达非人的存在者，走向我们本身所是的存在者。由于这种澄明，存在者才在确定的或不确定的程度上是无蔽的。就存在者遮蔽也只有在光亮的区间内才有可能。"[3]据此，我们可以准确无误地断言：那照亮真理之场的存在之光芒来自现实的大地，来自世界，来自世界中的人和存在者，来自人的人性本质。光源如此，其光照的范围也仅限人类生存之空间。这个空间无论在物理的层面上，还是在心理—精神的层面上都超不出人类——文明的人类——托身于其

---

[1]〔德〕海德格尔著、孙周兴译：《林中路》，第148页。
[2] 同上，第39页。
[3] 同上，第40页。

中的世界的界限，就像火炬的光芒只能照亮人居于其中的洞穴的四壁一样。海德格尔真理的视阈就是文明、文化意义上的世界范围或疆域。

在这个世界范畴内，一切直接存在于宇宙范围内的原始的自然都被排除尽净。其世界属于文化或文明范畴，属于历史范畴（其定义我在上一篇中引证过，兹不赘述）。海德格尔曾在别的地方又对世界作出新的解释："这一名称并不局限于宇宙、自然。历史也属于世界。"[1]这里世界似乎将宇宙、自然、人类历史尽收于其中！提醒读者：如果我们脱离开存在主义整个体系，望文生义地仅从字面上这样理解，那就大错特错了！这里的宇宙和自然绝不是原始的直接存在的自然和宇宙，而是被文化世界的框架处置过了的局部的宇宙现象，是拘囚于文化世界中的自然和宇宙。确切地说，存在主义所开放出来的真理视阈是一种独特的世界观，而非包罗万象的世界观。这个世界观凸显的是现实中的人、人的存在，存在者整体及其表象世界。"人对存在者整体的基本态度被规定为世界观。""一旦世界成为图像，人的地位就把握为一种世界观。"[2]

我们再回头来看柏拉图的真理视阈，二者在范围和性质上的差异十分鲜明。柏拉图理念之存在域或真理之视阈也是被某种光照亮、敞开的，但这光不是来自地上或地上的人，它来自天上，天上的神。柏拉图将它比喻为太阳之光，在太阳普照的天地间，真理如其所是地涌现、显现出来。这种显露宇宙万物的神光是真理的绝对显现者。这种光照到哪里，哪里就有真理。它与任何来自尘世间的有限光芒，例如烛光和炬火之类相对立。依柏拉图之见，人世间的光芒不但不能照亮真理，反而遮蔽了真理。所以熄灭人世间的所有光芒，于真理的显现丝毫无损。由于这个缘故，柏拉图的绝对真理体系排斥一切基于感性经验的实证性科学知识。自然、宇宙、人类都在理念之光的照耀下，消解了虚幻的感性现象，如其本然地、原始地显现出来。在这里，自

---

[1]〔德〕海德格尔著、孙周兴译：《林中路》，第90页。
[2]同上，第95页。

然是本初的自然，宇宙是元真的宇宙，人类是本真的人类。在这普及天地的光照中，没有丝毫来自人类历史文明的影响和痕迹。显然，柏拉图的真理视阈是超现实的神的眼光所看到的天地，是真正的超越的宇宙观。而海德格尔的真理视阈，是人的眼睛看到的尘世，是聚焦人类生存的世界观。其真理体系是没有神性的世俗知识，它并不排斥各种形式的实证科学，并与种种实证科学纽结在一起，相互因依。[1]

海德格尔的真理视阈与价值视阈是统一的。他在阐释尼采的价值观时，明确地将价值规定为一种视角和观点，由生命之光照亮了的存在视界。[2]其基本特征为欲望或生存欲望。欲望的显现方式为：存在者在澄明中将欲望的对象自行表现出来，并按照存在者自身存在的目标圆满地实现它、完成它，最终占有它。它具有提高和保存两大特性。提高是指欲望的自行增长，保存是将不断生成着的欲望对象持存于自身，并与自身统一。价值作为观点，它开放出欲望的所有构成条件和要素的全视阈，也就是欲望的提高和保存得以产生和实现的全视阈。无论是在个体生命方面，还是在生命体的支配性构成物方面，如国家、宗教和社会等，都是如此。海德格尔十分赞同尼采对价值的独到见解，"'价值'，从本质上说，就是这种支配性中心的增或减的观点"[3]。

---

[1] 海德格尔自己是这样解释的："按照那种本质性的、为形而上学所要求的，并且总是一再被重新寻求的形而上学与诸科学（它们乃是形而上学滋生的后裔）的交织关系，期备性的思想有时也必然要在主科学的范围内活动；因为，诸科学始终还以多样的形态要求现行给出知识和可知职务的基本形成，不论这是有意识的，还是以诸科学的作用和效果的方式来要求的。"（《林中路》，第225页）

[2] 海德格尔认为，价值的本质在于成为观点：作为观点，价值总被一种观看，并且为这种观看而设立起来了。这种观看具有这样的特性，即它看，是因为已经看到了，而且它已经看到，是因为它表象并设定了被看见的东西本身。（《林中路》，第241页）一切存在者的本质——具有这样欲求的本质——于是就占有自己，并为自己设定一个视点。这个视点给出要遵循的视角。这个视点就是价值。（《林中路》，第242页）所以，生命体乃是一个由提高和保有这两个基本特征联结起来的产物，即"生命的复合构成物"。作为观点，价值引导着那种"着眼于复合构成物"的观看。这种观看一向是那种贯通一切生命体的生命目光的观看。由于生命为生命体设定视点，生命在其本质中便表明自身是设定价值的生命。用尼采的话来说，"着眼于生成范围内的生命之相对延续的复合构成物"。价值就是"保存—提高的条件的观点"。（《林中路》，第243页）

[3]〔德〕海德格尔著、孙周兴译：《林中路》，第244页。

当海德格尔将价值视为"贯通一切生命体的生命目光"的观看时，价值的视阈也就是真理所敞开的澄明之场，这个澄明之场也就是世界开放出来的存在境界或视阈。"'世界'乃是存在之澄明，人从其被抛的本质而来置于这种澄明中。"[1]"存在根本上也比一切存在者更广阔，因为存在就是澄明本身。"[2]显然，贯通一切生命体的生命目光亦在存在之澄明境界之内，不可能超出此澄明范围。由于存在之澄明是从人的世界和历史中提升起来的，这生命目光也仅限于人类生存范围。价值之为观点，也就是人类的观点，是人的目光所能开放出来的视野，它排斥了人类之外的其他生命的目光视野。一言以蔽之，存在主义价值视野，也就是存在之澄明，澄明之世界，它与其真理视野本无二致。

海德格尔又将价值解释为人的对象化，或人按照自己的既定目标表象，生成对象世界的行为。他说："对于现代的存在者解释来说，与体系同样本质性的，乃是对价值的表象。惟当存在者成为表象之对象之际，存在者才以某种方式丧失了存在。这种丧失是十分不清晰和不确实地被追踪到的，并且相应地很快就得到了弥补，因为人们赋予对象和如此这般得到解释的存在者以一种价值，并根本上以价值为尺度来衡量存在者，使价值本身成为一切行为和活动的目标。由于一切行为和活动被理解为文化，价值便成为文化价值，进而，文化价值竟成为对一种为作为主体的人的自我确证服务的创造的最高目标的表达。由此出发，仅只还有一步之遥，就可以把价值本身变成自在之对象了。价值是对那种在作为图像的世界中的表象着的自身设定活动的需求目标的对象化。"[3]

如此解释价值，价值便成为人在自己的对象化活动中生成的文化价值，价值的视野也就仅限于人的对象化世界范围。其世俗的人道性质更为突出，显著了。但是这种对象化了的有限文化价值，据海德格尔说，是被他坚决地扬弃和否定的东西，因为它具有异化或物化的性质，存在因此而被遮蔽、甚至丧失了。"这就是说，通过把某物评为价值，被评价的东西仅仅被容许作

---

[1] 〔德〕海德格尔著、孙周兴译：《路标》，第412页。
[2] 同上，第397页。
[3] 〔德〕海德格尔著、孙周兴译：《林中路》，第103页。

为人之评价的对象。但是，某物在其存在中所是的东西，并不限于它的对象性，尤其是当这种对象性具有价值之特征时就更是如此。一切评价，即便是肯定的评价，都是一种主体性。一切评价都不是让存在者存在，不如说，评价只让存在者作为它的行为的客体而起作用。"[1] 问题是，这个对象化的异化价值，真的被海德格尔消解了？事实并非如此。他曾在《存在与时间》中一再表述这样一个带有几分辩证意味的观点：存在就在真与不真中，存在必然将自身抛出，沉沦于世界中。唯其被抛，才有遮蔽，唯其遮蔽，才有解蔽，唯有出离，才有收回。所以，沉沦、遮蔽、异化或对象化，是存在从自身而来，向着自身而去，最终返回自身之道路上的必然性阶段，它是合理的，因而是合乎存之本真的。固然，海德格尔也有他自己的理想价值，这个价值全然不同于异化或外化的文化价值，它是由良知内在地照明并敞开的，并由决心筹划出存在向着未来存在的全部可能性，或能在的全体。这一内在价值标划出本真存在的整体境界和范围，它对外在的价值形成解构关系。但解构不是彼此相互毁灭、摧毁，而是关系的转换和深化，在隐秘的内在结构层次上，两者是内外相维、纽结在一起的。就像存在主义形而上学知识与诸种实证科学知识相互因依一样，存在主义的内在价值与外在的对象化价值亦是不可分离、相互依存的。更为重要的事实是，良知的目光亦在存在的澄明、澄明的世界中。良知的视阈与真理的视阈俱在同一范畴。

　　固然，柏拉图的真理视阈与价值视阈也是同一的。相比之下，其价值视阈比存在主义的价值视阈广阔得多。太阳之光，或神的目光所及之处，相或神的表象也就跟着涌现出来，真理存在于天地间，大善也就生成于天地间。这个囊括宇宙的价值视野，像敞亮透明的天空一样，高悬于大地之上，离绝尘世的一切有限现象而独立存在，它消解了现实中一切感性的个别的存在，在万千变化中岿然不动、静静地持存自身，保持着自身的绝对同一性，永恒地圆满自足，成为磅礴宇宙的永恒的完善和大美。

---

[1]〔德〕海德格尔著、孙周兴译：《路标》，第411页。

第二节　从形而下看存在之"天命"

从现象或器用层面来看，海德格尔的"天命"并非真正的天道，而是沉沦于器用之中的历史之道。"天命"作为存在持存自身的本真显现，是对一切存在者之存在的超越。它先行居有着存在者或"此在"的时间性演历形式，"此在"作为能在而曾在，于是存在自身显现为由过去——现在——将来三环节合成的时间性结构，这一结构使"此在"成为历史性存在。但这一先在的历史性不能内在地持立自身，它难以逃脱被存在抛出的命运。它必然地不可避免地沉入客观历史。于是"天命"便显现为世界历史的客观演历过程，成为可经验的世界历史命运。存在被抛入历史，出离了源始的居留地，无家可归。"无家可归状态变成一种世界命运。因此就必要从存在历史上来思考这种天命。"[1]"天命"沉沦为一种历史的经验或经验着的历史，在自我存在方面显现为由决心表出的个人"命运"，在社会存在方面则显现为民族的命运或世界命运。"但若命运使然的此在作为在世的存在本质上在共他人存在中生存，那么它的演历就是一种共同演历，并且被规定为天命。我们用天命来标识共同体的演历、民族的演历。""此在在它的'同代人'中并与它的'同代人'一道有其具有命运性的天命，这一天命构成了此在的完整的本真演历。"[2]

依海德格尔之见，"天命"并没有因它沉入世界历史而彻底放弃自身的先验存在权力，它在客观历史的内在方面还持存着先验的历史性时间结构。先验的历史性与经验的世界历史是内外相维的，前者是本真的，并规定着后者。"并非这样或那样有一条现成的'生命'轨道和路程，而此在则只是靠了诸多阶段的瞬间现实才把它充满；而是：此在的本己存在先就把自己组建为途程，而它便是以这种方式伸展自己的。在此在的存在中已经有着与出生和死亡相关的'之间'。"[3] "历史性这个规定发生在人们称为历史（世界历

---

[1]〔德〕海德格尔著、孙周兴译：《路标》，第 400 页。
[2]〔德〕海德格尔著、陈嘉映等译：《存在与时间》，三联书店 1999 年版，第 435 页。
[3] 同上，第 424 页。

史的演历）那个东西之前。首须以此在为基础，像'世界历史'这样的东西才有可能，这些东西才以演历方式成为世界历史的内容；而历史性就意指这样一种此在的演历的存在建构。"[1] 从这个意义上讲，历史并不是与人相外的陌生的客体，是供人去认识的纯粹客观的对象，历史就在人们的存在之中，人们在历史之中存在。"历史本身不只是人们对之有所认识的东西，不只是书本讨论的对象，毋宁说，我们自身就是历史，我们在历史中承荷自身。"[2]

虽然如此，世界历史因其具有"便……沉沦"的性质，便造成对存在本真的遮蔽。"作为发送真理的天命，存在始终被遮蔽着。"[3] 所以，海德格尔要对世界历史进行解构。解构的实质是对历史进行还原，就是让存在从历史的某个终点撤回，返回到历史的源头，占有历史的源始经验。这样，"天命"便显现为对世界历史全过程的回顾和追溯。通过对历史的回顾和追溯，人的本质如其本然地显现出来。在这个意义上讲，海德格尔的占有起始、通达未来的天命，是一种独特的人道主义的历史还原主义，或历史主义的人道主义。人道主义"一方面，这就要求我们更为原初地去经验人之本质；另一方面，这也要求我们去指明，这种本质何以以其方式变成命运性的"[4]。

从历史主义的角度看，海德格尔的"天命"所显现的是西方的历史演进过程，或整个西方文明史，它所要追溯的也是西方文明历史的发端及其存在状况。[5] "对存在者整体的原始解蔽，对存在之为存在的追问，和西方历史的发端，这三者乃是一回事；它们在同一个'时代'里出现，这个'时代'

---

[1] 〔德〕海德格尔著、陈嘉映等译：《存在与时间》，第 24 页。
[2] 〔德〕海德格尔著、孙周兴译：《路标》，第 39 页。
[3] 同上，第 400 页。
[4] 同上，第 407 页。
[5] 海德格尔对此作出明确的解释："存在之命运始于区分之遗忘状态，并得以在区分中完成自身；但区分之被遗忘状态并非一种缺乏，而是一个最丰富和最广大的本有事件——在其中，西方的世界历史得到了裁决。它乃是形而上学的本有事件。现在存在的事物就处于存在之被遗忘状态的早已先行的命运的阴影之中。"（《林中路》：第 387 页）这里的命运，乃是西方历史之道，它作为形而上学存在潜入存在者的历史轨迹中，并在其阴影中持存自身。

本身才无可度量地为一切尺度开启了敞开域。"[1] "存在作为思想之天命而存在。但这种天命在自身是历史性的。天命之历史已然在思想家的道说中达乎语言了。"[2] 所以，"天命"又显现为以语言文字为表征的整个西方文明史。

从人道主义的角度看，"天命"所要还原的是古希腊以前的神——人合一的原始经验，它不同于西方文艺复兴运动以来的人道主义，而更接近于荷尔德林的人道主义。"从历史学上来理解的人道主义总是包含着一种 studium humantatis（对人性或人道的研究），而这种研究又以某种特定的方式回溯到古代，因而总不外乎成为一种对希腊文明的复兴。这种情况表现在德国十八世纪以温克尔曼、歌德和席勒为代表的人道主义中。与之相反，荷尔德林不属于'人道主义'之列，而且乃是因为，他比这种'人道主义'所能做到的更为原始地思考人之本质的命运。"[3] 这更为原始的人之本质的命运，就是主宰着希腊诸神命运的自然，这自然是为荷尔德林与海德格尔所共同追求和祈向的。[4] 因为这自然"不仅高超于一切'基本元素'和一切人性的东西，而且甚至高超于诸神"[5]。海德格尔的天、地、神、人联合体，实质上指的就是这种自然。

上述历史主义的视野揭示出海德格尔的理想之维，在此显现出他诗人般

---

[1] 〔德〕海德格尔著、孙周兴译：《路标》，第 219 页。
[2] 同上，第 428 页。
[3] 同上，第 376 页。
[4] 但现在正破晓！我期候着，
    看到神圣之到达。神圣乃我的词语。
    因为自然本身其老更甚于时间
    并且逾越东、西方的诸神，
    自然现在随武器之音苏醒。
    而从天穹高处直抵幽幽深渊，
    循牢不可破的法则，一如既往地
    自然源出于神圣的混沌，
    重新感受澎湃激情，
    那创造一切者。（荷尔德林：《如当节日的时候……》，引自《路标》，第 276 页）
[5] 〔德〕海德格尔著、孙周兴译：《路标》，第 276 页。

的复古的浪漫主义情怀。他又是一位清醒的现实主义者。在现实的维度上，他将自己的历史视野准确地限制在近代资本主义历史上，尤其关注具有异化性质的现代资本主义世界，奠基于笛卡儿新形而上学的近代世界历史构成其历史主义的现时代视阈。这个时代的历史本质是形而上学，理性或工具理性先行构筑起现代形而上学。"形而上学建立了一个时代，因而形而上学通过某种存在者解释和某种真理观点，为这个时代的本质形态奠定了基础。这个基础完全支配着构成这个时代的特色的所有现象。反过来，一种对这些现象的充分沉思，必定可以让人在这些现象中认识形而上学的基础。"[1]最能集中体现这个时代本质特点的历史现象，是科学技术，因为"现代技术之本质是与现代形而上学之本质相同一的"；是文化政治，因为人类活动完全、彻底地成为文化；是普遍发生的"弃神"，"弃神乃是一个双重的过程：一方面，世界图像被基督教化了，因为世界根据被设定为无限的、无条件的、绝对的东西；另一方面，基督教把它的教义重新解释为一种世界观（基督教的世界观），从而使之符合于现代"。"一旦到了这个地步，则诸神也就逃遁了。"[2]

所有这些最富有时代本质特色的现象，无一不揭示着现代历史的"异化"性质。"天命"因此而沉沦于现代历史，遮蔽于异化的世界历史现象中，显现为人的异化，其根源在于"现代人无家可归的状态"。"异化"、"无家可归"是现代人无法逃避，共同遭遇的一种世界历史命运。这就是海德格尔的"天命"在现代历史经验现象中所昭露出来的东西。

显然，从历史主义的维度看，海氏的"天命"绝非没有任何历史内容的空洞抽象，它具有非常具体的历史经验，它揭示的就是现代资本主义的形而上学根基与其对象化世界的现象学关系。整个工具—技术理性世界及其对人性的异化，成为他集中考察的对象。他是继黑格尔和马克思之后，深刻反思现代资本主义文明之全面异化的第三个伟大哲人。如果说黑格尔从形而上方

---

[1]〔德〕海德格尔著、孙周兴译：《林中路》，第77页。
[2] 同上，第78页。

面抽象地考察了劳动的外化或对象化,马克思从形而下方面具体地、历史地考察了劳动的异化,那么,海德格尔则从先验与经验两个方面综合考察了比劳动更为内在的东西——工具—技术理性——的异化。他的"因缘整体"或"本成事件"所描述的就是支配现代世界的工具理性的结构方式和存在形式。在这个意义上讲,存在主义哲学实质上是一部现代资本主义的历史哲学。他们三人共同创造了全面揭示整个资本主义历史本质的最深刻、最正确的现代世界历史哲学。像马克思一样,海德格尔也从另一个角度——个体生存——揭示出没有真理的资本主义历史的真理。

与马克思有所不同的是:海德格尔不是从社会总体的外在方面,而是从文化—心理的内在方面细致入微地分析、洞察资本主义条件下对象化世界的异化性质的。虽然海德格尔的哲学视野扩展到世界范围之内,但其聚焦点仍集中在个人的生存状态上。个人的生存方式和心理—行为形式成为他透视整个异化世界的窗口,透过这个窗口,他为人们准确地揭示出人的本质的对象化世界的内在积淀形式或内化心理结构——"常人"。

"常人"是世界的此在样式,世界虽然不是由某个不可名状的独立主体发放、生成的,但它在现实的当下存在的维度上委实是由谁也不是的类似主体的东西担当着,"这个谁就是那个在变居不定的行为体验中保持其为同一的东西,就是那个从而同这种多样性发生关系时的东西"[1]。这个在时间的变易中保持自身同一性的东西,就是"常人"。"这个谁不是这个人,不是那个人,不是人本身,不是一些人,不是一切人的总数。这个'谁'是个中性的东西:常人。"[2] "常人"也可看成"此在"和世界。"此在就是我自己一向所是的那个存在者"[3];"假如人们竟要把一般世界和世内存在者等同起来,那么人们势必要说,'世界'也是如此"[4]。"常人"的基本存在方式和特征

---

[1] 〔德〕海德格尔著、陈嘉映等译:《存在与时间》,第133页。
[2] 同上,第147页。
[3] 同上,第132页。
[4] 同上,第137页。

是：庸庸碌碌、平均状态、平整作用、公众意见、卸除责任和迎合。[1] 所有这些都揭示着"常人"的异化性质："在上述这些方式中作为存在者存在的时候，本已此在的自我以及他人的自我都还没有发现自身或者是已经失去了自身。常人以非自立状态与非本真状态的方式而存在。"[2] "这种在其日常存在方式中的存在建构其本身就是那个在最初错失自身和遮蔽自身的东西。"[3]

"常人"失却本真，遮蔽本真，然而它却是存在在滔滔不绝、滚滚向前的日常生活之流中持存自身，保持自身为同一性的最可靠的存在方式。唯有"常人"如此存在，世界才是现实的世界，历史才是有生命的历史，才能

---

[1] 为这种差距而操心使共处扰攘不守——虽然这一点对共处本身讳莫如深。从生存论来表达这层意思，共处就有庸庸碌碌的性质。这种存在方式对日常此在本身越不触目，它就越是顽强而源始地发挥作用。共在包含庸庸碌碌，这又是说："此在作为日常共处的存在，就处于他人可以号令的范围之中。于是他自己存在；他人从它身上把存在拿走了。"——这就是海德格尔对庸庸碌碌的解释。（《存在与时间》，第147页）关于平均状态、平整作用、公众意见、卸除责任和迎合，海德格尔作了如下的解释："常人本身有自己去存在的方式，前面我们把共在的一种倾向称为庸庸碌碌，这种倾向的根据就在于：共处同在本身为平均状态而操劳。平均状态是常人的一种生存论性质。常人本质上就是为这种平均状态而存在。因此常人实际保持在下列种种平均状态之中：本分之事的平均状态，人们认可之事和不认可之事的平均状态，人们允许他成功之事的和不允许他成功之事的平均状态，等等。平均状态先行描绘出了什么是可能而且容许去冒险尝试的东西，它看守着任何挤上前来的例外。任何优越状态都被不声不响地压住。一切源始的东西都在一夜之间被磨平为早已众所周知之事。一切奋斗得来的东西都变成唾手可得之事。任何秘密都失去了它的力量。为平均状态操心又揭开了此在的一种本质性的倾向，我们称之为对一切存在可能性的平整。"庸庸碌碌，平均状态，平整作用，都是常人存在的形式，这几种方式组建我们称为'公众意见'的东西。公众意见当下调整着对世界与此在的一切解释并始终保持为正确的。这不是基于公众意见有一种对'事物'的别具一格的与首要的存在关系，不是因为公众意见对此在有格外适当的透视能力，这倒是以'对事情'不深入为根据，是因为公众意见对水平高低与货色真假的一切差别毫无敏感。公众意见使一切都晦暗不明而又把如此隐蔽起来的东西硬当成众所周知的东西与人人可以通达的东西。"常人到处在场，但却是这样：凡是此在挺身出来决断之处，常人却也总已经溜走了。然而常人却预定了一切判断与决定，他就从每一个此在身上把责任拿走了。常人仿佛能够成功地使得'人们'不断地求援于它。常人能够最容易地负一切责任，因为他绝不是需要对事情担保的人。常人一直'曾是'担保的人，但又可以说'从无其人'。在此在的日常生活中，大多数事情都是由我们不能不说是'不曾有其人'者造成的。""常人就这样卸除每一此在在其日常生活中的责任。不仅此也，只要在此在中有轻取与轻举的倾向，常人就用这种卸除存在之责的办法迎合此在。又因为常人经常用卸除存在之责的办法迎合每一此在，这样就保持并巩固了他的顽强统治。"（《存在与时间》，第148—149页）

[2] 〔德〕海德格尔著、陈嘉映等译：《存在与时间》，第149页。

[3] 同上，第151页。

按必然性规律重演或连续自身。"常人"揭示着自我在世界历史中的同一性，但这个自我不是独立于世界的先验主体，因为"一直给定的从不是无世界的单纯主体。同样，无他人的绝缘的自我归根到底也并不首先'给定'"[1]。"常人"自身处在一种被抛出的命运中，它在与世界相互照面和召唤的过程中生发、成长起来，因而"常人"自身绝非某种寂然不动的实体，它也不是通过含摄诸多变化和偶性来保持自身统一性的。它的自身统一性就在它自己的变化推移中，它通过变化保持或呈现为同一的，"常人不是个别此在的类，也不是可以在这个存在者身上找到一种常驻的现成性质"[2]。"常人"的不常驻性以及它在世界历史中的变易性，将它自己显现为一种命运，或承荷着命运的存在。这种命运具体表现在这样的情形中：常人似乎掌握着存在的所有可能性，然而它却不去选择任何可能性，更不知让谁来选择何种可能性，连"常人"自己也弄不清自己到底是谁，它被无名的力量牵着走，它被冥冥的命运捉弄着。"常人总已经从此在那里取走了对那种种存在的可能性的掌握，常人悄悄卸除了明确选择这些可能性的责任，甚至还把这种卸除的情形掩藏起来。谁'真正'在选择，始终还不确定。此在就这样无所选择地由'无名氏'牵着鼻子走，并从而缠到非本质状态之中"[3]。

命运，"常人"的命运在此显现为一种牵引着存在者出离本真并使之沉沦的无名力量，显现为无名的力量对"常人"统治。尽管它以"常人"的统一性形式显现出来，但它与源始存在的自一性相隔一条鸿沟，它是与本真存在相分离的一种异化力量。海德格尔把这一巨大的、无人主使的人人都无法主宰而必须服从的异化力量看成是合理的存在，存在论上的合理环节，因而具有"天命"的性质和特征。"天命"在个人存在的现实性中显现为"常人"的命运。究其实，如此存在、显现着的"天命"，乃是异化的世界历史持存自身的必然性规律和法则，是筑基于工具—技术理性之上的资本主义现代世

---

[1] 〔德〕海德格尔著、陈嘉映等译：《存在与时间》，第135页。
[2] 同上，第150页。
[3] 同上，第307—308页。

界的内在性持立之道，是技术理性的绝对力量对现代世界的统治。

何以见得？我们通过进一步追溯异化力量所由发生的源头，这个问题将会完全得到澄清。按照海德格尔一贯的思维方式，此在着的"常人"已经禀持着超越"常人"自身的内在性先行结构，"常人"所取走的一切可能性都是由这个先行的结构草描、筹划出来的。这个先行结构——比"常人"自身的存在形式更为内在、更为源始的结构，就是由因缘整体的内在意蕴生成的意义结构。这一结构将领会着的因缘整体性，分环勾连，并以"有用性"将分成环节的分立存在的各个含义联结成一个意义整体。"领会让自己在这些关联本身之中得到指引，并让自己由这些关联本身加以指引。我们把这些指引关联的性质把握为赋予含义。在熟悉这些关系之际，此在为它自己'赋予含义'，它使自己源始地就其在世领会自己的存在与能存在。'为何之故'赋予某种'为了作'以含义；'为了作'赋予某种'所用'以含义；'所用'赋予了却因缘的'何所缘'以含义；而'何所缘'则赋予因缘的'何所因'以含义。那些关联在自身勾缠联络而形成源始的整体，此在就在这种赋予含义中使自己先行对自己的在世有所领会。"[1] 以如此方式联络起来的意蕴整体向着世界开放出此在在世或登场的所有可能性，它敞开出此在能存在的先验场域。在此场域中存者才在世界中露面。"处于对意蕴的熟悉状态中的此在乃是存在者之所以能得到揭示的存在者层次上的条件——这种存在者以因缘（上手状态）的存在方式在一个世界中来照面，并从而能以其自在宣布出来。"[2] "常人"作为在世的存在者，就是从这个先在的意义场中走出来的，它像接受命令、被人派遣似地义无反顾地向着可能性目标趋赴。这个无形的命令仿佛出自"常人"自己的意愿，因为可能性是基于先行领会而被筹划出来的，但又在"常人"的自由意志之外，因为每一个存在者都必须如此这般地被派遣、发送，都被这无形的命令支配着。它不是由某一个此在着的"自

---

[1] 〔德〕海德格尔著，陈嘉映等译：《存在与时间》，第102页。
[2] 同上。

我"或单个他人发出的，它是被领会着的意义整体发布出来的。意义整体是命令的唯一发布者，它因此而成为"常人"命运的主宰。支配"常人"命运的绝对力量就是从这里产生、发放出来的。它就是无名力量的源始发端。"常人"的命运在它的源始地带显现为一种特殊的命令，它不同于中世纪神学中上帝的命令，也不同于现实的政治、军事生活中首领和将军的命令。不同之处在于："不再是把每个实体都看做为一个具有能动力量的中心，并由它来作用于那些围绕着它的东西；现在，每个实体都是作为向命令开放、并任由命令塑造的东西而被遭遇的，但在这种命令的颁布过程中，却没有任何向外放射命令性力量的中心。"[1] 这一解释可以帮助我们避免一种对意义整体的误解。准确地说，意义的整体是命令从中任意发布出来的发射场，而不是主体或实体意义上的命令发布中心。它是诸多存在者在世之可能性的推动性力量的聚集场，又是将诸多存在者弹出源始存在的发散地。

这一特殊的命令及其主宰的常人的命运，实质上是技术—工具理性在个体行为中的内化和积淀形式。这里的技术和工具不是物化形态的技术体系和工具系统，而是一种现代性精神价值形态。库尔珀对此作过比较精确的解释："海德格尔这里所说的技术不仅仅是机器。它们是一种转喻，指的是他称做为技术的特定的可能性领域。他把机器技术与数量化自然科学仔细区分开来，但他颠倒了对它们之间关系的普遍理解。对于他来说，技术这个术语包含了对人和事物的存在的一种特定理解，某些特定种类的活动在世界中的开放可能性。"[2] 也就在这个意义上，海德格尔又将技术等同于"天命"，并与"常人"的命运纽结在一起。"技术在其本质中乃是沉沦于被遗忘状态的存在之真理的一种存在历史性的天命。"[3]

技术作为一种特殊的理性精神，它为存在在世界中开放出可能性场域，

---

[1] 〔美〕大卫·库尔珀著、臧佩洪译：《纯粹现代性批判——黑格尔、海德格尔及其以后》，商务印书馆2004年版，第229页。
[2] 同上，第224页。
[3] 〔德〕海德格尔著、孙周兴译：《路标》，第401页。

这个场域为存在者在整个对象化世界中存在勾勒出一个先在框架和结构。一切直接存在的自然和自然的人都被这个先行框架处置、设计、计算过了，并以被处置、处理过的形式再度在世界中显现出来。因而在这个技术框架内，一切原始的、直接的、本真的东西都被改头换面，成为丧失原真的非本真存在。这正是技术理性的异化性质之所在。海德格尔坦然承认这一点：技术的命令似乎以人的意愿被贯彻着，在贯彻意愿的过程中人被异化着，并显得心安理得，"人的意愿也只能是这样地以自身贯彻的方式，即，人的意愿事先就把一切（虽尚不能遍览一切）逼入它的领域之内。一切都自始而且不可遏止地变成这种意愿的自身贯彻的制造的材料。地球及其大气都变成原料。人变成被用于高级目标的人的材料。把世界有意地制造出来的这样一种无条件自身贯彻的活动，被无条件地设置到人的命令状态中去，这是从技术的隐蔽本质中出现的过程。这种情形只是到了现代才开始作为存在者整体之真理的命运展现出来，虽然存在者整体之真理的零星现象与尝试，一向始终散见于文化和文明的广泛领域之内"[1]。这里，海德格尔在描述技术理性的异化特性的同时，还明确指出：他所说的技术理性，或以命令状态呈现的技术的本质，主要揭示的是现代文明世界，亦即现代资本主义文明世界的本质和真理。他所说的"天命"在这里具体地显现为现代技术力量对人普遍发生的异化作用和绝对统治。

总之，从历史主义的维度看，海德格尔的"天命"没有多少形而上学的超越性质。它与整个西方历史的内在必然性纽结在一起，与西方现代历史搅成一团，沉潜在现代世界的最深处，透过个人心理—行为这一窗口，显现为"常人"的命运，揭示出"常人"被异化的非本真状态，继而在"常人"的更为内在方面，显现为技术理性的律令，及其对"常人"的绝对统治，揭示出现代世界工具—技术理性对人的全面异化性质。所有这些构成一幅精妙绝伦的微观图画，它惟妙惟肖地描绘出异化的资本世界在主观心理世界中的投影、影像和典型表象，从内在方面折射出资本世界的全部真相。如果说马克

---

[1]〔德〕海德格尔著、孙周兴译：《林中路》，第303页。

思在物质性的生产力和生产关系中发现了现代资本世界的异化真相和秘密，并把它宣布为真理，海德格尔则从个人的深层心理结构中发现了现代异化世界的内化形式和积淀物。他洞幽发微，层层深入，让这些内化形式逐层显现、暴露出来。它首先显现为"常人"的内在结构，继而在更深层次上显现为工具—技术理性的结构方式和形式，即基于对工具的先在因缘整体的领会而联结起来的意义整体，并指出两者都是对人的本真的遮蔽形式，具有异化的性质。像马克思一样，他清醒、冷静甚至冷酷地将这些深层异化形式规定为存在向着世界抛出，并在世界之中存在的合理环节。这样，以如此形式显现着的"天命"，自然也就成为现代世界历史的真理，由于存在主义从另一个角度说出了现代资本世界的隐秘的异化真相，它和历史唯物主义一样，是关于没有真理的资本主义历史的真理。

第三节 海德格尔的"天命"所遮蔽的真理

资本主义历史没有真理，这并不意味着它没有法则和必然性规律，事实是，现代资本世界比人类历史上任何一种社会形态更合乎必然性和法则。它像一部巨大的机器，每一个组成零件都按照严密的被设计、计算出来的程序、步骤和规则有条不紊地运行。更为确切地说，它本身就是一部庞大的机器，或由诸多机器聚合而成的机器整体。整个机器世界被计算出来的机械性法则和规则严密地控制、统治着，这就是现代资本世界固有的像铁一样坚硬的必然性法则和规则。正是这一冰冷生硬、不通人性、毫无灵气的死规律，将真正的人性和道德从它所统治的机器世界中驱逐出去。我们说现代资本世界无真理，指的就是这个事实：在这个全面异化的世界中，没有本真的人和人性，没有真正合乎人性的永恒价值和至善，只有物化的人、人的异化，只有四处流溢的恶。所以，现代资本世界的真理具有两面性：一面是统治、奴役、异化人的机械性法则和规律的持存和守护，另一面则是人性和道德的逃遁和阙失。作为揭示这一真相的海德格尔之"天命",亦具有这种两面性:它一方面真实、具体、细致入微地揭示出现代世界之外部机械法则的内化形式,另一方面则以人的内在异化遮蔽更为深湛的人性和道德精神,"常人"无人性,筑基于功利性之上的意蕴整体缺失道德世界的根基。他所草描出的自我存在的先行结构,更适宜于大恶的存在和显现,而不是至善的先在结构。

"天命"无人,"天命"有道而无德。这个事实海德格尔至多一半承认,一半否认。

他否认这个事实,是因为他坚信自己是最坚定、最彻底的人道主义的弘扬者。他的存在主义就是人道主义,他特别推崇尼采的新人道主义,并以尼采事业的忠实继承者自居。问题全出在这里:尼采的新人道主义是含有对立两极的悖论体系,它与康德的二律背反情形有几分相似,但不尽相同。如果说人道主义作为正题在尼采哲学中能够成立,那么,作为反题的非人道主义也能成立,并且反题是从正题中合乎逻辑地产生出来的,而康德二律背反中的对立两极则没有这种合乎逻辑的过渡关系。

尼采的新人道主义的确立,宣布了人对神的彻底胜利,是他完成了杀死上帝的惊天动地的伟大哲学事业,将文艺复兴以来的弃神运动推向顶峰,并以此终结了旧人道主义,在哲学领域中开启了新人道主义。由笛卡儿奠基的近代理性—人道主义,虽然确立了理性对神性的绝对权威,但神的形而上学地位还以某种形式被保留着,人的理性与神的关系还没有被彻底斩断,因而在思想的领域中人的解放还不算是十分彻底的。尼采干脆利落地杀死了上帝,彻底斩断人与神的任何形式的联系,将人从神的统治下完全彻底地解放出来,把神的天下毫无保留地全盘交托给人。人稳稳当当地站立在由人自身掌控的大地上,剥去一切神性的伪装和外套,将人自身所有的能够在尘世中合理存在的一切东西,毕露无遗地呈现出来。就此而论,尼采无疑是哲学领域中最伟大的解放者,最杰出的解放人类的思想家,最彻底的人道主义者。但是,尼采并没有把上帝之死作为人之解放的终点,而仅仅将它作为继续解放人、提升人的一个起点。从此出发,不断提升世俗人性、人的本能愿望和欲求，不断扩张人的权利意志和征服、统治世界的权能，循此路线一直走下去，走到极端处便出现了高高在上的超人。超人虽然是从世俗的人群中提举起来的，但他拥有着过去上帝曾有过的权能和超强力量，这个力量足以主宰宇宙万物和人类，足以陶铸万物，支配、统治一切。它成了尘世间的新上帝。从天上上帝手中夺回来的本属于人的天下和权力，现在又由人亲手将自己夺来的一切全盘交托给超人。人们像先前跪倒在上帝面前一样，现在又五体投地地拜倒在超人的脚下，顶礼膜拜，俯首帖耳，接受、服从、执行超人的命令。超人统治一切，主宰一切。在这里只有超人的权力是至高无上的，超人的存在是绝对的、神圣的。它的神圣、绝对和至高无上，又是通过否定、剥夺芸芸众生的权力来实现自身的。这就像中国封建社会的皇帝：皇帝一人成神圣，天下百姓成草芥。有一个超人成为绝对的自由人，天下万众不自由，沦为超人的奴隶。就此而言，尼采的新人道主义毁灭了真正的人道主义，尽管他的出发点是人道主义的，但在其终点上却合乎逻辑地发展为反人道主义。

尼采是世俗的人性价值的最坚定的捍卫者和伟大的建设者，但他又是人的价值的剥夺者和破坏者。他一方面大力鼓吹人的诸多感性欲求和愿望的合理性，诱导人们全面地发展、扩张自己的欲望，自由地发放、提升、增进自己的感性欲求，并且宣称这是人们杀死上帝之后自己生产、创造自己，自己筹划、设计自己的神圣权力；另一方面，尼采又让他理想中的超人意志、欲望和欲求无限制地扩张、膨胀，直至扩张到整个宇宙和世界。超人成为宇宙的中心和主宰。整个宇宙成为超人意志支配的对象，成为超人欲求、占有的对象。超人的存在成为整个世界生物（包括人类）的价值中心，山川草木、鸟兽鱼虫、天、地、神、人都成为超人任意攫取占有、处置的原材料，一个超人的绝对价值确立了，所有人群的存在价值都被超人取消、吞灭了。

尼采是哲学中的拜伦。他像拜伦一样是最坚定、最勇敢的个人自由主义者，又是一位扼杀自由的最可恶、最蛮横的思想暴君或大独裁者。这两者之间看似形同水火，实则是一对连体婴儿，后者是从前者合乎逻辑地产生出来的结果。个人自由主义的持立核心或生长灵魂是思想的绝对自由以及自我意识的无限扩张。思想自由推动着自我意识不断扩张，无限膨胀的自我意识又助长着个人自我征服、统治整个世界的权力欲和野心。一旦自我意识扩张到与宇宙齐一的地步，肆无忌惮的个人自我便将自我意识直接等同于宇宙意识。个人意志也就自然而然地被提升为宇宙意志，随之而产生的无限膨胀的权力欲和野心，立即开始了它对世界的征服和统治。尼采所塑造的超人的超强力量和意志就是循着这样的逻辑路线产生出来的。一个超人的绝对自由实现了，所有个人的自由被剥夺了。超人，绝对自由的超人，实质上是从现实世界移植到思想领域里的大独裁者，野蛮的爱国主义者。罗素曾敏锐地指出：拜伦主义、尼采主义与现代帝国主义和法西斯主义是相通、相连的，是一个铜板的两面，本为一体，不可分割。此话有理。[1]

　　师不高，弟子拙。尼采哲学中出现的这些两极悖论或吊诡在海德格尔哲学中或隐或显地存在着。这一点连海德格尔自己也意识到了。他在《关于人道主义的书信》中对所谓的六种"曲解"逐一进行了辩解。对方对于存在主义哲学的六种解读分别是：（一）反"人道主义"；（二）反"逻辑"；（三）否定价值；（四）沉沦于实证主义；（五）主张无神论；（六）鼓吹历史虚无主义。海德格尔态度明确而坚决地反对这六种意见，不承认这是事实，并郑重声明：他的哲学是主张人道主义和人的普遍价值的，是承认逻辑主义和先验主义的，是正视人性中的神性的，是拥立超越的本质存在的。其实这两种貌似对立的解释，都符合海德格尔哲学的实际，都能讲得通。总体上构成经验与先验相互对立的两极，并且先验的一极是从经验的一极提升起来的。梳理一下，海德格尔哲学整体便显现为如下的两极悖论形式：

　　　　反人道主义——人道主义
　　　　反逻辑——逻各斯中心主义

---

[1] 罗素有一句名言："浪漫主义的反抗从拜伦、叔本华和尼采演变到墨索里尼与希特勒。"（参阅罗素：《西方哲学史》下卷，商务印书馆1981年版，第263页）

反价值——先验价值
　　实证主义——先验主义
　　无神论——神人合一
　　历史虚无主义——自我存在主义

　　我们平心而论，在这对立的两极中，海德格尔哲学给予整个经验世界以合法、合理存在的充分权利，并把它作为其存在主义的牢固地基确立起来，其先验的世界与其从中超拔出来的经验世界难分难解地纠缠在一起，明对立，暗统一。

　　单从道德和价值的维度看，处于先验向度上的绝对自由和价值确实具有反道德、消解个人有限价值和自由的性质和倾向。这集中体现在他所津津乐道的"天命"上。从前面关于"天命"的分析中，可以完全准确地得出这样的结论：天命不过是现实的异化世界中技术理性被移植到形而上领域中改头换面的形式而已。它固有的异化力量借助天命的形式显得更加超强、合理、神圣，在天命的绝对律令之下，个人的自由、价值、独立的道德意义上的完善和完美都消失殆尽。海德格尔的"天命"，和尼采的超人极其相似，都是从地上升起的统治人与世界的超强力量。

　　无论是尼采的两极悖论，还是海德格尔的悖论体系，都有着十分具体、明朗、清晰的历史内容。更确切地说，它本身就是整个资本主义世界历史的异化情状在哲学思想中的精确投影。因为资本主义世界历史本身就是一个由对立两极构成的悖论性存在。西方资本主义首先是靠科学起家的。科学在伴随着资本主义成长而成长的过程中，它自身是以矛盾、悖论的方式影响现代生活、持存自身的。它否定了宗教权威，却翻身一跃，将自身提升为裁判一切的绝对权威，成为披着理性袈裟的新宗教。它以理性精神助长着个人主义膨胀，强化着个人与社会相分离的离心倾向，但它自身在技术上的细密分工和协作，又需要庞大的社会组织和严密的纪律与秩序。这种要求在当代越来越明显地通过国家介入的形式表现出来。科学以公正的无任何倾向的中性理性自居，因而与伦理、政治距离甚远，表现出超越民族和国家的全人类的普遍性质，但它的应用却要极大地依赖政府权力的支持，因而它又和政治结合得最紧。在当代，它的实用性和意识形态性质已经发展到反人类的地步，它蜕化成为帝国主义和霸权主义分子们自由发泄权势欲和征服欲的工具。

现代资本主义起家的另一个原始政治资本是自由主义。自由主义一开始就分裂为相互反对的两极：一极是维护资本主义国家的洛克的政治自由主义，这一极直线向前发展，最终走向它的反面——出现了奴役当代世界的美国帝国主义和霸权主义，成为取代希特勒的新法西斯主义。与之对立的另一极则是浪漫主义的自由主义和反对资本异化的理性自由主义，前者由卢梭开其端，拜伦、尼采继其绪，一直走向其反面，以希特勒法西斯主义告终；后者则由德国古典哲学家中的激进者和法国空想社会主义者们开其端绪，马克思、恩格斯等人发扬光大之，一直向前发展出去，最终形成苏联社会主义国家，最后以高度的中央集权政治告终，走向自由主义的反面。

由此可见，在海德格尔哲学的悖论体系与整个现代资本主义世界历史所呈现的悖论性图画之间，有着多么相近或相似的关系。由于海德格尔哲学高度真实地、概括地揭示出现代资本世界历史的本质特征，我们很难想象他从这个具体的经验世界中提炼出来的"天命"有什么道德的东西，除非他有中世纪术士般的点石成金的本领，能实现哲学的神话，或能使中世纪的神话变成哲学的现实。因为现代资本主义在其源头上就根基不正：科学主义和个人自由精神为资本主义世界奠定了根基，西人因而将这两件传家宝奉若神明，自以为这两件东西首先给西方，继而给全人类带来了万世福音。于是神气十足地以此骄横跋扈起来，以救世主自居，大肆鼓吹欧洲中心主义，野蛮霸道地向全世界推广兜售他们的宝贝，似乎他们向全世界广播神福的种子，立下了不朽之功。深受他们恩赐的殖民地的人民大众理应拜倒在西方帝国主义、殖民主义者的脚下，五体投地，感激涕零。其实在这辉煌功德之后所掩盖的是资本主义历史对人类犯下的滔天原罪：这就是科学技术与个人自由精神对形而上之天或神的离弃和灭绝，这是西方人在人类历史上所犯下的一桩空前绝后的伤天害理的大罪。

斩断人与形而上之天的一切联系，把本属"天"或"神"的权力疯狂地夺过来，交托给人自身，由人自己掌握自己，策划、设计自己，自己创造、生产自己，这正是万恶的根源。因为人的存在一旦割断了它与形而上之天的联系，人便在生命之本源正体上失去了本真，成为无根性的漂移性存在。这种无根的任意漂移和流荡，很难使人返璞归真；再者，人一旦失去了持性之本，欲望便单从感性方面涌出，并在世俗理性的推移下无节制地向世界扩张，由这无限膨胀的欲望所扩展开来的感性的物质世界，正是撒旦的世界，魔鬼的世界。资本主义从它诞生的那一天起，它便背弃了天和上帝，失去了本真，灭尽了道德，撒旦便守护在它的身边。恶是资本主义的起源，恶推动着资本主义历史。资本主义越是向前发展，越是远离道德。西方哲学家把这种现象称之为历史与道德的二律背反，这绝不是空洞无物的哲学抽象，它非常符合资本主义的历史实质。

海德格尔哲学的根器是不正的，从他所草描的现代资本世界的原型或元结构去看是如此，从其哲学渊源去看更是如此。他直接师承胡塞尔，这是人所共知的事。胡塞尔忠实于笛卡儿之传统，并将它发扬光大，这也是事实。所以，海德格尔哲学之渊源可以追溯至笛卡儿，除此之外，尼采也是他所尊崇的老师。在资本主义历史发轫之时，在哲学领域中笛卡儿首先向上帝砍了第一刀，紧接着唯物主义者、经验主义者和马克思主义者纷纷登场，共同向上帝开刀。尼采最后彻底杀死上帝，宣告了人对上帝的最后胜利。公正地评说，笛卡儿、马克思、尼采、胡塞尔是杀死上帝的共谋者、同案犯。他们的哲学都是带着原罪的哲学，从这个哲学传统中生长出来的存在主义哲学，亦带有血迹斑斑的原罪。事实上海德格尔的"此在"与笛卡儿的自我思维、思维着的自我，黑格尔的自我意识都有相通之处：它们都不是从原始的形而上的超验存在中直接发放出来的存在，而是经由世俗的文化理性中介，并由人的自由意识从人自身发放、表象出来的，因而都是在形而上之源头处断了根系的存在。如果说在笛卡儿和黑格尔那里，"我思"和"自我意识"还以藕断丝连的形式与半死不活的神保持着游丝悬线般的联系，那么在海德格尔这里，此在着的自我与神之间连这一缕游丝悬线也不存在了，它被彻底斩断了。"此在"脚踏着鲜血淋淋的上帝的僵尸昂首挺立在此岸现实的土地上，他拥有着世界，将嗜血的欲望和意志扩张成为支配世界的律令或命令，于是涌迫出布满血污的君临万方的"天命"。这个"天命"发布的是撒旦的命令，而不是上帝的命令，它要向上帝行恶，而不是行善。这一带着世界之恶的"天命"是与真正的道德相互对立的，它在世界中出现，意味着道德世界的消逝和消亡。它是带着杀死上帝的原罪登上世界舞台、君临大地的，在它登台之前就将道德的原始根基通底拔起，铲除了。如果海德格尔一定要把根除道德、根器不正、充满原罪的"天命"硬说成是至善之本，道德之源，那他一定是在瞒天过海，颠倒黑白。

也许海德格尔会辩解说：这是天大的误解，甚至是心怀叵测的有意曲解！我的"天命"是对异化历史进行了解构和还原以后的结果。它已退回到异化以前的原始存在，在那里上帝未曾被杀死，它和上帝、诸神合为一体了。它怎么会发布撒旦的命令呢？这个辩解是无力的。还原只能还原到当初起始的地方，从自己家出发，再返回自己家安息，这是合乎常情常理的。如果不居家安息，继续向着别处漫无目的地游荡，那是疯人所为。海德格尔哲学的起点奠定在上帝杀死之后，所谓还原也只能还原到当初上帝被杀死的地方，继续向后退，不管退后多远都毫无意义。因为单凭这种逆溯的还原方式难以复活上帝，这是像铁一样触之凿凿的事实！上帝死后，只留下撒旦，整个世界成为撒旦的天下，至善和道德从大地上彻底消失了。这就是海德格尔之"天命"所揭示出来的最严酷的事实和整个现代世界历史的全部真相！

说到这里，海德格尔一定会勃然大怒的，他会满脸怒火地大声叫嚷：你们是在制造虚幻不实之词，误人清白！我承认"此在"或"常人"沉沦于其中的世界有恶，有撒旦的意愿与影响，我也明确指出存在的这种被抛出、沉沦着的状态是异化的、非本真的，正因为如此，我才下定决心要解构它，还原它。与此同时，我还草描出存在的本真世界，它是被良知召唤出来的，并通过决心的周密筹划显现为指向未来的曾在着的能在。良知和决心揭示、显示着人的本真存在，存在如其所是地、本然地表现出来，这不是至善吗？在至善存在的地方怎能说没有道德，或道德被毁灭了呢？

问题恰恰就出在这里。海德格尔的良知和决心，及其所显示出来的世界和能在，都是在经验之澄明中被人先行表象出来，并由人的自由意识精心设计、计算、筹划出来的。良知和决心不是从形而上之本源大体直接涌发出来的。当它出现之时，它已被置入人所设计的可计算性框架之中了，一切可能性都被清晰的理智限定在这个框架之内，都在人的自由意识的掌握之中。唯其如此，真正的良知、良心和道德被取消了，因为人的至下而出的智谋和计算既无道德也无良知。真正的良心和良知产生于先验直观，直观与理智的计算、设计和筹划是格格不入的。这个道理西方经验主义和理性主义哲学家们都不懂。海德格尔对此也不甚了了，这是西方哲人的一大悲哀。从笛卡儿到海德格尔，西方大多数哲学家都尝试着将人的一切可能性精确而明晰地筹划、设计在先行的理性框架中，这是哲学上莫大的愚蠢之举。这一蠢举将给人类带来灭顶之灾，首受其害的是人类的道德。人的本真存在绝不会全部都被安放在经验理智之中，那为人所未知的本真存在往往存在于不确定的状态中，在这个领域中容不得任何理智的功利的明晰计算和清醒的考量。如果鸡子在蛋壳中能自觉地将自己表象出来，并按照这个自觉着的表象将自己发放于外，鸡子也许永远不能破壳而出，即使能够破壳而出，也很难保证它就是本来的鸡子，也许会变异为别的什么。人的先在本真结构是天产地成，其中没有任何人为的因素。因而人的后天的经验理智无力干预它的生长和显现。它的流行和显现是从上到下自然而然的，良知也是顺其自然而流行发用的，无须任何世俗的功利考虑和理智计算介入其中。一旦介入，不但无功，反而有害。良知是直心，直心是道德，心之所发，意之所动，直来直去，直显直存，自备行具，无须假借他人车马由外而入，装备一番。孟子曾说："今人乍见孺子将入于井，皆有怵惕恻隐之心，非所以纳交于孺子之父母也，非所以要誉于乡党朋友也，非恶其声而然也。"(《孟子·公孙丑上》)宋儒邵雍由此生发出"静虚动直"之说。冯友兰解释说:"人乍见孺子将入于井,不假思念,当时即起之恻隐之情,乃系直起;本此而发生之行为,亦是直动。此等直起之念,及本此而发生之行动,无个人利害之见,参与其间,故是公的。故曰'动直则公'也。若此人一转念,则'纳交于孺子之父母'之意,'要誉于乡党朋友'之意,相间而起,此等意即是'欲',其起非系直起,本此而发生之行为,亦不是直动。此等转念,及由此而起之行动,有个人利害参与其间,故是私的,所谓'私欲'也。语谓初念是圣贤,转念是禽兽;意义即如此。"[1]

海德格尔的良知不是初念,而是转念。其间充满私欲,决心为私欲所发,并为私欲筹划出人的全部可能性存在。所以,他的良知和决心是反道德,灭至善的。

"天命"在"决心"中显现出的反道德特征,在世界中具体呈现为历史虚无主义。海德格尔坦然承认:虚无主义是现代世界历史的本质特征。这个观点在他的《尼采的话"上帝死了"》一文中得到完整的表述:

首先,上帝之死是虚无主义出场的序幕。"'上帝死了'这句话包含以下断言:这种虚无展开自身。'虚无'在此意味着:一个超越性的、约束性的世界的不在场。虚无主义,'一切客人中最可怕的客人'就要到来了。"[2]

其次,虚无主义是主宰西方民族命运,推动着西方现代世界一直向前发展的历史运动或历史进程。更准确地说,虚无主义就是由欧洲历史发展出来的整个现代世界历史的运动,它不同于西方历史上曾经出现过的任何一种思想、学说或思潮。[3]

---

[1] 冯友兰:《中国哲学史》下册,华东师范大学出版社2001年版,第214页。
[2] 〔德〕海德格尔著、孙周兴译:《林中路》,第231页。
[3] 海德格尔是这样解释的:虚无主义是一种历史性的运动,而并不是何人所主张的任何观点和学说。虚无主义在西方民族的命运中以一种几乎尚未为人们所认识的基本过程的方式推动了历史。因此,虚无主义也不是其他历史现象中间的一个现象,也不只是一个精神思潮而可以与欧洲历史中出现的基督教、人文主义和启蒙主义等思潮相提并论。从其本质上来看,虚无主义毋宁说是欧洲历史的基本运动。这种基本运动表明这样一种思想深度,即,它的展开只不过还可能引起世界灾难。虚无主义乃是被拉入现代权力范围中的全球诸民族的世界历史性运动。(参见《林中路》,第232页)

也就是在这个意义上，海德格尔把全面总结、概括现代资本主义世界历史运动之规律的马克思主义学说，或辩证历史唯物主义也列入历史虚无主义范畴。

再次，虚无主义的实质是植根于旧形而上学的一切价值的自行解体和废黜，是道德的自行消亡，美善的完全毁灭。海德格尔在此所依据的是尼采的观点："尼采是把虚无主义理解为一个历史性的过程。他把这一过程解释为对以往的最高价值的废黜。上帝、超越性世界（作为真实存在着的并且决定着一切的世界）、理想和理念决定并包含着一切存在者（特别是人类生活）的目标和根据，所有这一切在这里都是在最高价值的意义上被表象出来的。根据那种至今仍在流行的意见，人们所理解的最高价值就是真、善、美，就是现实存在者；善就是普遍地决定一切的东西；美就是存在者整体的秩序和统一性。但现在，由于出现了这样的洞识，即，理想世界是绝不能在实在世界内实现的，于是，那些最高价值就已然自行废黜了。最高价值的约束力量摇摇欲坠了。"[1]

尼采的虚无主义具有两面性：在否定的意义上是指一切最高价值的自行解构；在肯定的意义上是指在所有价值被废除的废墟上重构新价值，并把新设定的最高目标、存在者的根据和理想（包括新的超越性领域）先行把握为价值。这种意义上的虚无主义也是为海德格尔所完全赞同和接受的。"尼采所理解的虚无主义就是以往最高价值的废黜。但是，尼采同时也对'对以往一切价值的重估'意义上的虚无主义采取肯定的态度。因此，'虚无主义'这个名称始终是多义的，极端地看来，这个名称首先始终是两义的，因为，它一方面是指以往的最高价值的单纯废黜，但另一方面又是指对这种废黜过程的绝对反动。"[2]海德格尔正面接受的是尼采虚无主义的肯定方面，他的形而上学人道主义价值体系就直接奠基于尼采所设定的超越性领域。

海德格尔承认现代世界历史的虚无主义本质，也承认马克思哲学和尼采

---

[1]〔德〕海德格尔著、孙周兴译：《林中路》，第236页。
[2] 同上，第237页。

哲学的虚无主义特征，但唯独不承认他的哲学是虚无主义的，其理由就在于，他自以为他是继尼采之后在超越性的新价值领域中最伟大、最杰出的建设者，以此来掩盖他颠覆、废弃先前最高价值的原罪。也是出于同一个理由，他拒不承认他的哲学具有反人道主义的性质。但是，不管他怎样狡黠地抵赖，被他提升到超越领域中的"天命"是虚无主义，是尼采式的道德虚无主义。不管他怎样精心设计和美化新形而上学价值体系，它毕竟是在杀死上帝之后、背负着全部原罪从鲜血淋漓的大地升到天上的，他所愿望、欲求、表象着的东西全是继续流溢在大地上的充满原罪和邪恶的东西。侍仆眼里无英雄，罪犯眼中无善人。杀死上帝的凶犯，被提升到天堂还是满身血污、眼冒凶光、手提屠刀的凶徒。他眼中的世界仍然是充满罪恶的世界，他的决心仍然是继续作恶，杜绝上帝在地上复活的一切可能性。他只愿为撒旦在人间敞开一切可能性而鸣锣开道，赴汤蹈火。所以，单从"天命"的这一虚无主义特征来看，它亦是灭道德，反人性，背天道的。它所揭示的是撒旦的魔道，绝不是持存至善的"天道"。在这里既没有真正的神，也没有真正的人，就连合乎神——人本性的自然也不存在。

  以上所有结论，都是在中国古代哲学之光的照亮中得出来的。从中国哲学的视阈来看，海德格尔形而上学是假冒伪劣的形而上学，其"天命"是僭妄的偷梁换柱的冒牌货。

第四节　海德格尔历史还原的真相

  如此评价海德格尔，他一定会怒不可遏、怒发冲冠的。他会双手举起他沉甸甸的《存在与时间》向着我们的脸砸过来，并大声斥责道：请你们这些居心叵测、管窥蠡测的人们睁大眼睛仔细看看这本书，这里清清楚楚地草描出两个世界，即，沉沦的非本真世界和敞开的本真世界，前者是异化的，说它遮蔽人性、消解道德，勉强说得过去，我也承认这一点，后者则是我对世界历史进行解构、还原之后绽放出来的，它是先于历史的本真存在或先行的源始结构。这里有神性、人性和纯粹的天命，它是真正的价值之源、道德之源、人的本真存在之源，你们怎么能以偏赅全，一叶障目，把这个世界也说成是反道德、灭人性、背天道的呢？

好吧，现在就让我们耐心地把海德格尔端出来的这个还原了的形而上存在再审查一遍！（本来我们在本章的第一节里已经对它审查了，在那里我们重点考察了它的视阈及其澄明之来源。）先前澄清的事实仍然有效，现在我们从两个维度，即，形而上的维度和历史还原的维度来详查海德格尔的本真世界。

首先，从形而上来看，海德格尔通过还原而开放出来的本真存在，或世界之为世界的源始存在，不是绝对的本体和主体，更不是含有第一质料，并赋形万物的绝对实体，而是与世界缠结在一起的先行结构，或预成性结构。海德格尔将它规定为操心或烦的结构方式和形式，即，"先行于自身的——已经在一世界之中的——作为寓于世内存在者的存在"。这个存在结构名为超验的，先验的，实为经验的，世界的，它是"此在"在世的存在结构，而不是存在离绝此在者的世界独立持存自身的超越性结构。海德格尔也承认这一事实："实在事物本质上只有作为世内存在者才可通达。通向世内存在者的一切途径在存在论上都植根于此在的基本建构，都植根于在世的存在。而在世具有更为源始的操心的存在建构。"[1] 既然操心的存在结构的根系扎在此在的经验世界中，而这个世界本身是沉沦着的被抛出的非本真存在，因而是异化的、邪恶的，那么它的本真性和美、善又是从何而来，以何种方式和条件来保证它作为纯粹的形而上之存在的合理、合法的权利呢？况且，如同我们在本章第一节中所指出的那样，就连那形而上学存在结构得以开放出来的澄明之场，也是由经验世界投影出来的，它的界限完全是被经验世界限定的。

其次，从历史还原的真实意图来看，海德格尔（包括雅斯贝斯）是要从现代西方世界历史向上逆溯到整个西方历史的源头处，还原那先行发放西

---

[1]〔德〕海德格尔著、陈嘉映等译：《存在与时间》，第233页。

方历史的"原始现象"或先行存在结构。他把这一先验结构描述为天、地、神、人四者合一的混合体。这个先验结构实质上是生成或预成一切存在者的原始生命,"因此,说到底,当代哲学的问题是要集中在作为'原始现象'的'生命'上,或者是把生命设定为基本现实性,并且把这一切现象都归结于这种基本现实性,把形形色色的一切都把握为'生命'的客观化和'生命'的显示;或者,则是把生命视为文化的塑造,而且把它与那些给予规范的原则和价值联系起来"[1]。其基本结构方式是:生命在其大全范围内自己发放自己,向着自身行进,并且返回自身,分阶段勾连,合成一条圆环型路线。这条路线也可以直观地看成是这样一种结构图式:被无边的圆包围起来的一条延绵不绝的生命之流。

> 作为整体的生命乃是一个"包围着的"区域,在其中进行着生命的构成和分解过程。认定力量、过程和现象运动具有一个"方向",这一点绝不在生命的基本方面发生变化;这里所谓生命,就是作为包围着的领域,作为承荷着一切运动的"流",作为涌动不息之流的生命。[2]

海德格尔与雅斯贝斯一样,他也是将原始的生命之流(存在之大全)的运动路线分解为方向不同的三个阶段,并将它们巧妙地勾连、衔接为一个整体的、进退互动的双向运动结构图式:第一步,从自身抛出,沉沦,遮蔽;第二步,从沉沦中升起,折回,进行解蔽,敞亮自身;第三步,超越内在,返回自身,通达"超越存在"。

需要特别指出的是:海德格尔在此所描述的被还原了的原始生命结构,是古希腊自然意义上的生命,这种自然性普及一切有生之物,飞、潜、动、植、人类自身都以这同一性的生命结构形式生存、发展、持存自身。他对亚

---

[1] 〔德〕海德格尔著、孙周兴译:《林中路》,第18页。
[2] 同上,第22页。

里士多德"自然"一词所作的存在主义解释，突出的就是生命固有的普遍的绝对的自然本质：自然"乃是那种从人自身而来，向着自身进行的它的自身的不在场化的在场化。作为这样一种在场化，它始终是一种返回自身的行进，而这种行进又只不过是某种涌现的通道"[1]。他在解释莱布尼茨的单子时，将单子的形而上学的存在方式等同于存在的先验结构形式，并将生命固有的自然力，即自然冲动或本能欲望，看成是单子固有的自然本质或本质特征。"单一地起统一作用的东西必须是源始地伸展着的，并且作为这伸展的东西自始就是包涵着的，而且，一切多样性一向已经在这种被包涵状态中多样化了。""因此，欲望，即作为源始统一作用之原初构造者的原始力，必须是伸展着、包涵着的。""单子之表象特征的最内在的形而上学动机乃是欲望的存在学上的统一作用。"[2]"欲望之特征乃是：它从自身而来把自己引到作用中，而且不是偶尔的，而是根本性的。这种'把自身引向……'并不首先需要一种来自别处的动力。欲望本身就是冲动，按其本质来看，它是由它自己来推动的。"[3]

在这里清楚地表明：那被还原了的生命的大全或存在的先验结构，所显现出来的是生命的纯粹自然本质，是自然生命自己发放着、冲动着、表象着的原始欲望，构造着的原始力。我们在这里看不到人与其他生物的丝毫差别，更不看出人与神的丝毫差别，人和神都被降到一般生物和动物的水平上，接受着生命的自然力量和法则的统治。生命的纯粹自然本质成为一切存在者的绝对本质，或普遍存在形式。生命的原始力成为统治、主宰一切的超强力量。这两者：即自然本质和生命力，一静一动，合成原始的天命。在此"天命"中，既没有人性，也没有神性。

退一步，人性有无暂且存而不论，单论神。在"天命"中，即使真有神的形而上学位置，它也是自然意义上的神，绝对服从生命的自然欲望和原始

---

[1]〔德〕海德格尔著、孙周兴译：《路标》，第 349 页。
[2] 同上，第 105 页。
[3] 同上，第 92 页。

力量的神。无论从神的存在本质来看,还是从神自身所经受的命运或所服从的"天命"来看,都是如此。神在"天命"中亦扮演着悲剧角色,体现着悲剧精神。这种悲剧精神实质上是人绝对服从自然力或自然必然性的宿命论。古希腊诸神就是这种最高的、不可抗拒的、自然力的化身,人作为自然的人被神肯定着,神诱导着人的自然,并以诱导出来的自然惩罚人本身,使他绝对服从冥冥的自然力的支配。被释放出来的人的有限自然,最终将人引向死亡,投入自然神的怀抱,实现神人一体。这种悲剧精神充满了自由明朗的死亡意识,在死亡结局中展露自然的伟大,神的伟大。在人向神而死,向最高自然生成的过程中显示人的高贵、崇高。古斯塔夫·缪勒在《文学的哲学》中对此作过详细描述。他说:

(神)作为自然力,它们弥漫于自然的一切层面,也弥漫于人的心,因为人本身就是自然的一部分。它们用引诱和欺骗使人们盲目,神魂颠倒,它们引导着人犯罪,采取毁灭性的行动,随后又抛弃他们,让他们以痛苦和忏悔偿还这种由神注定的罪行。

整部《伊里亚特》都建立在这种悲剧模式上。阿伽门农因对权力的贪婪与攫取而盲目,阿基琉斯因愤怒而盲目。希腊领袖间的这种分裂几乎造成整个远征的彻底失败,而反过来说,这次远征也是出于贪婪和欲望。只有当他们将自己带到毁灭的边缘时,他们才忏悔,才和解,才因残酷的痛苦控诉神和阿门,这可怕的幻觉,宙斯的女儿。

荷马笔下的人都陷入一种以人与人之间冷漠无情的战争为法则的自然。就像狮子杀死鹿,就像隼杀死鸽子,人杀死人。他们毫无怜悯之心,无情地、彻底地做着这杀人的勾当。

人们是自然的一部分,并在它有规律的复发中摇摆,在秋季则衰落,被席卷而走。《伊里亚特》中的每一个事件,每一个人都陷入这种命运之中,并认识到这种命运。赫克托尔知道他的特洛伊注定要陷落,但这并没有阻止他去为它的存在和自由而战斗。阿基琉斯知道自己杀死赫克托尔之后注定要死亡,但这并没有阻止他为自己朋友帕特洛克罗的死而报复,并因此挽救了自己的荣誉。

荷马笔下的人都像高贵的动物,像狗一样天真,心胸开朗,像食肉动物一样狡猾、奸诈。当神支持他们胜利时,他们是胜利者,并嘲笑对手,当命运与他们作对时,他们就悲哀、哭泣。阿基琉斯对人的憎恶远胜于对哈得斯(冥门)之门的憎恶,后者将自己心里所想的都隐藏于口里所说的。人们应该为展示自己的本质而骄傲。[1]

神和人都是自然的化身,自然是神与人合一的根基,所不同的是,神是永恒的自然力,人则是短暂的自然存在,他接着说:

> 被赞美的神比悲剧的凡人更强大,就如史诗中的英雄比现在活着的人更强大一样,但神、英雄和人体现着同样的自然功能和力量。人的化身是暂时性的,他们只能在诗人的想象中才能成为永恒,而神却是这些无所不在的力量的永久化身。[2]

短暂的自然是有限的,有死的;永恒的自然则是无限的,永生的。人必然以死投入神的怀抱,就像秋天落叶回归大地一样自然而然。所以,人们笑对死亡,回归大自然,是不可抗拒的自然法则。古希腊人对此百依百顺,奉为"天命"。

古希腊人勇敢地直面死亡,遵从"天命"的这种悲剧人生观和价值观是一种偏见。他们将大自然的必然性法则确立为宇宙的主宰或中心,而将自然的人认作中心之边,因此作为有限自然的人必须向着无限自然的化身——神一边倒,向它转化、生成。在此偏见只发现了人性中与兽性相近

---

[1] 〔美〕古斯塔夫·缪勒著,孙宜学、郭洪涛译:《文学的哲学》,广西师范大学出版社2001年版,第11—12页。
[2] 同上,第13页。

的低级的自然情欲，而将人性中最光彩的部分——道德良知——孟子所说的那种恻隐之心、是非之心、辞逊之心、羞耻之心遮蔽了，忽略了。神所肯定的是人的兽性，人对神所崇拜的也是神所具有的比人更强大的兽性，这就像山林中的老虎与狐狸的相互肯定和认同一样，在他们的和睦共处和自然认同中，并没有真正实现人性中的高尚部分，并没有真正肯定了人的道德理性。

海德格尔所向往的古希腊精神就是这样一种悲剧精神，他所要复活的神无非是那种充满了低级自然情欲的自然神。他所要重建的人无非是那种直面死亡、顺从天命的自然人而已。这就是他所还原的人与神的真相。

再退一步讲，我姑且承认海德格尔的神（不管它是美是恶，是好是坏）是被复活了的奥林匹斯山上的诸神，而不是被尼采杀死的上帝的替身；不是从地上站立起来的撒旦，而是为海德格尔的诗人情怀所感动，走下山来与天、地、人协力构筑形而上之存在的创造之神。即使这样，海德格尔的神及其合作者的形而上的绝对性仍然值得存疑。它到底有无形而上学的合法地位和存在的绝对权利？如果有，海德格尔是以什么样的方式和途径将这些东西授予它们的？问题就在这里。真实的事实是，海德格尔是以他一贯奉行的先验必然性逻辑确定起他的形而上学的，也是这个逻辑给神、人、天、地发了户籍证，赋予它们以形而上的合法性和存在权利。恰恰是这同一个东西，同时剥夺了海德格尔形而上学存在的全部权利和合理性。如果一定要承认它的合理性和合法性，那也是在僭越、替换、偷换意义上的合理与合法。这到底是怎么回事呢？还需要我们回过头来详细解读现象学—存在主义通用的先验必然性逻辑本身，结论和答案就在其中。

海德格尔的先验必然性逻辑是现代西方哲学中的一种独具一格的逻辑形态，它不同于西方传统哲学中的因果必然性逻辑。因为后者的必然性一般出现在既成事实之前，它的前事实存在，不是假设或假定，而是实实在在的根据，它只是按照因果性联系向下或向前推移而已。前者也有先在的先验性结构，但它与既成的经验事实之间没有这种明确的因果关系，先验结构不是经验事实的第一原因，虽然它以经验现象为其存在方式和显现形式。

海德格尔的先验逻辑也不同于实践的推论逻辑形态，因为后者所具有的必然性是事后的必然性。例如，在一个人企图杀死一个暴君的计划中，一切实践推论和前提都满足了，这个"高傲的谋害者"站在暴君面前，用子弹上膛的手枪瞄准他，但是什么事情也没有发生。事后医学上的检查表明，他既不是由于偶然的心不在焉忘记了他的计划，也不是因为身体受阻而"无能为力"。由此可见：只当举动事实上完成了，具有论证这种形式的实践的论证被构成了，只当这时，才有逻辑上的合理论证。[1] 相比之下，海德格尔的先验逻辑则没有这种事后的必然性，其必然性既不在事前，也不在事后。

如果说海德格尔哲学中先验存在与经验现象之间，无论从哪一端出发都推演不出必然性，那么这两方面的存在都是不合理的、偶然的。这不是事实，其必然性就存在于先验结构与经验现象相互因依、相互生成的动态结构中。其情形与语言哲学中语言的先天结构与语言行为之间的结构性关系十分相似，例如乔姆斯基。他承认语言现象中的天赋观念和先天构造，但他同时承认这种先天结构对经验的语言实践和行为的依赖性与不可分割性，"只有对经验因素与天赋因素的复杂配合获得更深刻认识，我们才能更好地理解语言以及对人类语言的学习这种在我们看来始终是神秘莫测的独特现象"。[2] 在这里，他承认在先天因素与经验因素的复杂配合中内含着语言存在的必然性规律。语言的先天构造与笛卡儿、莱布尼茨的天赋观念大不相同。它不是决定语言之为语言的先验根据，而是在语言行为中的生成性先验结构。"乔伊斯基的天赋观念假设却是一种经验的假设，它像任何一个经验科学假设一样，是以经验上的可检验性为标准的。"[3] 海德格尔的先验逻辑的必然性也存

---

[1] 这个例子是冯·赖特为说明实践推论的事后必然性而举的。(参阅施泰格缪勒：《当代哲学主流》下，商务印书馆 2000 年版，第 110 页)
[2] 〔联邦德国〕施泰格缪勒著、王炳文等译：《当代哲学主流》下，商务印书馆 2000 年版，第 21 页。
[3] 同上，第 22 页。

在于先验存在结构与"此在"经验现象的复杂配合、构成、生成中,有所不同的是:这里既没有经验上的可检验性客观标准,也没有先验的绝对标准。

更确切地说,存在的先验结构与经验世界之间的动态结构关系,在海德格尔看来,是一种相互需要、相互限制的结构关系。无论从"此在"与作为存在意义结构的世界的关系来看,还是从人的在场化与其开放性敞开空间的关系来看,情况都是如此。世界与作为我们的"此在"是彼此相互依赖、相互引发,因而也是相互需要的:

> 世界——作为意义和可能性的结构——需要我们来作为它"发生"的场所。另一方面,世界作为可能性领域又引发了我们的筹划,并且塑造了生活时间。世界超越了我们的筹划,后者是对我们所找到的我自身居所的一个反应。[1]

我们再进一步将世界视为人对其存在的前概念理解,或人先行向着事物的开放性空间。当世界如此向人存在的时候,两者的相互需要、相互依赖的关系更为紧密,更为明显。首先人迫切需要那个开放空间,"不然,人就无法是其所是了。但是,从开发空间的角度出发,同样也存在着某种需要。如果离开某种存在物——如人——的接受性栖居来谈论这种空间,那肯定是毫无疑义的。如果有人想离开人来谈论这个开放空间,那他就会将这个空间具体化为某种先于事物的超实体。但是,离开了作为其接受性支撑物、其'场所'的人,这个开放性空间也就不可能'在'了"[2]。

在这种相互需要的结构关系中,双方都互为限制,成了有限的存在,一切第一性,绝对性和无限性都被这种有限性打消了。首先,那个作为可能性开放空间而存在的"本成事件""并不是一种等着被填充的不确定的开放

---

[1] 〔美〕大卫·库尔珀著、臧佩洪译:《纯粹现代性批判——黑格尔、海德格尔及其以后》,第210页。
[2] 同上,第251页。

性；在每个时代中，它都具有某种特定的性质。它是有限的和受限的。这种限制并不是通过某种强加在一个先在的全面开放性上的制约产生的。我们不能把它想象成一盏聚光灯，仅仅有选择地照射在一个黑暗舞台的某个角落上。"[1]正是这种受限制性取消了它的总体性和第一性。这里"根本就没有总体性、总体观点、第一性或最终定论"。[2]

其次，与"本成事件"缠结在一起的个人，因其有限性也成为受限制的、有限的。

> 人不是一种无限地接受各种客体的意识，而是一种限定性的开放性——这种开放性就存在于生存时间和可能性的某种有限发生之中。人必须放弃认为自己是一个具有某种坚定不移的本性的客体的幻觉。人必须接纳源于其有死性的各种内在限制。死亡并没有锁闭那个无限开放的可能领域；它是那种开启了一个有限领域的限定的表现。人不应再牢牢抱住那些无限的东西不放，并装作似乎可以分有到那种为其提供根据的东西，相反，人必须通过接收其诞生、传统及其历史处境的这种无根据的、有限的事实性来获得本真性。[3]

人自身的内在有限性又限制着人的可能性开放空间，"人并不拥有不受限制的可能性，历史制约性约束了这些可能性（而技术发展将会把这些可能性归还给它）。人是某种受限制处境中的开放性。所有处境都是受限制的，不置于这种受限制的开放性，就没有可能性；那种可从中挑选出现存世界结构的更大领域是不存在的"[4]。

既然相互需要的双方在其共同居有着的动态结构中都丧失了第一性、

---

[1]〔美〕大卫·库尔珀著、臧佩洪译：《纯粹现代性批判——黑格尔、海德格尔及其以后》，第258页。
[2] 同上，第259页。
[3] 同上，第260页。
[4] 同上。

无限性和绝对性，那么，它们也就都降格为流转不定的相对性存在，或被拘囚在有限性范围循环转动着的存在，它们存在的必然性根据又在哪里呢？两者之间的必然性逻辑又在哪里呢？海德格尔对此含糊其辞。他拒绝承认先验结构是为经验现象所分有的必然性根据，明确表示，在"此在"的经验范围内要坚决地拒斥、拆卸一切计算逻辑之类的东西。他也不承认在动态结构中相互因依的双方之间存在着辩证法意义上的中介、联系或第三者。如果是这样，我们刚刚指出的事实，即在海德格尔的先验存在与经验现象的动态结构中存在着必然性逻辑，这不是变得毫无疑义了吗？我们还有什么根据来证明这不是一句空话，不是强加在海德格尔头上的虚幻不实之词？根据是有的。海德格尔认定自己学说的主观态度是一回事，他的学说作为体系所呈现出来的事实则是另一回事，两者之间不是绝对同一的。我们不在乎海德格尔主观地承认了什么，更在意他的学说在总体上客观上的实际情形。从客观事实出发，在海德格尔的先验存在与经验现象相互因依的动态结构中存在着统一双方的第三者或中介，虽然它不是辩证法意义上的中介或普遍联系。它是隐形的第三者，是被海德格尔有意或无意地虚化、神秘化了的中介力量，它就是现代科学普遍地作用于世界事物的功能、效力和结构方式。

　　海德格尔是对现代科学技术之本质认识得最深刻、最通透、最全面的一位科学—哲学家，或哲学—科学家。虽然他对这样的评价深恶痛绝，但为了尊重事实起见，我们不得不这样评价、称呼他。我们还是让事实来说话吧。首先看他是如何准确、精当地描述现代科学技术的本质特征的：他对现代科学技术作了全面、深刻的分析之后，总结出现代科学的三大特征：运用理论预先勾勒出一个客体范域的轮廓、对该客体范域的细致探索以及永不停息的有组织活动，概括地说，就是"先行行为"、"行事方法"和"实施行为"。[1]这三大特征也可看成是在整个科学活动中分环勾连在一起、统一地发挥作用

---

[1] 参阅〔美〕大卫·库尔珀：《纯粹现代性批判》，第196—199页。

的三大环节，先行行为对科学研究的全部可能性范域预先勾画出一个理论框架，一切将要与科学认识行为谋面的事物，已经被先行设定在这一先在的理论框架中表象出来；紧接着科学以它特有的"行事方法"，让作为科学对象的自然事物统统按照先行设定的可能性显现出来，在这里，对象世界的规律、意义不是按照自身固有的客观性自然而然地呈现出来的，而是被先行设定的理论框架驱迫、引发出来的；这被科学行为引发出来的东西，又被有组织的科学实施行为用作更深入的专业研究的材料或素材，科学因此而不断地向着纵深和未来扩张自身，整个层级性科学组织合成一个大网络，向着世界全面铺开，不断地筹划着新的可能性，实施被筹划出来的可能性。[1]

---

[1] 我们将大卫·库尔珀对科学三大特征的解释引述于下：

(1) 预先勾画（"先行行为"）：科学包含创造一些理论，从而为调查研究开启一个可能的客体范域。定义和公理引出一些互为关联的变项，这些变项的值涵盖一些表现在观察记录中的限定可能性。只有那些根据理论结构被证实了的东西才会允许被当做真实的和实在的。对于如今的许多人来说，这可能就是对所有时代中的认识过程的一种直接明确的描述，但是对于海德格尔来说，这却是一种特殊的现代认识模式。人们过去并没有把他们的理论（"注视"）预先理解为他们自身的一种行为——开启了一个被精确勾画了的探索领域。相反，他们把它看做为一种在已自然敞开的视阈中更为紧密地与事物达成一致的方法——对这些事物的特征和行为还仅仅只有一般性的预期。

(2) 对客体范域的探索（行事方法）：客体是通过那些借助于理论设计而预先勾画出的可能性显现出来的，并且就显现在这些可能性之中。客体所经历的那些变化被理论规律定义成、建造成可理解的。客体及其变化被建造成明显的和清楚的，这是借助于实验和观察来实现的。现代实验与以前对待自然的方法是不同的。在以前，人们观察事物如何动作，目的是发现它们在其运作中所展示出来的本质。而现在，人们在强制环境中迫使事物动作起来，从而将那些在正常条件下一般都隐藏起来的性质和规律揭示出来。差别并不仅仅在于现代人对周围自然的推动更多。这种推动之所以发生，原因就在于现代人从详加描述的客体出发对行为范围进行展望，并拥有了精确的预先规划，而古代人却只有一般的展望，并依赖于自然的自我展示。

(3) 经常性的有组织活动（"实施行为"）：当自然被遭遇到时，它是作为世界总图景日益详尽的素材供给源出现的，这就规定了科学将采取的体制结构。现代科学既不是类似科学的一个亚里士多德式集合体，也不是观察的培根式汇集，各种从属性的领域的精确组织是现代科学的准确性的一个方面。作为一个受到控制的探索过程，科学马不停蹄地深入到那些被日益精致地勾画了的客体范域中去。这些专业化的考察研究相互作用，进而造成了一些更为深入的发展。科学变成了专家们的一种永远忙忙碌碌的、不停膨胀扩张的工作；这些专家们在一些研究机构中展开这种工作，而这种研究机构又通过通讯网络联结起来，并依赖于资源的精心分配。这种精巧的体制结构以及永远扩张着的活动都是下述努力的反映："使方法论牢牢地占据着优先于任何东西的地位。"（《世界图像的时代》，第78—125页；引自〔美〕大卫·库尔珀著、臧佩洪译：《纯粹现代性批判——黑格尔、海德格尔及其以后》，第196—197页）

海德格尔将科学的这一整体性结构行为看成是有意义世界存在、显现的基本方式。一切存在者都按照科学的先行理论框架表象出来，都按照预设的可能性被科学的强力揪出场，并在指向未来的可能性向度上被实实在在地筹划出来。如此被揭示、筹划出来的世界刻画出了科学的精确性、严密性和可计算性，成为完全被科学掌握着、计算着、筹划着的世界。在这里，海德格尔并不打算以科学行为范围的有限性来缩小哲学的对象世界，而是以另一种方式，即通过扩大、提升科学行为的普遍有效性范围的方式，将科学的对象世界扩延到整个哲学—人文科学领域，以此来取消自然科学与人文科学的区分。在他看来，"如以现代方式行事，历史就会同物理学一样预先将它的对象勾画出来。只有那些同这种勾画相吻合的事件或事业才会允许被当做为真实的"[1]。这样一来，科学的对象世界便与哲学的对象世界统一、同一了，科学与哲学合二为一了。根据这个事实，我们称海德格尔为科学—哲学家或哲学—科学家不为过当。我们把现代科学行为的总体性结构功能和方式，看成是存在于存在主义先验结构与经验现象之间的隐秘的中介力量或第三者，这也完全符合海德格尔哲学的实际情况。

这个事实被确定之后，紧接着一个新的问题又产生了。这时有人一定会质问我们：如果海德格尔的哲学视阈聚焦在支配整个现代世界历史的科学技术之上，并在这个维度上深究现代世界的本质，那么存在主义也就不成其为存在主义了，它成了实实在在的现代世界历史哲学，这又该怎么解释呢？我们的初步解释是，存在主义哲学隐含着现代历史哲学，但不等同于历史哲学。历史的问题是被提升到存在的问题上加以解释的，存在主义因此而得以保持自身的纯粹性。这里有一个重要的事实是，海德格尔并没有将现代科学行为的总体性结构方式直接宣布为存在的先验结构，即，我们前面已经考察过的"操心"的基本结构，海德格尔将它描述为：先行于自身的——已经在一世界之中的——作为寓于世内存在者的存在。现在亟

---

[1]〔美〕大卫·库尔珀著、臧佩洪译：《纯粹现代性批判——黑格尔、海德格尔及其以后》，第196页。

须澄清的问题是：在科学行为的基本结构方式与操心的结构方式之间到底存在着什么样的内在关系或联系。细细比较之后，我们会发现两者之间有着惊人的相似性关系，更为确切地说，后者是对前者的简化、抽象。构成科学总体行为的三个环节与存在的先验结构的三个环节一一对应，其对应情形如下所示：

科学行为结构≌存在先验结构：
1. 预先勾画的先行行为≌1′先行于自身的存在；
2. 呈现事物的行事方法≌2′已经在世的存在；
3. 扩张可能性的实施行为≌3′世内存在者的存在。

在这双双对应关系中不仅有着表面上相近或相似，而且有着实质上的相通与一致。后者是对前者的哲学抽象。科学行为的总体结构功能的实质是，让事物按照先行设定的理论框架显现出来，并让它向着新的可能性开放，有组织地被筹划出来。存在的先验结构功能也是让存在者以曾在或先在的形式当下呈现出来，并以决心的形式向着能在而策划自身。海德格尔的表述更为精炼："此在本真地从将来而是曾在。""曾在以某种方式源自将来。"[1] 把这一定义用来解释科学行为的本质和功能，也是十分正确、恰当的。据此，我们可以毫不含糊地断定：存在的先验结构形式，实质上是关于现代科学行为的基本结构方式的简化形式，前者是对后者的哲学抽象。经过抽象，海德格尔故意过滤掉它的现代历史内容，并赋予它以超越的形而上学地位。虽然如此，我们要科学地解读这一看似玄乎的先验怪物，仍然要对它进行真实的还原，还原到现代科学行为结构方式——那才是它真正的原始根蒂，它就是从此生长起来，并被提举到天上的。

单纯地以理论的观点看科学行为的结构方式与先验存在的结构形式之间

---

[1]〔德〕海德格尔著、陈嘉映等译：《存在与时间》，第371页。

的关系，也许是片面的，用历史实践的观点看两者之间的关系，其结论可能更符合海德格尔哲学的实际情况。如果换一个观点来看问题，我们也可以把存在的先验结构看成是现代科学—技术的总体结构在人们心理行为中的内化形式或深层积淀。科学—技术行为的外在逻辑经社会实践的无数次重复，在人们的深层心理中积淀为内在逻辑，或与逻辑形式相似的格、结构。正如列宁所指出的那样："'行动的推理'……对黑格尔说来，行动、实践是逻辑的'推理'，逻辑的格。这是对的！当然，这并不是说逻辑的格把人的实践当做它自己的异在（等于绝对唯心主义），相反地，人的实践经过千百万次的重复，它在人的意识中以逻辑的格固定下来。这些格正是（而且只是）由于千百万次的重复才有着先入之见的巩固性和公理的性质。"[1] 存在主义先验结构也可看成是现代科学实验与技术操作"经过千百次重复"而形成的内化的心理—文化结构，它的客观必然性基础，它的先验的公理性的客观根据，仍然是现代科学实验和技术操作本身。这就是存在主义哲学所固有的先验必然性逻辑。

海德格尔哲学玄妙难测的地方是，他并没有将其哲学中的必然性逻辑以逻辑的形态公开宣布出来，相反，他故意以现象学—存在主义的模棱两可的晦暗态度将它的客观根据严严实实地隐藏起来。因此，在存在主义哲学中既没有逻辑的格、公理与推理，也没有真正的含摄万类的实体或最高本体，只有无影无形，然而又无处不在、无一处在，普遍地发挥作用的存在着的结构功能。它是一种永远发挥着功能的力，普遍的绝对的力。它潜入存在的两个关联项——先验的存在结构与此在着的经验世界——之中，将二者纽结在一起，又将二者撕裂，分而后再合，合而后再分，如此循环往复、流转不定，在时间的长河中不断地变化推移。在如此变幻迷离、千姿百态的现象学显现中，那个真正推动着存在的两个关联项发生变易的绝对力量始终不动声色，深藏不露，只是在海德格尔谈及"天命"，偶尔不留神将技术的本质等同于

---

[1] 列宁：《列宁笔记》，中共中央马、恩、列、斯著作编译局译，人民出版社1956年版，第204页。

"天命"的时候，这个冥冥难测的绝对力才露出狐狸尾巴，现出原形。它的力量源泉和源始根基就是现代科学技术本身。

这个看似无根蒂的不知来自何方的神秘的绝对力，原来就是被存在主义话语伪装起来的现代科学—技术行为的普遍性结构功能，以力的形式普遍地发挥作用的功能。它是存在主义哲学中隐形的中介或第三者，是别具一格的绝对者和普遍者，非实体的绝对实体。正是这个什么也不是的无形怪物分别赋予存在的两个相对的关联项以合理性、必然性和绝对性，存在主义因此而没有落下相对主义哲学的坏名声。

如果我们再将这个隐形的绝对性力量，或决定"天命"之为"天命"的东西，还原到它的源始根基——现代科学—技术行为本身，那么，存在主义的先验必然性逻辑便随之而硬硬朗朗地站立起来了。一切真相大白于天下：存在主义所显现的一切，不管是先验的，还是经验的，是神也好，是人也好，是天，是地，是鬼，是魔，都在其先验必然性逻辑范畴之中，都在这一逻辑力量的绝对支配和裁判之中，都在它的普遍公理的审查和裁判中获取自身存在的合理性和合法性。

现在应该是我们作出最后结论的时候了。

我们在前面既已退却的立场上，暂且承认被海德格尔请下山来、召唤回来的奥林匹斯山上的诸神，不是被尼采已经杀死的神，而是从西方历史源头的洪荒年代走进现代的新神。与它们协同合作的人也是新人。但对它在存在主义所设定的存在中存在的形而上合法地位和权利值得存疑。是谁准许它们出场的，是谁发给它们合法的户籍证的？又是谁把它们从高高的云端打落到污浊的大地上的呢？现在这一切问题都有了明确的答案：全是一个东西所为，即，潜伏在存在主义哲学中的先验必然性逻辑！如果将它还原到它的源始根基，让它现出原形，事实更加触目惊心，原来给神发放户籍证的正是上帝的宿敌——现代科学技术，是它杀死了上帝——尼采不是杀死上帝的真正元凶，他只不过是公布了科学杀死上帝这个事实而已！

杀死上帝的元凶将它灭神的原罪合理地推广、普及到它所支配、统治着的世界，它又怎么能容忍新神重新出现在它所统治的天下？怎么能让至善的东西回到充满血污的大地来洗刷它灭神的原罪呢？怎么会发给它们户籍证，让它们合理合法地存在呢？结果只能是以下几种情形：要么是它杀死新神，继续以它的绝对魔力统治这个充满原罪的世界；要么是诸神和新人逃之夭夭，这个充满原罪的世界仍然固若金汤；要么是诸神接受科学技术的魔力般的统治，领取它们的户籍证，在充满原罪的大地上安家落户，改头换面，脱胎换骨，改编，投诚，加入撒旦的队伍。不管是在哪一种事实发生的情况下，真正的神和人，至善和至美，都消失殆尽，都在现代科学—技术的超强魔力之下破灭了。海德格尔所精心构想的那个天、地、神、人混合体，只要在世界中出场，也难逃此厄运。这就是存在主义历史还原的真相。

熟悉海德格尔的读者们也许还会责难：你最多只说出了"历史还原"的一半真相，还有另一半事实被你别有用心地隐瞒了，那就是"历史的解构"，那才是海德格尔历史还原的精髓和灵魂。解构历史，不是一味地向后退，而是从历史的尽头处拔腿冲向未来，在历史的未来处才有天、地、神、人的理想居留地，那里，科学技术之超强魔力尚未达及。如果你承认这个事实，那么你在上面所讲的一切都不攻自破了。这一责难很有分量。我们承认，解构历史也是海德格尔历史还原的一大宗旨，他确实试图通过解构历史为存在开放出一个指向未来的理想之境。现在就让我们具体地破解他的历史解构。

海德格尔哲学具有鲜明而突出的实践品格，他向人们提出两个带有普遍性的实践要求：第一，他要人们无条件地接受科学技术的普遍化强制或命运，接受我们在其中的世界的异化或本真的遮蔽；第二，他要人们耐心地、有决心地等候着一个新的存在场域的开启，并为此而积极地去筹划一种新的可能性存在。这也是他的存在主义所要解决的两大实践课题，它构成了历史还原或历史解构的全部内容和实质。

所谓历史的解构，既有对历史源始的返回，又有对历史未来之可能性的开放；既有对异化世界的肯定与接受，又有对它的否定和超越。"他的思想对于我们生活的冲击就将聚焦于这样一个建议之中，即在事物被揭示给我们的当前样式之外，找到我们向那个开放空间的居有的有限的无根据的发生过程。"[1] 这就是所谓的"解构性生存"，海德格尔称之为对传统历史的去—构。"这具有一种十分有意义的双重作用：我们开始把西方传统体验为封闭的、完成了的、耗尽了的，但在这么做的同时，我们其实也就是在作着某种斗争，即：使其开放，从西方命运的授予过程所提供的东西中，抽出那些至今仍是非思的可能性来。"[2] "但在这之中，是找不到那种将把现代性克服掉或者为我们提供一个新世界的东西的。没有什么东西将会使普遍化强制消亡。我们栖居于我们之所在，栖居在现代世界中，但保留着对那块空地的一份经验，这就使我们不会驻留在我们的世界所提供的任何统一性或根据之上——仿佛它们就是最终定论。"[3]

所以，解构西方历史和传统，不是要从外面大动干戈，对现代世界进行彻底的革命性改造，完全颠覆、推翻它，充其量不过是在人们的内心深处隐隐进行着的思想、观念的革命。他教人们破除关于现代世界的终极性、第一性和无可怀疑的绝对性观念，从其相对性中生发关于未来的美好理想。在这个意义上，可将海德格尔所痴迷的解构性生存称之为席勒式的善良的软弱的诗意革命或审美革命。

解构历史的实质是观念的转换，即以无功利的审美观念替换世俗的功利观念与欲求，回到诗意地栖居和诗人的自由境界。"海德格尔的习惯做法是，努力从过去的思想或诗歌中追溯出一些当前时代对之视而不见的可能性。"[4]

更进一步去看，传统去—构的实质是对内在性遮蔽的揭蔽和解蔽，以诗—思开放出来的美妙空间消解被计算性逻辑遮蔽着的空间。海德格尔自己解释说：

---

[1]〔美〕大卫·库尔珀著、臧佩洪译：《纯粹现代性批判——黑格尔、海德格尔及其以后》，第295页。
[2] 同上，第282—283页。
[3] 同上，第283页。
[4] 同上，第296页。

我探讨的这种"解构"并没有其他意图，而仅仅是力求在对已经变得流行和空洞的观念的拆解中重新赢回形而上学的源始的存在经验。[1]

在海德格尔看来，这种源始的存在经验只能通过圣思或诗思去领有、体验和赢获。"唯从存在之真理而来才能思神圣者之本质。唯从神圣者之本质而来才能思神圣性之本质，唯在神性之本质的光亮中才能思、才能说'上帝'一词所要命名的东西。""而如果存之敞开域没有被澄明而且在存在之澄明中切近于人的话，那么，这个神圣者的维度作为维度甚至就依然被锁闭着。也许这个世界时代的特征就在于美妙者之维度的被锁闭状态中。也许这就是唯一的不妙。"[2] 这是海德格尔全部哲学话语中最高明的话语，唯在这里他才清楚地懂得，真正的神、至善和至美怎样存在，在什么地方存在，是什么条件能保证它们安安全全地存在，又是什么样的条件最容易剥夺、取消它们的存在。

解构历史的最高目的是在西方历史的终结处探索出人类生存的一种新的可能性，"即，在技术之外，有可能开启出一个全新的时代，在这个时代中，我们可以直接而诗意地与人的存在的最深层所在和谐地生活在一起"[3]。实现这一可能性的唯一途径是不同于计算性逻辑的诗—思，"思准备一个新的在地球上的栖居样式的到来。思不可能使这个新的东西来到，它是能为这样一种转折'开始去预先准备好条件'"[4]。这个为思所开放出来的可能性空间，是海德格尔为他的理想中的四重整体（天、地、神、人混合体）所能找到的最好的栖居处或居留地。这就是海德格尔的历史还原在指向未来的维度上所揭示出来的全部事实。

现在，问题的关键是，居留在新的可能性中的四重整体，是否真正出离

---

[1] 〔德〕海德格尔著、孙周兴译：《路标》，第490—491页。
[2] 同上，第414页。
[3] 〔美〕大卫·库尔珀著、臧佩洪译：《纯粹现代性批判——黑格尔、海德格尔及其以后》，第275页。
[4] 同上，第283页。

了现代技术之魔力统治的范围？这个问题的正确答案不在我们的主观意愿和想象中，而在于海德格尔客观冷静地宣布出来的事实中。这个事实就是现代科学—技术统治的世界与人类存在的新的可能性之间不可分割的关系、联系。海德格尔坦然承认这种关系，并且坚定地认定两者之间的联系是内在的、永远不可斩断的。因此，居留于可能性中的四重整体，不可能完全出离现代技术之强力统治的世界而独立存在，前者只能从后者的存在中发放出来。从"西方命运授予过程所提供的东西中抽取出来"。他断言，没有什么更强大的力量使现代技术的普遍化强制消亡，我们只有首先老老实实地栖居于其中，才能谋划、设计出超越它的新的可能性。所以，不管理想中的四重整体升得有多么高，走得有多么远，它的根永远深深地扎在为技术的普遍化强制所主宰的现代世界中。海德格尔的这种冷静的科学态度有时竟上升为令人发指的冷血状态，诗人的善良的古道热肠与浪漫激情随之一扫而光，当此之时，海德格尔转而为现代世界的异化辩护。大卫·库尔珀对此作出精当的诠释，足以引为旁证：

> 在此普遍化强制时代，我们自身和世界是以特定方式彼此居有而达及在场的，而这种聆听就变成了对这一过程的经验。这种经验解放了我们，使我们达到了我们在无根据的在场演进过程中的历史有限性。这种经验解放了我们的生存的"内在先验性"。在西方传统中，通常的说法是，将人从他的有限性中解放出来。而海德格尔却想为了人的有限性而解放人，并将他就解放进这种有限性中去，这种有限性是无可逃遁的，但只有在这种有限之中才是自由的。[1]

如果认真的读者对这一旁证材料心存疑虑的话，那么就请你跟随我们一同走进《存在与时间》，具体地、真切地感受一下海德格尔的冷血状态，看

---

[1] 〔美〕大卫·库尔珀著、臧佩洪译：《纯粹现代性批判——黑格尔、海德格尔及其以后》，第276页。

他是如何平心静气地为存在的沉沦状态和常人的非本真状态辩护的。

> 常人是一种生存论环节并作为源始现象而属于此在之积极状态。常人本身又有不同的可能性以此在的方式进行具体化。[1]
>
> 非本真状态殊不是指不在世之类。它倒恰恰构成一种别具一格的在世，这种在世的存在完全被"世界"以及被在常人中的他人共同此在所攫获。这种"不是它自己存在"是作为本质上操劳消散在一个世界之中的那种存在者的积极的可能性而起作用的。这种不存在必须被领会为此在之最切近的存在方式，此在通常就保持在这一存在方式之中。
>
> 从而，此在之沉沦也不可被看做是从一种较纯粹较高级的"原初状态""沦落"。
>
> 沉沦是存在论生存论上的结构。如果我们赋予这种结构以一种败坏可悲的存在者层次上的特征，仿佛那也许可能在人类文化的进步阶段消除掉，那么我们同样会误解这种结构。[2]

这种不动声色的冷静而严酷的现实眼光将他的诗人气质和浪漫理想完全打消了。他从后门满腔热情地请出来的佩戴着理想光环的"四重结构"，又被他严肃而冷酷地、盛气凌人地从前门打发走了。他给诸神的逐客令是，"这里只有常人的天下"！他的又一句貌似彬彬有礼的挽留客人的话语是："你们诸神要堂堂正正地来做客，请你们先放下神的架子，变作常人，那将会厚礼相待！"

海德格尔赋予"四重整体"以丰富的含义。它既有时间维度上的指向未来的可能性含义，又有深层心理方面的内在化含义。海德格尔比较执著地认定，只有在存在的最深层处才有真正的诗意栖居，四重整体才有可能居留。

---

[1] 〔德〕海德格尔著、陈嘉映等译：《存在与时间》，第150页。
[2] 同上，第204—205页。

大卫·库尔珀对"四重整体"的解释颇有参考价值：

> 四重整体描述了一个我们现在已经丧失了的先前世界，或者它描述的就是一个也许将向我们开启的未来世界，再或者它所描述的就是任何世界的"世界化"。在我的心目中，最好的解读是后两者的一种结合。四重整体描述了任何时代中"世界的世界化"。[1]

但库尔珀不承认这种"世界的世界化"，是心理深层的内化，我则坚持认为，世界化就是内化，"世界的世界化"就是最深湛的深层经验方式。我们可以将海德格尔的存在主义体系看做是一个层层递进、深入的多层次、复合式心理结构体。浮在表层的是"常人"的存在形式，紧贴"常人"的下一层便是基于对工具的因缘整体之领会而产生的意蕴整体，再深入一层就是操心的基本结构形式，在这之下便是源始生命的基本结构，它是"四重整体"的最理想的居留地。我们可将这深浅不同的四种内在性结构形式归约为二：前两层为内中之外，后两层为内中之内。在这种情况下，深藏于心理最深层的"四重整体"，仍然没有真正赢获完全独立自由的安全地带，没有完全逃脱现代技术的普遍强制性力量的绝对统治。海德格尔还是冷静地、隐蔽地将它置于现代科学—技术的超强力量的绝对影响范围之内。他毫不含糊地认定：存在的内在之外与其内在之内的关系是由表及里的机械决定性关系，是外在对内在进行强制的结果，或者说，是内在自愿接受外在之强制的结果，因此，内中之内永远不能摆脱内中之外的这种机械性、强制性影响。在这里，我们又一次看到现代科学技术的魔力是怎样无孔不入地钻进存在者的内在世界的最深层的。

严肃的深爱海德格尔的读者，也许会觉得我的这种解释未免有些牵强附会。别急着下结论，请看下面的事实：海德格尔在《诗人何为？》一文中曾

---

[1]〔美〕大卫·库尔珀著、臧佩洪译：《纯粹现代性批判——黑格尔、海德格尔及其以后》，第294页。

谈道:"帕斯卡尔发现了对立于计算理性之逻辑的心灵之逻辑。"他对这个发现颇为赞许,因为这个发现将内在心灵世界层级化,从内在中又离析出一个内中之内来。"心灵世界的内在东西和不可见东西,不仅比计算理性的内在东西更内在,因而也更不可见,而且,它也比仅仅可制造的对象的领域伸展得更为深广。在心灵的不可见的最内在深处,人才切近于为他所爱者:祖先,死者,儿童,后人。这一切都属于最宽广之轨道,这个轨道现在显示自身为整个美妙的牵引的在场范围。虽然这种在场与那种计算性制造的习惯意识一样,也是一种内在性的在场,但是,非习惯意识的内在东西保持着一个内心世界,在此内心世界中,万物对于我们来说超出了计算的数字性,并能挣脱这种束缚而充溢地流入敞开者的无界限的整体之中。这种超出计数的流溢,就其在场方面来说,乃源出于心灵的内在东西和不可见东西。"[1]在这里海德格尔将内在心灵世界分析为习惯意识(即计算理性)的内在性在场与更为深入的非习惯性意识的内在性在场,并且指出,后者是对前者的超越或"挣脱",由于后者挣脱了前者的束缚,它便拥有了一个比前者更大的存在场域或可能性开放空间,流溢出更多的东西,因而能够容纳、吸收被它超越的那个计算理性世界。"存在者之间最宽广轨道在心灵的内在空间中在场。世界整体在这里以其全部的吸引而进入同样本质性的在场中。"[2]可以肯定的是:由计算理性之内在解蔽开放出来的这个更为深湛的开放性内在世界,就是海德格尔安顿其"四重整体"的理想居留地,这与他一贯坚持的观点是一致的。他向来认为存在者越是向内沉入心理深层,越是接近本真,沉得越深,包含越广,绽放出来的内在性开放场域越深广,越能深远地含摄过去和未来。

这里至关重要的问题是:海德格尔所说的"超越"和"挣脱"到底意味着什么?唯一正确的答案是,超越不是本质性的更新、变革或改变,更

---

[1] 〔德〕海德格尔著、孙周兴译:《林中路》,第320页。
[2] 同上。

不是彻底的内在性革命。所谓非习惯意识的内在世界对习惯意识的内在世界的"超越"和"挣脱",实际指的是后者向前者的同质性转移、内化和沉淀。推本溯源,非习惯意识实质上是习惯意识从外到内施加机械力影响和作用的结果。"虽然这里也有一种使物入于内在的东西和不可见的东西之中的转换,但是,这种转换是用被计算的对象在思想上杜撰出来的产物来取代物的衰弱。这些对象为了使用的目的而被制造出来。"[1] 所以,海德格尔又称之为"内在回忆",或"使内在化",就是使被计算、被制造的对象以表象的形式持留于内在心灵中,以取代"物的衰弱",使衰弱着的对象之物在心灵中再度硬朗、活跃起来。

海德格尔又认为,以如此方式从计算理性的内在世界派生出来的非习惯意识世界拥有更为广大的开放空间。因而出现了"超越计算的流溢",并充沛地流向开放空间和它所从出的整个世界。这种"倒流"现象是不是意味着,非习惯意识世界已经完全获得解放和独立呢?是不是意味着它已经成为绝对的第一性存在呢?不是的。这种充沛的流溢或"倒流",实质上是一种"倒骨血"现象。[2] 其源头不在非习惯意识世界本身,而在计算理性世界。海德格尔明确指出:"在现代形而上学中,不可见的内在东西的范围被规定为计算对象的在场领域。笛卡儿把这一内在范围称为[我思]的意识。"[3] 应该补充一句:海德格尔把这一范围称为科学—技术理性,或现代技术的普遍强制性暴力,"计算对象的在场领域"就等同于这一暴力统治的范围。

现在我们又一次清楚地看到,由历史解构所开放出来的指向未来的可能性场域也没有真正出离现代科学技术的普遍性强制的暴力统治,仍然处在技术理性之魔力的作用范围之内,试图居留于这一空间中的"四重整体"亦需接受海德格尔之先验必然性逻辑的制裁。它走到哪里,无形无影的科

---

[1] 〔德〕海德格尔著、孙周兴译:《林中路》,第322页。
[2] 在陕西汉民族乡俗中被禁止的一种婚姻,即男子要娶他的亲姑姑的女儿为妻,表妹和他出自同一血缘。
[3] 〔德〕海德格尔著、孙周兴译:《林中路》,第320页。

学—技术理性就追到哪里,不管是潜藏在九地之下,还是逃遁到遥遥无期的未来处,"四重整体"永远跳不出技术理性之魔力的绝对支配和掌控。在这种情况下,依旧出现同样的结局:被解放出来的存在或者被杀死,或者改头换面,沉沦、蜕变为科学—技术理性王国中的魔鬼,成为神、人的异化者。在这里,真、善、美的真正的形而上学地位和绝对权力彻底被取消了,真正的道德世界完全被取消了。这就是存在主义"历史还原"所揭示出来的全部真相!

在我们结束本篇的时候,没有必要对篇首提出的诸多问题一一作答,答案全在通篇所澄清的事实中,聪明的读者自己去查对吧!

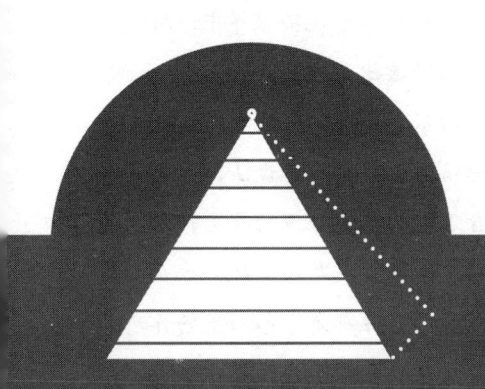

第二篇
中国古代哲学批判

第一篇所展开的真理批判大体上局限于西方哲学视野之内，在此视阈中存在与真理和道德是不同一的。黑格尔有一句名言：凡是现实的就是合理的，凡是合理的就是现实的，长期被人们奉为金科玉律，它似乎穷尽了存在的全部真理。事实并非如此，这一名言充其量也不过说出了存在的部分真理。因为在有限的现实世界中，所谓真理与存在的统一或同一未必能同时确保道德与存在的同一。凡是合理的就是现实的，但是，凡是现实的未必就是合道德的，在世界发生异化的情况下，尤其如此。海德格尔又换了一种说法，重复着老黑格尔的思路：凡是存在的就是合理的，凡是合理的就是存在的。事实如同我们在上文所揭示的那样：他的存在是将道德排斥在外的。从笛卡儿到海德格尔，他们所关注的存在都属于形而下的异化世界，它与道德世界相分离、背反。由此可见：西方现代哲学视野中缺失了道德世界。现在我们将哲学视野由西方转移到东方，则出现了别样的情景：在东方哲学视阈中存在与真理和道德是统一、同一的，存在首先是合道德的，合道德的也就是合真理的。这样，道德世界便光灿灿地呈现出来。道德世界的合理存在，不在于形而下的经验性法则，而在于形而上之天道，即先验地包摄万有的大全或虚无。因此，道德存在与形而上之天道的全面关系也就成为我们进一步探讨的主题。本篇重点考察的是，中国古代形而上学对这一主题的探索情况。

第四章
现代世界哲学视野中相互照面的中西形而上学

第一节　存在主义形而上学的困境与出路

　　上一篇考察的结果表明,海德格尔存在主义在其还原主义路线上费尽周折,最终还是没有真正通达真理。问题全出在他所重建的形而上学本身。存在主义形而上学实质上是伪形而上学。我们所看到的被宣布为形而上学的存在,诸如存在一般、世界、操心之元结构、天、地、神、人之四重复合体之类,都是从沉沦着的现象世界中被净化、提升起来的,因而都是第二性的东西。海德格尔理直气壮地、踌躇满志地把它们宣布为形而上学之绝对存在,并以此来消解一切本初的、原始的第一性的东西。在这一点上,他与黑格尔本无二致:他们二人的哲学都不把直接的、第一性的绝对存在作为形而上之开端或逻辑起点。相反,间接的经过中介的第二性的存在才是他们哲学的牢固基础、出发点和归宿。这与真正的形而上学是格格不入的,存在的第一性、绝对性或第一性的绝对存在,是形而上学的本质与灵魂,没有原始的第一性存在,也就没有什么形而上的问题,不承认或漠视第一性存在的任何一种学说,都没有资格配得上形而上学的称号。

　　我们所说的绝对真理也就是绝对的第一性存在如其所是地持存和显现自身。当然,这种持存和显现不是以离绝变化推移的现象界的绝对同一性方式实现自身的，而是在万千现象的变化推移、摇曳不定中持存自身的。这就是所谓的"沉沦"。但在这种沉沦中第一性存在仍然坚定不移地持守它的原始的本真性和恒一性，因而能够不断地解构非本真现象，克服异化，返回自身。所以，绝对真理问题说到底是一个形而上学问题，没有形而上学也就没有绝对真理；反之亦然。要真正通达绝对真理，首须建设真正的形而上学。海德格尔未能圆满地完成这一哲学建设，他最终不能通达绝对真理也就不足为怪了。

海德格尔解除哲学之第一性所导致的直接后果是，斩断了天与人之间的原始的内在必然性关系，使人离绝天而独立存在，并将人锁闭在由他自己创设的孤立世界中，上下折腾，自由出入于其间。由于这个世界出离了它所从出的本源大体，即天或自然，在它自身内所存在、生发出的一切都具有相对的性质。无论是世界，还是内在于其间此在着的自我，抑或是世界与自我之间不断过渡回转的相互关系，都因其属人的性质而丧失了绝对性。

海德格尔一再宣称他的哲学揭示着存在的现实必然性和本真性。究其实，所谓的现实必然性只不过是自我在世界中自由筹划自身，并与世界相互纠结，彼此循环相生所展开的时间性演历过程，以及从中绽出的"天命"。这一天命的真相在第三章中已经被揭示出来：它是在人类文明历史中持存着的人的本质。所谓的本真性和绝对性，也是由世界与自我（此在）这两个相对性存在所结成的循环关系相互指证出来的。这一指证或保证是极不可靠的，因为保证的双方以及它们的关系都是相对的。彼此纠结起来，也不能从根本上改变其存在性质，因为两者都不能跳出它们的相对关系，从更高的存在获取第一性的绝对的本质。它们最终还是回落到相对性，在这里只有相对真理，没有绝对真理。

也许海德格尔会辩解说：你们的批评全是皮相之见，须知，老黑格尔曾说过：绝对真理或绝对理念就是必然性与主体自由的统一。按照他的真理观，我的哲学所揭示出的就是绝对真理。我所揭示出的"天命"，既显现着存在一般向着"此在"的现象世界沉沦的合理性与不可避免性，又显现着此在着的自我从沉沦中升起，提举到澄明境界中的合理性和不可避免性。本真存在沦入晦暗的世界，陷于遮蔽状态，自我自觉地解构遮蔽，出离晦暗，达于澄明之境，这都是合理的必然的。然而这种必然性又是在自我的自由筹划、决断中展开和实现自身的，这便是主体自由。必然与自由的统一，是我的哲学最终所揭示出来的东西，有谁还能怀疑它的真理的绝对性吗？

这一辩解表面上似乎颇有道理，但深究起来还是没有多大说服力的。其实海德格尔所说的必然性并不是存在于天地宇宙间的自然必然性，而是存在于人类文明世界中的历史必然性。这两种性质不同的必然性本来具有深不可测的内在联系，但海德格尔漠视这种渊源关系，并斩断两者之间的血缘关系，使历史必然性茕茕孑立于有限的文化世界之中，它因此而不能通达天地宇宙本体，离绝无限，沦为有限。人对这一必然性的顺应与自由选择，也被局限于人的有限世界中，这自由也成为与无限隔绝的相对自由。海德格尔精心绘制的必然性与自由相统一的美妙无比的哲学图画，仿佛在剧院舞台上演出的一幕精彩的悲剧：在这里人物所遭遇的不可避免的灾难性命运以及人物对命运的抗争，被表演得那样惊心动魄，活灵活现，集中鲜明；但是真正发生在舞台背后的、现实的必然性与自由的矛盾斗争却被舞台的帷幕和表演者耀眼夺目的装饰、面具严严实实地遮蔽起来了。由于这个缘故，精明的观众都不会认真地看待舞台表演的一切，更不会将舞台上所表演的与现实中所发生的直接等同起来，将伪装起来的演员看成哲学家，把演员的言行等同于绝对真理。海德格尔也在精心表演一幕哲学戏，但他却宣布他所表演的就是绝对真理！其实，他的哲学是关于绝对真理的巧妙而精致的伪装和假面具，他用光辉灿烂的帷幕将绝对真理深深地隐蔽在台后，造成对绝对真理的又一次遮蔽。这是哲学自身的一大吊诡！

海德格尔也许会勃然大怒，大声申诉说：这纯粹是一派胡言，不顾事实的诬蔑之辞，他的哲学的宗旨就是解构、去遮蔽，他所揭示的本真存在就是通过解构存在之遮蔽、澄清"此在"之晦暗而开放出来的，怎么能说他的哲学是对真理的遮蔽呢？

海德格尔的愤怒似乎不无道理，但细心的读者只要记住我们在第三章中既已澄清的事实，自然会明白海德格尔的申诉毫无道理。事实的真相是：在海德格尔的哲学视阈中，那沉沦了的存在和升华了的存在，那被遮蔽的晦暗之在和被去蔽之后的澄明之在，都发生在同一个属人的世界中，都是人之存在的不同显现样式，在本质上是相通、相同的。因而都可以还原到沉沦、遮蔽发生之前的原始存在，这原始存在亦出自人、人的生命本质，而不是出自形而上之天，或天道。用人自身变现出的存在样式证明人之存在的绝对性是不能成立的，双方通过相互关系循环论证，亦无济于事。比如，小偷通过批判否定自己的盗窃行为，痛改前非，在沉沦中自我升华、提高，达于澄明，显现或证明自己的存在合乎普遍的善良的人性标准。可是如此一来，却又不能还原到小偷作恶之前的原始存在。因为先于小偷而存在，并推动小偷行动起来的是恶的观念和欲望，它与否定偷窃行为的善的意识正相背反，所以，无法还原。按照存在主义哲学逻辑，不能还原的存在便是非本真的存在，它难以通达绝对真理。在这里源始之在与去蔽之在相背反，沉沦之在与去蔽之在相背反，因而彼此之间都无法相互证明各自存在的正确性和合理性。相反，一方的存在的正确性正好显示出对方的荒谬性和不合理性。如果假定去蔽之在是绝对正确的，那么，沉沦之在与偷窃的原始之在便是荒谬的，反之亦然。假定解构偷窃行为的善的意识是绝对正确的，合乎本真人性的，那么它必定能够还原到源始存在，否则它也是错误的、荒谬的。如果能被还原，很快又出现了新的问题：先于小偷而存在的不仅仅是恶的意识和概念，还有与之相对的善的意识和概念，源始之存在兼有善恶两种对立的本性。如果是这样，当恶的意识支配小偷行窃之时，善的意识为什么不同时发挥作用呢；如果它以某种方式暂时退出存在，比如遗忘或昏睡，那么它又是以何种方式恰到好处地、及时地觉醒了，开始批判否定恶的意识，开始将自身从晦暗与沉沦中提举起来，升华到纯善的境界中去呢？当它自己升迁、独处之时，那被它否定的恶又安放在什么地方呢？如果它不携带着恶一起升起来，那么它又怎么能还原到善恶共处的原始状态呢？如果它携恶共同沉沦，共同超拔沉沦，那么，原来对偷窃行为的否定也就成为毫无任何实质性内容的滑稽行为，它自身也就无法证明自身的合理性和恶的荒谬性。按照还原主义的逻辑，证明的结果要么全是正确的、合理的，要么全是虚幻的、荒谬的（包括存在主义本身亦是荒谬的），二者必居其一。按照逻辑推理的法则，矛盾律是无法进行推理和证明的。如果要在结论中排除这个两难的证明，首先必须在源始的、矛盾着的存在中理出一个更高的真正合乎人性的同一性标准，这只能在小偷的原始存在之外或之上去寻找、探求，而不能在小偷的当下存在中去强求。海德格尔拒绝去做这一形而上的工作，采取简单化的方法，一抹子过去，不分善恶、混淆善恶，将小偷的源始之在、沉沦之在和去蔽之在一股脑儿沉没在此在存在的同一性深渊中。在这里无论是尧舜还是盗跖，他们的存在及其种种显现样式，都是合理的，绝对正确的，因为都显现着人之存在的一般性和普遍性。

存在主义哲学解除人之存在的形而上第一性原则，泯除善恶，以人的有限性存在证明人自身的合理性，在逻辑上便显得荒谬绝伦：它既可以证明圣者贤人存在的合理性，也可以证明流氓盗贼存在的合理性。推而广之，一个坚持正义、推行大道的民族或国家能用它来为自己存在的合理性辩护，一个多行不义的帝国主义国家也能够用它来为自己存在的合理性辩护。细细揣摩，他的存在主义所描述的主要是恶的实现和显现。他最终也没有真正将沉沦的恶有效地令人信服地提升、改造为善。所以他的哲学更适合于为当今世界的邪恶存在辩护，证明其存在是合理的。这与尼采哲学是相通的，他们二人本来是气味相投的。

总而言之，海德格尔形而上学卸除了人之存在的本源大体，孤存一个人的世界，灭尽人中之天，并以人代天，以人蔽天。虽然他从人本身分离出人的三重存在，以此来循环证明人之存在的合理性，但最终事与愿违，人之存在的绝对真理性难以成立。他所建立的形而上学因其自身逻辑的荒谬，不得不自行解体，宣布破产！

但是，海德格尔探索真理所坚持的重建形而上学的方向是正确的。现代哲学要真正通达绝对真理，仍需在存在主义止步的地方继续前进。问题是：建立什么样的形而上学，如何正确有效地建设新形而上学。像西方现代贤人们那样痴迷于西方古代哲学传统，回到古希腊去，复兴古希腊形而上学，此路不通。因为无论是亚里士多德的形而上学，还是柏拉图的形而上学，以今人的哲学水准来衡量，都有不尽如人意之处：亚里士多德虽然是第一哲学的创始人，但又是西方主—客二分之思维模式的开创者和奠基人，主—客二分正是新形而上学所要克服、扬弃的。柏拉图形而上学虽然焕发着辩证法的光彩，（黑格尔说他是古希腊辩证法的集大成者），但他的形而上学之"理式"或"道"，是离绝形而下之现象世界而独立存在的，形而上与形而下两相分离，相互对立。唯其对立，才显出形而上之理式的绝对性和永恒性，形而下之器物的虚幻性和短暂性。这个思路和中世纪教父哲学或经院哲学本无二致，其局限性是不言而喻的。新形而上学绝对不能重犯此旧过，它的主要旨趣是在形而上与形而下的辩证统一中探索、揭示绝对真理。

第二节　中国古代形而上学的基本特征及其局限

此路不通彼路通，西方不亮东方亮。回到中国古代，别有洞天。复兴中国古代形而上学，推陈出新，也许是重建新形而上学的唯一的正确的选择，舍此别无他途！

我们如此信心百倍地推崇中国古代形而上学，是不是在鼓吹一种复古主义和东方中心主义呢？绝对不是。事实本来应当如此，这个结论是在两相比较的基础之上作出的。客观公正地说，中国古代形而上学既无古希腊形而上学之种种局限，又无近、现代西方形而上学之偏蔽（这一偏蔽以海德格尔、尼采为代表，突出现象世界对本体世界，个体存在、个体生命对永恒的绝对存在的第一性，实质上是与柏拉图相反对，以另一种极端的形式，肯定形而下之存在，割裂了形而上与形而下的辩证统一），独具西方形而上学所不具备的种种优点和长处：

第一，中国古代形而上学（主要是《易经》、《老子》、《庄子》和儒家哲学），明确分判形而上与形而下，并且始终坚持形而上之道或理对形而下之形器的第一性原则，《周易·系辞》中说："形而上者谓之道，形而下者谓之器。"孔颖达解释说："道是无体之名，形是有质之称，凡有从无而生，形由道而立，是先道而后形，是道在形之上，形在道之下。故自形外已上者，谓之道也，自形内而下者，谓之器也，形虽处道器两畔之际，形在器不在道也，既有形质可为器用，故云形而下者谓之器。"[1] 这是在体用关系中形而上之道所持立的第一性，从宇宙生成论的角度看，也是如此。《周易》又言："易有太极，是生两仪，两仪生四象，四象生八卦，八卦生吉凶，吉凶生大业。"孔颖达解释说："太极谓天地未分之前，元气混而为一，既是太初太一也。故老子云道生一，即此太极是也，又谓混元既分即有天地，故曰太极生两仪，即老子云一生二也，不言天地而言两仪者，指其物体下与四象相对，故曰两仪。两仪谓两体（指阴、阳两体。——引者）容仪也。"两仪生四象者，谓金、木、水、火禀天地而有，故云两仪生四象，土则分王四季，又地中之别，故唯云四象也。四象生八卦者，若谓震木、离火、兑金、坎水，各主一时，又巽同震木，乾同兑金，加以坤、艮之土为八卦也。"[2] 这里虽然没有分辨形而上与形而下之分际，但是我们若将它与《易经》里的其他命题和原理相互参照，形而上与形而下的分野亦是了了分明的。《周易·系辞》有言："一阴一阳之谓道，继之者善也，成之者性也。"孔颖达说："一谓无也。无阴无阳乃谓之道。一得为无者，无是虚无，虚无是太虚，不可分别，唯一而已。故以一为无也，若其有境，则彼此相形有二，有不得为一。故在阴之时而不见阴之功，在阳之时而不见阳之力，自然而有阴阳，自然无所营为，此则道之谓也。"[3] 此道，即易道，或太极之道。易道就体而言，虚静无

---

[1]（唐）孔颖达：《周易正义》下，中华书局珍仿宋版，393 页。
[2] 同上，第 389 页。
[3] 同上，第 369 页。

为，不见阴阳。以用而论，变化无穷，尽显阴阳，含容阴阳。所以《系辞》中又说："生生之谓易"，"阴阳转易，以成化生"。[1] 清人陈梦雷说得更简明切要："易者阴阳而已。"[2] 显然，易，太极、两仪（阴、阳）分言道之体用，属于形而上，自象以下，则统归有形之范围，属于形而下之存在。象为有，这也是《周易》所阐明的一大原理。"见乃谓之象，形乃谓之器。"[3] 宋人张载进一步阐明此理："凡可状，皆有也。凡有，皆象也。"[4] 太极是生成万有的唯一的本源，绝对始基，它对形而下之现象世界的第一性是不可移易的。

形而上之道既在本体论上被赋予绝对第一性，又在宇宙生成论上被赋予绝对第一性，这一大原则在宋明理学那里被进一步发扬光大。宋儒朱熹以太极为理，它是绝对的，第一性的，唯一至上的。他说："太极只是个极好至善的道理。"[5] "无极而太极，不是说有个事物，光辉辉在那里。只是说当初皆无一物，只有此理而已。……惟其理有许多，故物有许多。"[6] 邵雍则以太极为生成万物的终极本源、始基，它亦是绝对的唯一的第一性存在，"太极，一也，不动，生二，二则神也。……神生数，数生象，象生器"[7]。

第二，中国古代形而上学确认矛盾、对立法则的本体地位，突出辩证法与本体论的源始的内在统一或联系。《易经》论道，明确指出道含阴阳两体，动静两用，彼此相互矛盾、推移、过渡，变化生成万物。形而上之道不是寂然不动的"理式"之类的东西，它自身固有的阴、阳之间的矛盾对立，推动着它生生不已，变易发展，不断地将自身过渡到形而下的现象世界，于是形而上之道与形而下之器形成现实的统一。在此，诸多形器不过是道的现实的呈现而已，所以道不离器，器不离道。《易经》有言："天地设位而易行乎其

---

[1] （唐）孔颖达：《周易正义》下，第371页。
[2] （清）陈梦雷著：《周易浅述》四，上海古籍出版社1988年版，第989页。
[3] （唐）孔颖达：《周易正义》下，第388页。
[4] 冯友兰：《中国哲学史》下，第234页。
[5] 同上，第256页。
[6] 同上，第255页。
[7] 同上，第217—218页。

中矣。成性存存，道义之门。"说的就是这个事实。孔颖达说："此明易道既在天地之中，能成其万物之性，使物生不失其性，存其万物之存，使物得其存成也。性谓禀其始也，存谓保其终也。"[1] 易道能赋性生成万物，万物能持存易道，都归因于易道固有的阴阳变化推移之力。清人陈梦雷对此有独到的解释："阴阳迭运者，气也。所以阴阳之理，则道也。""理乘气机以出入，一阴一阳，气之散殊，即太极之理各足而富有者也。气之迭运，即太极之理流行而日新者也。故谓之道。""就人物所禀受而言之，气以成形，而理亦赋物，物各得一太极。无妄之理，不想假借，故曰性也。"[2] 在这里值得引起我们注意的事实是，万物所禀受的阴阳之气和阴阳之理不是事物之所固有，而是先在于万物的易道所固有的。

第三，中国古代形而上学确立"道"为生成宇宙万物的第一原因，并在这一原始的因果关系中开放出天—人的互动、相互发明的两个世界。天—人关系是它的最原始的关系，天—人问题也是中国古代形而上学的最基本的问题。北宋邵雍《皇极经世·观物外篇》有言："学不际天人，不足以为学。"这是从学术的角度说明天—人问题在中国哲学中的重要地位，所言切实。中国古代哲学中的天—人关系很特殊，它不是黑格尔在其《小逻辑》中所说的那种交互关系，因为在这种关系中本质和现象都将自身发挥为圆满的全体，并且在外延上完全等同，内涵上纯粹同一，因而彼此可以全面地显现对方。而在这种天—人关系中，天的世界与人的世界不是完全对等的两个世界，天是一个全体，人是从天中发放出来的一部分，天是无限的，人是有限的。

现在学术界流行着一种较为普遍的看法：天人合一是中国哲学区别于西方哲学的显著特点。天人合一说的是两者之间的同一性，但这种同一首先是以二者的分离和差异为前提的，没有源始的分离以及由此引出的差异，也就没有同一，哲学也没有必要花气力探讨那本来没有发生分化的混沌状态。其

---

[1]（唐）孔颖达：《周易正义》下，第374页。
[2]（清）陈梦雷：《周易浅述》四，第1002—1003页。

实中国古代哲学（不管是儒家，还是道家）所说的天人合一是指还原以后的天人同一性。这个同一性并没有取消天与人之间的根本差异。中国古代形而上学中的天，不是在自然界存在的东西，"它是超自然界的存在"。"天不是一个实体，而是一个无形的、不可感知的东西。它对人的给予，是触摸不到的、无法感知的，只有通过人的行动才能呈现出来。因而，这'天'是隐蔽的、不在场的存在。只有人才能开启它，使它显明出来。""天是通过人而'在'的。"[1]《易经》中有言："立天之道曰阴与阳"，"天地之大德曰生"，"易与天地准"。这里所说的天、天地，都不是自然之天，而是超越于其上并与道相通的至大无外的无形之天，它虽无形无象不可捉摸，但它可通过人（主要是圣人）的"神"、"智"和"德"显现出来。所以，《易经》又说："天生神物，圣人则之。天地变化，圣人效之。天垂象，见吉凶，圣人象之"。[2] 圣人仰观，俯察，"近取诸身，远取诸物。于是始作八卦，以通神明之德，以类万物之情"[3]。"神以知来，知以藏往，其孰能与于此哉，古之聪明睿智，神武不杀者夫！"[4] 孔子说："天生德于予。"明言自己的德性是天所授予的，因而天守护保佑着他、成就着他，他的德性与天相通，并且真实无欺地显现着天，或者说天通过他的德性而显现自身。

  天人又是相互限制，相互规定的。就天生人物而言，人和万物都是天的无限可能性的有限的现实形式，因而是天之存在的给出界限者。邵雍以为"人亦物也，圣人亦人也。……人也者，物之至者也；圣也者，人之至者也"[5]。故其为天所生，所以圣人能"心代天意"、"口代天言"、"手代天工"、"身代天事"，天之所能实现为人之所能，天之万能为人的身—心有限能力所限制、规定。另一方面就人的潜能而言，它源于天，因而具有向着天不断扩张自身的可能性。它的最大界限是天，天又是人之无限可能性的规定

---

[1] 王振复等著：《中国美学范畴史》第 1 卷，山西教育出版社 2006 年版，第 32 页。
[2] （唐）孔颖达：《周易正义》下，第 390 页。
[3] 同上，第 413 页。
[4] 同上，第 387—388 页。
[5] 冯友兰：《中国哲学史》下，第 222 页。

者,给出界限者。所以儒家一再宣称要"尽心"、"大心"、"扩充心性",最终与天同体,天人齐一。

虽然天人两个世界相互限制,相互生发,但二者各在自己的世界中合规律、合目的地存在、运动,天有天的运动规律和结构方式,人有人的活动规律和存在方式。于是有天道,有人道,两者之间虽然具有同一性,但差异也是不可忽视的。天道可包摄人道,但人道不等于天道。王振复先生说:

> 所以,"人道"其实即"天道"的一个组成部分,它是"天道"的体现。"天道"是就天人万物所行的"道"的全体而言,"人道"只是其中人所直接履行的一小片。对这"天道"的全体,人当然是不可知的;但对它的基本轨迹,人还是大致可以从自身的感受中体察的。这是"天道"之所以可能成为人之另一"道"的根由。
>
> 作为人之另一"道","天道"又是"人道"的拓展。"人道"是就人所能及、能知的东西而开掘的人的行事之"道"。这人之所"能",是人之所以"能",是他已"及"、已"知"的东西。所以,"人道"其实是对传统的沿袭、继承。……而"天道"则是超出人已有知识、经验、能力的东西的探知,是在人的未知领域里的开始。所以"天道"之追求,是对人的能力的挑战,是对人的现成状态的超越。它发展了人的能力,提供人的崭新的可能性。[1]

这里所说的天道与人道的同一性关系,主要出现在儒家形而上学中,但在道家哲学中,天道与人道是相互分离、对立的。老子说:"天之道犹张弓欤?高者折之,下者举之,有余者损之,不足者补之。天之道损有余而补不足,人之道则不然,损不足以奉有余。"[2] 人要真正实现与天同一,掌握天

---

[1] 王振复等著:《中国美学范畴史》第1卷,第38页。
[2] 《老子·七十七章》。

道，必须放弃"人道"，消解人为，以无为顺从"天道"。

以上种种特点是西方形而上学——无论是古代，还是现代——所不具备的，唯有中国古代形而上学独具这三大特点。这一观点也许会立即受到种种责难。

首先，有人会质疑说：亚里士多德这位西方形而上学的创始人和奠基人，曾明确提出第一哲学和第一科学，并明确规定第一哲学之"道"的本体地位，第一科学则主要研究物理事实，属于形而下的现象世界，这和《易经》中所作的形而上与形而下之划分，本无二致。确有其事：

> 亚里士多德没有直接用过"形而上学"这个词。但是，他主张一种第一哲学，认为"如果除了自然所形成的物质之外再也没有物体的话，自然科学应该是第一科学，但是，如果有一个不动的物体，这门科学应该是第一哲学，也应该是普遍的，因为它是第一位的"（Aristotle, *Metaphysics*, VI.Encyclopaedia Britain Inc.1952.1）。[1]

第一哲学的主要研究对象为"是"（being），"是"的基本含义为：一个事物存在的第一种状态，事物存在的起点、基础、母体或善良意志，它与中国古代形而上学中的"道"相接近，道即事物之为事物的原始根据，万物借以产生、形成、存在、发展的最高"本体"。

但是，亚里士多德形而上学与中国古代形而上学之间的差异也是十分明显的。主要区别出在形而下之器物。在亚里士多德那里，与第一哲学的"是"或"道"相对的是自然界的全体物理现象，其中不包括伦理、道德现象，而在中国儒家哲学中，与道相对的器物则是伦理世界现象，是圣人的创制，圣德的客观化显现，即《易经》中所说的"盛德"、"大业"。这一伦理现象世界是不包括纯粹的自然现象的，并与自然的现象世界相对立。在亚里

---

[1] 引自沈顺福：《试谈什么是形而上学》，《哲学研究》2007年第1期，第83页。

士多德形而上学视阈中物理世界（客体）与人及人的实践方式（主体）是判然分立的，中国古代形而上学则没有这种机械的主—客区分，人与人的对象世界是浑然一体的，因为人的对象世界就是从人自身固有的内在德性发挥出来的。此其一。

其次，中国古代形而上学的第二个显著特点，即形而上学与辩证法相统一，对此，也有人会提出反对的意见。他们会拿出似乎是不争的事实，证明西方形而上学亦具有这种特点，最典型的事例是黑格尔的辩证法。其辩证法与克尔凯戈尔、萨特等人的存在辩证法具有本质的区别，它不存在于个体生存现象之中，而存在于现象之外、之上的思维本体之中，所以，它和中国古代形而上学辩证法是相同的，是本体辩证法。

这种说法也是经不起深究的皮相之见。黑格尔辩证法，严格地说，是思辨本体辩证法，它是以先验的思维实体为本体的，并以思维与存在的矛盾、对立法则，将自身发挥于现象世界，历史地呈现于自然界、人类历史和绝对精神中。其灵魂是逻辑与历史的辩证统一。在某种意义上说，没有历史，就没有黑格尔的辩证法，是历史使思辨辩证法脱离了它在纯粹思维阶段上的自在性，历史成就了辩证法的现实性，使其成为自为的。中国古代辩证法则没有这种思辨的性质，它是生命本体辩证法。生命的生生不息之体及其变易之道，自含阴阳之矛盾、对立，它是宇宙生命本体固有的法则、存在运动的方式、内在的不安定因素和力量，宇宙万物都是由它生发、发挥出来的。因而它是绝对的，既自在又自为的。它不是纯粹的思维，也不是纯粹的物质，这些有限的存在都是由它自由地生成的，它无须有限自然来实现自身，更无须历史来成就自身，相反是自然事物和人文创制靠它来成就自身、持存自身的。因此，它又可自由地出离自然和历史，保持它的形而上的绝对性和第一性。

当然，中国古代辩证法也不是绝对地将自身禁锢、封闭在形而上的纯美的天空，它也要沉沦到现象世界，尤其是人的世界。它与人的有限存在上下相维、相互参助。人禀受天之阴阳而生性情，但这并不意味着人的性情具有现实的绝对性，它仅仅是人之存在的可能性，它的最高绝对性限界仍然在天的先在规定里。所以，人要扩充、改造、提升自身的存在，使自己符合先在之天，与天齐一。所以孟子提倡养气、扩充心性，"尽心、知性、知天"，张载主张，"善反"气质之性，"则天地之性存焉"[1]。"善反"，就是将有所变异的气质之性原原本本地还原到先在的天地之性，"善反"的最佳方式是"大其心"，不以"闻见之知"，专以"德性之知"通达天道。在道家那里，虽然"万物负阴而抱阳，冲气以为和"，人的存在并未因其所持"道"的矛盾法则而具有现实性和绝对性，他是相对的。所以要解构人自身的自为性存在，以及由人的智慧和行为所产生的一切器物、文明成就，如其本然地还原为自然、天或道。这样，被还原之后的天地之性，仍然一如既往地保持自身的绝对同一性，其固有的阴阳之矛盾亦平静地沉睡在这种同一性之中，人与万物也因这种绝对的同一性，"道通为一"，完全丧失了自身在现象界的特殊性与个性差异。

　　黑格尔的思辨辩证法则没有这种形而上的绝对的同一性。同一性沉入现象世界的诸多事物之中，显现为实实在在的特殊、具体，实现为个别、个体事物。在黑格尔看来，辩证法在自身的历史演历过程中越是具体，越是接近绝对真理。所以，个别、个性及其差异是黑格尔辩证法的本质特征。一个突出形而上的同一性，一个突出形而下的差异性，这是中国古代本体辩证法与黑格尔思辨辩证法之间的本质区别。这一区别早在西方人眼里已被看得一清二楚，费尔巴哈在分析、批判思辨哲学时一针见血地指出：

　　　　德国的思辨哲学是和古代所罗门的智慧直接对立的。后者在太阳底下看不到任何新的东西，前者则只看到新的东西；东方人见到统一而忽略了差异，西方人则见到了差异而遗忘了统一；前者把自己对永恒的一致性所抱的一视同仁的态度一直推进到白痴的麻痹状态，后者则把自己对差异性和多样性的感受扩张到无边幻想的狂热的地步。当我们说德国

---

[1] 冯友兰：《中国哲学史》下，第233页。

思辨哲学的时候，专指的是现今占统治地位的哲学——黑格尔的哲学；因为谢林的哲学真正说来是一种外国的产物，是移植到日耳曼土地上的古老的东方同一性，因此，谢林学派对东方的向往，乃是这个学派的一个本质特征，与此相反，向往西方而贬抑东方，则是黑格尔哲学及其学派的一个特征。[1]

再次，对于我所提出的中国古代形而上学具有两个世界这一观点，学界的反对意见一定会更大，这是意料之中的事。因为在我国当代哲学界流行着这么一种根深蒂固且占有统治地位的观点：西方哲学具有两个世界，而中国哲学则只有一个人生，从下面一段材料中足以看出，这一观点颇有来头：

> 国内外都曾有学者认为，从哲学文化传统的特性上说，西方是两个世界，而中国是一个人生（世界）。韦伯曾经把儒教伦理与清教伦理在对待尘世的态度上作过如下鲜明的对照："如果说儒教对世界万物采取一种随和态度的话，那么清教伦理与'世界'则处在一种强烈而严峻的紧张状态之中。""在中国从未出现过与'现世'的紧张对峙，因为从来没有一个超世的，提出一个伦理要求的上帝作过伦理的预言。"钱穆对这种差异作了如下说明："西方人常看世界是两体对立的，在宗教上也有一个'天国'与'人世'的对立。在中国人观念里，则世界只有一个。"李泽厚也认为，康德的绝对命令无上崇高，高居于感性世界之上，而儒学是以"仁"为本，不离感性却又等同崇高，因此它们是两个世界（天国/人世）与一个人生之分。而中国之所以是"一个世界"，盖因巫术世界观之直接理性化，此乃中国古史及思想史之最大关键。[2]

---

[1]〔德〕费尔巴哈：《费尔巴哈哲学著作选集》上卷，三联书店1959年版，第45页。
[2] 刘敬东：《两个世界与一个人生》，《哲学研究》2005年第5期，第110页。

上述观点不管来头有多大，其片面性是毋庸置疑的。以偏赅全，实不可取。以所谓的"最大关键"用来说明儒家哲学，勉强能说得过去，用来概括整个中国古代哲学则与事实不相符，未免牵强。在道家那里，甚至在儒家学派中，例如荀子，天人两个世界分立，这是不争的事实。在佛教哲学中，佛陀世界与尘世，真与俗两界判然分立，这也是触之凿凿的事实。

也许有人会反驳说：两界分立，本来是印度佛教哲学的特点，佛学中国化或中国化了的佛学——禅宗哲学——则没有这种两界分立的特点。事实不然，即使在禅宗那里，色界与空界，尘俗世界与真如世界仍然是分立着的。倘若只有一个世界的话，还有什么必要破除文字相呢？既然能够破除文字相，那么事实表明，在由文字表出的尘俗世界之上，还有一个更高的属于佛的绝对真实世界存在着，否则，便无以解构虚幻的尘世或俗界。

至于说，儒家哲学只有一个人生或一个世界，也不是完全符合事实的。首先应提到的是《周易》这部儒家经典。在《周易》中，天与人各占一个世界，是两个世界，故有三才之说，三道之论："立天之道曰阴与阳，立地之道曰柔与刚，立人之道曰仁与义。"这里似乎有三个世界，即天、地、人。其实，在《周易》里，具体讲天地的时候，已经落实到形而下的现象世界，在形而上，天地、阴阳、乾坤是合为一体的，合一为"易"或"易道"，"易道"是天或"天地"的形而上的存在形式或方式。它与人相对。后来汉儒就不说天地，单称天与天道。《周易》讲天—人关系，突出两者之间的同一性，"易与天地准"（《周易》中的"易"有两义：一指天地之本体，二指圣人对它的反映、模拟、仿像，如乾、坤、雷、泽、风、水之类易象）说的就是天人之间的比配、同一关系，这一哲学大原则一直贯穿于儒家哲学发展的全过程。承认天人之间的同一性，并不意味着将两个世界合二为一了，天地被整合在人生世界中了。天人仍然各具特点、各行其道，唯其如此，圣人才要劳心苦神，仰观俯察，"近取诸身，远取诸物"，效天法地，模拟创制，推之、化之、裁之、举之、措之、推而广之，成就事业，以匹配、赞助天道。

汉儒提出"天人感应"之说，虽然强调天人之间的感通性，但并不将天人看做是同一世界。天为母体，派生出人及其世界。两者之间存在着大与小、源与流之区别，只是在存在的结构和形式上彼此相似、相类、相通，故有同构相应、同气相感之关系。这种关系所揭示的是天人分立的两个世界，而不是一个世界。董仲舒"人副天数"之说，讲的就是天与人在结构上的同形同构关系。

> 莫精于气，莫富于地，莫神于天。天地之精，所以生物者，莫贵于人。人受命于天也，故超然有以倚。物疢疾莫能为仁义，唯人独能为仁义。物疢疾莫能偶天地，唯人独能偶天地。人有三百六十节，偶天之数也。形体骨肉，偶地之厚也。上有耳目聪明，日月之象也。体有空窍理脉，川谷之象也。心有喜怒哀乐，神气之类也。观人之体，一何高物之甚而类于天地。……天以终岁之数成人之身，故小节三百六十六，副日数也。大节十二分，副月数也。内有五脏，副五行数也。外有四肢，副四时数也。乍视乍瞑，副昼夜也。乍刚乍柔，副冬夏也。乍哀乍乐，副阴阳也。心有计虑，副度数也。行有伦理，副天地也。此皆暗肤著身，与人俱生，比而偶之弇合。于其可数也，副数于其不可数者，副类。皆当同而副天，一也。[1]

董仲舒在此说得很清楚，人之内外（神与形）与天之上下（体和用）两两相比、相类，"比而偶之"，或确然以数相合，或"其不可数者"，则以质性相类或相副。但两者毕竟不是完全等同的，天大人小，若以逻辑表述天人的关系，人是主词，天是谓词。董仲舒形象地将天比作人的祖父，以此来明辨天人之间的源流关系："为生不能为人，为人者，天也。人之人本于天。

---

[1] 引自冯友兰：《中国哲学史》下，第17—18页。

天亦人之曾祖父也。此人之所以乃上类天也。人之形体，化天数而成。人之血气，化天志而仁。人之德行，化天理而义。人之好恶，化天之暖清。人之喜怒，化天之暑寒。……天之副在乎人。人之性情，有由天者矣。"[1]

宋儒比汉儒前进了一步，将儒学之天由宇宙生成论意义上的天改造成本体论意义上的天，天与人的关系也随之发生了根本性的变化：人不再是天的相似形或副本，天与人之间存在着理对事的必然性逻辑关系，既有此物必有此理，有人必有天。这种合理的关系首先确立的是"理"世界（即天）的形而上的先验的绝对性和第一性，它先于人与物并独立于人与物的世界而存在，人与物的世界则在天之下，以"天理"为本体。理学集大成者朱熹是这样解释天人关系的：

> 形而上者，无形无影是此理。形而下者，有情有状是此器。
> 若在理上看，则虽未有物而已有物之理。然亦有其理而已，未尝实有是物也。[2]

在这里，"理"的世界，即自然之天的超验本体，与人的世界（包括万物）被截得上下分明，绝不能合为一个世界。

朱熹的"理"是对于自然之天化生万物之根据的逻辑抽象，它高于自然之天，"天"在朱熹的理学中只是在宇宙生成论上被给予源始的第一性，人则是由天地宇宙之运动化生出来的。所以，相对于母体而言，人还是第二性的存在。朱熹说：

> 天地初间，只是阴阳之气。这一个气运行，磨来磨去，磨得急了，便拶去许多渣滓。里面无处出，便结成个地在中央。气之清者便为天，

---

[1] 冯友兰：《中国哲学史》下册，第18页。
[2] 同上，第255页。

为日月，为星辰，只在外常周环运转，地便在中央不动，不是在下。[1]

天地之初，如何讨个人种。自是气蒸结成两个人。……那两个人便如而今人身上虱，自然变化出来。[2]

在宇宙化生万物的时间演历过程中，天地是阴阳气化所成，是原生的，有天地，然后才有"形生"，才有万物（包括人）。所以，天（阴阳之气化）是生成人与万物的第一性本源，人则是从此唯一本源中派生出来的，是次生的，后生的。天与人有此源流之分，时序先后之别，自然是范围不同的两个世界，很难将二者合为一个世界。

儒家陆、王心学一派则应另当别论。他们的形而上学只有一个世界，即人或"心"的世界，这也许是李泽厚等人立论的唯一根据。陆九渊说："吾心便是宇宙。"[3] 一语道出心学的全部真谛。心与宇宙绝对同一，人的世界就是天的世界。王阳明则说："人心是天渊，心之本体无所不该。"[4] "心即理也，天下又有心外之事，心外之理乎？"[5] 一个心，一个理（其实王阳明心理不分，二者原是同一的，在人在物都如此，所以他又说，"此心在物则为理"）将天地宇宙囊括无余，足以见出人心之大，人的世界之广。大人而小天，以人中之天直接替代人外之天，这是陆王心学的狂悖之处。

细细推究，说陆、王心学只有一个世界，未免有些简率粗疏。其实陆、王在"心"的世界中还是区分天与人的，他们一方面承认天人的绝对同一性，另一方面又承认天与人的差异性。就同一性而言，天与人归一于同一本体，人心之本体也就是天地宇宙之本体；就差异性而言，人因其个人欲望的

---

[1] 冯友兰：《中国哲学史》下册，第262页。
[2] 同上，第263页。
[3] 同上，第274页。
[4] 同上，第288页。
[5] 同上，第291页。

存在，而有逸出天真的可能性和现实性。人既有本真的一面，又有非本真的一面。因此，人要与天同一，以心合天，必须消解自身的非本真方面，天则持存本真如故，无须自行消解自身的非本真性。这便是天人之大分别。有此分别，所以陆九渊主张"去蒙蔽"，随顺"天则"，去人之不齐而齐一于天，善存心中之天。他说：

> 道塞宇宙，非有所隐遁。在天曰阴阳，在地曰柔刚，在人曰仁义。故仁义者，人之本心也。……愚不肖者，不及焉，则蔽于物欲而失其本心。贤者知者过之，则蔽于意见而失其本心。
>
> 此理在宇宙间，何尝有所碍。是你自沉埋，自蒙蔽。阴阴地在个陷阱中，更不知所谓高远底。要决裂破陷阱，窥测破罗网。[1]

王阳明也认为人心有蔽塞，所以要致良知，良知之体不是自在的，经过一番修持、磨炼才可获得，由自在成为自为。他说：

> 原是一个天，只为私欲障碍，则天之本体失了。……如今念念致良知，将此障碍窒塞一齐去尽，则本体已复，便是天渊了。[2]
>
> 喜怒哀惧爱恶欲，为之七情；七者俱是人心合有的，但要认得良知明白。比如日光，亦不可指著方所；一隙通明，皆是日光所在。虽云雾四塞，太虚中色象可辨，亦是日光不灭处。不可以云能蔽日，教天不要生云。七情顺其自然之流行，皆是良知之用，不可分辨善恶，但不可有所著。七情有著，俱谓之欲，俱为良知之蔽。然才有著时，良知亦会自觉。觉即蔽去，复其体矣。[3]

---

[1] 冯友兰：《中国哲学史》下册，第275页。
[2] 同上，第288页。
[3] 同上，第295页。

在此不难看出，良知去蔽塞的过程，也就是人由自在走向自为，最终实现绝对自由的过程。这一过程是在人的自觉意识的范围内充分展开的，属于人的世界，它与"不识不知"的昏默之天是判然有别的。二者合而为一，同体共在，是良知归复本体，既已觉悟了的结果。若从"致良知"的结果上来看，陆王心学确实揭示了一个世界；若从良知展开的过程来看，天人还是相互区别的两个世界。所以，"只有一个世界"的看法，尚不能曲尽陆、王心学的全部实情，更不能正确地客观地概括整个儒家哲学的本质特征，若以此来囊括整个中国古代哲学之总体特征，则难免有瞒天过海之嫌。

现在的主要问题是：既然儒家形而上学也包含着两个世界，那么它与西方传统哲学的主要区别又在哪里呢？区别就在于双方所揭示的世界的存在性质及其显现方式。西方哲学中的两个世界，一般是指主观的世界和客观的世界，或主体的世界和客体的世界。客体世界主要指主体存在之外并与主体相对的自然世界，宇宙。它是主体认识和实践的对象世界，主体在这种对象性关系中将自身扩张为与客体相对的另一个世界。这两个世界是通过矛盾对立的主—客二分方式显现出来的。儒家哲学中的两个世界则是天的世界和人的世界，两者之间具有原始的同一性。天是人的始基和最高根据，天通过人的道德行为而显现自身，人通过天之所授性命而扩充自身的道德精神，还原于天，与天同体。在人所扩展开来的道德世界中一般不包括自然的物理的世界，因而显得纯全不杂。天与人就在这种透明净亮的世界中通过纯粹的同一性关系相互显现着、揭示着，这里既无天人的矛盾和对立，更无西方哲学中的那种主—客二分的严峻对峙和裂痕。

以上所确证的中国古代形而上学的三大特点，是对整个古代哲学总体面貌的概括和总结，不是单单对儒家哲学一派而言的，还包括道家哲学和佛禅哲学。若将它置于当今世界哲学视野中，这些特点虽然为中国古代哲学所独有，但未必都是优点。比如，第二与第三特点，就不能被看成是中国古代哲学对现代西方哲学的优点。如果一仍旧贯地将它推行、保留于现代，中国古代形而上学亦不能通达绝对真理。相反，它会以另一种形式遮蔽真理。所以，复兴或重建中国古代形而上学，走复古主义路线，将古代哲学原封不动地全盘搬到现代世界哲学的殿堂里，那是不行的。复兴与重建，既有坚持和发扬，又有否定、批判和扬弃。这两方面的工作都是很吃力的。唯有经过这番繁重的哲学劳作，中国古代形而上学才能真正梅开二度，焕发出现代哲学之灿烂光彩，重新揭露、显现绝对真理。

第五章
儒家道德形而上学批判

第一节 儒家哲学与存在主义哲学之比较

在我们将儒家哲学带入现代哲学的批判视野之前，很有必要做一番清道工作。不然的话，它将成为我们眼前的障碍物，遮挡我们的视线。目前学界有一种关于儒家哲学的新评价，它将儒家哲学与海德格尔存在主义相比较，认定海德格尔的天命与儒家的"中庸之道"是相通的。张祥龙写过一篇大论，题目便是："海德格尔思想与中国天道"，观其题目，便知一二，无非是说，海氏的存在之道与儒家的天道是相近、甚至是相通的。他还写过一本题为《从现象学到孔夫子》的专著，其中讲道：

> 孔夫子的最大特点就是"不可固定化"；而且，正是由于这"不可固定"是那样的彻底，它必要活化为人生的境域式生存，化入时间（历史）境域、语言（"文"）境域和艺术境域的原发意义构成之中。[1]

如此说来，孔夫子的哲学也是还原主义哲学，其旨归与海德格尔哲学一

---

[1] 张祥龙：《从现象学到孔夫子》，商务印书馆2001年版，第242页。

样，是人生境界，而不是绝对真理，儒家哲学也就成为东方古代版的存在主义哲学。

其实存在主义哲学与儒家哲学之间存在着天壤之别。如果细心的读者认真阅读第一篇第三章，并将我对海德格尔哲学的批判与本篇中关于中国古代形而上学的描述相比较，就会发现这种区别是显而易见的：如前所述，海德格尔哲学从原始根基上灭尽了天与天道，单存人道。他也大讲特讲"天"、"神"，其实它是在人所立足的大地上，从人的现实生存中提举起来的，是人对"天"的僭越和替换，以人代天，以人灭天。这是存在主义哲学的真实底蕴。儒家哲学则是先存天，后立人，由天道而发人道，天人双向同构，互动互应。天在上因人而显现自身，人在下修道行德而上达天道，与天齐一。海德格尔的存在之道揭示着人（此在）"在……之中"的必然性，或"天命"，其实根本没有什么"天"或"天命"，其真相是，人在人自己创造出的文化世界中沉沦的命运，人与其周围世界（工具理性世界）照面、对话的生存境遇和遭际。儒家的"中庸之道"也有"在其中"的存在方式和结构形式，但它所揭示的不是人在人的世界中的必然性命运，而是人在"天的世界"中提升自身的不可抗拒的天命或天道。

认为这两者之间具有一致性和相通性，这一观点深受"一个人生（世界）"的片面认识的影响，以为儒家哲学只有"一个人生"，海德格尔哲学也只有"一个人生"，所以，二者是相通的。退一步讲，即使是这样，两者之间的差异也还是很大的。儒家主张人生在德，认为人生寄托于直通天道的道德世界之中，故人生属于形而上的善的世界；而海德格尔则主张人生在世，认为人生寄托于带有沉沦、异化性质的工具性因缘世界中，故人生属于形而下的恶的世界。一上一下，一善一恶，形同水火，绝无丝毫相通之处。所以，这种将二者混同起来的流行观点必须破除，不然的话，它会严重地误导读者：既会曲解儒家哲学，也会误读存在主义哲学。

至于说孔子的最大特点是"不固定化"，这种看法也十分笼统："不固定化"到底是指人生的哪个层面？是在本体层面上，还是在处世（用的）层面上？如果是指后者，也许说出了几分事实。孔子确实讲过"四毋"，即毋意、毋必、毋固、毋我。他以此谆谆告诫他的弟子们，为人处世要灵活，不要固守一偏、顽固不化。如果是指前者，则是大错特错了。孔子对天命的信仰，对天道的执著追求和坚守，像巍巍高山一样岿然不动、坚定不移，他是最"固定化"的。由此所表现出来的恢宏气度、坚定的信念和大无畏的勇气，是海德格尔不可比配的。海德格尔的特点则是彻头彻尾、彻内彻外的"不固定化"，他将人生或自我生存投入时间的无常变化中，一切都显得摇曳不定、不可捉摸，人在时间的长流中只能抓住一个固定点：那就是死亡，而死亡本身又意味着个体生命的虚无。在这虚无中没有什么更高的、绝对的实体性存在可收留、留住走向虚无的生命。所以海德格尔对"人在其中"的现实世界充满了怀疑和绝望，最终投向虚幻缥缈的没有根基的诗的王国。这个理想的王国，由于它自身无根基的缘故，一样显得摇曳不定、变幻明灭。因此，他的境界人生与儒家的境界人生判然有别：儒家道德哲学的归宿或最高旨趣是审美的人生境界，这境界是以道德世界为其根基的；而海德格尔的诗意境界则无此道德世界来支撑，相反，它的根部深深扎在恶的反道德的异化世界之中。由于它的根基不正，它自身的美与理想到底有几分现实性，值得存疑。（关于这个问题，我在上一篇中已经作过详细的分析，兹不赘述。）

第二节 儒家道德学说精蕴

一、天命与仁

现在让我们再回过头来详细审视孔子的道德形而上学。孔子学说的出发点是天人相分。他虽然"希言天命"，但他对天在人之上独立存在，并主宰、决定着人这一事实是承认的，至少是采取了默认的态度。所以他对天与天命保持敬畏的态度。孔子曰：

君子有三畏，畏天命，畏大人，畏圣人之言。[1]

这里"天命"、"大人"与"圣人言"是三位一体。大人与天同体，《周易·乾·文言》中有言："夫大人者，与天地合其德，与日月合其明，与四时合其序，与鬼神合其吉凶，先天而天弗违，后天而奉天时。"至于圣人之言则为天道立意，是天道或天命的直接显现，它"幽赞于神明之德"，"通天下之志"，"类万物之情"。[2]

孔子屡屡谈到天，天是有意志的，接近于西方教父哲学中的上帝。

王孙贾问曰："与其媚于奥，宁媚于灶，何谓也？"子曰："不然，获罪于天，无所祷也。"[3]

子见南子，子路不悦。夫子矢之曰："予所否者，天厌之，天厌之！"（《论语·雍也》）

颜渊死，子曰："噫！天丧予！天丧予！"[4]

子曰："天生德于予，桓魋其如予何？"[5]

这是孔子学说中长久被人忽略了的一个方面。另一方面，孔子又承认天人相合、同一。从天的角度看，天是一大意志，人是一特殊意志。天授命于人，人受命于天。天所授予与人所接受的是同一个东西，即天命。从人的角度看，人为天所生，命自天而出。人得之于天的先天本性便是德，德，即

---

[1] 《论语·季氏》。
[2] 参阅:《周易·系辞》。
[3] （宋）朱熹：《四书章句集注》，中华书局 1983 年版，第 65 页。
[4] 同上，第 125 页。
[5] 同上，第 98 页。

得。这属人的"德"与属天的"命"原本是同一个东西。孔子称之为"仁"。"仁"便是人所分有的天命，天赋予人的道德。冯友兰先生认为："'仁'为人之全德的代名词。"此解切当。[1]

"仁"作为人的"全德"虽为人所专有，但并未离绝天而完全独立自存，在其根蒂上仍然与天相通。所以"仁"兼有形而上与形而下之两重性，这一思想是后来宋儒从孔子"仁"学中发挥出来的。朱熹说得清楚：

> 性，情，心惟孟子横渠说得好。仁是性，恻隐是情，须从心上发出来。心统性情者也。性只是合如此底，只是理，非有个物事。若是有底事物，则既有善，亦必有恶。惟其无此物，只有理，故无不善。[2]

> 仁、义、礼、智，性也。性无形影可以摸索，只是有这理耳。惟情乃可得而见，恻隐、羞恶、辞让、是非，是也。[3]

虽然性与情分属形而上与形而下，但不是判然分离的，相反，二者合一于心，"心统性情"，"性者心之理，情者心之动"[4]。

"仁"兼上下，所以"仁"既有"天"的先在的原始的必然性规定，甚至有"必如此"而"不如彼"的宿命，又有人的主体性和自由。孔子"仁"

---

[1] 冯友兰解释说：惟仁亦为全德之名，故孔子常以之统摄诸德。宰予以三年之丧为期已久，孔子谓为不仁，是仁可包孝也。以后孟子言："未有仁而遗其亲者"(《孟子·梁惠王上》)，《中庸》言："所求乎子以事父"，皆谓仁人或行忠恕之人自然孝也。孔子以"微子去之，箕子为之奴，比干谏而死"。为"殷有三仁"(《论语·微子》)，是仁可包忠也。以后孟子言："未有仁而后其君者"(《孟子·梁惠王上》)，《中庸》言："所求乎臣以事君"，皆谓仁人或行忠恕之人自然忠也。孔子谓令尹子文及陈文子："未知焉得仁？"(《论语·公冶长》) 是仁可包智也。"仁者必有勇"(《论语·宪问》) 是仁可包勇也。"颜渊问仁，子曰：'克己复礼为仁'"(《论语·颜渊》)，是仁可包礼也。"子张问仁于孔子，孔子曰'能行五者于天下为仁矣。'请问之。曰：'恭、宽、信、敏、惠。恭则不侮；宽则得众；信则任焉；敏则有功；惠则足以使人。'(《论语·阳货》)"是仁可包信也。(《中国哲学史》下册，第62页)
[2] 冯友兰：《中国哲学史》下册，第266页。
[3] 同上，第267页。
[4] 同上，第266页。

学主要强调的是它的自由性。它不是自在的,而是自为的、自由的。"仁"虽为天所授,但既授予人,它的所有权也一并交给人了。这就像一件赠品,一旦赠与他人,他人就成为这赠品的新主人,怎样保存它、处置它,这是新主人的权利,原来的拥有者再无权来干涉它。"仁"不是自在地、现成地明摆在某人面前的存在,它内在于人自身,具有潜在的、现实的可能性。它有待于人去认知、体验、发挥、培养、扩充、修持,经过人的有意识的道德实践,"仁"才真正成为人的现实的道德精神。所以,"仁"的存在是一个有节次、有规律的循序渐进的道德修养、践履过程。在其现实性上,"仁"是一个过程与其结果的统一。在这一过程中,人虽然与一个形而上的"他物"打交道,但人的一切行为都是由自己决定、发出的。这一切行为及其后果,都在人的自由意志的掌握之中。因此,人能自己决定自己,并凭借自身的力量返回自身,这是真正的自由精神。"因为自由正是在他物中即是在自己本身中、自己依赖自己、自己是自己的决定者。"[1]孔子"仁"学所彰显的是人获致"仁"、践履"仁"、推行"仁"的自由精神,他一再强调说,"为仁由己",得"仁"有方,立"仁"有道。

> 颜渊问仁,子曰:"克己复礼为仁。一日克己复礼,天下归仁焉。为仁由己,而由人乎哉?"颜渊曰:"请问其目。"子曰:"非礼勿视,非礼勿听,非礼勿言,非礼勿动。"[2]

> 夫仁者己欲立而立人,己欲达而达人,能近取譬,可为仁之方矣。[3]

在孔子那里,体认、通达仁的主要方式或途径是知与行,即,认识和道德实践(或精神修养)。认识的主要途径是"学",孔子非常重视学,"学而

---

[1] 〔德〕黑格尔著、贺麟译:《小逻辑》,商务印书馆1981年版,第83页。
[2] (宋)朱熹:《四书章句集注》,中华书局1983年版,第132页。
[3] 同上,第92页。

时习之,不亦说乎?"[1] 这是他治学的一贯态度和作风。学习之所以重要,是因为通过学习,可以体仁达道,即所谓"下学上达"。(《论语·宪问》)《论语》有言:"博学而笃志,切问而近思,仁在其中矣。""百工居肆以成其事,君子学以致其道。"[2]

学习固然重要,但与其他形式的道德修养相比较,退居其次,它仅仅是体认仁的一个良好开端或出发点而已。"仁"的圆满实现,仍需通过继学习而后续的其他更为重要的道德实践去完成。《论语》有言:"可与共学,未可与适道。可与适道,未可与立。可与立,未可与权。"[3] 可见体仁达道是有条理、分节次的,不可越级而行。"学"只是立仁的第一步或开端,继而适道,继而立身,继而通权变。"权"之所以如此重要,是因为"权只是经也"[4]。权变合道,唯变为常。孔子自述其进德之序,也是将"学"放在进德的开端处,然后循序渐进,直至"从心所欲不逾矩"。

> 子曰:吾十有五而志于学;三十而立;四十而不惑;五十而知天命;六十而耳顺;七十而从心所欲,不逾矩。[5]

二、中庸之道

由此可见,人在体认仁、扩充仁、进德适道的过程中是有条理、次序和规则可循的,这种按照某种规律和法则充分展开的人的自由,便是"道"或

---

[1] (宋)朱熹:《四书章句集注》,第47页。
[2] 同上,第189页。
[3] 同上,第116页。
[4] 同上。
[5] 朱熹有独到的解释:程子曰:"孔子自言其进德之序如此者,圣人未必然,但为学者立法,使之盈科而后进,成章而后达耳。"胡氏曰:"圣人之教亦多数,然其要:使人不失其本心而已,欲得此心者,唯志乎圣人所示之学,循其序而进焉。至于一疵不存,万理明尽之后,则其日用之间,本心莹然,随所意欲,莫非至理……"又曰:"圣人言此,一以示学者当优游涵泳,不可躐等而进,二以示学者当日就月将,不可半途而废也。"(《四书章句集注》,第54—55页。)

"人道"，孔子与其门弟子将此总结为"忠恕"或"中庸之道"。

> 子曰："参乎，吾道一以贯之。"曾子曰："唯！"子出，门人问曰："何谓也？"曾子曰："夫子之道忠恕而已。"[1]

朱熹解释说：

> 尽己之谓忠，推己之谓恕……或曰："中心为忠，如心为恕。"于义亦通。程子曰："以己及物，仁也；推己及物，恕也，违道不远是也。忠恕一以贯之：忠者，天道，恕者，人道；忠者无妄，恕者，所以行乎忠也；忠者体，恕者用，大本达道也。此与违道不远异者，动以天尔。"[2]

所谓"忠恕"之道，也就是人在进德的过程中，时时处处持存"仁"德如其本初，使人所存养的"仁"心与天所赋予的仁德合若符节，不差分毫。因而，初始的"仁"心从自身出发，发放于外，又能不断返回自身，实现"仁"心自身与自身的绝对同一。它在自身的流行发用过程中，时时体用合一，不偏不倚，体在用中，即用见体。所以，忠恕之道也可以称为"中庸"之道，后儒视之为"孔门心法"。

王夫之将"中庸"之理发挥得更为周详：

> 以实求之，中者体也，庸者用也。未发之中，不偏不倚以为体，而君子之存养，乃至圣人之敦化，胥用也。已发之中，无过不及以为体，而君子之省察，乃至圣人之川流，胥用也。未发未有用，而君子则自有

---

[1]（宋）朱熹：《四书章句集注》，第72页。
[2] 同上，第72—73页。

其不显笃恭之用。已发既成乎用，而天理则固有其察上察下之体。中为体，故曰"建中"，曰"执中"，曰"时中"，曰"用中"；浑然在心中，大而万理万化在焉，小而一事一物亦莫不在焉。庸为用，则忠之流行于喜怒哀乐之中，为之节文，为之等杀，皆庸也。[1]

"中庸"之道所揭示的事实是：天道与人道在人的道德存养过程中相互渗透、圆融浃洽的存在状态，它的最高境界是"至善"。"至善"之境也就是天人合一，天道与人道通融周洽的精神境界。在这一境界中，天道通过"允执厥中"的人道圆满自足地显现自身，人道通过天道的流行发用、变化、持存而达于诚明之境，止于"至善"，天人互动，相互显现。《大学》"三纲领"将孔子学说的这一精蕴概括无余："《大学》之道，在明明德，在亲民，在止于至善。"朱熹深得其旨，大加发挥，发明其精微之意：

> 大学者，大人之学也。明，明之也。明德者，人之所得于天，而虚灵不昧，以具众理而应万事者也。但为气禀所拘，人欲所蔽，则有时而昏，然其本体之明，则有未尝息者也。故学者当因其所发而遂明之，以复其初也。新者，革其旧之谓也，言既自明其明德，又当推以及人，使之亦有以去其旧染之污也。止者，必至于是而不迁之意。至善，则事理当然之极也。言明其德、新民、皆当至于至善之地而不迁。盖必其有以尽夫天理之极，而无一毫人欲之私也。[2]

孔子"仁"学精义和旨归大致如此：起于天人相分，敬畏天与天命，终于天人合一，至于"至善"之境。

"至善"之境，天人圆融，人在天中，天在人中。就天而言，天人共在，

---

[1] （清）王夫之：《读四书大全说》上册，中华书局1975年版，第61页。
[2] （宋）朱熹：《四书章句集注》，第3页。

天在人的积极有为的道德行为中保持自身的绝对同一性；就人而言，人在自己决定自己，提升和扩充自己的自由中保持先验自我的绝对同一性。中庸之道凸显的是这后一种绝对同一性，即人的主观自由精神。

这种主观自由精神，在某种意义上也可以称做主体性精神，但与西方近代由笛卡儿开启的主体性精神相比较又有所区别：前者为道德的主体，后者为思维的主体。自我作为道德主体在人的存在范围内具有绝对性，但对天而言，自我存在又为形而上之天命所决定。因而，它又成为被决定的相对性存在，它的主体性自由也因之而成为相对的，它的绝对性程度，取决于它与天道相应和的合致状况。而近代西方哲学中的思维主体，则没有这种受制于天的相对性。由于思维、理性自身具有绝对性，一切存在都得接受自我思维的检验与裁判，甚至是天、神和上帝只有经过自我思维的裁判和核准，它们才有存在的绝对性和合理性，否则，它便与未经思维考量过的存在一样，将沉沦于相对性存在。

"中庸"之道的主观自由精神所显现的先验自我的绝对同一性，与胡塞尔的"先验自我综合统一"相比较也有相近之处，但不尽相同。相近之点在于：两者都具有内在直观性。但是，实现统一或同一的方式是大不相同的。胡塞尔的先验自我的综合统一指向形而下的现象世界，并与经验的自我综合统一交汇、缠结，同构对应，内外同一。在这种同一性中，先验自我因吸纳了经验自我所提供的现实内容（认识和实践，真理和价值）而成为绝对真实的存在。儒家的"先验自我同一性"则指向形而上之天道，由下学而上达，最终臻于上下同一。在这种同一中天道的自身同一性与人的自我存在的先验同一性，如同光与光交接一样，完全合成一体，一片透明，天人冥同。在这种大澄明境界中，先验自我因其归复、统一于形而上之天道而成为绝对存在。这种洋溢着神性光辉的先验自我完全涤除尽经验世界的污染和尘垢，摈弃了一切基于感性世界的现实内容，最多只在道德的精神世界中吸取稀薄的人生价值与意义。所以，中庸之道虽然兼有体用、上下，但在实质上它所揭示的是，偏滞于形而上之天的通底透亮的、然而是空洞无物的主观内在性自由精神。

"中庸"之为"善"或"至善"与古希腊苏格拉底的"善"有相通之处。苏格拉底的最高理想是"善",儒家的最高理想也是"善",而且这两家所追求的"善",都在纯粹意识或精神的领域中存在、发展,都突出主观自由的原则。黑格尔评价苏格拉底的道德学说时指出:他的"第一个规定,是意识从自身中创造出真实的东西,并且应当从自身中创造出真实的东西。这个规定是一个伟大的规定,虽然还只是形式的。把意识导向自身,乃是主观自由的原则"。"这个主观自由的原则是这样表现在苏格拉底本人的意识里的:他认为其他的各种科学对于人是毫无益处的,他只应当去关注那对他道德本性重要的东西,以便行最大的善、认识最真的东西。我们见到他指出从每一个人中都可以找到这个普遍,这个绝对,作为他的直接的本质。我们见到在苏格拉底这里,规律、真理,以及以前作为一个存在出现的善,都回到了意识里面。"[1] "苏格拉底把自然方面的许多规定都排除在善之外;在他那里,即使就人的各个具体行为方面说,善仍然还是空泛不确定的,那最高的规定性(那规定者),乃是我们一般所谓主观性。"[2] 把黑格尔的这些话移植过来,评价孔子的"仁"学也是比较贴切的。

但是,更进一步看,两者的差别也是很大的,孔子的"仁"或"善",是从形而上之天流布、落实到人的道德行为,并经人有意识地存养,再从人的自由精神中提举起来的,其实质是自我的先验本质的同一性。苏格拉底的"善"则是从现实的伦理世界中抽象出来的,它将直接存在的客观伦理原则、公理(公正、正义之类)提升、转化为主观内在性道德。"善"的实质是关于伦理共体的理性、共相、普遍性,客观的伦理生活世界构成"善"的现实性环节,尽管这一环节被存心不良、过河拆桥的苏格拉底否定、消解了,但它在当初,确实是作为苏格拉底之善的基础和出发点而存在的。苏格拉底只

---

[1] 〔德〕黑格尔:《哲学史讲演录》第 2 卷,三联书店 1958 年版,第 63 页。
[2] 同上,第 67 页。

是在思想的客观进程中有意识地将伦理从客观扭转到主观意识或人的自由精神领域。黑格尔非常看重苏格拉底的这一转折，并给予很高的评价："在普遍的意识中，在苏格拉底所属的那个民族的精神中，我们看到伦理（即礼俗）转化成为道德，并且看到苏格拉底站在顶峰上，意识到了这个转变。世界精神在这里开始了一个转折，它以后更充分发挥了这个转折。"[1] 由于苏格拉底的"善"是从现实的伦理世界中抽象出来的，虽然超越或扬弃了现实的礼俗，实现了主观的精神自由，但其实质是经验的自我统一或同一。它扬弃了现实的伦理，同时又将伦理世界的合理性、普遍性、共相保留在自身之中，也可以说，苏格拉底的"善"就是这普遍性、共相本身。

儒家的"善"（仁），则是离绝现实的伦理世界而独立存在的。唯其独立于客观的伦理世界，它才能始终如一地持存其先验自我的绝对同一性。或许有人会提出事实来质疑我的看法：孔子明确主张"克己复礼为仁"，礼即外在的礼俗、伦理，复礼才能归仁，仁与礼内外相维，才是真正的善，才是君子修养的最高道德境界。既然如此，怎么能说儒家的善（仁）独立于伦理世界，并排除现实的伦理内容呢？这个问题值得深究。孔子这里所讲的仁与礼之关系，确实是内与外的关系，"仁者，本心之全德"，为内在，"礼者，天理之节文也"。为外在。[2] 但其存在性质与苏格拉底所说的伦理与善的关系的性质是大不相同的。在孔子那里，内在性的"仁"是根本的，是第一性的；礼则为"仁"所决定，它的真实性在于它与"仁"相一致，相符合。当它与"仁"不相符合，或不能恰切地表现内在性"仁"的时候，它就失去存在的意义和价值。礼充其量不过是人用以获致、成全内在的"仁"德的一个手段而已，它不是目的本身，因而不能构成或过渡为仁的内容。更为确切地说，礼仅仅是人们确立的一个检束、规范内在情欲的外在性行为标准、尺度。"盖心之全德，莫非天理，而亦不能不坏于人欲。故为仁者必有以胜私

---

[1]〔德〕黑格尔：《哲学史讲演录》第 2 卷，第 63 页。
[2]（宋）朱熹：《四书章句集注》，第 131 页。

欲而复于礼,则事皆天理。而本心之德复全于我矣。"[1]

"克己复礼"也好,视、听、言、动依礼而行也好,最终目的都不是为确立外在的礼俗,而是为培养内在之仁,成就人的"全德"。外由内出,立外以养内,礼"由乎中而应乎外",人之内在情欲"制于外所以养其中也"[2]。所以,礼与"仁"的关系犹如筌与鱼的关系,鱼未得,不得无筌。一旦得鱼,则可以忘筌。所以孔子一再意味深长地说:"人而不仁如礼何!人而不仁如乐何!"[3]"礼云礼云,玉帛云乎哉,乐云乐云,钟鼓云乎哉!"[4]并以"绘事后素"的作画之法比喻说明礼起于"仁"之后的道理。[5]苏格拉底学说中伦理与善的关系则是完全与之不同的另一种情形:道德起于伦理世界之后。先有现实的伦理世界,然后才有对这个世界的主观的认识和自觉,才有"善"的普遍精神,所以,现实的伦理世界构成"善"的必然性和普遍性环节。

孔子的"仁"(至善)也不是完全排除外在的伦理的。与"仁"相对的"礼"就是一种伦理。它有它自己的现实的伦理规定。确切地说,孔子心目中最合乎理想的是周礼,其核心内容是君君、臣臣、父父、子子,它的现实的原型就是以家庭为基本组成元素、以血缘关系为纽带的宗亲制伦理体系。孔子的礼所确立的就是这个伦理共同体内部各成员之间的权利和义务,等级和秩序。其目的是为维护这个伦理共同体的最基本关系,即存在于家庭内部的自然的血缘关系。所以,孔子把"孝"作为立"仁"的根本,或首要任务。《论语》有言:"君子务本,本立而道生。孝弟也者,其为仁之本与!"[6]

由此可见,孔子的礼是以家庭伦常为其现实内容的,它的实质是自然伦

---

[1] (宋)朱熹:《四书章句集注》,第131页。
[2] 同上,第132页。
[3] 同上,第61页。
[4] 同上,第178页。
[5] 参见:《论语·八佾》。
[6] (宋)朱熹:《四书章句集注》,第48页。

理。自然伦理在严格的意义上讲，算不上真正的伦理理性。它与真正的国家伦理理性是相对立、矛盾的。这一矛盾也出现在孔子的"仁"学中。《论语》讲到这样一个典故：

> 叶公语孔子曰："吾党有直躬者，其父攘羊，而子证之。"孔子曰："吾党之直者异于是，父为子隐，子为父隐，直在其中矣。"[1]

这里楚人所说的"直"是指合乎国家普遍利益的公正与正义，而孔子所说的"直"则是指合乎家庭伦常的天伦之情，这两者本来是相互对立、矛盾的。在这种情况下，孔子坚定地站在家庭伦理一边，并以天伦之情否定国家伦理理性。孔子这样做是有形而上的理论根据的：他把天命、"仁"德与自然（天伦）三者看成是同一的，即天命＝"仁"心＝自然之情。这一观点被后儒发扬光大，宋儒将它发挥得淋漓尽致，强调"仁"是"一直心"，即发自本性的自然之情。周濂溪提出"静虚动直"之说，尽得孔子、孟子"直"心之妙旨："无欲则静虚动直。静虚则明，明则通。动直则公，公则溥，庶矣乎！"[2]

"直心"是发自直觉的纯真之情，不染芥屑私欲的本真之性，纯全不染的自然之心。孔子所提倡所归复的礼就是与这真心相适应、相符合的自然伦理，它与建立在带有异化性质的"私欲"基础上的法律、伦理规范和行为准则是相背反的。

这与苏格拉底的道德哲学正好相反。与苏格拉底的"善"相对应的伦理世界，其实质是国家共体的普遍利益以及它的精神表现——国家理性。这种国家伦理理性与家庭伦常是相背反的。古希腊悲剧《安提哥涅》所反映的就是这两种伦理原则之间的冲突。黑格尔认为伦理的现实根据主要有两种：

---

[1] （宋）朱熹：《四书章句集注》，第146页。
[2] 引自冯友兰：《中国哲学史》下册，第213页。

"首先是夫妻、父母、女儿、兄弟姊妹之间的亲属爱；其次是国家政治生活，公民的爱国心以及统治者的意志"[1]；前者为自然伦理理性，后者为国家伦理理性。安提哥涅按照第一种伦理原则而行动，为兄妹之情，全然不顾王法，冒杀身之险，为背叛祖国而亡的哥哥收尸；她的未来的公公按照第二种伦理原则而行动，不顾亲情，铁面无私，判处自己的未来儿媳死刑，最终导致双方共同遭遇了悲剧命运："安蒂贡（一般译为安提哥涅。——引者）生活在克里安（又译克瑞翁。——引者）政权之下，自己就是一个公主，而且是克里安的儿子希蒙的未婚妻，所以她本应服从国王的命令。另一方面克里安也是父亲和丈夫，他也应尊重家庭骨肉关系的神圣性，不应下违反骨肉恩情的命令。所以这两个人物所要互相反对和毁坏的东西正是他们在各自生活范围以内所固有的东西。安蒂贡还没有欢庆自己的婚礼就遭到死亡，而克里安则丧失了自己的儿子和妻子，儿子因为未婚妻的死亡而自杀，妻子又为儿子的死而自杀。"[2]《安提哥涅》的悲剧冲突高度真实地反映了古希腊社会两种伦理原则的尖锐对立状况，它标志着希腊社会的伦理生活发展到一个关键的转折阶段。在这个历史关口，苏格拉底按照历史发展的客观逻辑，理性地肯定了国家理性，同时否定了自然的家庭伦理理性，将希腊人带入一个全新的道德精神领域。这个领域中的"善"直接消解的就是自然伦理，天伦之情。黑格尔十分推崇他的这一建树是有深邃的历史眼光的。苏格拉底的善是道德与伦理的同一，道德自由与历史必然性的统一。

第三节 "中庸之道"所揭示的真理

总之，儒家"中庸之道"所揭示的道德—伦理事实大致如此。现在让我

---

[1]〔德〕黑格尔著、朱光潜译：《美学》第3卷（下），商务印书馆1982年版，第284页。
[2] 同上，第312—313页。

们进一步追问：儒家道德形而上学究竟在何种程度上通达了绝对真理？为了圆满回答这个问题，我们仍需进一步深入破解儒家"仁"学的核心原则——"中庸之道"。

我们曾把"中庸之道"归结为这样一个基本命题：天命等于"仁"德，"仁"德等于"至善"。从上文的分析中可知，"善"在现实性上就是人受于天的自然本性的圆满自足的完成和实现。所以，这个命题还可以以另一种形式来表述或替换，即，"天命＝仁德＝人的自然"。儒家"仁"学说一千，道一万，条条道理最终都可以归结到这一条总原理上来。无疑，这是儒家道德形而上学的总纲，第一原理。

这一总原理可以进一步分解为两条基本原理：第一是关于人的自然存在的绝对自明性原理，它所揭示的是人的本初存在与形而上之天道的内在必然性关系。简称自然的自明性原理。第二是关于道德存在作为统摄人的种种行为的先验基底的绝对至上性原理。这一条原理所确定的是善的先验存在对人的认识和实践的唯一至上的基础地位，就像现象学逻辑中的判断一样，命题的真假最终是由经验的原始事实，即判断的基底决定的，人在自己的有限活动范围内的所作所为，它的真假与好坏最终取决于它与善所先行开放出来的自然存在的合致程度。与之相符合的便是真的，其行为与效果便是好的，否则便是假的，与之相应的行为与效果便是坏的。因此，善的先验存在便成为人的一切合理行为所由发生地唯一基底和牢固基础，而善本身的存在则是绝对合理的，因为它自天而来，并且能如其本初地持存自身，不断返回自身。简称道德至上性原理。

一、自然的自明性原理

这里的自然是指人受之于天的原始的天赋本质，它包括两个方面：一为人之生命的个体化倾向、本能和欲望，孟子将它概括为食色之欲或血气之欲；一为隐伏于自我生命本能之后的类本质，或人作为类而存在的共性、普遍性。它具体地表现为善意的社会倾向、同情心、爱心，等等。孔子将它归结为一个"仁"字，孟子则将它析为"四端"，即恻隐之心、羞耻之心、辞让之心和是非之心。儒家道德学说所揭示的主要是人的第二种自然。孔子确立的以孝悌为根本的自然伦理学说所肯定的也是这第二种自然。这第二种自然已经超出个别的感性的范畴，按理来说它不属于自然，但就它发生的源始来看，它与人的其他种种本能欲望一起与生俱来，是天赋的，不夹杂任何人为的后天文化因素于其间。天授于人，人顺其自然而生成。在发生的源头上，人不能减其多，也不能增其少，直接承天而来，顺天而存，所以，儒家后学称之为"一直心"。就是在这个意义上，我们把超越感性个体的先验的人类本性也归于自然范畴。

这受之于天的自然存在，对天而言是派生的、间接的、第二性的，对人而言则是原始的、本初的、直接的、第一性的。这就像初做生意的人从银行贷出的第一笔原始资金一样，这资金显然不是银行的原始资本，但对这个初做生意的人而言，它就成为唯一的原始资本。往后的一切交易、赢利都离不开这第一资本，都是从这个源头处生长、发展出来的。人的本初自然也与此相类似，它是人立于天地间的大根本，人类在时间长河中的生息、繁衍、存在、发展都以此为永不枯竭的生命源泉。不管人类历史多么灿烂辉煌，最终都可还原到这一原始的根蒂上来，斩断这个根蒂，人、人类、人类历史都将成为无本之木，无源之水，最终毁灭，化作虚无。凡是直接、原始的东西，都是潜在的有待发展的，因而不是绝对的。但人的本初自然属于例外，它是直接的、有限的、相对的，同时又是间接的、无限的、绝对的。这是因为人的自然存在尚有形而上的天命为其最高根据，天命按照自身固有的必然性规律将天之本性流行发放于人，在天与人之间存在的这一必然性关系，将人之有限过渡到天之无限。儒家中庸之道确证了人的自然本性的绝对性，并将它作为人之存在的原始根基、本源加以肯定，这无疑是正确的。时至今日，它仍然具有绝对真理的有效性。

现在让我们继续考察人的自然存在的无限的、绝对的方面。

第一，人的自然存在所包含的两种表面上看起来似乎彼此相互排斥、对立的倾向和本能，即指向个体生命的本能欲望与指向超个体的人类共通的本能和倾向，在实质上相互和谐统一。按照西方传统哲学的观点，这两种倾向和本能分别属于自然和精神两大领域，在自然和精神天然对立的前提下，这两者只能处于矛盾分裂的状态，不可能有天籁式的和谐。可是在儒家道德形而上学中，人的本初自然所直接呈现出来的恰恰是这种不含分裂的天籁式的和谐。这种和谐之所以能够存在、显现，是因为在天与人、人与自然之间本来就存在着和谐合致的同一性关系，正是这一关系先行规定了人在其自然存在中的感性欲望与理性精神的和谐统一。

第二，人的本初自然通过内在性直观，直接呈现在意识中，因而是自明的。这种先验的自明性就如透明的玻璃球形容器一样，内里所含一切器物连同球体本身一览无余地彰显于外，昭昭明明，通体透亮，了了初照如常。被这先验的直观所照明了的感性的个体的自然存在，就像五色在光中显现一样，两者虽然体用有别，但含融一体，不可截然分立，合则两存共显，离则二者俱灭。在这种透明的存在状态中，根本不存在什么自然和精神的原始的对立。自然直接包含在精神中，并通过精神之光直接呈现出来，因它自身渗透了精神的灵气，它便可直接升华或过渡到精神。因此，自然存在不仅是直接的、自在的，而且是自觉的、自为的。这便是人的直接性存在与禽兽的直接性存在的根本区别：后者的自然存在没有内在的直观的自明性，因而不能直接过渡为自觉的意识和精神，于是始终停留在自然的直接性中不能脱离其固有的自在性。

关于人的自然存在在意识、精神中的呈现方式和形式，儒家内部各派的解释不尽相同。孔子认为有两种方式，即先验之知和经验之知，二者都能揭示和显现人的自然本性。这两种方式是由人的认识能力的先天差异形成的，有生而知之者，这便是所谓圣人之知；有学而知之者，这便是所谓贤人之知。我们所说的那种直接照明天赋自然本性的先验直观，主要指的是生而知之的圣智，这是孔子所推崇的，但不是重点提倡的。他全力提倡的是由学而来的贤人之知,这是后天的,接近于西方哲学中的经验之知。在孔子看来,这种经验之知虽然不能直接了悟人的天赋本性,但通过漫长地探索、积累、存养,最终与圣智殊途同归,一样能成就仁德,通达天命。所以,他坚定地主张下学而上达。

孟子则更看重圣人之知,不怎么重视、甚至忽略经验之知,另辟一路,首创良知之说,主张唯有良知才能直接呈现人的天赋本性,通达天命。他的学说被宋明心学一派发扬光大。宋明心学完全否定了经验之知通达"天命"的可能性,只存先验良知的直观自明性或明证性。

宋明理学一派则将先验直观与经验之知兼而存之,认为人的天赋本性的圆满呈现是两种知识共同作用的结果,不过在两者的合力中最终发挥决定作用的还是先验直观和悟性。不管人的自然存在最初进入精神旅程的途径有几条,但最终都以先验直观的形式呈现出来。这先验直观或人心固有的良知不仅照亮了自然存在本身,而且照明了它的形而上源头——天命所在。良知作为天启的知识,所揭示的存在是人的无限、形而上的先验本质,因此,他所呈现的是人的绝对性存在、人的存在的绝对合理性,它自身因此而成为绝对真理。

第三,呈现在先验直观中的人的自然存在不仅蕴含着天与人的必然性关系,而且蕴含着人作为类而存在的共相或目的。天授予人的种种先验本质,天对人的必然性规定,都被这一先行目的所开放出来的场域含摄、包容。它先行于个体存在,并引领着由个人欲望、动机驱动着的种种行为,在可能性范围内合理有效地活动,因而个人行为自始至终都能够保持他的正当性和合理性,并能够有效地实现自身所持存的目的,最终成就或达到了先行于自身,并引领着自身的大目的。那蕴涵于人的自然存在中的先验目的通过个体的正当、合理的行为持存自身,并如其本初地返回自身。《大学》中所描述的那个"明明德"、"亲民"、止于"至善"的过程,实质上指的就是寓身于自然存在中的先验目的在人的个体化行为中持存自身、返回自身的过程。人的自然存在以及由此显现出的种种行为(视、听、言、动等)始终不出离由先验目的所开放出的范域和理则。所以，它又是善的，并且是从一而终的"至善"。这"至善"所通达的是道德理性，它揭示着道德存在的形而上之无限。"至善"就是道德的绝对真理。

以上我们从三个方面深入分析了"中庸之道"第一原理之为绝对真理的根由。但是将这些观点移置在西方哲学的视阈中是很难成立的，我们首先会遭遇到黑格尔的激烈反对，他会提出截然相反的观点，来逐一反驳我们。他认为：

第一，自然和精神原本是天然对立的，不可能有所谓先天的和谐统一，当人处于自然状态时，他便与精神、理性无缘，他因此是自在的、蒙昧未开的。这种自在、蒙昧的状态是不能直接通达理性的，因而无从显现绝对真理。[1]

第二，这种自在状态即使反映在意识中，也只能表现为低级的感性直观，这种有限的认识形式根本无法掌握无限，它最终要被高级的理性认识所扬弃、否定。[2]

第三，人的本初的自然存在在实质上是个体化的欲望和倾向，因此，人的自然的本初之性是恶的，它只有经过人的思维、理性的中介性改造和提

---

[1] 黑格尔是这样解释的：精神却正与自然相反，精神应是自由的，它是通过自己本身而成为它自己所应该的那样。自然对人来说只是人应当加以改造的出发点。人能超出他的自然存在，即由于作为一个有自我意识的存在，区别于外部的自然界。这种人与自然分离的观点，虽属于精神概念本身的一个必然环节，但也不是人应该停留的地方。因为人的思维和意志的有限性，皆属于这种分裂的观点。(《小逻辑》，商务印书馆1981年版，第91—92页)

[2] 黑格尔说：第一种形式，直接知识，容易被看成最适宜、最美和最高的一种形式，这种形式包括道德观点上所谓天真，以及宗教的情绪，纯朴的信赖，忠、爱和自然的信仰。其他两种形式：首先，反思认识的形式；其次，哲学的认识就超出了那种直接的天籁的和谐。(同上，第88页) 精神生活在其朴素的本能的阶段，表现为无邪的天真和淳朴的信赖。但精神的本质在于扬弃这种自然朴素的状态，因为精神生活之所以异于自然生活，特别是异于禽兽的生活，即在其不停留在它的自在的阶段，而力求达到自为存在。但是这种分裂境地，同样也须加以扬弃，而精神总是要通过自力以返回它原来的统一。这样赢得的统一乃是精神的统一。而导致返回到这统一的根本动力，即在于思维本身。(同上，第89页)

升,才能转化成善的。[1]

黑格尔的这些观点,只有一点值得肯定,即他把精神看成是一个自己中介自己,推动着自身由自在过渡到自为,最终返回自身的自由运动过程。除此之外,一无可取,都是荒谬的。之所以荒谬,是因为它立论的前提是大错特错的。

第一,他像海德格尔一样,存人灭天,完全否认形而上之天对人的先验规定性,全然漠视人的自然存在源始于天的这一事实。如果去掉了人受之于天的自然存在的这一大前提,人的本初存在就成为一个平地突兀而出的偶然性存在,它也就成为个别的纯粹的自然,很难想象其中蕴含什么超越个体的类的普遍性和目的性,它与以普遍性、目的性为内容的理性精神相分离、相对立也就成为自然而然的事实了。事实的真相是,人的本初存在不是偶然的,而是必然的,它以先在之天为其形而上之最高本体或根据,断然否定它,荒谬绝伦。

第二,直观低于理性思维的说法,显然是笛卡儿理性主义的翻版,这里突出的是思维、逻辑至上的理性主义原则。这个原则本身是对思维与存在之关系的颠倒错乱,"我思故我在"这一命题,把思维看成是自我存在的唯一根据,荒唐地认定思维是第一性的,存在是第二性的,存在是思维的派生物。其实,自我存在才是第一性的、原始的。我在故我思,思维是自我存在的一种显现形式、方式,是存在的派生样式。除此之外,自我存在还有其他的显现形式,内在性直观就是其中之一。与理性思维相比,它与自我存在最切近,零距离贴近,它内在地、自明地直接照亮了自我存在的先验本质,直

---

[1] 黑格尔解释说:在这有限的阶段里,各人追求自己的目的,各人根据自己的气质决定自己的行为。当他向着最高峰追求自己的目的,只知自己,只知满足自己的特殊的意欲,而离开了共体时,他便陷于罪恶,而这个罪恶即是他的主观性。在这里,初看起来我们似乎有一种双重罪恶,但二者实际上又是一回事。就人作为精神来说,他不是一个自然存在。但当他做出自然的行为,顺从其私欲的要求时,他便志愿做一个自然存在。所以,人的自然的恶与动物的自然存在并不相同。因此,自然性可以更确切地说是具有这样的规定,即自然人本身即是个别人,因为一般说来,自然即是个别化的纽带。所以说,人志在做一个自然人,实无异于说他志在做一个个别的人。(同上,第92页)

接地、真实无欺地将自我存在呈现出来，它所揭示的绝对真理是理性思维难以企及的。

理性思维由于其表现形式，即形式逻辑自身的局限性，使它既不能零距离地切近自我存在，又不能成为至上的第一性的存在。单从形式来看，理性思维的逻辑前提或出发点必须是某种普遍性原则，而这种普遍性则是从另一个逻辑推论中推演出来的结论。若没有这个结论作保证，它自身难以成立，这就使它永远成为受限制的、有条件的、在某种东西之下的第二性，甚至第三性的东西。这使理性思维在一开始就不得不出离它要反映的存在本身，投身于异己的有限形式。这种脱离存在本身的异化形式，是很难直接照亮自我存在之全体的，有时甚至会投下阴影，形成对自我存在的遮蔽。内在性直观则没有这种形式的限制和局限，它是天德良能，与自我存在一体同出，自天而生。它的存在和显现是直接的无条件的，它是一切认识形式所由发生的唯一的根源、起点。它提供着、揭示着最原始、最真实、最可靠的知识和真理，因此，它是至上的绝对的知识形式，居于一切知识之上，包括思维理性和一切形态的哲学知识。

第三，如果"我在故我思"这一命题能够成立的话，人的本初的自然存在为恶的说法也是站不住脚的。自我存在在其初始阶段不单单是个别性的自然存在，而且是带有普遍性的、合目的性的存在。它的合目的性，是由形而上之天先验地规定、决定的。这正是人的自然存在的善的根据之所在。正是这一先验目的性使人的自然存在成为圆满自足的、完善的、完美的。人在后天发展、变化的种种可能性范围和界限，都是由寓身于自我的自然存在中的先验目的先行绽放出来的。所以，人的自然存在首先是作为善，而不是恶而存在的。

人的原始存在是善的，从中所发生出来的一切，包括理性思维本身也是善的，以善持善，本初的善才能自己推动自己向前进展，并能不断地在变化中保持自身的同一性，最终返回自身，止于"至善"。说人的自然存在本恶、思维本善，故人须经过思维改造提升自身才能成为善的，这话乍听起来似乎有理，但仔细推敲起来，则漏洞百出，在道理上、逻辑上都讲不通。如果说思维是从存在派生出来的，存在是恶的，思维也是恶的，怎么能从一个恶的母体中产生出一个善的结果？如果说存在是从思维中派生出来并由思维决定的，那么，思维是善的，存在也是善的，怎么会从善的思维中产生出一个恶的存在？如果说，思维最初与存在不沾边，突兀地从天而降，两相分离，那么，思维的善的本质又是从何而来？存在的恶的根源又在哪里？如果这两个问题没有明确的答案，善恶本身的存在都是一个空悬的假设，在现实性上等于虚无，没有任何必要深究它的存在或不存在。黑格尔的妙论不攻自破，自显荒谬。

二、道德至上性原理

这第二条原理是对第一条原理的延伸和补充，它主要回答的是道德自由问题，全面揭示了道德本体与伦理和知识的关系。我们已经从第一原理中获知，人的自然存在的先验目的作为人的原始的第一性存在本身就是善，这同时也就是道德存在的本体。它是天赋的先验的，而不是由人后天建构起来的。《大学》中所说的"明德"指的就是这一天赋的道德本体，说它是"明德"，因为它先验自明地呈现在人的内在直观中，故人对它不是盲目无知的，而是自觉自明的。作为本体，它不能凭空高悬于上，它必然寓身于现象之中，寄托于人的自然存在之中，这样它便沉入有限的经验现象之中。人的自然存在的种种可能性虽然是由寓身于其中的道德本体先行开放出来的，但在现实性上，又有逸出道德本体的可能。当它逸出道德本体之时，它便不能真实地显现道德，或成就"仁"德，甚至会遮蔽道德。这就从道德本体方面产生出如何规约人的行为按照先验法则合理行动的伦理问题。

人在自己的活动范围内按照内在道德法则行动，正确地视、听、言、动，合度得体地处理自我与他人的关系，这便是伦理，也就是孔子所提倡的"礼"。伦理表面上似乎是外在的行为规范和准则，实质上是由道德本体先行决定的，道德是内在的根本和基础，"礼"则是派生的外在的，是人们用以达到道德目的的工具，而不是道德目的本身。它对道德的有效性原则是顺应人的自然本性，存养先验道德本体，实现道德自由。

《大学》里讲"明明德"，讲"亲民"，是对道德自由的具体规定，这里突出的是道德本体对伦理行为的基础地位和先在关系。

与伦理密切相关的是由学而来的知识。《易经》中将认识分作两类：一为先验之知，即通上达下无所不通的神知。这种知识为天德良知，不学而能，纯属天启，直通道德的形而上本体，它与外在伦理上下有别，不属一体。一类是经验知识，即由后天培养、学习而成的有限智性。《易经》说，"智以藏往"，这种知识的主要功能是对既已存在的传统、习惯、经验进行总结、积累。孔子说学而知之，所学所知的也是历史传统、社会经验等等。更为确切地说，孔子提倡的学与知的主要对象是"礼"，"伦理"是认识的主要内容。显然经验之知是通达伦理的主要途径和手段。

这就是道德至上性原则所规定的道德与伦理和知识之间的基本关系：道德存在是本体，伦理和认识是体之用，是呈现，是手段。伦理之为伦理，其根据不在于自身，而在内在性道德。当它正确显现内在道德之时，它才有正当存在的理由，否则它便失去了存在的价值和意义，这便是道德对伦理的绝对至上性。知识作为直接通达伦理的手段，其最终目的既不是外部世界的客观规律，也不是伦理原则本身，而是正确地引导伦理行为合理、适度地存在，以便与内在道德完全符合，显然，它的最终目的也是道德本身。所以，是道德决定知识，而不是相反：知识决定道德，这便是道德对知识的绝对至上性。

这一原理表明：内在道德或"至善"并不是现实的伦理与有限的知识从外面培养出来的，因而道德是从有限存在中派生出来的，相反，道德原本是天赋的圆满自足的，伦理和知识只是在先验道德的持存过程中发挥着正当保存养护的作用。就像宝物被长期保管一样，保养科学合理，宝物始终浑全如初；保养不善，则会遭破损，甚至完全毁坏。伦理和知识的价值和意义就存在于它们对道德的合理存养关系中。这一合理关系是由道德从内到外规定的，而不是伦理和知识从外到内决定的。所以是道德决定着伦理和知识的存在价值和意义。

道德至上性原理首先肯定的是道德存在的先验本体的无可怀疑的绝对正确性，以及人对天之所授道德的不可选择性。这是它所揭示的天人之间的先验必然性。但这种必然性与人的主体性和自由性是统一的，这是因为人不仅可以通过内在性直观自觉地了悟、照明这种必然性，而且在现实的伦理生活中，通过适宜合度的行动和准确正当的知识顺应这种必然性，因而人又是自由的。自由不是空的，因它具有真实的、切己的体验，领悟到了的先验必然性；必然性不是盲目的宿命或机械性异己力量，因为它已经被人的内在道德理性之光所照亮，成为被精神掌握了的内在。这就是孟子所说的"诚"，不诚无物，诚则有物，诚就是道德自由，诚就是先验必然性与主体自由性的原始的统一、同一。

在此原始的统一中至善的同时是至真的，真与善的同一源始地开放出人的一切有限存在的可能性。就它先行包摄万有之潜在性、可能性而言，它又是绝对完善、完美、圆满自足的，所以，它又是美的。它作为至善至美的最高存在，首先是现实中一切有价值的事物所由发生的基础和根据，一切事物都因分有它的价值和意义而成为真实的，因此它又是一切认识的客观真实性的最高依据。它是现实中伦理、认识和审美共同的原始基础和本体。

道德至上性原理与西方传统道德哲学的基本原理大相径庭。西方理性主义道德哲学突出逻辑、理性至上的原则，此原则正好与道德至上之原则相背反：道德是以知识、逻各斯为基础的，先有知识、理性，然后才有生成道德之可能性和现实性，道德被看成是理性知识的派生物。此观点由来已久，苏格拉底老早就提出："知识就是德性。"亚里士多德也认为道德是由知识（主要是后天的经验性、习惯性知识）培养出来的，所有的德行都是后天培养的，与先天无关。他虽然也承认人有接受德性的天赋，但他并不承认它在道德形成过程中有什么积极的现实作用。就此而论，亚里士多德的道德不是由自然本性造成的，不是天赋的（先天的），甚至也不是潜能。[1]

黑格尔继承了笛卡儿的理性中心主义原则，把理性、逻各斯扩张为无所不包的先验本体、大全式存在，一切有限存在，不管是道德的、伦理的、实践的，还是审美的、宗教的，都从这个最高本体生发、演化出来，理性的客观的绝对知识，成为一切价值、意义的先在根据。他的错误和荒谬如上文所述：颠倒了存在与思维的关系。思维、理性、逻辑永远不可能出离人的存在，并悬临于存在之上成为第一性的绝对存在。它自身形式的有限性使它永远处于别的前提之下，成为第二性的东西。所以，思维、理性不能先行决定或产生道德和价值。理性知识本身并无直接的道德属性，故善恶无定。它要获得道德属性，必须首先归属于统摄它的合目的性存在，从中汲取善的营养，以显现道德之用。如果出离了它的原始的合目的性存在，它就无所谓善，也无所谓恶；也可能是善的，也可能是恶的，这全由它对合目的性存在所发生的关系和作用的性质而定。如果它以肯定的方式作用于源始的合目的性存在，它便是善的；反之，它便是恶的。这表明思维、理性、逻各斯根本上不具备原始的绝对的善的性质。所以逻辑或理性至上的原则不能成立。相比之下，道德至上的原理和原则直接肯定了原始的合目的性存在的绝对性以及它对认识与伦理的第一性，这无疑是正确的。它揭示了道德存在的绝对真理，通达了道德之自由和无限。

从以上两方面的具体分析来看，儒家道德形而上学通达了道德存在的无限性，揭示了绝对真理。

但这并不意味着真理的探索工作到儒家这里已经全部完成，往后的哲学再没有什么事可做，只好停顿在儒家哲学的殿堂中享受现成的绝对真理。事实并非如此，哲学仍需继续前进，探索新的东西。这是因为儒家哲学并未完全穷尽绝对真理，它自身存在着它自己无法克服的局限性，这局限无

---

[1] 参阅倪梁康：《"伦常明察"：舍勒现象学伦理学的方法支持》，《哲学研究》2005 年第 1 期，第 57—58 页。

疑是对绝对真理的限制和遮蔽。现在让我们进一步考察儒家道德形而上学的局限性。

第四节　儒家道德形而上学的局限性

更全面、更具体地看，儒家学说的第一原理所揭示的是先验的必然性真理与道德自由的统一。这种统一不是以逻辑的理性认识形式表现的，而是以自我的内在直观显现出来的。在内在直观中，人的自然存在与其类本质，作为一个相互兼容的蕴含整体，以其固有的自明性真实地呈现出来，成为天人授受之必然性关系的最真实、最牢固、最本己、最原始的实证基础。在这里，天人之间曾在的时间性因果关系显现为当前的、空间性的因果共在的整体蕴含关系，这便是以直观形式呈现出来的先验必然性真理。这一先验必然性被自我的良知照明之后，便直接呈现为至善的合目的性存在，成为道德的最高本体。它先行开放出一切有限存在的可能性场域，并始终如一地在自我明见性的掌握之中持存自身，因而能不断返回自身，这便是道德自由。在天启的良知和持心如故的反省式精神修养中，先验必然与道德自由是相互兼容、合二而一的。

单从道德自由方面来看，它只是在指向原始的形而上维度上统摄了先验必然性真理，但在指向现实和未来的向度上并没有统摄了经验必然性真理。在这一维度上，它还停留在单纯的主观的可能性上。作为可能性存在，它只在主观的精神世界中有效，一越出这个范围，它便完全失去存在之有效性，成为空虚的毫无意义的东西，主体的道德自由，或自由的道德主体也就成为一个不含任何现实内容的空壳。这便是儒家道德形而上学的局限性之所在。

儒家道德形而上学要完全通达绝对真理，必须首先扬弃自身的空虚的主观性，采取有效的方式和途径，将道德主体过渡到与它相对的、现实的自然世界和伦理世界，在这两个世界中汲取鲜活的必然性内容，在现实的维度上形成经验必然性真理与道德自由的统一。

儒家学派是否成功地解决了这个问题，答案是否定的。无论是其创始者，还是其后学都没有能够很好地解决这个问题。这是因为儒家学派在具体分析现实的经验世界与道德自由的关系时，并没有上升到辩证理性的认识水平上，而将认识的视野局限于有限知性。有限知性对事物的认识要么是单纯的肯定，要么是单纯的否定。这种认识遇到矛盾着的事物时，便无法使对立统一起来，反被事物的矛盾和对立所限制。黑格尔曾对此作过详尽的说明："如果所有思维规定都受一种固定的对立的限制，这就是说，如果这些思维给定的本性都是有限的，那么思维便不适合于把握真理，认识绝对，而真理也不能显现于思维中。那只能产生有限的规定，并且只能在有限规定中活动的思维，便叫做知性（就"知性"二字严格的意思而言）。而且思维规定的有限性可以有两层看法。第一，认为思维规定只是主观的，永远有一客观的对象和它们对立。第二，认为思维的内容是有限的，因此各规定间即彼此对立，而且更尤其和绝对对立。"[1]

这种有限知性对一切存在的（不管是有限的还是无限的）认识最终都停留在有以及对有的绝对肯定性上。它缺乏怀疑、否定的意识，因而不善于掌握无，甚或压根儿不承认无的存在。当然在儒家道德哲学中也有否定的认识和判断，但这不是从意识和存在的肯定性中辩证地发展出来的结果，而是从逻辑的形式规则演绎出来的结果。如果在形式逻辑上遵循同一律、矛盾律和排中律等法则，那么我们在肯定一事物的同时，必然否定与它相矛盾相对立的另一事物；在肯定矛盾、对立之间的同一性关系时，必然否定与之相对的矛盾、区别、差异性关系。这样，有限的知性便从单纯的肯定过渡到单纯的否定，但这仅仅是形式的过渡，它并不涉及存在自身的矛盾和否定性环节，并不是存在和意识自己中介自己的结果。这种形式的否定，其最终目的是为了在形式上强调或加强肯定性，它的落脚点还是单纯的绝对

---

[1]〔德〕黑格尔著、贺麟译：《小逻辑》，商务印书馆1981年版，第93页。

的肯定性和绝对的同一性。儒家学派坚持以这样的观点看存在，对待意识、思维、精神也是这样。比如，在《周易》和孔子那里将认识的形式区分为两种，即"神"与"智"，或先验之知与经验之知，突出两者之间的差异和对立，于是儒家内部各派都对此作出不同的知性判断和解释。孔子比较注重经验之知，孟子则单纯肯定先验良知，宋儒理学一派认定两者之为对立者，则以先验的德性之知否定经验的闻见之知，如张载；[1]认定两者之为统一者则以先验之知兼容经验之知，如朱熹；[2]心学一派则压根儿不承认有所谓经验之知，只存天启良知。[3]

其实在孔子那里经验之知与先验之知也是彼此相互补充、兼容的。二者能够互相兼容，是因为经验的对象与先验的对象原本具有先验的同一性，在这一点上，儒家内部各派的看法基本一致。孔子之所以重视"下学"，或经验之知，是因为他看重经验之知的大众性及普及性，便于推广，而先验之知则是少数天才所独具的能力，不便于推广。但它们的目的和作用是相同的，都是为显现、体认、存养自我的内在性道德，即"仁"德。显然，经验之知也和先验之知一样，将认识的视野转向内在性道德，而不是指向与主体相对的客观对象世界。这样一来经验之知因其认识对象固有的内在性，它也就失去了独立的、外在的经验性质，统一于先验之知。宋儒张载看到了这一点，干脆地排斥了经验之知体认先验道德的可能性，这是有道理的。相比之下，孟子和宋明心学一派只保留了天德良知，把天赋的内在性直观认做通达道德

---

[1] 世人之心，止于见闻之狭。圣人尽性，不以闻见梏其心。其视天下，无一物非我。孟子谓尽心则知性知天以此。天大无外，故有外之心，不足以合天心。见闻之知，乃物交而知，非德性所知。德性所知，不萌于见闻。（张载：《张载集·正蒙》，中华书局1978年版，第24页）
[2] 所谓致知在格物者，言欲致吾之知，在即物而穷其理也。盖人心之灵，莫不有知，而天下之物，莫不有理。惟于理有未穷，故其知有不尽也。是以大学始教，必使学者即凡天下之物，莫不因其已知之理而益穷之。以求至乎其极。至于用力之久，而一旦豁然贯通焉。则众物之表里精粗无不到，而吾心之全体大用，无不明矣。（朱熹：《四书章句集注》，第6—7页）
[3] 心即理也。天下又有心外之事，心外之理乎？人的良知，就是草木瓦石的良知。若草木瓦石无人的良知，不可以为草木瓦石矣。岂惟草木瓦石为然，天地无人的良知，亦不可为天地矣。盖天地万物与人原是一体，其发窍之最精处，是人心一点灵明。（王阳明：《传习录》下，引自冯友兰：《中国哲学史》下册，第291页）

本体的唯一的绝对正确的形式,则更有道理。因为唯有直观才能直接地、真切地、分毫不差地呈现内在性存在,别的认识形式,尤其是游离于自我存在之外的逻辑的经验认识绝无此功效。

严格地说,在儒家道德形而上学中根本不存在西方哲学认识论意义上的逻辑认识和单纯指向外部世界的经验认识。就它所突出的天德良知来看,它只能归属于道德认识、体验、反省、修养范畴,勉强称之为道德认识论。这种认识排斥指向外部世界的逻辑的经验认识,最终将认识回转、停留在自我存在的内在同一性上,对道德本体的认识只得出一个单纯肯定的主观形式的抽象空洞的有。它仍然与真实的现实世界遥遥相对,并以主体的清空,傲然俯视着这个实实在在的世界。这样一来,道德自由最终浮游为空虚不实的主观性存在。这是儒家道德认识论的有限知性所带来的一个必然性后果。

现在让我们具体考察经验的必然性在道德持存的过程中是怎样被道德的有限知性蒸发、净化掉的。

由于儒家学派片面地坚持以有限的知性形式审视世界,他们便不善于把握矛盾、对立的世界,以及事物固有的内在性矛盾,更不善于从事物的直接肯定性存在中发现它自身固有的否定性力量和倾向,让存在自己从自身出发自然而然地过渡到它的对立面。当道德主体与其对象世界(自然的外部世界)的矛盾和对立触之凿凿地呈现在人们面前时,他们不是让道德主体自己否定自己,通过客观的中介过渡到外部自然世界,而是简单地直观地以内在与外在的先验同一性替换现实的矛盾和对立,天真地认定,只要坚守住这种先验的内在同一性,现实的一切矛盾和对立都不存在了,都自然而然地被消解,外部世界也因此被净化、过滤掉它自身固有的僵硬的客观性,化为绕指柔,进入主观的内在性世界,沉入绝对的先验同一性大海中。因此,也没有必要使用逻辑的、实践的手段作为中介,突入外部世界、改造外部世界,最终将外在的经验必然性引回内在的道德世界,只凭天赋良知,就足以在内心拥有整个存在。由于他们轻率地摒弃了沟通道德主体与对象世界的有效中介手段,即逻辑的经验认识与实践,自然世界之必然性便被挡在道德主体的大门之外，道德自由仍然坚守着它的空虚主观性。

这里仍有必要重提孔子的"下学"之知。其实，孔子所提倡的由"下学"而来的知识，并不是西方哲学认识论意义上的经验之知，而是人们成仁立德的修养手段，其目的是成就道德，而不是获取世界知识。朱熹在解释"学而"篇首句时，明言："学之为言效也"，学只是存养道德的功效和作用而已，这是切当的。学习的最终目的是明善、归复人的本初之性。"人性皆善，而觉有先后，后觉者必效先觉之所为，乃可以明善而复其初也。"[1]学习的主要作用是仿效、效法，效法什么？效法圣人的为人处世，学习人伦典范。与立德相比，学习是末事，明善成德才是人生的首务和根本。"君子务本，本立而道生"，[2]所以，孔子在论及修德与学习的关系时，总是把道行放在第一位，学习则居于其后。曾子曰："吾日三省其身，为人谋而不忠乎？与友交而不信乎？传不习乎？"朱熹解释说：

> 尽己之谓忠，以实之谓信。传，谓受之于师。习，谓熟之于己。曾子以此三者日省其身，有则改之，无则加勉，其自治诚切如此，可谓得为学之本矣。而三者之序，则又以忠信为传习之本也。[3]

学习作为修德的末事和补充，直接接受的对象是人事，而不是物理，主要师法前人的社会经验和典范行为，但这也不是为客观地反映、总结社会历史的必然性规律，而是为培养精神、历练德行，使之逐渐臻于成熟，止于"至善"。它的落脚点是"返求诸己"，归复自我的本初之性。所以，学习的最终目的不是将自我导向异己的外部世界，而是指向内在性自我，觉悟自我。孔子十分推崇古代学者，因为"古之学者为己"，"为己"即"欲得之于

---

[1]（宋）朱熹：《四书章句集注》，第47页。
[2] 同上，第48页。
[3] 同上。

己也"[1]。学习不拘泥于他人、他物的经验,返身而诚,尽得自我本初之性,便自然而然地通达道德之形而上本体,"下学"是为"上达"。孔子说:"不怨天,不尤人。下学而上达。知我者其天乎!"朱熹尽得其妙,发挥其深意:

> 不得于天而不怨天,不合于人而不尤人,但知下学而自然上达。此但自言其反己自修,循序渐进耳,无以甚异于人而致其知也。……程子曰:"学者须守下学上达之语,乃学之要。盖凡下学人事,便是上达天理。然习而不察,则亦不能以上达矣。"[2]

由此可见,孔子的"下学"之知,是不包含关于自然和社会的经验性内容的,这些内容即使在初学之始,有所涉及,最终还是要被觉悟了的自我净化、过滤掉的。

孔子的"下学"之知,不仅排除了自然和社会的必然性知识,而且排除了筑基于经验知识之上的社会实践知识,或技术性知识。孔子认为"君子不器",所以他一贯地十分轻视这些知识,当樊迟向他请教农作和园艺方面的知识时,他不屑一顾,并骂他是"小人"。[3]

宋儒大讲特讲的"格致"之知是对孔子"下学"之知的发展和发挥,两者的性质、作用、目的基本相同。格致的对象主要是社会人事,格致的目的也是为上达天理,通天命,成就至善。程颐解释致知说:

> 诚意在致知,致知在格物。格,至也,如祖考来格之格。凡一物上有一理,须是穷致其理。穷理亦多端,或读书讲明义理;或论古今人物,别其是非;或应事接物而处其当;皆穷理也。或问格物须物物格

---

[1] (宋)朱熹:《四书章句集注》,第155页。
[2] 同上,第157—158页。
[3] 樊迟请学稼,子曰:"吾不如老农。"请学为圃,曰:"吾不如老圃。"樊迟出。子曰:"小人哉,樊须也! 上好礼,则民莫敢不敬;上好义,则民莫敢不服;上好信,则民莫敢不用情。夫如是,则四方之民必襁负其子而至矣,焉用稼?"(《论语·子路》)

之，还只格一物而万理皆知？曰：怎生便会该通。若只格一物，便通众理，虽颜子亦不敢如此道。须是今日格一件，明日又格一件。积习既久，然后脱然自有贯通处。[1]

这里所列举的格物穷理的途径有三条：第一为间接经验，第二、第三为直接经验，经验的对象主要是人生世相、社会伦理。日日格此社会事物，不是为正确反映社会的客观规律和真理，而是为"积习"，由渐入顿，实现大觉悟之境界，了悟性命之至善。这至善之境一旦出现，众物之理尽被消融其中，不留丝毫痕迹，只存一个空灵至善的本初性命。所以程颐干脆将穷理与尽性合成一事，"穷理尽性至命，只是一事。才穷理便尽性；才尽性便至命"[2]。

无论是孔子的"下学"之知，还是程、朱的"格致"之知，都排除了通达外部世界的经验理性认识和实践理性知识，都将认识转向自我德行，用以成就道德，修持性命，通达形而上之天理。如此存在着的道德自由，仍然离绝了自然和社会的必然性真理，空守着先验的必然性真理而独立自存。

儒家以先验直观为中心的道德认识论在面对道德主体与外部世界的矛盾之时，采取了机械排除的办法，排除了能够通达客观必然性的经验理性和实践理性，保住了道德主体的空灵的主观自由。在面对道德伦理自身的种种矛盾时，采取同样的手段，以坚守主观的道德自由。

在道德的现实性上首先呈现的是指向类、种族存在的道德倾向、愿望与指向个体生存的本能欲望和倾向之间的矛盾，人们在习惯上将前者称为善，将后者称为恶。善与恶的对立、矛盾只是人们针对道德现实性所作出的经验性判断，在其发生的源头上，二者是同一的，无所谓善，也无所谓恶，宋儒程颐说"善恶皆天理"，此话有理。[3] 但当天理流行、分布于个人存在之时，

---

[1] 引自冯友兰：《中国哲学史》下册，第 252 页。
[2] 同上，第 253 页。
[3] 同上，第 247 页。

它就有成为恶的可能性和现实性，于是有善与恶的矛盾和对立。孔、孟称之为性命与情欲的对立，宋儒将它归结为天命之性与气质之性，或天理与人欲的对立。面对这种对立和矛盾，儒家所采取的有效办法是限制、消除矛盾的一方，保留、扩充矛盾的另一方。孔子主张"克己复礼"，克尽私欲，由外达内，复礼归仁；宋儒则来得更斩截，"存天理，灭人欲"。私欲灭尽处，自有天理仁德在。

这实质上是把道德自身固有的现实性力量和倾向彻底根除了。道德的现实性就是它的个体化倾向，就是个人的本能欲望和欲求，舍此欲望，道德便无法实现自身。正是在这个意义上，黑格尔把"恶"看做是推动道德实现自身的最积极、最能动、最富有生命力的力量和手段，并且公正合理地加以肯定。儒家道德形而上学严厉地禁绝个人欲望，实质上是在根本上取消了道德的现实性，道德无路进入现实的伦理世界，通过伦理现象实现自身。

现实道德的另一个矛盾是自我与他人的矛盾。如果自我不能否定自身，过渡到他人的存在，与他人形成现实的统一，德行便不能在现实的伦理共同体中普遍地实现善。儒家面对这一矛盾时，仍旧坚持有限知性的绝对肯定性原则，片面地肯定了自我与他人的绝对同一性，否定或无视自我与他人的矛盾和差异性。因此，自我与他人的统一或同一不是通过彼此之间固有的矛盾自己否定自己、中介自己的结果，而是通过形而上的先验直观内在地、直接地形成的。

儒家认为，自我与他人一同受命于天，同根同源，哪来的差异和矛盾？不过，儒家内部各家对自我与他人相统一的先验基础的存在性质的解释又不尽相同。有的认为是客观的"物"、"理"或"太极"，如邵雍所言："是知我亦人也，人亦我也，我与人皆物也。"[1]而朱熹则认为，"人人有一太极，物物有一太极"[2]。太极是自我与他者相同一的先验根据。有的则将自

---

[1] 冯友兰：《中国哲学史》下册，第223页。
[2] 同上，第258页。

我与他者的同一性根据归因于"心"或精神。程颐明言:"一人之心即天地之心。"[1] 天地之心也就是千万人之心,陆九渊说得更明了:"心只有一个心,某之心,吾友之心,上而千百载圣贤之心,下而千百载复有一圣贤,其心亦只如此。"[2] 无论是客观的太极,还是主观的心,都是受之天的先验存在,它为人的内在性直观所照明,它直接自明地揭示着自我与他人的先验同一性。

在这种内在同一性中,他人不过是同一个自我的复制形式而已,因而他者便成为自我的镜像,自我又是他者的镜像,彼此相互映照,形成内在的"众心一致"。这种"众心一致"只能保证诸多无差别的自我实现内在的精神性联合或集合,而不能在现实的伦理世界真正通达主体间性。因为主体间性首先突出的是自我的个别性以及自我与他人的差异性,他们之间的统一性是立足于个别性与差异性基础之上的,而这种个别性与差异性则是被先验的、内在的"众心一致",主观的自我集合体排斥净尽的。这就从根本上将道德的现实性环节——伦理共同体或伦理世界——排除了。在儒家道德哲学中缺失了西方伦理学中的那种伦理世界,最多只存留了以自然伦常为纽带的家庭。

或许有人会质疑说,儒家道德自由的现实目的是齐家、治国、平天下。家庭、国家、天下就是儒家道德的现实世界,怎么能说儒家道德哲学缺少现实的伦理世界呢?这种看法是站不住脚的,因为它将儒家的国家概念与西方政治伦理学中的国家概念混为一谈了。其实两者之间有天壤之别:前者为家庭的复合体,国家和天下只不过是单个家庭的叠加和数量的积累而已,因此家庭是国家和天下存在的直接的肯定性基础,国家实质上仍然是自然伦理;后者则是对家庭的否定,是家庭扬弃自身的自然性质之后在较高的理性阶段上形成的各阶级、阶层之间的社会联合体。更为重要的区别是:前者的最简单、最基本的构成元素是无差别的自身同一的自我,它们在所谓的国家共同

---

[1] 冯友兰:《中国哲学史》下册,第253页。
[2] 同上,第275页。

体内所发生的相互联结的关系，不是外在的政治的、法律的、经济的关系，不是客观的社会关系，而是内在的精神的关系，是"众心一致"的精神结合体内在地维系着国家和天下，内在精神和道德成为国家之为国家的实体性根据，所以，孔子说："为政以德。"[1] 西方政治哲学中的国家，特别是西方近代以市民社会为基础的国家则与之全然不同：直接存在着的自我或个人，并不是国家的直接性构成元件，个人当它作为个体直接地肯定地存在的时候，它便与国家共同体处于矛盾对立的状态；国家通过政治、法律等中介性手段否定个人的直接肯定性存在，个人才过渡到国家共同体，成为组成国家的现实的一分子。将诸多个体联合为一个共同体的是客观的社会关系，是在现实的伦理生活中形成的错综复杂的政治的、法律的、经济的关系。如果还要进一步追问这些外在的社会关系背后还有什么实体性根据，那只能是国家实践理性。黑格尔把它归结为一个逻辑推论，它由普遍（国家、法律、权利、政府）、特殊（满足某种特殊需要的市民社会）和个别（个人）三项组成。在这一推论中，三项可以自由地相互交换位置，都可以充当中项，中介对立着的两项，使彼此互相过渡，形成现实的统一。于是国家共同体便成为一个自己中介自己，不断地转化、过渡、化解着矛盾的活的统一体，支撑着它运转不已的灵魂或实体性力量是国家理性的自由。它与儒家的道德自由大相径庭：前者是以现实的市民社会为基础的，客观的社会关系、伦理生活中所形成必然性和普遍性构成它的现实性内容，或者说它就是这些客观必然性本身的精神性升华和映现，它是为现实的经验世界所决定的，与先验的存在无关；后者则与经验世界，特别是客观的伦理世界不发生内在的必然性关系，它是由形而上之天先验地规定的，它只与天或天命有先验的必然性关系，先验必然性真理构成它唯一的内容，这内容与经验的必然性相互排斥，相互对立。在形式上前者是有中介的逻辑推论，后者则是无中介的内在直观。无论从内容还是从形式上看，二者具有截然对立的性质和特点。由于这个缘故，

---

[1]《论语·为政》。

国家理性精神自然地合乎逻辑地为儒家的道德自由精神所排斥，主观的道德自由也就无由通过国家实践理性过渡到现实的伦理世界和国家共同体。现代意义上的伦理政治、法制社会、理性的自由国家也就从儒家道德哲学的现实性视野中彻底消失了。它只能坚守一个空洞的主观的道德自由傲立于世，从始至终坚持着先验的绝对同一性原则。

总之，儒家道德形而上学坚持知性的绝对同一性原则，并以此否定道德主体与外部自然世界、共性与个性、善与恶、自我与他人、共体与个体之间的种种矛盾和对立，以内在性直观排斥经验理性、实践理性和国家政治理性，从而斩断了道德自由与经验的必然性真理的血肉联系，消解了道德自由应当有的自然和社会的必然性内容，使道德自由净化为一个空洞的主观自我同一性形式，成为主观的绝对自由。

严格地说，用主观的绝对自由解释儒家的道德自由不太恰当。这个概念是从西方近代哲学话语体系中随便移植过来的，是笛卡儿、黑格尔所说的那种主观自由。它实质上指自我认识的自由，单纯地揭示着自我的同一性；而我们所说的主观自由，则是指自我存在的自由，它揭示着双重的同一性关系：（一）天与人的同一性关系；（二）自我在其可能性存在中的自身同一性关系，这也可以视为人中之天在其持存过程中所表现出的同一性。第一种同一性关系显现着道德自由与先验必然性真理的统一，第二种同一性关系揭示的是道德自由与经验必然性真理的统一、同一。从此可见，自我存在的自由与自我认识的自由之间的最大区别是：后者压根儿就不承认在自我存在之上尚有天的绝对存在，因而也就不承认天与人的先验同一性和必然性。

就自我存在的绝对自由所揭示的这两层同一性关系的具体情况来看，儒家的道德自由不是完全空洞的形式，它还是含有一定的现实的必然性内容的，这就是个人的直接性存在，或自我的自然存在。天通过人的这一初始存在实现、显现自身，人寓身于天，从中获得人的天赋本质，并将它寄托在人的自然存在中。这流布于人的自然存在中的天与原始的形而上的天原是同一的，于是形成天人之间的先验必然性，这一必然性内容真实无欺地显现在自我的内在直观中。如此显现的先验必然性既是天的个别化现实形态，又是人的自由的初度现实。在这个意义上讲，人的初始的自然存在，既是先验的，又是必然的现实的。这是第一种同一性关系所揭示的全部事实，它表明这一层同一性不是空洞的形式，是含有某种现实的必然性内容的，这是儒家道德哲学的第一原理所肯定的。

我们把这一原理放在现代哲学视野中加以肯定，是因为它确实发西方哲学所未发，见西方哲学所未见，仍可对西方现代哲学发挥补偏救弊之作用。由笛卡儿开启的西方现代哲学断然去掉自我存在之上的天，否认自我存在的先验必然性及本初自然的绝对合理性，并将自我的初始存在看成空无一物的抽象形式，它的现实的必然性内容是经过思维的后天的艰辛劳作从外面塞进去的，其自然存在因其固有的恶，一开始就被善的理性、思维认作改造、替换的对象处理掉了。这是大错特错的，说它是无头的丧尽天良的哲学亦不为过。只有儒家道德形而上学的第一原理能够复活那被西方哲学砍下的头，重新发现那被弃置荒野、深深埋没了的天良。

儒家道德自由的空虚性主要是指自我存在的第二种同一性，即自我在其自觉的先验必然性基础之上所开启的可能性时空之场内，在不断变化推移的过程中所表现出来的自身同一性，其实质是人的天赋本质通过自我的自由返回自身所形成的同一性。如果说第一种同一性是自然的天成的，尚有不可完全控制的天命的必然性力量存在，那么第二种同一性则是完全由人造成的，它完全被掌握在自我的主体性自由之中。问题就出在这第二种同一性上。上文分析、考察的结果表明，那以先验必然性为初始的现实基础的道德自由，在自我存在的发展过程中并没有将自身开启的可能性世界真正地过渡到外部自然世界和现实的伦理世界中，而是最终撤回到原初的可能性世界，排斥了自然和伦理世界的现实关系，保持着主观的内在的自我同一性，使经验的必然性真理与道德自由相脱节，于是道德自由停留在虚空的主观性里。在这里，儒家道德形而上学背离了绝对真理。就此而论，儒家道德形而上学不是一个完全的绝对真理体系。在形而上的探索上它通达了绝对真理，在形而下的求索中它迷失了真理，充其量它是一个半真理体系。

这不是儒家所期待、所愿意看到的结果。儒家学派的创始者与后继者都在努力寻求经验的必然性真理与主体的道德自由的现实的统一，与西方现代哲学的最大不同是，他们不是从下、从外部世界寻找必然性的现实基础和源头，而是继续从上、从内在精神世界寻找必然性的可靠基础和源头。这个基础不是别的，正是其第一原理所确证的人的本初之性或自然存在。由于这一自然存在蕴含着天赋的良质良能，无穷的生生之意，它便有向着未来发展的、无限的可能性，而这可能性原本是作为人的自然存在的潜质而存在的。当它由微到著，由潜在到显在成长起来之后，可能性就转化成现实性。自我存在的可能性与其现实性在其自然存在中原本具有先在的统一性，所以儒家把人的自然存在看成一个潜能，认定它有无限发展的可能性，不是没有道理的。基于这一认识，儒家主张充分发挥人的主体性自由，不断地扩充、提升人的自然存在，直至将自我扩张到与天地、宇宙齐一的境地。只有通过人的这一积极有为的自由的发展、提高和扩充，自我才能尽得人中之天，返回自己的天赋本质，与天同一。所以孟子大力提倡"尽心、知性、知天"。

把自我的自然存在看成一个由可能到现实，由自在到自由的发展过程，这无疑是正确的。让这一过程在人的主体性自由活动中去实现，或让人积极主动地辅助或推动这一过程，这也是对的。这里的关键是，怎么去辅助，如何去推动，是敬畏天意、顺乎自然而为呢，还是唯我独尊、逆乎自然而为呢？儒家选择了后一种态度和行为。在这一点上，儒家所表现出的主观自大与狂傲丝毫不逊色于西方现代人类中心主义者们。

儒家扩张自我的最终目的是为穷尽人中之天，让它充分地圆满地实现自身，返回自身，但自我扩张的结果却适得其反。缘何如此？这是因为儒家将主体自由的出发点不是奠定在人的自然存在的先验统一与和谐上，而是建立在自然存在的人为的矛盾和分裂上。说它是人为的矛盾，因为这矛盾不是辩证法意义上的事物自身固有的那种客观矛盾，而是由主体的错误行为破坏了自然存在的先验和谐而形成的。

儒家在解释人的本初自然时将它看成是普遍性与特殊性相互蕴含的整体。这整体中既有类存在的普遍目的，或善，又有个体生存的本能欲望、欲求和目的，孟子将前者归结为四种心理—情感，将后者称做食色之欲，认为两者同出自天，是人性固有的，具有先验的同一性。宋儒则将二者区分为天命之性与气质之性，天理和人欲，二者的源始根据都是同一个天命或天道，"善恶皆天理"，说的就是两者的先验同一性。这在理论上是对的。但是儒家并没有将这一正确的认识贯彻到主体的道德修养和实践中。在道德实践中儒家人为地破坏了人的自然存在的先验和谐，将它机械地分割为二，并且片面地肯定普遍目的和善，否定、排除个体生存欲望和目的。如果说在孟子这里尚为个人欲望保留了一定的合理存在的范围的话，那么在程朱那里则彻底取消了个人欲望的合理性，个人的情欲成为被彻底根除的对象。这显然不是顺天而行，而是逆天而动。在道德实践的开始阶段，也就是主体自由的起步阶段，儒家就对人受之于天的自然本质大做手脚，背乎天理，强行切除或扼制其中一部分，保留、扩张其中的另一部分。这分明是将人中之天人为地缩小了，另一面又将那被减损了的天按照人的主观意愿、目的，甚至是不着边际的狂想和梦幻，无限地扩张。这被无限扩张、放大了的天实质上并不是本然之天，而是人的狂妄的主观性存在。这一无限膨胀着的主观性存在，不但不能如其本初地持存、完善人中之天，使天在人的道德实践中圆满自足地实现自身，不断返回自身，反而会桎梏、遮蔽、破坏人中之天。真理就在这个地方从儒家道德哲学中消失了。由于儒家在道德实践过程中破坏了他们曾经确认的道德本体的先验和谐，便导致了有违初衷的结果：小天而大人，以人蔽天。

一言以蔽之，儒家道德学说的错误不在于形而上的先验直观，而在于形而下的道德实践。自我的内在性直观真实地呈现出天人之间的必然性及其先验的和谐统一，使先验的善初度成为现实。但是继之而起的主体性道德实践却以破坏人的自然存在的天然和谐的方式，继续向前推进道德的现实性。这一错误的道德实践，使道德丧失它本来具有并能自生自长的现实内容，沦为空虚的主观自由性，真正的道德本体反被它埋没、桎亡了。儒家道德学说最终以荒唐的悖论作结：道德无德。

由于儒家坚持以非辩证的眼光审视道德的现实性，他们便无法对道德自由本身进行辩证的怀疑和否定，更不能从中发现其主观的虚无性。他们一味片面地坚持绝对同一性原则，绝对地肯定道德自由，认定它为触之凿凿的有，绝对普遍的存在。也是这同一个灵通万有的绝对同一性原则，轻而易举地抹除了一切矛盾和差异，具有存在之普遍性和绝对性的道德自由因而能在天地宇宙间畅通无阻，周游上下，轻灵敏捷地跨入与它对立的自然世界和现实的伦理世界。这样一来，道德自由不但拥有了充实无比的现实内容，而且使整个世界获得了绝对的存在性质，成为绝对肯定的有。

儒家所坚持的绝对同一性原则是排除了矛盾、差异的主观同一性，为它所肯定的有也就没有什么绝对的客观真理。因为凡是客观存在着的事物莫不具有真实的矛盾。被这一主观同一性否定、排除的多种差异和矛盾中，还有一对矛盾和对立值得一提：这就是道德实践与技术创制或生产实践的对立。亚里士多德称前者为"实践"，后者为"创制"，认为两者之间存在着巨大的差异和区别："实践是一种德行的实现活动，而创制在于依据自然的原理去制作；实践重在于'行'；创制重在于'知'。实践是一种道德活动，对于这种道德活动来说，知的作用是非常微弱的；创制是一种在技术指导下的生产，它具有按照理性和原理操作的品质，这样'知'在其中具有重要作用。"更为重要的区别在于："实践是一种以自身为目的、或者说目的内在于自身的活动，创制则是以外在的事物为目的——对它来讲，结果是高于活动的。"[1] 在儒家道德哲学中主要讲的是道德修养和实践，但也涉及"创制"和生产技术，尤其是在《易经》中，以敬仰之心大书特书圣人仰观俯察、观物取象的"制器"活动。这里"制器"活动的主体虽然与亚里士多德所说的创制主体有所不同，但其实质是相同的，都是与道德实践相对的生产实践。但在儒家道德学说中两者之间的巨大对立和差异却被没来由地否定、忽略了，

---

[1] 丁立群：《亚里士多德的实践哲学及其现代效应》，《哲学研究》2005年第1期，第77页。

只是一味地突出两者之间的统一性、同一性。

在儒家看来：君子的道德修养与圣人的创制活动原本是同一的。由同一性认识进而推演出圣王合一、天道与王道合一、道德与历史合一的论断。据此，儒家道德哲学便从道德自由的肯定方面直接过渡到历史、文化和传统的肯定方面，以主观的同一性原则赋予历史、文化和传统以绝对合理的存在性质。所谓的"内圣外王"，由"尧、舜、禹、汤、文武、周公"一脉传承的所谓"道统"，都是对历史传统的绝对肯定。

其实历史、文化、传统作为社会创制或生产实践的产物，是对内在道德的否定，在本质上是与道德存在相对立的。这是因为除了上文所说的那些对立之外，还有一个重要的事实是，推动生产实践的原始动力是诸多个别化的欲望和情欲，是恶。所谓王者，作为生产实践群体的代表，是受更大的私欲驱动而成就其事业或霸业的，所以，王者是最大的作恶者，而不是最大的行善者。无论是英雄、王者的创制，还是普通人的生产实践，都有一个共同特点：其活动指向活动之外的另外一个异己的对象，其结果实现的是一个存在于创制活动之外的一个异己的目的。它永远受一个外在的客观规律支配、牵引，不断地将自身引向异己的外在对象，因而永远不能返回自身，只能陷入滔滔无尽的"恶无限"长河中。这就是生产实践固有的异化性质，这与道德的善是敌对的。善之为善，就在于它能从自身出发，在前进中又能不断返回自身。生产实践的异化性质决定了历史的异化性质，决定了历史与道德的背反关系。

儒家道德形而上学以主观同一性原则否定、排除道德实践与生产实践的对立和差异，这就对社会历史发展的客观真理造成很大的遮蔽：遮蔽了生产实践，尤其是为王者或英雄的私欲所推动的生产实践的异化性质，遮蔽了历史传统对完美人性的异化性质，遮蔽了历史与道德的对立和背反性质。（邵雍另当别论，因为他的历史哲学承认历史与道德的二律背反，但他只把这种背反归于一定的历史现象，看成是某一历史阶段上的特殊情形，并没有在历史哲学的高度将它提升为普遍法则。）这是儒家学说为历代统治阶级所重视，上升为官方的主流意识形态的重要原因。它以美丽温馨的道德面纱，遮掩了文明历史中阶级、阶级斗争的真相，将历代最高统治者所行施的鲜血淋漓的阶级压迫和剥削合理化、神圣化，以盗贼为圣贤，以无道为有道。这是儒家道德学说在历史哲学方面对绝对真理的又一次遮蔽。

综上所述，统观全体，儒家道德形而上学是一个半真理体系。主要问题不在于形而上，而在于形而下。由于儒家在具体解释道德的种种形而下问题时，不能以辩证的观点解释种种矛盾，反而以有限知性的主观同一性原则机械地排除、否认矛盾，最终导致了对道德存在之绝对真理的遮蔽。我们把儒家道德学说归结为知性形而上学，主要依据的是它对道德的形而下存在的种种解释和阐释。这并不意味着儒家道德学说彻上彻下都与辩证理性不沾边。单就儒家对道德的形而上本体的探索来看，他们对天道和天命的体认和理解上升到辩证理性的高度，尤其是在《周易》中，明了昭著地揭示出"道"所固有的阴阳两体的对立统一法则。宋儒将这一法则普遍地推广于宇宙生成论和人性论，认为阴阳为太极或天理所固有，阴阳互相转化、过渡，化生五行，五行相克（矛盾）、相生（统一），化生万物，一物含两体，性命有阴阳，善恶皆天理。这是宋儒对存在、人生、道德的辩证认识。

在孔子那里，他对思维、理性的认识也是辩证的。例如，他一方面十分重视有限知性的形式——名言、概念，以名责实，极其严肃认真地正名分。[1]另一方面又主张认识事物，要灵活圆通，不能固执一偏之见，认死理，谆谆告诫弟子们："毋意，毋必，毋固，毋我。"[2]但是，儒家没有将他们在形而上所通达的辩证认识一以贯之地发挥于道德的形而下之存在，仅仅将它囿限于先验的道德本体，一跨入形而下之现实世界，他们便出离了辩证理性，局限于有限的知性。

---

[1] "必也正名乎！名不正则言不顺，言不顺则事不成；事不成则礼乐不兴；礼乐不兴，则刑罚不中；刑罚不中，则民无所措手足。故君子名之必可言也，言之必可行也。君子于其言，无所苟而已。"（《论语·子路》，《四书章句集注》，第142页）
[2] （宋）朱熹：《四书章句集注》，第109页。

第六章
道家形而上学与否定性原则

儒家道德哲学的局限性表明，真正与辩证法相统一的形而上学在儒家那里并没有最后完成，它在形而下尚缺失辩证的否定性环节。这一补阙拾遗的重要工作是由道家完成的。

依发生的客观时间顺序看，道家学说成于儒家之前，但按照哲学发生的逻辑—历史顺序，道家应排在儒家之后。因为哲学一般都是以有为逻辑起点的，然后从有、肯定过渡到无、否定，继而否定，有与无复归于统一。道家直接否定的是儒家道德哲学所确立的有或存在，将怀疑和否定的环节带入形而上学。这样一来便从根本上扬弃了儒家的有限知性，否定了主观的绝对同一性原则，消解了空虚的主体性，清除了儒家道德形而上学对真理的种种遮蔽。

这才是真正的"儒道互补"。"儒道互补"，并不是在同一个哲学水准上相互取长补短，而是在较高的哲学发展阶段上道家对儒家进行合理的批判、否定和扬弃。扬弃中有保留，保留了原有的合理成分；否定中有前进，有上升，儒家的有限知性通过否定，上升到辩证理性。所以，道家学说体系的创立，标志着中国古代哲学发展到一个较高的阶段。在这里儒家道德形而上学得到了更进一步的完善。当然，这是针对哲学发展的内在逻辑而言的。就客观的时间顺序而言，儒家学说是对道家学说的反动，真正在形而上通达绝对真理的是道家，而不是儒家。根据这个事实，我非常赞成陈鼓应先生的观点："目前通行的中国哲学史多以儒家为主线，这是似是而非的。中国哲学史的主干，当是道家而非儒家。"[1]

第一节　虚无之道与"无为"

首先应明确一个事实：儒家形而上学所确证的有，是道德之有，或道德主体的绝对存在，而不是古希腊巴门尼德哲学所确立的客观世界之有。当然道家所否定的也是道德之有，它的辩证否定的原则也只在道德存在的范围内有效，显然，道家辩证法与赫拉克利特辩证法大相径庭：后者的否定性普遍地存在于客观的自然世界之中。

道家的否定性原则不是作为单纯的主观认识和态度从外面强加给道德之有的，而是从道德的最高本体——道——的存在中自然而然地生长、发展出来的，是道自己存在运动、不断返回自身的全过程的必然性环节、阶段。按照老子一贯的观点，道作为先行含摄宇宙万有的大全，是"无"，因为"大象无形"，"是谓无状之状，无物之象，是谓恍惚。迎之不见其首，随之不见其后"[2]。从无到有，"道生一，一生二，二生三，三生万物"[3]。道从无生有，生成万物，并不是一个一直向前没有终点的直线型前进运动，它前进到一定的时候又掉过头来，向后退，反向行进，回到起点，于是它又返回自身。所以老子又说："返者，道之动；弱者，道之用。"[4]"大曰逝，逝曰远，远曰返。"[5]在老子看来，这反向的后退运动，是道成就万物不可或缺的一个环节，甚至比单向的前进运动更重要，"为学日益，为道日损，损之又损，以

---

[1] 陈鼓应：《老庄新论》，上海古籍出版社1992年版，第320页。
[2] 《老子·十四章》。
[3] 《老子·四十二章》。
[4] 《老子·四十章》。
[5] 《老子·二十五章》。

至于无为"[1]。无为才能无不为，成就大道。

单就有和事物的存在来看，从有入无，才是归根复命、深根固蒂、长生久视之道："众物芸芸，各复归其根。归根曰静，是曰复命，复命曰常，知常曰明，不知常，妄作，凶。"[2]

"道"的存在就是这样一个由大到远，由远返回自身的圆形运动。庄子曾对此作过更为具体的描述："泰初有无，无有无名。一之所起，有一而未形。物得以生谓之德；未形者有分，且然无间谓之命，留动而生物，物成生理谓之形；形体保神，各有仪则谓之性；性修反德，德至同于初。同乃虚，虚乃大。"[3] 如果说从无到有之运动是道对存在的肯定的话，那么，从有到无则是道对存在的否定，肯定与否定都统一于道的绝对存在和运动。显而易见，道家所提出的否定性原理和原则是道的存在运动过程中的必然性环节，它是从肯定性中媒介出来的，是对肯定性的合理扬弃。在道家道德形而上学中突出强调的是怀疑否定性原则，但他们并没有割断它与肯定性的辩证关系，也没有忽略两者在形而上之道的统一、同一。因此，道家与古希腊怀疑主义学派也是有区别的，后者和独断论相对立，片面地坚持否定性原则，而无视它与肯定性之间的辩证联系。

这是道家比儒家高明之处：儒家错误地以为形而上之天或天道向形而下之人和物的运动，是奔流直下，一直向前的江河式的直线型运动。虽然它有终点，止于"至善"，但此"至善"之境事实上并不能如其本然地返回形而上之天。这就像河流最终归入大海一样，大海并不能反向流回它的初始源泉。儒家论道知进不知退，道家则把道的存在看成是进与退相统一的循环往复、周而复始的圆形运动。

在解释形而下之有（主要是自我的本初存在，或人性）的时候，道家也坚持非知性的辩证的观点。人与万物一样，其初始存在都是以欲望表出的，

---

[1]《老子·四十八章》。
[2]《老子·十六章》。
[3]《庄子·天地》。

是欲望着的存在，是自然存在，"故常无欲，以观其妙；常有欲，以观其徼"[1]。这话的深意是，道体虚无，无思无欲，以无欲观之，才能得其妙处，当道初始显现时，便有欲望，所以欲望是观察万有（包括人本身）原始界限、边界，是与道体分离的逻辑分界线与出发点。由于这欲望着的自然存在得道而生，它便不是纯粹的自然欲望，而是有德性的道德存在，所以庄子称之为性。人的初始存在是性与欲的和合，性为普遍，欲为特殊，普遍与特殊相统一。这种和合与统一都是自然而然地发生的，其间没有丝毫的人为成分。

这里又出现了儒家道德哲学中曾出现过的同一个问题，即，受之于天或为道所生的自我如何去存养、发展道德的问题。在这个问题上道家与儒家又一次产生了巨大的分歧。

首先，是两家对自我的自然存在的看法截然不同。儒家认为人性继天而来，但它只是一个可能性存在，这可能性只能由人自己去实现，天无以继续为功于人。所以人性是由人在后天去成就的，"一阴一阳之谓道，继之者善也，成之者性也"[2]。倘若不成，人的天赋本性永远游荡于可能性之场。"性"为可能性，实为孟子首创，他说："口之于味也，目之于色也，耳之于声也，鼻之于臭也，四肢之于安佚也，性也，有命焉，君子不谓性也。仁之于父也，义之于君臣也，礼之于宾主也，知之于贤者也，圣人之于天道也，命也，有性焉，君子不谓命也。"[3] 人的个体化本能欲望，是天赋的，但孟子不把这叫"性"，而将它归于"命"；仁义礼智等道德本性也是天赋的，孟子却不把它们叫"命"，而称为"性"。"性"是人可以选择，可以采取行动的。张岱年先生说："人性乃生来而有的人之所以为人之特殊可能"，"孟子所谓性，指人之所以为人的特性，而非指人生来即有的一切本能。孟子实不赞成

---

[1] 《老子·一章》。
[2] （唐）孔颖达：《周易正义》下，第369—370页。
[3] （宋）朱熹：《四书章句集注》，第369页。

以生而完具的行动为性"[1]。道家则对人性不作这样的分别，人的本初之性，不管是德行还是欲望，同出于道，都是"命"，是必然性存在，它是道先行开放的可能性在人的存在中的实现，故有命在，有"故"或先在根据在。作为"命"，人是无法自由选择的，也无法任意增减予夺，它是无情的，也是平等无私的。所以老子说："天地不仁，以万物为刍狗；圣人不仁，以百姓为刍狗。"[2]

其次，道、儒两家对人性的认识不同，由此而来的存养人性（人的本初之性）的方式也截然不同：道家主张"无为"，儒家主张"有为"，两者之间具有完全相反的性质和特点。"有为"是自我按照自身开放出来的无限性向着未来不断扩张，提升自身的直线型前进运动。它突出的是人的主体性自由，目的是以人助天，以人代天，以人的积极有为增益、积累人的现实德行，不断地扩大人的道德本质，或本体，直至与天同体。由于它的出发点建立在自我不适当地处置、改造人的本初之性的自为行动之上，这就源始地注定了它的反自然的性质。它是背天或逆天而动的行为，如在上文我所曾指出的那样：对人的本初自然刻意地去掉一部分，又精心地存养一部分，并让它按照人的主观目的无限地扩张，这无疑是对人中之天的大拂逆、大伤害。正是这一源始的反自然行为，使人的主体性自由完全囿于人自己自觉筹划，先行预谋出来的可能性范围，并在源头割断了它与先验必然性（命）的联系，最终被蒸发为一个空虚的主观自由形式。

"无为"不是寂然不动，一无所为，而是按照既已生成的人的自然存在的必然性合理而为，不增也不减，让自然按照本己的状况自然而然地存在发展，顺天而行，不是逆天而动。庄子认为，反乎自然而为不但不能成就"人性"，甚至会从根本上戕残、毁灭人性。[3] 所以他说："不以心捐道，不以人

---

[1] 张岱年：《中国哲学大纲》，中国社会科学出版社1982年版，第187页。
[2] 《老子·五章》。
[3] 《庄子·应帝王》：南海之帝为儵，北海之帝为忽，中央之帝为浑沌。儵与忽时相与遇于浑沌之地，浑沌待之甚善。儵与忽谋报浑沌之德，曰："人皆有七窍，以视听食息，此独无有，尝试凿之。"日凿一窍，七日而浑沌死。

助天。"[1]"无以人灭天。"[2]"是以圣人不由，而照之于天。"[3]

相对于那反自然的主体性"有为"而言，"无为"是由人返天，由异化归复自然的退却行动。它从人的狂悖的义无反顾的前进中向后退，它的目的不是从外面不断增益、扩充人的异化本质，而是要减去、清空为人所增添的异化本质，使人还原到本初自然，"见素抱朴"，返本归真。这也是一种特殊性质的"为"。正如老子所说的那样："无为而无不为。"[4]"无为"是那清空异化存在的退却、收复行为的终结，"损之又损，以至于无为"，一切反自然的东西都被消除干净了，一切主观的狂悖行为都被取消了，人的自然如其本初被还原了，道因此而得以持存，显现自身，到这个时候，那个不断退却着的自我便无事可做。"无为"是有为之结果和目的，有为才能无为，无为才能顺乎自然地无所不为，无为与有为是循环相生的对立统一体。

所以，"无为"不是对自然的否定，而是与儒家的主体性自由不同的另一种自由，是消解空虚的主体性和主观性的自由。它的最大特点是对"命"、先验必然性的自觉、认同和顺从。儒家对"天命"也是自觉的，但是不去顺从，而是逆天而动。由于自觉地顺从自然存在的先验必然性，道家在继天而行的时候，便将人的自由行为置放于"天"之自然所先行开放出的可能性范围之内，按照自然规律去作为。人的自然存在因此而能如其本初之性存在、发展，人的自由因此而能在现实的维度上继续向前延续，推进天人之间的先验必然性，从始至终能保持两者之间的血肉联系，与先验必然性形成有生命的统一。

道家以自由的"无为"存养人性，还原自然，这并不意味着他们完全否认人性或人的本初自然具有发展之可能性，而仅仅将它看成是命定的一成不变的。相反，他们也承认人的自然存在是有生命力的，可发展的，但这种发

---

[1] 《庄子·大宗师》。
[2] 《庄子·秋水》。
[3] 《庄子·齐物论》。
[4] 《老子·四十八章》。

展的力量是自然自身固有的，是自然自己推动着自己发展，而不是人从外部施加机械的推动力量所能奏效的。它就像农作物的生长成熟一样，一切都是自然而然的。农夫可以生之、育之、长之、养之，但要顺其自然而为，不能拔苗助长。老子常以农事来比喻修道进德，"治人事天莫若啬"[1]。稼穑之事的可取之处在于：（一）在根芽、根本上做功夫，因小成大，由微见著；（二）顺乎自然而成其大。道家也是追求人的"大"的，但这个"大"是顺乎自然自身由小发展出来，而不像儒家所主张的那样，由人先行设定，主观地扩张出来的。"图难于其易，为大于其细，天下难事必作于易，天下大事必作于细，是以圣人终不为大，故能成其大。"[2] "合抱之木，生于毫末；九层之台，起于累土；千里之行，始于足下。"[3] 讲的就是这个道理。但道家认为，人的自然由小到大的发展不是永无止境的直线运动，它是有终点和界限的，到了一定的界限，它又反向回撤，落叶归根，返本复原。庄子说："性修反德，德至同于初"，讲的就是这个事实。这也是自然而然的，非人的主观性狂悖行为所能奏效。所以人的自然存在也是一个进与退、增与减、成与毁循环相生的圆形运动，它与"道"的圆形运动形式同构。人顺其自然而作为，有为与无为相统一，它的存在方式也与此同形合致。

第二节 "无为"对儒家有限知性的合理解构与否定

道家之"无为"的所有这些存在性质和特点，都与儒家的直线型主体性自由相背反，于是形成对它的直接的解构关系。由于儒家坚持以有限知性指导道德实践，最终使主体性自由成为空洞的主观同一性，道家便从根本上消解知性，使它从肯定过渡到否定，从有限过渡到无限。

---

[1] 《老子·五十九章》。
[2] 《老子·六十三章》。
[3] 《老子·六十四章》。

老子主张"绝学","绝学无忧"[1]。这里的学主要是指孔子所提倡的那种"学",学习的主要对象是前人积累起来的经验知识,它是形成经验的有限知识的重要途径和方式。"绝学"从根本上否定、消解了这种有限知性。在老子看来,这种经验性的学习,所积累起来的知识越多,离绝对真理(道)就越远,在形而下得之越多,失之越多,"下德不失德,是以无德"[2]。学习和求真理是相互背反的,"为学日益,为道日损"[3]。

除了在源头上"绝学"之外,老子还明确指出要坚决地消除、解构知性以及立足于知性基础之上的圣人创制、异化的文明。"绝圣弃智,民利百倍;绝仁弃义,民复孝慈;绝巧弃利,盗贼无有。此三者以为文不足,故令有所属;见素抱朴,少私寡欲。"[4]老子之所以坚定地消解知性及其物化形态——文化和文明,是因为这些东西具有"异化"的存在性质,是对人的本真存在的遮蔽、扭曲和异化,"以智治国,国之贼;不以智治国,国之福"[5]。"天下多忌讳而民弥贫;民多利器,国家滋昏;人多伎巧,奇物滋起;法令滋彰,盗贼多有。故圣人云:'我无为而民自化,我好静而民自正,我无事而民自富,我无欲而民自朴。'"[6]

老子主张"绝学"、"绝圣"、"弃智",其目的不是为否定而否定,而是为归复人的朴素之性或原始本真,以此来肯定绝对真理,在人的源始存在中通达"道"。老子曾多次提出"无欲"、"寡欲",人们对此容易产生误解,以为道家与儒家一样,都是禁欲主义者。其实两家对待欲望的态度大相径庭,道家所要禁绝的欲望是那些直接为知性的异化目的所诱发出来、膨胀起来的欲望,它与知性本身一样是反自然的。而这种欲望不是儒家所要禁绝的,儒家不但不禁绝,反而积极地肯定它,只是在表面上以冠冕堂皇的所谓道德动

---

[1]《老子·二十章》。
[2]《老子·三十八章》。
[3]《老子·四十八章》。
[4]《老子·十九章》。
[5]《老子·六十五章》。
[6]《老子·五十七章》。

机刻意去掩饰不谈而已,他们要灭的是人的私欲,出自自然的本能欲望。而这种自然的欲望,道家不但不根除,反而积极地顺其自然地去存养、保护、抚育,并把它看成是"无为"之自由所要实现的目的,因为万物的初始存在都显现为欲望,它是"道"的第一显现形式。

庄子把自我存在(心)去遮蔽(知性)、存本真(朴素无欲)的过程与结果称做"心斋"。

首先,"心斋"是自我存在能动地消解知性遮蔽的过程,如老子所说:"虚其心,实其腹。"[1]让人的欲望变得简单而容易满足。而实现这一目的的最好的途径是消解"成心",即对人的"成心"、"知"、"是非"等区别"心"进行全面、彻底的清空。庄子说:"夫随其成心而师之,谁独且无师乎?奚必知代而心自取者有之?"[2]每个人都以自己在以往的经验中形成的"成心"来衡量一切,但所谓的"成心",只是个人自己的私心、偏见、幻相。所以,以"成心"来判断一切,是"未成乎心而有是非,是今日适越而昔至也,是以无有为有"[3]。至于"知",庄子说:"吾生也有涯,而知无涯。以有涯随无涯,殆已!己而为知者,殆而已矣!"[4]知识是无限的,自我生命是有限的,以自我的有限生命去穷尽无限的知识,是追求不到的,徒劳无益的。其实对知识的追求不仅可以"以有知知",还可以"以无知知"[5],而后者才是通达绝对真理的真"知",真"知"是对生命、大道的领悟,这是不需要有限的知性的。

其次,庄子的"心斋",不仅消解有限知识,而且解构主体性自我,破小我(个体),存"大我"(类)。孔子为颜回道"心斋",颜回说出自己的体会:"'回之未使得使,实自回也;得使之也,未始有回也,可谓虚乎?'孔

---

[1] 《老子·三章》。
[2] 《庄子·齐物论》。
[3] 《庄子·齐物论》。
[4] 《庄子·养生主》。
[5] 《庄子·人间世》。

子赞叹说：'尽矣！'"[1] 未体会到"心斋"以前，颜回的言行举止都是出自一个叫"颜回"的主体；但当颜回体会到"心斋"以后，"颜回"这个主体就被瓦解了，如同从未存在过一样。"未始有回"，就是"我"——主体的消亡。《齐物论》中说子綦"心如死灰"，就是"吾丧我"——我丧失了身为"我"的自觉。所以"心斋"之"虚"，就是要连人心的自我主体意识也一同拔除的。自我主体性被消解之后，"吾"的存在仍被保留了下来——这就是作为类而存在的先验本质。

再次，消解有限知性和自我主体性的最终结果是，彻底否定人的有限的本质规定，消解"大我"，泯除物我的区分界限，与天地万物齐一。这是因为人与万物同为大道所生成，与万物本来是平等齐一的。当人与物相区别、相对待而存在的时候，人自身便成为"道"的有限形式。若单以人的有限性观物，则与物相对相分，难以"道通为一"；观道则只能得道之一偏，因而限制、分离、阈滞大道。其实造化生万物，一视同仁，本无特别凸显人的偏亲偏爱，人亦没有孤标特立，独秀于万物之上的良质异能。人与万物一样，只是造化运化的一环节。"夫大块载我以形，劳我以生，佚我以老，息我以死。"[2] 生老病死，不过是自然运行的必经阶段，没有理由对某个环节特别执著，特别自珍自爱，以自我为中心。自然（道）生人，亦如大冶铸铁，金不可能自己踊跃地要求说，一定要成为某种器具，人也不可能对造化者说，一定要做"人"，为人与为物本无优劣、高下之分，其实同为道生，一体同仁。人与物的区分界限一旦被消除，物我便进入无差别的绝对同一状态。这才是真正的"齐物"。从而，"天地与我并生，而万物与我为一"[3]。这样，道家便由对自我存在的绝对否定，过渡到绝对肯定，肯定了道自己返回自身的绝对同一性。与儒家最终确立的主观同一性不同，道家的绝对同一性是含有否定性内容的客观的同一性，它是自然之必然性真理与道德自由的真实的统

---

[1] 《庄子·人间世》。
[2] 《庄子·大宗师》。
[3] 《庄子·齐物论》。

一。由此而论，绝对真理不在儒家，而在道家。

道家所描述的自然必然性与自由相统一的客观真理性在于：道家所突出的否定性原则不像儒家那样，主观地从外面强加于天人之上，而是从天（道）与人（人心或自我）的存在本身如其本然地揭示、揭露出来的。道家把"道"（天或自然）显现为有与无、进与退、实与虚、成与毁的对立统一，（这一点我在上文已经粗略地分析过了），人或自我存在由道而生，亦有这种辩证的存在性质。如同我在上文所指出的那样，"无为"作为自我的大自由的显现形式，并不是单纯的一无所为，而是否定一切"有为"的大作为，它本身就是有为与无为的辩证统一。如果说"有为"揭示的是自我存在的肯定性和有限性，"无为"则揭示着自我存在的否定性与无限性，自我存在像"大道"一样，原本就是肯定与否定、有限与无限的辩证统一。自我存在的这种辩证属性在庄子的"心斋"说中得到了全面、具体的揭示。王振复先生对此特作如下阐释：

> 但值得注意的是，"心"之"如死灰"，并不是"心"的自发的灭绝，并不是自然而然的过程，而是要"使"的。如何"使"？这就还是"心"自己的自为了。所以这对"心"的否定，却还是"心"的自我否定。而"心斋"一说，证明上述问题的答案是肯定的。也就是说，"心"可以自己成为"死灰"，"心如死灰"是可以实现的。这就是说，"心"不但可以自我肯定，如孟子的"心"一般，"心"还可以自我否定。这样，"心"的涵义升华了，"心"不但显现着人的有限性，还显现了人对这种有限性的自我超越。[1]

总之，道家通过正确的揭示天与人的辩证存在性质，客观有效地消解了儒家的有限知性和空虚的主体自由性，如其本然地揭示了天与人的否定性存

---

[1] 王振复、陈立群等著：《中国美学范畴史》第1卷，第67页。

在方式，从而将辩证的否定性环节纳入天道的绝对存在、运动之中，在有与无、绝对肯定与绝对否定的对立统一中真实无欺地呈现出自然必然性真理与道德自由的统一、同一。至此，形而上学与辩证法才真正地在本体论层面上统一起来了。所以，道家学说的创立，标志着中国古代形而上学的完善与完成。

但是辩证法在道家那里尚与存在论结合在一起，作为道的存在属性被描述出来，它并没有被分析出来，作为公理、普遍法则和逻辑形式而独立存在，它的本体地位被"道"的形而上的绝对存在性质褫夺了。因此在道家形而上学中，我们能从"道"的存在与运动推演出对立统一的辩证法则，但是不能反过来从辩证法的普遍形式中推演出道的存在与运动。

第七章

禅宗中—边辩证法

　　将辩证法从形而上学存在论中分离出来，赋予它以公理的普遍性、形式的独立性与本体地位，是禅宗哲学的一大功绩。在禅宗那里，辩证法成为生成万物的普遍公理与法则，因而在本体的维度上成为独立的逻辑形式，禅宗称之"对法"，我称之"中—边辩证法"。它与以黑格尔为代表的西方辩证法截然不同：前者设立两个相互对待、相互解构的中心：一为显现于人的相对中心，一为隐伏于真（或道）的绝对中心，两个中心相互因缘，遂成两边（界限），此为相对肯定；两中心相互解构，消除界限，此为绝对否定。绝对否定始于绝对中心，至边而返，不断前进，又能不断返回自身，于是有"非……非……"的无限的绝对否定的逻辑形式，如"非有非无"，"非非有非非无"，"非非非有非非非无……"如此不断否定，永无休止。这种逻辑形式在世界哲学史上是独一无二的。后者则只设一个中心，即以人或人类为中心，以物为边，为界限，从这个中心出发，一个否定便达于物，再来一个否定，即否定之否定，便返回中心，复肯定人类自身，最终难免落入边见，突出人类中心主义。

第一节　禅宗对法

六祖慧能对中国哲学乃至世界哲学的伟大贡献在于：他正确地揭示了宇宙生命本体的大机大用，精当地总结出妙应万有的生命自由法则，这就是禅宗对法，或中—边辩证法。

慧能临终时曾对禅宗对法作了全面的概括和总结，其基本方法是："先须举三科法门，动用三十六对，出没即离两边，说一切法，莫离自性。忽有人问汝法，出语尽双，皆取对法，来去相因，究竟二法尽除，更无去处。"六祖进一步解释说："三科法门者，阴、界、入也"，其中阴分五，入分十二，界有十八，即六尘六门六识。虽然门界各殊，品类繁多，俱同出一源，归一于自性。"自性能含万法，名含藏识；若起思量，即是转识。生六识，出六门，见六尘，如是十八界，皆从自性起用。自性若邪，起十八邪；自性若正，起十八正。若恶用即众生用，善用即佛用，用由何等，由自性有。"[1]

禅宗对法的矛盾对立法则首先直接呈现为自我的内在性存在方式，因为它起于"自性"，"自性"即自我生命的内在本真。当禅宗对法如此呈现自身时，它便沉沦于有限性和相对性之中，其真理的有效性也仅仅局限于自我存在的范围之内。尽管慧能将宇宙人生万千矛盾现象归纳为三十六对，划分为三类（即阴、界、入三科法门）：如天与地对、日与月对、明与暗对、阴与阳对，等等；语与法对，有与无对，有色与无色对，有相与无相对，等等。这看起来归纳得很周全，但这种种对立的界限都是主观设定的，因而所有的矛盾都是有限的、相对的，而不是无限的、绝对的。在慧能看来，客观世界的一切矛盾相都是在因缘的相对性关系中生起的，由此而来的见识都是虚幻不实的"边见"。他立禅宗对法的宗旨就是要消解一切有限的矛盾相，破除"边见"，成就"中道"，通达绝对真理。所谓"道贯一切经法，出入即离两

---

[1]《中国佛教思想资料选编》第2卷第4册，中华书局1991年版，第62页。

边","二道相因，生中道义"[1]，讲的就是这个意思。这样一来，禅宗对法便否定、超越了自身的有限，过渡到绝对和无限。

禅宗对法对自身的超越和否定，实质上是对自我存在的有限性的超越否定。但是自我存在的相对性又包含着绝对性，因为自我的"自性"不是由自我纯粹创造出来的，而是顺承"中道"自然而来的。自我源于"中道"，通过否定自身又返回"中道"。自我存在的这一否定性方式和形式，在形而上揭示着中道存在的绝对肯定性，它具体显现为，从自身出发向着对方前进最终返回自身这样一种圆形运动方式。这一圆形运动实质上是宇宙生命本体（中道）持存自身化生万物的基本形式，禅宗对法是对这一基本形式的真实而客观的揭示和显现。"中道"与禅宗对法相互发明，体用互见。

禅宗对法的神髓和纲要，是"中道义"。庐山法师问神会：什么是中道义？神会回答说："边义即是。"并进一步解释说："今言中道者，要因边义立；若其不立边，中道亦不立。"[2]慧海禅师对中道的解释更为具体、精当，他说："中间，亦无二边，即中道也。"二边意指什么？慧海的解答是彼心和此心，为有彼心，有此心，即是二边。"外缚声色，名为彼心，内起妄念，名为此心，若于外不染色，即名无彼心，内不生妄念，即名无此心，此非二边也。心既无二边，中亦何有哉，得如是者，即名中道，真如来道；如来道者，即一切觉人解脱也。"[3]禅宗对法所显示的就是这样一个由有限矛盾之两边辗转推动着的否定之否定过程：中因二边成立，此为元始的矛盾，即与边的对立和统一，也是矛盾自身的直接肯定形式，它进而绽露出两边的对立和矛盾，即彼心和此心的矛盾，彼心执著于外在有限事物，此心执著于内在有限自我，前者为有局限的客观意识，后者为有局限的主观意识，无论哪一方都是有限的，都在一定程度上遮蔽着本源自性。因此，本真自性仍须向前推进自身，超越有限，向着无限趋赴，于是出现了第一个否定形式，即非彼

---

[1]《中国佛教思想资料选编》第2卷第4册，第63页。
[2] 同上，第81—82页。
[3] 同上，第189页。

心和非此心，二边被否定，中亦成为非中。此时出现的非此非彼亦非中，虽然具有超越的性质，但它仍与中边相对待、相因缘，此因非此而显，非此依此而立；彼因非彼而显，非彼因彼而立；中与非中亦如此。这样，本真自性仍然没有真正从有限束缚中解脱出来，真正通达无限。所以，它仍须消解自身的有限，于是出现第二个否定形式，非中而中，此为圆满无缺、清净无染的中道。中因二边立（彼心和此心）——肯定，中因两边解（非彼非此亦非中）——否定，复将两边都推倒，无彼此，无非彼非此——否定之否定；中道于是返回自身，再从自身出发否定自身，又一个否定之否定，如此循环往复，以至无穷。这就是禅宗对法的基本运演路线和方式，也就是"中道"的基本存在方式。

中—边的对立统一作为主体存在的否定之否定的全过程，其最终结果显现为中道，显现为超越主体的绝对自由。"中道"就是了了初照如常，生生不息涵盖万有的圆满自足的宇宙生命本体。它完全超绝了一切有限，既离两边，又离中间，它没有任何界限、畛域和涯际可范围，是无边之圆。黄檗禅师就是如此解释中道的，他称之为"无边身菩萨"，他说："无边身菩萨，便是如来，不应更见。只教你不作佛见，不落佛边；不作众生见，不落众生边；不作有见，不落有边；不作无见，不落无边；不作凡见，不落凡边；不作圣见，不落圣边；但无诸见，即是无边身。若有见处，即外道。外道者乐于诸见，菩萨于诸见而不动，如来者即诸法如义。所以云，弥勒亦如也，众圣贤亦如也，如即无生，如即无灭，如即无见，如即无闻；如来顶即是圆见，亦无圆见，故不落圆边。所以佛身无为，不堕诸数。"[1]

中道、禅、佛、菩萨、如来，一言以蔽之，同为主体之主体，绝对主体和本体。绝对主体之为圆满的存在，弥纶万有而不落有边，也不落无边，这种超绝一切界限的无限性质，决定其方法的无定性。所以，禅宗对法作为通达中道的基本大法具有无定性。它囊括一切方法和原则，又不落入任何一种

---

[1] 《中国佛教思想资料选编》第2卷第4册，第221—222页。

方法和原则，它是无定之法、不法之法。禅宗大师们所倡导的逢佛杀佛的主张，就是以此为根据的：这种超绝一切有限的不法之法，具有超主体的绝对自由和至高无上的性质。义玄禅师曾大胆地教导他的弟子们："道流，你欲得如法见解，但莫受人惑，向里向外，逢著便杀，逢佛杀佛，逢祖杀祖，逢罗汉杀罗汉，逢父母杀父母（这里的父母不是指血缘上的生身父母，而是指看似神圣的有限事物。——引者），逢宗眷杀宗眷，始得解脱，不与物拘，透脱自在。"[1]

禅宗对法既是通达绝对自由的不法之法，照明自性本体的最高智慧，又是绝对主体（佛、道、真如）持存、显现本真的基本方式，它的存在和运作揭示着无限的生命本体与有限的主体存在的对立统一，宇宙本体与现象的对立统一。中与边的对立的实质是有与无的有限对立，有限与无限的对立，由中边对立发展出的否定性环节——非彼非此，揭示着非有与非无的对立，这种矛盾性质的存在仍然是有限的，并包含着有限与无限的矛盾，所有这些存在都属于语言法相意义上的存在，即有限现象界的存在。禅宗对法的最终归宿和目的是要彻底挣脱一切有限现象的束缚，完全恢复生命世界的本源自性。故它要将两边统统打倒，既不在有与无的有限对立中，也不落入有无对立的反面——非有非无的对立中，而在这一切之外，在清除掉这一切有限存在的虚无空白之场中，通达生命的绝对本体。

禅宗对法最终所通达的自由极境，是涵摄整个生命世界的大全式存在，其虚无仅仅意味着语言法相上的有限存在被彻底否定了，有无的有限对立不存在，非有与非无的有限对立亦不存在，这两边同时在暂时退场的虚空中归于统一，显现着生命本体的永恒存在，禅宗大师称之为"实性"，或"圆成实性"。"实性"是禅之智慧的最高结晶，六祖对此的解释是："明与无明，凡夫见二，智者了达，其性无二，无二之性，即是实性。实性者，处凡愚而不减，在贤圣而不增，住烦恼而不乱，居禅定而不寂。不断不常，不来不

---

[1]《中国佛教思想资料选编》第 2 卷第 4 册，第 270 页。

去，不在中间，及其内外，不生不灭，性相如如，常住不迁，名之曰道。"[1]

实性就是中道，中道就是实性，它是禅慧彻底破除边见的结果。"是以学游中道，则实相可期，如其执有滞无，则终归边见，以其不知有有非有之相，无有非无之实故也。"[2] 所以，把握了自性自体，成就了实性，再返观万千现象，有有非有，无有非无，存在而不在，不在而存在，破有自性不减，破无自性不增。

禅宗对法的实质和灵魂是无限对有限的绝对否定。"中道"通过对有限的绝对否定而绝对地肯定自身，它消解一切有限现象而持存无限的性命本体，破除一切相对而实现绝对。所以，禅宗对法是宇宙生命本体（等同于天或天道）存在运动的唯一的、绝对正确的显现方式和方法，是无限之法，无为之法。作为方法，它也有工具或手段的性质，因而它不得不与有限现象打交道，不得不现身为具体的当下的存在，这是它的有限性之所在。但此种有限亦是它的绝对否定性所要彻底扬弃的对象。

禅宗对法的奇妙之处就在于：它不但能从与它相对的一切有限中解脱出来，而且能从它自身的有限中超拔、解脱出来，成为真正无限定、无束缚、无定则的不法之法。玄觉禅师深解此妙，他说："今之法非常而执有，假非有以破常，性非断而执无，假非无而破断，类夫净非水灰，假水灰而洗净者，此但取其能洗耳，岂以水灰而为净耶。故知中道不偏，假二边而辩正，断常非是，寄无有以明非，若有若无言既非，非有非无亦何是。信知妙达玄源者，非常情之所测也。"[3]

禅宗对法以中—边因缘显现有限矛盾，又通过中—边相互消解、否定而揭示无限。这里"中"与"边"相互对立、转化的情形与辩证法中主—客对立统一的情况大不相同：这里既没有主—客二分的明确界限，也没有真正的"中心"与"边缘"，只有一个圆运不止的无边、无形的"中道"。为了与西

---

[1] 《中国佛教思想资料选编》第 2 卷第 4 册，第 61 页。
[2] 同上，第 135 页。
[3] 同上。

方辩证法相区别，我们权且将禅宗对法称做"中—边辩证法"。（在下文中我们把禅宗对法、中—边辩证法和禅宗辩证法看成是同一性概念。）

第二节　中—边辩证法与黑格尔辩证法的基本区别

黑格尔辩证法主要有三大特征：

其一为主体性。黑格尔辩证法实质上是主体辩证法。它所揭示的是主体性自我存在运动的对立统一法则。自我思维或思维主体自己将自身一分为二，并通过自身的矛盾不断地向前推进自身，最终将自己生成的世界成果全部收复于主体性精神或绝对精神，所以海德格尔又把主体性解释为聚集性。绝对精神源始于自我思维，经过一个否定之否定的发展过程，又返回思维，肯定主体思维的绝对性。黑格尔辩证法的正、反、合的连续运动规律所揭示的就是主体自己肯定自己的辩证过程。他把这一过程抽象为单一的逻辑概念的空洞运动，把人的存在片面地归结为单一的理性和思维。所以他的辩证法所揭示的不是圆满自足的生命全体，而是自我生命的一个方面。他所宣称的绝对精神，并没有真正通达无限，仍然束缚在有限之中。

其二为中介性。中介是黑格尔辩证法的核心概念。它作为一事物向他事物过渡、转化、联系的中介环节，作为事物自己分离、否定、扬弃自己，复返回自身的绝对否定性力量，成为辩证法诸要素中最积极、最革命的要素，它发展出一系列相互联系、统一的规定、界限、概念和范畴，形成一个充满活力的丰富的整体。在他的哲学总纲《小逻辑》中，我们看到：存在从质过渡到量，从量过渡到尺度，从尺度过渡到本质，既而过渡到现象，又到现实，再到主观概念，再到客观概念，最后归复于绝对理念。这一系列规定、阶段、区别都是由中介发展出来，统一起来的，都是存在自己中介自己的结果。人们所熟悉的他的三项推理思维，正、反、合联为一体的思维形式，也是在中介的推动下由对立走向统一的。他的包罗万象的巨大哲学体系的核心是中介范畴，在某种意义上说，黑格尔哲学就是中介哲学。没有中介范畴，就没有黑格尔辩证法。黑格尔曾明确地指出："辩证法是现实世界中一切运动、一切生命、一切事业的推动原则。"[1] 事物自己否定自己，自己推动自己由自身向别物不断转化、发展的内在力量或活的灵魂就是事物固有的中介力量。"因为中介性包含有由第一进展到第二，由此一物出发到别的一些有差别的东西的过程。"[2]

其三为中介的三合一形式。黑格尔既将中介看成是辩证法内容的最主要、最深湛的构成要素，又把它视为辩证法形式的一大特点。中介既是矛盾尚未分化暂居统一的形式，又是矛盾展开之后复归于统一的形式。它居于事物否定之否定全过程的始端和终端。黑格尔以他一贯的、形而上学的思辨方式，将辩证法的外在运演形式抽象为"一"、"二"、"三"三个环节。一为肯定，矛盾的开端，二为否定，矛盾对立充分展开，三为否定之否定，矛盾被扬弃，二又还原为一。列宁曾解释说，"这个否定之否定是第三项，也可以把它当做第四项"，因为在第一个直接性肯定里亦潜藏着否定，这个"一"又是潜在的"二"，并且指出这个"三分法"是辩证法的"外在的表面的方面"[3]。无论是作为始端的"一"，还是作为终端复原了的"一"，都具有中介性，德尚曾说："极端或对立面构成一……其统一就是中。"[4] 这是对黑格尔辩证法形式之"一"的最好解释，"一"就是中介。"一"是自身中介着的存在，"一"中有"二"，有"多"，"二"与"一"，"多"与"一"，互为中介。

由此可见，黑格尔辩证法与中一边辩证法具有很大的区别。前者是一、二、三的连续运动，它由正、反、合三个环节组成；后者则是一、二、三、四的连续运动，它由正、反、反、合四个环节所组成。禅宗对法在设定中与边的矛盾对立之前，已经确定一个圆满全备的佛性或禅存在着，它是中与边

---

[1] 〔德〕黑格尔著，贺麟译：《小逻辑》，第177页。
[2] 同上，第189页。
[3] 列宁：《哲学笔记》，人民出版社1956年版，第218页。
[4] 〔苏〕奥伊则尔曼著，钟宇人等译：《十四——十八世纪辩证法史》，人民出版社1984年版，第239页。

得以统一的先行根据,此为正或一,中与边的对立便是对自在佛性的否定,此为反或二,彼心和此心落入两边,难见佛性,于是以非此非彼否定二边,这便是第二个反,也就是三,二与三相因成对,仍在有限之中,佛性仍然不能圆满显现,于是以不中而中将二与三的对立彻底扬弃,终成"中道"或实性,先前的佛性以绝对否定的形式圆满无缺地返回自身,这便是合,或者是四。在这里,我们把一等同于本体,二、三等同于现象,四等同于绝对本体或佛性。细细分析开来,现象也可分成三,因为有二边,有中间,这样绝对本体便成五。而黑格尔辩证法只能分出三位。就本体与现象的关系而言,黑格尔辩证法仅仅显示着一分为二、合二而一的辩证关系,禅宗对法则揭示着一分为三、合三成一的辩证关系。此为区别之一。

就禅不立文字的性质而言,这些数字符号形式是不适合于显现禅的本真存在的,它作为禅的一种语言表述形式只能作为禅的否定对象而存在,换句话说,它对中—边辩证法的意义在于它自身的否定性。玄觉禅师说得好:"然而至理虚玄,穷微绝妙,尚非其一,何是于三。不三之三而言三,不一之一而言一,一三非三尚不三,三一之一亦何一;一不一,自非三,三不三,自非一;非一一非,三不留,非三三非,一不立;不立之一,本无三,不留之三,本无一;一三本无,无亦无,无无,无本,故妙绝,如是则一何所分,三何所合,合分自于人耳,何理异于言哉?"[1] 这是中—边辩证法与黑格尔辩证法相区别的又一重要特点:在表达形式上前者是非概念、非逻辑、非数理的,后者则与逻辑概念是同一的,并把逻辑概念认做辩证法唯一正确的绝对形式。这样,黑格尔辩证法所通达的无限和自由,最终仍然局限于有限的逻辑形式上,因而成为相对的、有限的自由。此为区别之二。

因此,禅宗辩证法在展开自身的全过程中始终不会倒向一边,其中的奥妙在于:禅宗辩证法在展开中与边的有限矛盾的同时,始终持存着一个自由出入于有限矛盾、独立于有限之上的绝对本体,也就是禅或佛性;而黑格尔

---

[1]《中国佛教思想资料选编》第2卷4册,第133页。

的辩证法则将所谓思维的无限本体始终禁锢在有限矛盾中，束缚在主体与客体的僵硬对立中。在禅宗辩证法最终所通达的极境中，将一切有限矛盾统统消解了，将落入边见的有无之界限，以及由此确定的僵硬对立全都拆除了，那是一种无任何差别、畛域的绝对平等、自由的境界。这也是禅宗辩证法与世界上任何一种辩证法相区别的主要特点。随便翻开人类历史上任何一个国度的哲学史、宗教史、思想史，都找不到与此相近或相同的一种辩证法来，不管是古希腊辩证法，还是近代唯心辩证法，或唯物辩证法，都将有限与无限之间的界限划得分明，其结果都不能通达绝对自由，只能实现相对的自由。作为智慧，都落入边见，无法通达无边之见，禅宗对法则能通达无边之见。它是人类的最高智慧，只有凭借这种智慧，人类才能实现真正的绝对自由，才能通达至高无上的境界，天道才能在此境界中毕露无遗地显现出来。

第三节　中—边辩证法与黑格尔辩证法的互补性

中—边辩证法与黑格尔辩证法虽然存在着巨大的区别，但在现代世界哲学视野内两者之间又有互补性和互融性。当然，这种互补、互融是以两者的差异和对立为基础的。两者由其基本区别发展出的差异与对立主要有以下几个方面：

一、生命本体论与认识方法论的差异

禅宗对法直接显现的是自我生命的绝对自由境界。它以个体生命参验宇宙生命，在两者同构相应、同频共振处体悟宇宙生命之本体。禅宗"直指人心"，明心见佛。所指人心不单指思维一端，实指自我存在之全体，与王夫之说心相似，兼有肉体和精神、感性和理性，乃至人的所有存在样式。其修炼身心，不唯思想是求，而以完善生命的本真为首务，轻观察分析，重内省

觉悟，将自我生命彻内彻外修得光明敞朗。在这种自由境界中自我川流不息地出入于物我内外之间：由外返内，差别万象之界限俱泯，归一于虚无，这与宇宙生命的绝对否定原则相应；由内之外，万象俱显，这与宇宙生命的绝对肯定原则相合。这两大原则的对立统一，就是禅宗对法最终所揭示的超越自我、生化万类的宇宙生命的大道或大法则，也就是儒家所说的"天道"，道家所揭示的虚无之道。

　　黑格尔辩证法揭示的是思维和存在的关系，在思维和存在的统一中显现真理，其实质是认识方法论。思维只是存在的一种方式，而非存在之全体。黑格尔以偏赅全，未尽自我生命之全体，以其一偏企图通达天人共在之绝对本体，断然宣称人的有限思维可以穷尽绝对真理，实为狂悖之见，难以揭示宇宙生命之真谛。此为黑格尔辩证法之所短。但它突出矛盾、差异和个性原则，并将此原则充分发挥于深广的文化现象世界，使深邃的历史与严密的逻辑形成现实的统一，这又是它的优长。禅宗对法缺少这种深邃的历史性和现实性。

二、解构中心主义与中心主义的对立

　　禅宗对法以用存体，专注于宇宙生命的源头活水，舍末存本，消外显内。其肯定与否定交互作用的过程，不是由本体到现象的生成转化过程，不是物我、内外、有无等一系列差别在现象世界充分发展出来的过程，而是这些既已形成的差别、界限由外返内，解构自身，走向同一的过程。它最终所昭显出来的是消去任何规定的无间断的个体生命之流，以此来冥会宇宙生命之大流。在这种绝对同一的恢宏境界中，物我平等与共，融合为一，沉没在宇宙生命运动之海中，承受绝对肯定与绝对否定两种生命之力的陶钧。其肯定无间断，其否定亦无间断，在此绝对连续的生命大流中，无中心，无边界，物我、内外的所有界限流转不定，旋生即灭，一切相对中心最终都自行解构，归于同一。

黑格尔辩证法则在本体与现象、内在与外在、必然与偶然之间连续不断的过渡、转化过程中求统一，立中心，以否定存肯定，突出事物的外部差异性。故将主体与客体分割为二，生发矛盾，在否定之否定的无限过程和普遍联系中规定具体事物之本质，以求客观真理。主—客二分，必有中心。黑格尔以思维主体为中心，以自然为限定主体的异在，真理必须以此中心为转移，合者为真，离者为假。其辩证法突出人类中心主义。人类中心主义以人蔽天，不能通达天人与共的大道。然而禅宗辩证法对人类中心主义的解构，亦有以天灭人之偏蔽。

三、直觉主义与逻辑主义的对立

禅宗对法所揭示的对立统一，是在消解外在差异之后形成的内在统一，矛盾未经中介便相互转化，直接统一；黑格尔辩证法所揭示的对立统一，则是在差别万象的普遍联系中形成的，矛盾双方通过中介而相互转化，实现间接的统一。前者将矛盾闭合于内，其对立面的转化无固定不变的合乎逻辑的法则和公理，所以它力排逻辑主义，不立文字，以直觉和悟性直接切中内在生命，照明内在精神世界；后者则将矛盾充分地发抒于外在现象世界，在环环相扣的否定性轨迹中摹写对立面相互转化的普遍法则，并将它形诸逻辑概念，主张辩证法与逻辑和历史（事物的矛盾运动过程）相统一，以此来揭示现象的客观本质或绝对真理。逻辑公理为死法则，不能切中圆运不已的宇宙生命，直觉所得为不法之法，妙应万有，时时处处能切中生命本体。前者以科学实证性见长，后者以内在直觉性见长。

以上种种差异和对立各有所长各有所短，分则两蔽，合则两明，取彼所长，补此所短，相互吸纳，则可互补互融。

禅宗辩证法突出生命本体的内在同一性，其绝对肯定与绝对否定都始于内在，返回内在，并未真正过渡到外部世界、深入世界历史、发展出丰富的个体差异，虽然它深得生命的大境界，然而缺少客观性、历史性和个体性环节。黑格尔辩证法专注于个体的外在差异性，其否定之否定或始于本体入于现象，或起于个别深入一般，在客观世界的历史进程中经纬范畴，总揽万物，尽得自然、社会和历史变化之妙。然而它囿于西方传统的主—客二分思维模式，将天人判然分割为二，如此则尽了人道，偏废了天道。

禅宗辩证法排逻辑，重直觉，以明觉无蔽的敞朗内在世界直寓宇宙生命大体，其境界甚大，所存之道最真、最高、最广，在这种境界中本真人性与绝对真理相统一，成大美，存大道。但是，由于它缺乏现实的客观性环节和公理尺度，其纯粹内在性便与现代科学精神相背，因而不能为广大民众所掌握，成为真正的大平等智，只能成就少数怪杰奇才的高超智慧和博大胸怀。黑格尔辩证法重逻辑，排直觉，以逻辑概念和范畴揭示事物的本质规律，其法度极严，标准甚公，客观性更实在，其原则与现代科学原则相符合，因而容易推广普及，能为大众所理解，成为民众的平常知识和简易方法。然而，由于它过分地强调认识的逻辑形式的绝对性，便容易以外在死形式桎梏内在真性命，难以使客观知识与内在人性相统一。这正与美和艺术的原则相背反，因而容易流入异化，成为人性的异化知识。黑格尔哲学的异化性质早为敏锐的费尔巴哈所觉察，马克思虽然竭力反对异化，但他始终不能跳出主—客二分的传统思维框架，从根本上消除思维的异化。

黑格尔辩证法要彻底克服其异化性质，必须转向禅宗辩证法求新质，接纳其生命本体的形而上绝对肯定与绝对否定原则，将经验的外在差异性与先验的内在同一性统一起来，使绝对知识与生命自由境界相融合。舍此途径，便不能彻底扬弃主—客二分思维模式，消解人类中心主义和逻各斯中心主义。禅宗辩证法要克服自身的纯粹内在性和反科学性，必须吸收黑格尔辩证法的个体性原则和科学实证精神，在历史与现实的环节上真正实现内在与外在，科学与人性的统一。舍此途径，禅宗哲学便不能与西方哲学互补互融，走向现代世界，更不能转化为现代民众智慧，有效地指导当今人类变革异化世界的伟大实践。

黑格尔辩证法要发展，禅宗辩证法也要发展。倘不发展，不相互认同，取长补短，都不能成为真正的世界哲学。新的世界哲学应当是东方哲学与西方哲学的合一，生命自由境界与科学认识的统一，自然必然与完美人性的同一，逻辑抽象与艺术具体的融合。在这种新哲学中黑格尔辩证法与禅宗对法相统一，是完全可能的。

禅宗在当代中国失传了，但这仅仅是语言法相上的中断和灭绝。禅的精神是不灭的，永恒的。禅宗辩证法所揭示的是生命世界创化万物的元机妙用，是生命运动的普遍大法。生命不息，此大法常真不灭。当今世界哲学从胡塞尔开始，便从科学实证的经验理性世界转向生命世界本身，由此开辟出现代世界哲学的新阶段。这为禅宗哲学的复活和复兴提供了一个难得的契机。在当代世界哲学语境中重现禅的话语，这不仅仅意味着禅宗在中国兴灭继绝，而且意味着禅宗哲学走向世界，东西方哲学首次在禅境中达成融合。这一天必将很快到来。因为在经验理性和工具理性发生了深刻异化的今天，东方需要禅对生命的绝对肯定精神，西方更需要禅对有的绝对否定精神。

第一、二篇所描述的中西形而上学的发展路线，也就是新形而上学的构建路线。如果说西方现代哲学尽得形而下之详，那么中国古代形而上学则尽得形而上之妙。中西互补，以下存上，以上达下，合为一体，便是我所建设的新形而上学。当代学术界滥用"新"或"后"，为标明自己的学说孤标特立，动辄标出一个"新"字来，人人都如此，用得多了，便俗不堪耐。其实一学说有无创新，关键在于内容，而不在于自封的响亮名目。为了与学术界的这一流俗决裂，干脆去掉形而上学的修饰词"新"字，为了与中国古代形而上学相区别，权且称做现代形而上学。

第三篇

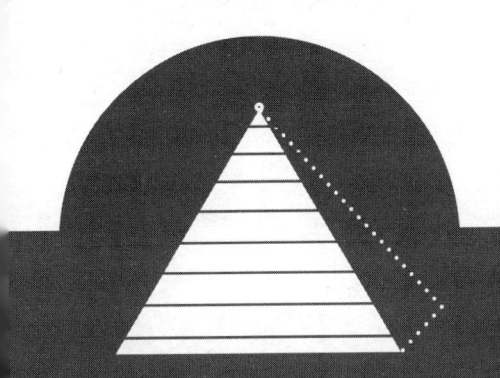

现代形而上学

第八章
现代形而上学总论

第一节 现代形而上学的组建环节与结构框架

从现代形而上学的建设过程来看，它的正宗本源是中国古代形而上学，儒家道德形而上学的肯定性原理，道家形而上学的否定性原理与禅宗哲学的中—边辩证法则，共同构成它的合理组建环节。

现代形而上学仅仅将中国古代形而上学中的这些合理因素继承下来，并将它置于现代世界哲学语境中以求新生，这是不行的，它的真理的有效性范围是极其狭小的，因为中国古代形而上学通达的真理与法则，最终都回落到形而上的先验领域，它并未沉入形而下的经验世界，并未由此客观地证明、验证、显现出来。无论是儒家，还是道家都没有西方现代哲学中的那种历史眼光和世界视野，在这一视野中展现出来的世界经验，被中国古代形而上学的主观同一性排斥在外。如果中国古代形而上学坚守它形而上的清静透明的同一性原则，那么它就很难在现代世界获得新生。所以，现代形而上学在保留中国古代形而上学全部合理因素的同时，必须吸纳始于笛卡儿、终于海德格尔的世界及异化的世界经验。如同我们在以上各篇中所分析的那样，尽管这个世界背离天道，与人的本真相背反，但它是现代世界中任何人都无法逃出的晦暗洞穴，每个人都被牢牢地禁锢在它的无底的黑暗里。如果现代形而上学要将中国古代形而上学中的先验的必然性真理发展为普遍的经验的必然性真理,它就必须以此晦暗世界的存在为其形而下的最牢固的经验基础。

既然西方现代哲学中的世界作为陌生的新概念为现代形而上学所吸纳,那么很有必要首先澄清这一概念的确切内涵。海德格尔曾经对世界作过比较深刻而全面的解释:"世界在这里乃是表示存在者整体的名称。这一名称并不局限于宇宙、自然。历史也属于世界。但就连自然和历史,以及在其沉潜和超拔中的两者交互贯通,也没有穷尽了世界。在世界这一名称中还含有世界根据的意思,不论世界根据与世界的关系是如何被思考的。"[1] 乍看起来,这里的世界似乎比古代哲学中的自然、宇宙还要大,因为宇宙、自然和历史的总和都不能穷尽它。其实不然,这里的自然和宇宙绝不是古代形而上学中所说的那种作为始基的第一性的存在,它们是被人以某种方式或形式处置过、中介了的存在,是被阈限在人所设定的世界框架中的存在,自然和宇宙或以表象的形式呈现着,或被实用的工具理性框架揭示着,当它们如此呈现、存在之时,它们已经沦为第二性的存在了。那未被中介的第一性自然、宇宙仍然岿然不动地存在于世界之外,并与世界相对立。在这个意义上说,世界委实比古代哲学中的自然和宇宙要小得多,它是有限的,人之存在的整体性界限规定着它的存在界限和范围。世界作为表象而存在,便是"世界图像","世界图像并非从一个以前的中世纪图像演变为一个现代的世界图像;而不如说,根本上世界成为图像,这样一回事情标志着现代之本质"[2]。世界的现代本质是人的历史性生存,文化、文明性生存,这种生存同时意味着人的原始的自然性生存的终结,换一句话说,在现代世界中生存的人,他直接占有的世界本质是文化或文明,而不是第一性的自然。

英国哲学家卡尔·波普尔根据西方哲学的解释传统把世界分为三个:"世界1",是客观的物质世界,它包括四时更替、山川交错、草木枯荣的大自

---

[1]〔德〕海德格尔著、孙周兴译:《林中路》,第90页。
[2] 同上,第91页。

然;"世界2",是主观的精神世界,它充满欲望、情欲、理性与思想;"世界3",是精神或生物的产物,其中涵有由国家、社会、宗教、语言等所构成的文明与文化。海德格尔所说的世界,排斥了"世界1",接近于"世界3",但不完全相同。因为"世界3"或文明世界仅仅是构成世界的外在方面,在它背后还有更为深刻、根本的存在,即世界之为世界的根据,海德格尔称之为"天命",实质是指生命或生存的普遍性结构、方式和形式。它是从世界中抽象出来的一般本质,所以,海德格尔又称之为存在的一般。胡塞尔则将它明确地规定为先验的意向性结构,它与现实的"生活世界"内外相维。海德格尔在解释世界的内在性根据时往往晦暗不明,态度暧昧,表述含糊,但他和他的老师胡塞尔一样,将世界明确限定在生命世界的范围,以生命为文明世界的内在根据,这一点是值得肯定的。

我们保留了存在主义世界概念的基本含义,同时,对它有所保留和修正。世界是以自我存在为中心的内在生命及其外在化显现——以一定的历史为先在形式的文明或文化的总体,简言之,世界乃是为历史所阈限的内在生命世界与外在文明世界的统一。单就其外在形态而言,它接近于波普尔的"世界3",但其内在生命世界与波普尔的"世界2"有本质的区别,它不是与物质世界相对应的精神实体,而是由活泼泼的生命意志开放出来的内在性场域,这两者是相互含容、内外贯通、血肉相连、融为一体的。在这种活的统一中,很难分辨何者为第一,何者为第二,其实二者互因互果,内外相维。

如果自我意志以先于自身而存在的文明世界之客观图像为摹本,复制自我存在,开放自我存在的可能性场域和图景,那么外在的文明世界便是内在生命世界的先在根据;如果自我凭借一定的文明工具或手段将既已草拟、筹划好了的内在性存在结构圆满地实现出来,使曾在的文明世界向前推移、延绵,继续存在,那么,内在生命世界便是文明世界实现、持存自身的先在根据。二者辗转相生,互本互根。这一点胡塞尔看得比较清楚,他明确指出生活世界中先验自我与经验自我是统一的、同一的,但他刻意回避根据和第一性之类的问题。海德格尔则显得比较笨拙，他一定要在内外统一的前提下，还原或逼出一个内在的源始的根据来，这是徒劳的。他从世界中抽象出的内在性一般，实质上是人的外在异化本质的内化形式，它绝无形而上的本源的第一性的存在性质，它与其外在世界一样，都属于形而下的经验范畴。

我们断言：存在主义哲学家不能从他们的世界中提取出丝毫形而上的东西。这是因为，他们将其视角专注于异化世界的范围之内，并在死死坚持内在生命与异化世界相统一的前提下，追查、还原自我存在的一般本质；与此同时，他们完全忽略了自我存在与逸出世界之外、独立于世界之上的绝对存在——天或天道的本质联系，甚至有意斩断这种联系，使世界成为无头脑、无根蒂的"断头世界"。他们错就错在这里：从断头世界中不可还原形而上之绝对存在，也不可建设起真正的形而上学。

其实，以自我为中心的内在生命世界具有通上达下的两重性。海德格尔知其一，不知其二。他只知内在生命合于异化世界之本质的存在通性，而不知内在生命合于形而上之天道的道德通性，更不知内在生命的合世界性与其合天道性是相互对立、矛盾、排斥、消解的。这一对立从根本上揭示着形而下之异化世界与形而上之天道的尖锐对立与矛盾。所以当自我生命世界合于异化世界之时，便不可能同时与天道形成实现的统一，这种统一只有在自我生命扬弃了异化世界之后才是可能的，只有在自我生命世界与形而上之天道现实统一、同一的地方，才有真正的形而上学。

如果内在生命世界不是以先行于自身的异化世界或一定的历史传统的原型结构为存在根据，开放自身，也不把它的存在本质内化为自身的一般内在，而是在这晦暗世界的遮蔽处重新发现被深深掩埋的东西，自觉它与原始天道的本初联系和渊源关系，进而以形而上之天道的结构形式为自身的存在根据，向着未来开放自身的可能性场域，并通过一定的行动和行为使可能性存在变成现实性存在，那么，它所成就的、实现的就是一个道德世界。在这里，内在生命世界与道德世界是统一的、同一的。这种同一性于上揭示着内在生命与形而上之天道的先验同一性，于下则显示着道德世界与异化世界的分立、对立和矛盾。然而，这两个世界都统一于内在生命世界，是生命世界之两重性的现实形态或外在化显现。尽管道德世界的内在本质与形而上之天道相通或同一，但在现实性上，它与异化世界一样，属于形而下的经验范畴。

至此为止，我们对存在主义世界概念的修正与补充已告完成：我们纠正了海德格尔关于世界存在的片面性观点，揭示出内在生命世界通上达下的两重性，内在生命既有可能开放出与天道相分离、相对立的异化世界，也有可能开放出与天道相通的道德世界。在道德世界与异化世界尖锐对立的情况下，自我存在寓身于道德世界，消解异化世界，进而沟通形而上之天道，重现它们之间的原始的先验的必然性联系，还原天道，世界因此而归根复命，牢牢扎根于原始之天。用形象的话语来表达，我们与海德格尔之间的差异了了分明：我的世界是"有头世界"，他的世界则是"断头世界"；在外延里我的世界包含道德世界和异化世界，他的世界只有一个，即异化世界。

现代形而上学所吸纳的就是这样一个被改造过了的存在主义世界概念，并用它来取代中国古代形而上学中"器世界"。中国形而上学的传统格局因此而被打破，与道相对的不再是"器"，而是"世界"。至此我们可以初步界定现代形而上学之基本构架和视阈：形而上者谓之天道，形而下者谓之"世界"。在这视阈之中我们又增添了"异化世界"与天道相矛盾的否定性原理和原则，并突出它在经验世界中的必然性和普遍性，以此来补充儒家哲学所突出强调的自我存在与天道的先验的主观同一性原理和原则。所谓补充，只是意味着这一原则具有片面性，同时具有一定的真理性。在道德世界中这一原则仍然有客观效用，亦具有现实的必然性和普遍性。只有通过它，自我存在消解异化世界，回归道德世界，还原天道才是可能的，并且是必然的。

这样一来，现代形而上学的理论框架和视阈更加明朗、清晰了，"世界"构成了它的最牢固的经验的实证的地基，世界的界限也就是它的视阈的界限。这个界限涉及异化世界和道德世界的全部可能性存在范围，属于存在或有的范畴。由上达下，由地升天，以世界揭示、显现形而上之天道。天道为绽出世界的大全，为虚无。自我存在立于世界的地平线上，沟通形而上之虚空天道与形而下之世界（有），并以自我生命通上达下的两重性，揭示先验天道与经验世界的矛盾对立统一关系。这就是现代形而上学的基本轮廓或草图。

第二节 现代形而上学的本质特征

现代形而上学吸收了西方现代哲学中的世界，将中国形而上学的形而下之基础由自我内在性经验移到客观的世界经验，于是中国传统的形而上学获得了现代世界的存在性质。在这个意义上说，现代形而上学实质上是中国古代形而上学在现代世界哲学语境中的再生或复兴。

这并不意味着中国传统哲学转向西方现代哲学，从而找到了新出路，获得了新生。恰恰相反，事实是，西方现代哲学转向了中国传统哲学，走出绝境，获得新生，不是西方现代哲学拯救了中国传统哲学，而是中国古代形而上学拯救了西方现代哲学。如果认真的读者没有忘记我们在上文有关章节中所作的分析批判和重要结论，那么我们就不难理解：无论是黑格尔和马克思所钟情的历史，还是胡塞尔和海德格尔所宣扬的世界，追本溯源，同本同根，都是由笛卡儿的自我存在自由地发放出来的。自从尼采毅然决然斩断了自我存在及其世界与形而上之天道或上帝的血肉联系之后，这个世界一直处于无根蒂的漂游状态。海德格尔异想天开，力图在这个断了根的飘摇不定的世界中重塑形而上学之"天命"，结果也是一场空，这就像一笨伯将已被砍下的头颅重新安放在死尸上，企图使他复活一样，着实令人可笑，人死不能复生，这个常识连小孩儿都懂。西方人自己杀死了上帝，自己割断了人生于天的源始根蒂，自己再无力补救自己犯下的弥天过失。它要使自己死而复生，只能凭附别的生命体来延续自己的游魂。中国古代形而上学就充当了这样一个生机四射的生命体，它将自身强大的生命力贯注于这个即将气绝身亡的巨大断头尸体，使它重新运动起来，成为受自身之灵魂驱使的身体。所以，现代形而上学吸纳了西方现代哲学的异化世界之后，不但没有从根本上改变它所传承、持存着的中国古代形而上学的宗脉，反而使这一宗脉更充沛地流布于世界。在这个意义上，现代形而上学更为确切的称谓应当是"中国现代形而上学"。（在下文"中国现代形而上学"，一律简称为现代形而上学。）

显然，现代形而上学的出世，标志着由笛卡儿开启的西方现代哲学的转向，同时宣告了由尼采滥觞的西方形而上学的终结。所谓转向，是指哲学从认识论到存在论的转向。这一转向固然在胡塞尔和海德格尔那里已经迈出了一大步，但这一步，走得很不成功，他们在异化的自我存在和世界本身直接寻求其形而上之本体或根据，企图以自我的理性制作的全部产物或成果来证明自我存在的绝对真理性，这是徒劳无益的。他们无法从根本上克服源于笛卡儿的理性狂悖，也无法改变由此狂悖理性所造成的自我存在的无根蒂状态。海德格尔将人置于文化世界中，以世界本质为自我存在的绝对的形而上学根据，并将它直接等同于"天命"或"天道"，这是哲学上的一大幻觉、错觉。其实，人或自我存在的绝对根据不在世界之中，而在世界之上或之外的"天"之中，这个"天"在中国古代形而上学中被确证为唯一正确的绝对存在。所以，寻求或还原自我存在的绝对根据，必须首先将自我拔离出其世界，置于"天"或"天道"的存在之中，从中发现其存在的绝对真理或形而上之根据。这样一来，认识论才真正转向存在论。这一点在现代形而上学中实现了。

叔本华、尼采为了反对西方流行的科学主义与经验实证主义，创立了以意志为本体的新形而上学，其动机是值得肯定的，方向也是正确的。但他们和海德格尔一样，也没有丝毫改变笛卡儿的理性狂悖，非但没有改变，反而变本加厉地发展了理性的狂悖。尼采将笛卡儿创设的那个自己决定自己，自己发放自己的自我思维由认识领域移到存在、意志领域，改造为绝对自由的超人，这个世俗的超人，杀死了上帝，取而代之，将自身提升为新的上帝，主宰一切，创造一切。这是灭尽天道，单存人道的彻头彻尾的人类中心主义。这种伤天害理的疯狂的形而上学断然否定了"天"之存在的绝对至上性和真理性，它与中国古代形而上学势不两立，如果要真正确立天对人的绝对至上性，就必须否定这种疯狂的僭越的形而上学。现代形而上学毫不含糊地做到了这一点。以尼采为代表的西方现代形而上学至此宣告终结。

现代形而上学的宗旨是，在异化世界中探寻、追向、查明人之存在的本源大体，由下达上，清除、消解异化世界对"天"的遮蔽与尘封，将人的本真存在全面地揭示出来，还原于天，如其本然地重现天人授受的源始关系，并在此关系中，显现形而上之"天命"或"天道"。

根据中国古代形而上学"原在生后"[1]的原理，现代形而上学所遵循的基本路线是从下到上，由末返本的还原主义路线。这一还原主义与胡塞尔、海德格尔的还原主义具有本质的不同，他们或将自我存在还原于"生活世界"之本体，即意向性结构，或者对沉沦的"自我"进行历史还原，在西方历史的源头处重现历史之本体，并以此为"天命"。我们所还原的天或天道与它们格格不入，大相径庭，甚至相互背反。在现代形而上学的视野中，这些被还原的东西，由于它自身来路不明，或根器不正，没有资格进入形而上之领域，充其量不过是寓身于异化世界的一般本质或共相，它们仍然属于形而下之经验范畴。我所还原的天道则脱尽了一切尘世的异化经验之影响，纯净、透明地超然独立于异化世界之上。

现代形而上学的出发点和起始基础，即还原路线的出发点和始基，是寓身于异化世界中的人。这是它与中国古代形而上学的最大的区别：人在后者是与天合一的，两者的同一性关系是直接的、自然的、未经中介的；人在前者，则出离了天，与天相分相离，扬弃了天与人的先验的直接同一性，以两者之间的矛盾和对立破坏了先前的天籁式和谐，人被矛盾的进程所中介，沉入异己的对象世界中。

---

[1] 参见王夫之：《读四书大全说》，中华书局1975年版，第13页。

这里的人与笛卡儿的思维的"自我"、马克思的沉沦于历史中的"人"以及海德格尔的晦暗世界的"此在",都有相近或相通之处:它们都以背天而立的异化世界的一般存在为其现实本质。然而不尽相同:这主要表现在各自的不同倾向和归宿上,无论是笛卡儿,还是马克思和海德格尔,他们的"人"或"自我"最终都被消除了存在的个别性、偶然性和特殊性,蒸发、升华为历史的共相或世界的一般,活着的个人最终被抽象为世界的干枯的太一,这实质上是消解个人以持存抽象的世界,个别的"自我"最终被抽象的世界净化掉了。"人"在现代形而上学这里则具有截然相反的倾向和归宿:他跳出抽象的世界,并拆除这个世界,掉过头来向着有生命的个别的自我回归,最终个别的自然的自我在世界的废墟上重新站立起来。如果说前一种人的基本存在倾向是去自我的世界化,那么后一种人的基本存在倾向则是去世界的自我化。这一"自我化"对于现代形而上学通达绝对真理是至关重要的,因为只有这种"自我化"的内在性直接经验,才具有不可撼动的明证性和自明性。由此继续前进,最终还原于"天"或"天道",天道因此而真实无欺地显现出来。这里已初步昭露出天道还原路线的全过程和主要阶段,它由前后衔接的两个阶段实现还原:第一步由世界还原于"自我"存在,第二步,由自我存在还原于"天道"。

更严格地说,现代形而上学以"人"为出发点,这个提法是笼统的,不确切的,因为"人"这个概念包括自我与他者。现代形而上学到底是以自我存在为出发点呢,还是以"他者"为出发点呢?这个问题仍需澄清。事实上,无论在中国古代哲学中,还是在西方现代哲学中,人或者被赋予先验的同一性,或者被赋予经验的同一性,正是这种同一性取消了自我与他者的差异性。自我与他者是同一的,自我的存在也就是他者的存在,这种同一性显现的还是人的抽象的共相,这是现代形而上学所要坚决破除的对象。为了避免对人容易产生的这种误解,我们慎重地以具体的"自我"取代抽象的人。更为确切地说,从世界中还原了的本真"自我"是现代形而上学的唯一的出发点和始基。

现代形而上学以去世界化的自我存在为出发点,并由此向上返回,还原于形而上之绝对存在，或天道，揭示宇宙生命的绝对真理。这正是它的存在主义本质特征之所在，但不能因此而将它与西方现代存在主义完全等同起来。如前所述，海德格尔的存在主义，仅仅关注"人在世界之中"这个事实，他完全漠视人或自我又在"天"或"天道"之中这一更为源始的事实，更看不到人中之天与人中之世界之间的矛盾、对立关系。受这一褊狭视阈的局限，海德格尔在还原的道路上刚刚迈出第一步，就一蹴而就，宣布大功告成，并轻佻地断定"自我"或"存在者"还原于世界存在一般，就同时达于天界，通达了"天命"。其实这是一大错觉，真正的"天"还在世界之上独立不依、高高悬浮着。真正的"天"对"世界"的这种离绝状态，使世界失去道德的根蒂，倾斜不正，漂流不定。由此形成海德格尔存在主义的反道德性质，说他的学说是反道德的存在主义，亦不为过。现代形而上学则将"世界中人"、"天中之人"、"人中世界"、"人中之天"，以及二者之间矛盾对立状况全部纳入它的视野之中，并在"人中世界"与"人中之天"的对立统一中探究自我存在的全部奥秘。即使在解决"世界中人"的还原问题上，现代形而上学与海德格尔存在主义也有天壤之别：前者去世界化，后者去自我化；前者以"天道"为自我存在之最高根据或绝对本体，因而使自我存在持存牢固的形而上之道德根基，后者则以世界的一般本质为自我存在的最高根据，并以此来僭越天，取代天，自我存在在自本自根，自因自果的狂悖中丧失了形而上的道德根蒂。为了突出这一重大差异，我们最好将现代形而上学称做道德存在主义。

然而，海德格尔的存在主义与我的存在主义又有某种不可割裂的密切联系。现代形而上学首先考察"世界中的自我存在"的时候，并不否认世界的异化性质以及自我在世界中的异化。在这一点上，我与海德格尔并没有多大的分歧。应该公正而冷静地承认，海德格尔和马克思一样真切地发现了世界历史的真理，尽管它是没有真理的真理。现代形而上学并不准备回避这一事实，而是公开坦率地承认这一事实，接受这一事实。当它宣布将寓身于世界中的自我作为它追问真理的出发点的时候，现代形而上学并不打算主观地将自我从世界中提拔出来，而将环围着它的世界抛在一旁，悬置起来，单单拷问一个孤零零的自我。相反，它很现实地尊重自我与世界的统一性，并在坚守两者之统一性的前提下，追问自我存在的本源正体。在这里，海德格尔关于"世界与此在"的积极的理论探索和成就，在我的还原路线的初始阶段仍然是客观有效的，他所描述的那个沉沦于世界中的"此在"，或此在着的存在者，正是我们首先要面对的"自我"存在。

如此看来，我们是不是从道德存在主义退回到反道德存在主义？不是。在我的理论框架内给海德格尔存在主义留下一席之地，这并不等于同时全盘肯定了它的反道德性质。我们只肯定他所揭示的自我异化的真理性。所谓"没有真理"的真理，指的正是它的无道德或反道德状况。因其反道德，所以不能现成地接受它。因此首先必须消解异化世界，还原自我本真，同时在理论上必须扬弃海德格尔反道德的存在主义。这样，海德格尔的存在主义通过自身的否定进入道德存在主义。两者之间的这一否定性统一和联系，并不能泯除我们一再指出的两者之间的倾向性差别：海德格尔为了无道德世界的冷酷的真实而沉淀、净化自我，我则为了自我回归道德而解构世界。

第九章

作为现代形而上学出发点的自我存在

第一节 自我的抛出状态

现在让我们回过头来，继续考察、查询现代形而上学的出发点问题。我们从海德格尔那里探明：我们首先面对的沉沦于世界中的自我，是从某个地方被抛出来的。这种被抛状态绝不能被想象为这样一种物理现象：某物受弹力的推动出离它原先的位置，飞行了一段距离之后，转移、沉落到另一个位置。这里既有出离飞行的确切时间，又有两个固定位置之间的精确的可计算的距离。自我被抛出的情形与此迥异：他是被他所寓身于其中的存在抛出的，他被抛出之后又与抛出者共存于同一空间之中，在这里时间和距离全然消失了。我们根本无法确知，自我到底是从什么时候起被抛出的，也不知他被抛出多远。

那么抛出自我的存在到底是什么？海德格尔的回答极其轻率、简单：是世界。这简单的答案仅看到自我被抛的整个中介过程中最贴近自我的当下存在的部分事实，隐蔽于其后的更为深远、更为隐秘的事实被忽视了。抛出"自我"的最原始的存在是天。当自我被投入世界之时，他至少被抛出两次：天首先抛出自我，自我又第二次将自己抛入由他自己创制的物化世界中。单就自我与世界的关系来看，两者之间相互抛出，自我抛出世界，世界又反向抛出自我。譬如一个人努力建造了一幢楼房，这楼房是由这个人一手抛出来的，但这楼房一旦作为他的居室供他居住，他又被这幢房抛掷在它所限定的固定空间中,并被长久地囚禁在这个空间中。

这个事实表明:当自我沉沦于"世界"之时,他已与最初抛出他的天遥遥相隔,自我在世界之中,同时意味着自我不在天之中,世界在场,天不在场。自我"在世界之中"与自我"在天之中",这两种存在状态不可同时共在。如果要同时共显,那么只能通过相互否定、解构,或相互抵消来实现。"自我在世界"是对"自我在天"的扬弃和否定,所以,世界之有正好揭示着"天"或"天道"之无;反过来,"自我在天"又是对"自我在世界"的扬弃和消解,所以,天道之有正好显现着世界之无。

更确切地说:世界中之自我与其源始之天的分离、背反状态,并非是指由物理性的时空转换所引出的先后出现的两个不同场所或空间的差异和区分。这种差异和对立是非常空洞和表面化的,它并未涉及存在的本质,以及本质性的差异。其实深入到存在的本质,这种极其空洞的差异也许很快被内在本质的同一性所抵消。比如某人从甲地出发到达乙地,他不会因为空间的转移而改变一丝一毫,他还是他,曾在甲地的他与现在在乙地的他是同一的。这种存在本质的同一性并没有发生在原始之天与被抛出的自我之间,我们看到的,或自我与世界呈现出来的,是它们与源始之天的本质差异、分离和矛盾。这种分离状态与空间的变化毫无关系。单就空间的存在状态而言,源始之天与自我的位置都如其本初地固定不变,自我就固定在某民族的生活世界和文化围中,某一民族就固定在地球的某一区域中,地球就固定在太阳系中,太阳系就固定在整个宇宙中。就在这固定不变层层包裹的涵摄性空间中,自我存在发生着褫夺性质变,他逐渐蜕变着源始的天赋本质,逐渐被环绕着他的物化、工具化世界所异化,异化为另一种性质的存在。譬如密封在罐子里的一罐新鲜葡萄,经过一定的时间,它发酵酶化为醋,原来天然的甜蜕变为人工促成的酸。这里也有时间的推移和变化,但它并没有改变空间,葡萄被固定在罐子里,罐子被固定在房子里……质变就静悄悄地发生在这凝固的空间中,连时间的变化也最终被这静止的空间所吸收、凝结、固化。自我发生的质变与此情形相仿佛,他由源始的与天同质的状态最终蜕变为与天异质的状态，完全被物化世界所异化。这里经历了一个漫长的时间过程，然而这个时间过程最终被吸收、固化在物化世界的凝固空间结构中。

关于自我的这一质变过程，西方现代作家对此有着刻骨铭心的感受，托马斯·品钦以他杰出的艺术天才，虚构了一个称做"V"的人物形象，描述了她45年的荒诞的生命历程，形象、生动、具体地诠释了自我异化、蜕变的全过程。在这里，我们可以清晰地看到自我是怎样一步一步地被包围着她的物化世界所异化的。

在《V》中，作者通过展现模糊符号"V"的一种可能性指称对象——维多利亚·雷恩45年的生命历程，具体地揭示了人一步一步地变做无生物、被完全物化的不可抗拒的必然性。维多利亚第一次在埃及露面时，还是一个朝气蓬勃的十八岁的女修道院退学生。在那里她遇见了几个英国驻外机构的特工人员，并与其中一个叫戈德林洛的人发生了暧昧关系，最后又在暗杀另一个人时做了帮凶，这位被暗杀者波平蒂恩的罪名是，他做了一些关心人的事，而身为间谍，这类事是永远不许做的。波平蒂恩的死也可以说是自招的，因为他的同伙邦古·沙夫兹伯里曾经警告过他："波平蒂恩，总有一天，我或者别人，会出其不意地干掉你。爱，恨，哪怕表现出一些无心的同情……当你爱得忘乎所以，以致承认了一个人是人，而不是一个符号——那时候，你想去吧。"波平蒂恩是由于爱人、同情人而招致杀身之祸的，维多利亚从中受到了极大的启发，获益匪浅，从此她就挣脱了人类同情心的富于磁力的锁链。

当十九岁的维多利亚出现在佛罗伦萨时，她已经是一个高级妓女了。她既已形成的反道德眼光，使她把每一个情人都看做是基督的一个"有缺陷、凡世间的复本"，由此使自己的通奸事情变得合乎情理。她还卷进了外交阴谋中，她做了间谍，纯粹是因为这个行当无论什么技巧和嗜好都需具备，而这类技巧"离道德愈远，就愈有效果"。

当她漂游到巴黎的时候，她已是三十三岁的中年妇女了。她的精神境界随着阅历的加深而有所"升华",她开始对"把自己变做无生物的历程"有所认识,她逐渐染上了恋物症,为了满足她的恋物欲望,她开始招募年轻的舞蹈演员,因为这些演员正是她眼中的"有欲望的无生命物"。当她出现在马耳他时,她摇身一变成了三十九岁的维罗妮卡·曼加内斯,这时她已经完全卷入最残酷的国际外交争斗之中。她变做无生物的历程的进度加快了,她安了一只假眼,装配着一片用钟膜造的虹膜,还有一颗星状蓝宝石缝在她的肚脐里。这时的她已经"沉醉于与微小的无生命物质融合为一"了,她企图使自己变成一个无生物。维多利亚的最后一次露面是在瓦莱塔,作为一个搞同性恋的女祭司,她向马耳他的孩子们宣扬了虚无主义思想,劝姑娘们做修女,劝小伙子们去寻找不再繁衍的"磐石般永存的声名",她足足活了六十三年,她变做无生物的历程是何其漫长!最后她被一根倒塌的柱子压在下面不能脱身,当地的孩子们把她肢解了。他们先剥去她的假发(下面是刻有花纹的脑壳),随后又卸掉她的假眼、牙齿,直至她那用金子铸成的腿和脚。死亡使作为"V"的一种可能性的维多利亚,或作为维多利亚的实在符号的"V"与无生命的宇宙合而为一了,她完成了无生命化的历程。[1]

现代形而上学首先面对的就是这样一个严峻的事实:自我被环绕着他的世界所异化,并与抛出他的源始之天相分离、相对立。自我缘何与天相分离,他又是经过怎样一个中介过程或怎样一种途径和路线沉沦于与天相异的物化世界的?这是现代形而上学首先查明、解决、回答的第一个基本理论问题。

第二节　直逼自我存在的基本哲学问题

查明自我异化、与天相分的真相,这不是现代形而上学的最终目的,它

---

[1] 参阅拙作:《性命·审美·艺术》,高等教育出版社2004年版,第35—37页。

仅仅是在向着最终目的前进过程中迈出的一大步，自此以后，还有一段艰难的路程需要继续前进，继续探索。在这一探索阶段上需要探明的主要理论问题是，与天相分的异化自我如何才能克服自身的异化，还原于源始之天，通过什么样的中介过程或途径客观有效地最终实现与天合一。这是现代形而上学需要彻底洞明、圆满解答的第二个基本理论问题。

这两个问题是先后紧密关联在一起，并存在着内在性因果联系的。如果我们完全查明了自我异化的由来及其途径，那么我们也就同时发现了克服自我异化、向天还原的正确路线和途径。由天而来之路线也正是向天返回之路线，只是前进的方向不同而已。这正如一个久久漂泊在外而遗忘了家园、有家难归的游子一样，只要他能准确地回忆起他离家出走所经过的全部路线，掉过头来沿着同一路线行进，他最终一定能回到他久违的家园。在这一方面，宋儒曾作过积极有益的探索，颇有启示。杨简（杨慈湖）认为，自我缘何被遮蔽，发生了异化？其原因有四种：意、我、必、固。意即主观私意妄念，我即自我中心意识，必与固大同小异，实质上是非辩证的独断性认识。由于自我思维和意识出现了这种种问题，遂使自我存在丧失澄明之性，处于昏蔽，发生异化。所以，自我只要消解意、我、必、固，毋意、毋我、毋必、毋固，昏蔽自去，澄明复得，自我便复其本初，与天合一。[1]

---

[1] 他的原话如下：人心自明，人心自灵。意起，我立，必固碍塞，始丧其明，始失其灵。孔子曰与门弟子从容问答，其谆谆告诫，止绝学者之病，大略有四：曰意、曰必、曰固、曰我。门弟子有一于此，圣人必止绝之。毋者，止绝之辞。知夫人皆有至灵至明广大圣智之性，不假外求，不由外得，自本，自根，自神，自明。微生意焉，故蔽之。有必焉，故蔽之。有固焉，故蔽之。有我焉，故蔽之。昏蔽之端，尽由于此。故每每随其病之所形，而止绝之，曰：毋如此，毋如此。圣人不能以道与人，能去人之蔽尔。如太虚未始不清明，有云气焉，故蔽之。去其云气，则清明矣。……何谓意？微起焉皆谓之意，微止焉谓之意。意之为状，不可胜穷。有利，有害，有是，有非，有进，有退。……若此之类，虽穷日之力，穷年之力，纵说横说，广说备说，不可得而尽。然则心与意奚辨？是二者未始不一，蔽者自不一。一则为心，二则为意。直则为心，支则为意。通则为心，阻则为意。直心直用，不识不知。变化云为，岂支岂506。感通无穷，匪思匪为。孟子明心，孔子毋意。意毋则此心明矣。……何谓必？必亦意之必。必如此，必不如彼。必欲如彼，必不欲如此。大道无方，奚可指定。以为道在此，则不在彼乎？以为道在彼，则不在此乎？必信必果，无乃不可，断断必必，自离自失。……（引自冯友兰：《中国哲学史》下册，第279—280页）

如杨简所云，自我存在的异化，归根结底是由人心的昏蔽造成的，所谓"昏蔽"或遮蔽无非是指这样一种存在状态：内在性自我由澄明状态转变为晦暗状态，由本初之心流演为妄断妄执的昏迷意识。明可以转暗，暗亦可以复明，心可以生意，意亦可以归心，这一切全都发生在自我的内在性存在中，全是内心自我调节的结果。这里有一定的明证性，但也有很大的偏颇和盲点。杨简像其他宋儒一样：明于内在，暗于外在，只知主观的内在性自我，不知触之凿凿的外在世界。其实人心或自我存在由明转暗，并不是自我意识离绝外部世界自己运动的结果，而是自我沉入物化世界并被它所异化的结果，晦暗的自我意识并不是从本初之心自然而然地演变出来的，而是由黑暗浑浊的物化世界从外到内机械地激发出来的。既然如此，人心要由暗复明，收意归心，也不能只一味地在心上做功夫，只在自我的内在性存在中来回折腾是不能奏效的，最有效的途径是从环绕着自我的外在物化世界入手，彻底消解异化世界。如此才能从根本上斩断诱导人心变暗的根源，才能真正使自我存在复归本初的内在性澄明。

从上可知，现代形而上学所要探询的基本问题仍然是天人关系问题，在这一点上它与中国古代形而上学是息息相通的，但不尽相同。它的出发点是天人相分，归宿是天人相合，并以历史的眼光透视出天人何以相分，又何以相合的中介过程和路线，把隐伏在天人背后的诡秘时间揪出来，复又放回原处。这一切都是在中国古代形而上学视阈之外的，因而被长期忽略了。

我们将天人关系问题重新确定为哲学的基本问题，这意味着西方传统哲学的终结和转向。众所周知，从亚里士多德到黑格尔和马克思，其间一脉相承，都把思维与存在的关系问题作为哲学的基本问题，西方哲学因此而长期被定格在主—客二分的认识论思维模式中，它的局限性逐渐为西方现代智者所认识。变革这一古老的哲学传统，实现哲学内部的转向，由认识论转向存在论，势在必行。但是如前所述，西方现代哲学家们未能圆满地完成这一转向，这只能由我们来履行哲学上的世界主义义务，替他们完成这一未竟的事业，真正圆满彻底地使哲学从认识论转向存在论——不是非道德的存在主义,而是道德的存在主义。这一转向现在成为事实,陈陈相因的西方认识论哲学传统现在画上了一个圆满的句号,它被全新的现代形而上学取而代之。从此哲学不再刻板、机械地去验证、回答人的思维是否正确地反映了客观真理的这一老问题,它的全部注意力都集中、聚焦在人的生存问题上。人如何在世界的包围中按照绝对真理去生存,并以人自身的本真存在状态毕露无遗地显现、揭示绝对真理,这已成为现代形而上学的第一主题,也是唯一的最高主题。

我们将天人关系问题确立为现代哲学的基本问题,这并不意味着现代形而上学全然是复古的,完全回到中国古代形而上学的老路上。固然天人关系一直是中国古代传统哲学的老课题,同时也是现代形而上学的新课题,但在这新老之间是有本质差异的。严格地说,中国古代形而上学一直驻守在形而上的先验领域中探讨天人关系,无论是天—人生成论的探讨,还是天—人本体论的探讨,都没有越出纯粹的先验领域。有的学派也涉及经验领域,例如儒家,但那也仅仅限于自我的内在性存在,很少涉及异化的世界经验。即使偶尔注意到了客观的世界经验,但他们一般都将它看成是与形而上的先验存在相对立的虚幻不实的世界,尤其是道家与佛家都对形而下的经验世界持绝对否定、扬弃的虚无主义态度。因此,都没有将沉沦于这一虚幻世界的人或自我存在作为哲学的牢固基础和出发点,儒家虽然肯定自我的内在性存在具有真理性,但他们最终还是从这里撤回到形而上先验领域,还原到先前的出发点,这个出发点就是直接存在于先验领域中的与天同一的自我。现代形而上学则跳出了这个纯粹的先验领域,并且排除了形而上与形而下的僵硬对立,首先抓住了经验世界中的自我存在,从此出发,进而追问世界中的人与先验之天到底有无同一性的问题,它最终要明证的是天与人的经验的同一性,而不再像古代形而上学那样完全沉迷于天与人的先验同一性问题。

现代形而上学所凸显的天与人的经验的同一性,不是指认识论上的正确反映或主观与客观相符合,而是指存在论上的源始开放和本真显现。它对天人关系的判析,不是独断论的,而是辩证论的,天与人的存在论关系不仅是统一的、同一的，而且是对立的、矛盾的。在现实的经验世界中人与天是相分的，对立的。它的客观真实性亦是坚硬如铁，不可随意改变的。这里的天人相分，绝不是主体与客观两相分离，僵硬地对立，亦不是指人的主观意识与对象世界发生了偏差，因而不能正确地反映对象，而是指这样一个存在论上的事实：人出离了曾经根植于其中的源始之天而沉入世界之中，并与世界相互蕴含——人在世界中存在，世界在人中存在。

由于世界的异化性质改变了自我存在的源始的本真性质，于是自我存在与源始之天之间出现了质的差异乃至矛盾。但这一矛盾并没有在自我存在的形而上之本源处彻底改变人与天的原始同一性，它只是被横插进来的异化世界弄得晦暗不明而已，晦暗的深渊里仍然埋藏着勾连天人并使天人再度统一起来、重新实现同一的根蒂、根系。现代形而上学决心要从无底的晦暗深渊中刨出这一被深埋着的根蒂，使异化的自我还原本真，如其本初地绽放天人的同一性存在状态。

这里的天人同一，或天人相合，也不是认识论上的主观与客观相统一、相符合，而是存在论上的本质还原。沉沦于异化世界中的自我，改变、扬弃了自身的异化性质，复其本初之性，回归于源始之天，与天同一，天人互蕴，人在天中存在，天在人中存在。在这里我们看到了与老黑格尔所迷醉的历史辩证法极其相似的逻辑结构形式：即正—反—合这一否定之否定形式。如果说先验的天人同一，是第一个肯定性存在，那么，天人相分则是对它的否定和扬弃，跟着而来的是第二个否定，扬弃了天人相分这一否定性存在，再回到起点，重现天人同一。然而这一切都不是在纯粹思维自身运动的天地里发生的，而是在充满血腥的生存角斗之场发生的，是自我存在通过现实的存在方式不断改变自身的存在性质而实现还原的。如果说这里有什么辩证法的话，那么它必然是存在论的，而非认识论的。前者凸显的是生命的在场状态，后者展示的是自我意识的历史运演路线。

第三节　自我存在的本质与形式：空间、时间及辩证法

存在论辩证法这一概念并不是一个能准确解释自我存在之全部真相的一个好概念，充其量只能揭示自我存在的部分真相。因为无论是自我的合道德的本真存在，还是自我的合理性的非本真存在，都不简单地等同于逻辑的事实，更没有逻辑与历史相统一的那样一种节节分明的时间性轨迹可跟踪追寻。我们人人都心知肚明，自我的世界化与其去世界化，都是一个漫长的过程，这过程显现为一定的时间，但这个时间被这一过程的结果吞噬了，它藏匿在呈现为当下存在的结果的腹腔内，无由得知，无从显现。这就像一个人得病又被治愈的情形一样，他的"病"和他恢复的"健康"，都是一个过程，但当他病时他并不确切知道病因是何时开始的，当他痊愈时，他也不能明确断定健康又是何时开始的。他只能在当下真切地体验"病"与"痊愈"的两种生存状态，病时所遗留下来的痕迹，比如伤疤，与痊愈后呈现出的健康状态，比如红润的脸色和嘴唇，同时共在于他的身体，尽管这两种表征有着时间性的勾连，但它们被共在性空间淹没、溶解了。

天抛出人或自我，自我沉入异化世界，然后掉过头来，跳出异化世界回归于天，这是一个极其漫长久远的过程。这里包含着一部隐秘而难以破解的人类发生史，现代人类发生学、地球发生学、人类历史考古学等科学，都在探索着这个秘密。现代进化论将生命形成的全过程分为五个阶段：(1) 元素形成；(2) 有机物形成；(3) 行星形成（包括地球）；(4) 大分子形成；(5) 单细胞形成。人是由单细胞进化、发展出来的。这个漫长过程，不知有几千、几万亿年，单就人类的发生发展史来看，距今据说已有二三百万年，这些时间计量，都是主观的臆测，不可确信。宋人朱熹把天生万物与人（即抛出万物），复又毁灭万物（即收复万物）的全过程，看成是天之无穷的循环运动过程中的一个循环节，它的确切时间长度为129600年，他称为一元。这亦是一种极富想象力的主观臆测，根本信不得。

直接呈现在我们面前的是当下以空间形式存在着的世界，自我存在、内

在生命世界与形而上的天道同时共存于一个空间中，不过它们不是并列共存于一个二维平面空间中，而是以彼此相互包摄、蕴含着的方式共存于一个多维的立体空间中。形而上之天体以无限大的无边圆形空间，包摄着自我与世界，世界又以有限的有边圆形空间包摄着自我。如果我们将自我假定为一个圆心，那么以一定的半径围绕着它旋转一周而形成的小圆就是有限的触之凿凿的经验世界，环绕、包蕴着这个世界的则是一个更大的无边之圆，即本体之天。这里用平面的圆来想象、形容天之存在的绝对形式，不太贴切，把它想象为一个无边的球体更为贴切一些。

天体是一个无限大的球体，古希腊圣贤柏拉图、亚里士多德都对这一事实有猜测，[1]中国古圣也许比西方哲人觉察得更早一些，最古老的"天圆地方"之说的提出就是最好的例证。

这里很有必要对海德格尔关于存在之为球体的观点作一深入的检讨，其基本观点如下：

> 最宽广之轨道包括着全部的存在者。这种环形把所有存在者围成一体，而且是这样，即，在具有统一作用的一中，环形就是存在者之存在。

---

[1] 柏拉图："世界的形状是球形的"（正如巴门尼德和毕达哥拉斯所说的那样）。"而球形是包含一切别的东西于其自身的最完善的形状；球形是完全平滑的，因为在它之外更无任何事物，它与对方没有差别，它不需要肢体。"任何对象的有限性都在于它有差别和外在性。在理念中诚然也有规定、限度、差异、他在性，不过这些特性又同时在一中被消除了，被包含了，被保持了。所以在理念中有了差异并不因而就产生有限性，而有限性乃是被扬弃了的。有限性因此便包含在无限性自身内——这乃是一个伟大的思想。（黑格尔：《哲学史讲演录》第2卷，第230页）亚里士多德：因此，就必须把那自己在自己中、"圆圈中运动的"，设定为本质、真理。而这不单在思维的理性中显得如此，而且在事实上也是如此——也就是，它在可见的自然界里面存在着、实存着。把绝对的存在者规定为活动者、实现者、客观化者，就必然达到这个结论。作为可见的自身等同的东西，这个绝对的存在就是"永恒的天"，表述绝对者的两种方式，就是思维的理性和永恒的天。天被推动，但自身又是推动者。因为球体乃是"推动者和被推动者，因为它是一个中点，它推动，但却不被推动——它同时是实体和能力"；这个中点，亚里士多德认为规定了那自身回归于自身的理性圆圈——这和近代的规定在意义上是相同的。不动的推动者——这是一个伟大的规定；那永远自身等同者、理念，推动者而自己却只对自己发生关系。（黑格尔：《哲学史讲演录》第2卷，第296—297页）

但是，这个作为存在之基本特征的环形的一是什么呢？什么叫存在？即存在着，意思就是：在场着，而且是在无蔽领域中在场着。但在在场中遮蔽着对那种让在场者作为这样一个在场者成其本质的无蔽状态的显示。而真正在场着的只是在场本身；在场本身处处作为自身处于它本己的中心之中，并且作为这个中心，在场就是球体。球形特征并不在于无所不包的循环，而在于那个照亮着庇护在场者的解蔽着的中心。一个球形特征和这个一本身，是具有解蔽着的照亮之特征的，在此照亮范围内，在场者才能在场。……这个圆满的球体必须被看做是在解蔽着和照亮着的一的意义上的存在者之存在。这个普遍化如此这般起作用的统一者促使我们把它称为照亮着的球壳；它作为解蔽着的球壳恰恰并没有无所不包，而是本身照亮着释放到在场之中。对这一存在之球体及其球形特征，我们绝不可以对象性地加以表象。

这里所谓的"存在之球体"，也即存在者整体的球体，乃是敞开者，是无限制地相互充溢并且因此相互作用的纯粹之力的被锁闭者。最宽广之轨道乃是吸引的整体牵引之整体性。这个最宽广的圆圈相当于最强大的中心，纯粹之力的"闻所未闻的中心"。[1]

在这里如果粗心的读者不留意，很容易将海德格尔所说的"存在之球体"与巴门尼德的"存在之球体"混为一谈，其实两者之间存在着天壤之别，这种区别也存在于海德格尔与柏拉图和亚里士多德之间。海德格尔明确地将所谓的球体规定为"存在者之整体"，它揭示的是有限世界的存在状态和特性，是一个具有明确界限的球体。因其有限性，所以它"不是无所不包的"，它是涌出时间之流的源泉，所以海德格尔把时间规定为它的现实本质。海德格尔又称它为"一"，为"天"，这实在是他的存在主义的狂悖之处，充其量不过是潜伏在地下的"一"，打翻在地的僭越的天，如柏拉图和巴门尼

---

[1]〔德〕海德格尔著、孙周兴译：《林中路》，第314—316页。

德所说的那种真正的"天"或球体,高高悬临在上,与海德格尔的"有限球体"上下相对,并包摄着它。它才是真正的无所不包者,绝对的太一。

我们也把天的存在状态和特性形容为一个无限大的球体,这个球体与柏拉图和亚里士多德所说的球体极其相似,而与海氏的存在之球体大相径庭。它不是有限的,而是无限的。它具有无所不包的大全性质,它是总摄万有的"太一",它不是生出时间之河的无尽源泉,它是往古一切时间的终结和坟墓,它拥有一个永恒的、宁静的无限空间,它像一块充塞宇宙的大海绵,一切时间之流都被它汲干,它包容着无量的沙子,能将无底的时间空洞填平埋满。它最多只保留下几块死去的时间的残骸和碎片,人们凭借这些残留下来的断断续续的碎片,在想象和回忆中复活时间。所以在客观现实性上,自我存在的形而上之本体——天或天道——的绝对存在本质是空间,而不是时间。海氏认定时间为存在的绝对本质,实为欺天之论。

我们把自我存在的形而上之本体——天,描述为一个永恒的无限大的球体,并把空间规定它的现实的客观本质,这并不意味着我们从形而上之绝对领域彻底取消了时间。我们只是取消了时间的客观性,时间可以通过内在主观意识复活、显现自身。所以,主观内在性是时间的本质和基本存在特性。按照一般的哲学常识,时间的本质被规定为由过去、现在和未来三点连成的一条线,其实这样一条线只存在于主观的表象中,在客观现实中只有当前的一个静止的空间,这个点式空间向后规定着过去,向前规定着未来。当自我驻足于当下空间之时,他并没有客观地占有过去的存在,他占有的是过去之在留下的主观印象和记忆。同样,此时的自我也没有真正占有未来的存在,因为这个未来还没有产生出来,他只能借助想象来虚构那个未来。这样一来,关于过去的记忆和关于未来的想象,同时共在于自我的当下存在中,它的现实形态是空间。如果人们要将这一空间改造为时间,那也只能通过主观意识来实现,把它想象或表象为一条流动着的时间长河,而在客观上则并不存在这样一个事实。或者有人假定另外一种情形:自我就固定在当下的一个点或空间中,但他身上所经历的变化及其表征真切地揭示出一个时间过程确实发生在他的存在中，比如他的头发由曾在的黑变为现在的白，但是曾在的黑现在已经消失，无法作为客观的标志标示出过去时所出发的那个点，这个黑或过去的时间及其起点只能以记忆或表象的形式保留在自我的当下存在中，没有这一残留的主观表象，现在的白发根本无法显示想象中的变化过程和时间。

时间的本质是主观意识、精神，这是一个不争的事实。东晋释僧肇提出"物不迁论"，他的本意也不是要彻底取消时间，而是要取消时间的客观现实性，其中的真理性是不可否认的。[1]

我们关于时间之本质的观点亦可逻辑一义地推广于历史与辩证法。因为历史与辩证法的灵魂是时间、变化和不断流逝着的运动过程。就像我们不彻底取消时间存在的合法性一样，我们也不打算从自我存在的形而上领域彻底取消历史和辩证法，我们只否定它们的客观现实性。任何历史，任何辩证法当它在当下呈现时，它已经死亡了，因为作为它的灵魂的时间和过程已经作为过去之在消逝了，以不在场的存在方式隐退了。它的呈现和复活只能通过主观意识，所以历史和辩证法的本质亦是主观的内在意识或精神，它只存在于当下自我的表象世界中。所谓历史与逻辑或辩证法的统一，主观辩证法和客观辩证法的统一，统统是哲学上的幻觉与虚构。在辩证法与历史的问题上，黑格尔要比马克思高明一些。德国哲学史家施太格缪勒对此有独到的批评："在黑格尔和马克思的体系中错误地把只能存在于语句和命题之间的逻辑矛盾和存在于力量、利益等等之间的实在的对立混淆起来了。在最好的情况下，也只有黑格尔——他不同于包括马克思在内的他的后继者——得到这

---

[1] 僧肇语如下：夫人之所谓动者，以昔物不至今，故曰动而非静。我之所谓静者，亦以昔物不至今，故曰静而非动。动而非静，以其不来；静而非动，以其不去。然则所造未尝异，所见未尝同。逆之所谓塞，顺之所谓通。苟得其道，复何滞哉？伤夫人情之惑也久矣！目对真而莫觉。既知往物而不来，而谓今物而可往，往物既不来，今物何所往？何则？求向物于向，于向未尝无；责向物于今，于今未尝有。于今未尝有，以明物不来；于向未尝无，故知物不去。复而求今，今亦不往。是谓昔物自在昔，不从今以至昔；今物自在今，不从昔以至今。(《肇论》，《大藏经》第45卷，第151页。引自冯友兰：《中国哲学史》下册，第123页)

些批评者的宽恕，既然黑格尔预先就把'实在'本身精神化了，他把这二者等同起来就不是某种幼稚的混淆，而是有意识这样做的。"[1]这一批评颇有道理，它切中了唯物辩证法长期深藏不露的谬误，事实上辩证法的对立统一规律只存在于语言、逻辑层面，客观世界中的真实矛盾与它遥遥相对，二者各行其道，并没有客观的真实的内在同一性。倘若果真具有这种同一性的话，那么人们便能够根据辩证法的基本定律设定程序，制造软件，通过操控计算机来复制充满矛盾的客观世界，人甚至能用机器制造出一个上帝来。辩证法作为主观思维的产物，充其量只能与客观矛盾在心灵世界的投影或折射物相统一、同一。

---

[1]〔联邦德国〕施太格缪勒著、王炳文等译：《当代哲学主流》下，商务印书馆2000年版，第132页。

第十章
现代形而上学的语言和逻辑形式

第一节 指向形而上的语言结构方式及其基本命题

我们把主观内在意识规定为时间、历史和辩证法的存在本质,这一本质同时也注定了它们属于世界的存在性质。对于语言,我们也应如是观。马克思认为语言是思维的产物,黑格尔则认为语言是思维和思想的直接实现,这些看法无疑是十分正确的,思维确实是语言的本质。语言也有某种客观性,但那不是指语言的直接存在形式,而是指语言的物态化形式——文字符号系统。它是语言的外壳或外套,是无生命的物质媒介。它的作用在于传达语言所蕴含的语义和话语意义,这意义并没有因其传达手段的客观物质性而改变自身的存在特性,它仍然保持着它自身固有的主观性。语义或意义一旦被传达出去,这符号本身也就显得毫无意义和价值,成为一个无用的空壳,中国古贤有得鱼忘筌之说,说的就是这个事实。语言还连带着另一种客观现实性,这便是语句所包含的完成语言的行为,如命令、说服、祈使、报告、请求等,但这些语言行为真正被完成之后,语言自身也就发生了质的转化,它不再是语言了,而成为现实的行为。

自我言说语言而寓身于世界,语言是自我沉入世界的一种存在方式或显现形式,所以,语言和逻辑、辩证法、历史一样属于世界范畴。在这个意义上说，语言不能直接达及形而上之绝对存在领域，因为天不言说。海德格尔说："语言同时既是存在之家亦是人之本质的寓所。"[1] 这些话确实将语言的功能不切实际地夸大了，同时也歪曲了语言的存在本质。语言自身固有的有限的主观存在性质，使它无法超越自身，直接跻身形而上之绝对存在。这也并不意味着语言与形而上之存在完全绝缘了，语言可以通过其他方式间接地与天或天道相勾连。语言的外壳——文字符号——除了传达语义和完成语旨行为两大功能之外，还有象征性的指向他者或他物的指示、预示功能。这与竖立在公路两边的警示牌上的符号功能十分相似，它提前向司机预示了前面即将来临的路况或可能发生的情景。语言就以这样的方式向自我预示出在有限世界外既已存在的东西，或可能出现的东西，形而上之存在就这样被拖进自我存在的视野。但这一超越的视野绝不是语言直接揭露出来的，而是自我根据自身的经验和想象开放出来的。

我们澄清了语言的存在本质之后，再回过头来看一看，那个无所不包的球体在语言的层面上又是如何呈现自身的。或者说当我们将天人共在的这一球体诉诸语言时，它的基本存在状态又是怎样一种情形。

我们在上文分析天人关系时曾经指出，当天人相合之时，人在天中，天人互蕴，于是人中有天，天中有人；当天人相分之时，人不在天中而在世界之中，世界与人互蕴，于是人中有世界，世界中有人。所有这些空间性的存在状态的描述都可归结为一个话语表达形式，或语句结构形式，即"人在……之中"，省略号意指所在空间对象的不定性、或然性和可替换性，它或者是形而上之天，或者是形而下之世界，这只能根据自我存在的实际情况而定。

但是"人在……之中"这一语言结构形式是对"天人共在"的存在状态的极其空洞的形式规定，它只是单从空间上极其表面化地叙述了天与人的存在，丝毫未及天人存在的本质。在此突然联想起狂放不羁的刘伶，他一人

---

[1]〔德〕海德格尔著、孙周兴译：《路标》，第 425 页。

独居卧室时往往赤身裸体一丝不挂,面对造访朋友的善意批评,他却反唇相讥,极力辩解说,天是我的房子,房子是我的裤子,你们为什么要钻到我的裤裆里来?!我们不妨也像刘伶这样设想自我与世界和天三者之间的包容关系,或自我在世界和天中存身的空间性生存状态:世界是自我的衣服,它包裹着自我,天是自我的房屋,将世界和自我一起包含于其中。这种空间性的容器及其包容状态,揭示的纯全是容器与被包容之物的外在的松散的联系,解除或者重建这两者之间的联系,都不能丝毫改变双方的存在本质。一个人将衣服脱下或穿上,都无关紧要,衣服还是那原来的衣服,人还是那原来的人,一个人走出房屋或走进房屋,只是出现了空间上的位移现象,主人依旧,房屋依旧。由此不难看出"人在……之中"的表述是多么空洞抽象呀!

"人在……之中"这一句式仅仅揭示着人与天、与世界之间的空间的同一性,空间的同一并不能达及存在的本质。我们在此诉求于语言的是本质的同一性,本质的同一是指两个事物之间的同质联系,它一般表现为因果性必然联系,例如父母和子女之间具有本质的同一性,因为子女遗传了父母的基因,他们之间的基因及其组织结构是相同的,父母为因,子女为果,有其父必有其子。语言揭示或表示这类本质的同一性,也有它固定的句式,它的一般形式是"某物缘……而在",笛卡儿那个有名的哲学命题,即"我思故我在",实际上是这一基本句式的转换形式,它可以还原为:我缘思而我在。事实上在无所不包的球体大全中,天与自我的同一性除了表象性的空间同一性之外,还存在着更为实在更为深刻的本质同一性。在天与人之间确实有如同父母与子女之间的那种同质联系,中国古贤以天地比附父母,有时直呼天为大父,这不是一个简单的比喻,其中含有深刻而正确的道理。这种本质同一性的正确而规范的语言表达式便是:我缘天而在。

我们曾经说过笛卡儿"我思故我在"这一命题委实将思维与存在的关系颠倒了,正确的提法应当是:"我在故我思",即使如此修正,这个修正了的命题仍然带有很大的片面性,因为"思"仅仅是人的一种存在方式或行为,除此之外,还有很多行为方式,我将它们统统称做"为","为"是"在"的现实，只在不为，自我仅仅作为可能性而存在，只有通过"为"，自我才能由可能性转向现实性。在这里诸种可能性之一为因，现实的行为是果，这一因果关系又可如此表达：我缘在而为。我们将这两个单句连接在一起，便形成一个同构复合句：我缘天而在，我缘在而为。这一句式也可转换为笛卡儿的句式：天在故我在，我在故我为。此为现代形而上学命题之一。

这一同构复合句命题全面正确地揭示出天人之间的本质同一性，同时显现着先验必然性与自我存在之自由的统一、同一。若从上（天）往下（自我存在）看，天在故我在，我在故我为，有天必有我，有我必有为。这里存在着人人不可抗拒的"天命"，显现着承天而来的先验必然性。但这天命和必然性又是通过自我的自由意志和行为实现自身的，于是我们从下往上看又出现了别样的情形：我为故我在，我在故天在。在这里呈现的是自我意志行为的自由，有此自由，"天命"才能在自我的合目的性存在中绽放自身。在这里，先验必然性与自我自由形成现实的同一。这是自我的第一种自由。

在世界和自我之间亦存在着别样的内在同一性，两者之间也发生着内在的同质联系。我们以相同的句式来表示这一联系：我缘世界而在，我缘在而为，或：世界在故我在，我在故我为。此为现代形而上学命题之二。

这一命题在揭示人与世界的内在同一性的同时，显现着经验必然性与自我自由的同一、统一。从世界方面看，有世界必有我，有我必有为。其间存在着铁流一样的世界历史必然性。海德格尔将它冒充为"天命"，西方近代唯物主义学派提出环境决定论，认为人是环境（主要是社会环境）的产物，马克思说：人是一切社会关系的总和，说的都是世界与人之间的必然性联系。从自我存在方面看，自我又可自由地筹划、开放、创造出属于他自己的世界，这样，世界历史必然性转而成为自我的合目的性存在。这便是自我存在的自由。马克思说环境创造人，人也能动地创造环境，在被创造与创造交互作用中既有世界历史必然性，也有人的自由目的，二者是统一的。这是自我的第二种自由。它与第一种自由大相径庭：前者局限于世界，是有限的，后者通达形而上，是无限的；因其有限，第二种自由必须否定自身，通达无限,才能真正上升为绝对自由。

由于世界的异化性质,沉沦于世界中的自我便以两重性与世界和天形成悖论的内在联系,这一联系的基本句式是一个多重的复合句:我缘世界而无天,我缘去世界而有天;天缘我为而在,我缘天而在;或:世界在故我无天,去世界故我有天;我为故天在,天在故我在。此为现代形而上学命题之三。

这第三个命题既揭示着天与世界矛盾对立的必然性,又显现着自我存在的绝对自由。有世界必无天,有天必无世界,此乃天道与人道相矛盾之必然,此种必然性最终导致自我自觉地去世界化而存天的绝对自由。在这里,天通过人的自由行为返回自身,人顺应天而为,归复本真。这一双重的返回自身的合目的性圆圈运动包蕴着先验的必然性与经验的必然性,成就了天人共享的绝对自由。这是第三种自由。

这一绝对自由是对第二种自由的直接否定,第一种自由的否定之否定,它是无所不包的大全式球体的绝对存在方式和形式。在这里,康德所设想的那四种不可调和的二律背反统统消失了,我们看到的是种种统一、同一:主观与客观、物质与精神、总体与个体、先验与经验、必然与自由、实体与偶性、一与多等等,都统统在这个运转不已的球体中化解了彼此的仇恨和矛盾,达成和解,和谐统一,一体与共。

以上三大命题,就是天人与共的无所不包的球体在语言层面上的呈现状态或呈现形式。由于语言自身的主观性,这三大命题作为一个特殊的符号指示系统,只能极其稀薄地揭示出自我存在的一些真相,而不能真实全面地将自我存在的全部奥秘全盘托出,因此,其真理的有效性是极其有限的,甚至是靠不住的。作为一种人为的不甚理想的假设施,它将被别的更为有效的通达真理的哲学工具所否定,取代它的将是能够直接体验、显现自我生命的感性直观。

以直观取代哲学的传统工具——语言和逻辑,这是现代形而上学对哲学器官和工具的一大革新。我们在这里将哲学的老工具——语言和逻辑——

再度摆出来，并在现代形而上学体系中为它保留了一定的位置，这样做，只是为了尊重传统而已。现代形而上学是哲学虚无主义，但不是哲学史虚无主义，说它是哲学虚无主义，是因为它在一切哲学宣布的所有绝对真理中发现了它的荒谬和背理，它在否定一切有限真理的废墟上，重新探索、追向、查询绝对真理。但它又不是哲学史虚无主义，因为它对古今中外哲学史上积累起来的一切话语形式都极为珍视，并尽量吸收、保留那些流传久远的有生命力的概念、范畴、命题形式和研究方法。在这里我们对中外哲学传统一视同仁，不带任何偏见。根据同一个理由，我们很有必要对那些与三大基本哲学命题密切相关的重要概念和范畴进行简单的交代和阐释，尽管这些概念、范畴在现代形而上学体系中显得不怎么重要，它和语言一样将遭遇被否定、扬弃的命运。

第二节　现代形而上学与形式逻辑的关系

像对待时间、历史、辩证法的态度一样，我们把概念、范畴和逻辑形式的有效性与合法性仅仅限定在主观内在性领域。在这个限定性前提下，我们进一步考察那些对于天人与共的存在仍有一定的揭示和显现功能的传统哲学概念和范畴。当然，这些没有失效的概念和范畴不能原封不动地从中外哲学史上照搬过来，直接嵌入现代形而上学，还需作必要的修正和补充，如此才能使它们比较贴切地与现代形而上学整个话语体系相适应。

这里还要先行设定一个重要的理论前提，即形而上学与逻辑的主观同一性，这种同一性不仅仅是形式的同一性，而且是内容的本质的同一性，就是说，逻辑形式（包括它的基本要素、概念和范畴）不仅仅是绝对存在的话语形态，而且是绝对存在的某种存在状态和显现形式，存在就直接等于逻辑。

这一最高哲学原理对西方任何一个时代的哲学家来说，都不陌生，这也是西方哲人往往引以为自豪的一大发现。早在柏拉图那里，作为最高存在的理式（等于神、上帝）就直接呈现为逻辑推理，在他看来，世界作为理式的外在化呈现，就是一个圆满自足的绝对生命。生命本身就是推论，黑格尔非常推崇这一定理，称之为"最高思想"，并对这一思想进行了详尽的发挥和解释：

"神遂把理念放进灵魂之中，而把灵魂放进肉体之中"，因为理智不能存在于没有肉体的看得见的事物中，"并且使灵魂与肉体结合在一起。于是世界就成为一个有灵魂（有生命）的世界、一个有理智的生物"。"但是，世界只是唯一的这样的生物。因为如果有了两个或更多的话，那些生物便只是那唯一生物的一部分。"

于是柏拉图便立即进而规定那有形体的存在的理念："因为世界应该是有形体的、看得见的、摸得着的，但是没有火就看不见任何东西，没有坚实性的东西，没有土就摸不着任何东西，所以神在太初时立即造成了火同土。"柏拉图就以这样天真的方式作出了他的自然哲学的导言。"但是两个东西如果没有第三者就不可能被联结起来，而必须有一个结合双方的纽带作为中项。"——这是柏拉图的一个简单的说法——"但是最美丽的纽带是那把它自身和它所联结者形成最高的'一'的东西。"这话很深刻；因为里面包含有概念、理念。这纽带是主体，是个体，是力量。它统摄着它的对方，使它自身和对方合而为一。

柏拉图据以出发的这种分裂，就是我们所熟知的逻辑中的推论。这个推论保留着通常三段论法的形式，但是在这里却具有理性的内容。差异就是两极端，同一就是这两极端之结合为一。……换句话说，这就是上帝的本性。如果把上帝（即圣父）认作主体，那么就会这样：上帝产生了它的儿子（即圣子）、世界，它自己实现它自身于这个好像是它的对方的现实世界，——但是就在这现实世界中它保持和它自身的同一，否定了它的堕落，使自身在对方里只是和自身相结合，这样，上帝才是精神（即圣灵）。假如一个人把直接性提高到高于间接性，并因而说，上帝的效果是直接的：当然他也有其很好的理由；不过具体的真理是：上帝是一个自己和自己相结合的推论（即推移、发展的过程）。[1]

最高的绝对存在是一生命，这一被黑格尔看重的所谓"最高思想"，并不是西方古贤的独到发现，中国古圣亦在老早就发现了，在《周易》里明确地将"易道"存在、运动的特性规定为"生"，即"生生之谓易"，并提出"天地之大德曰生"这一著名哲学命题。孔子的最高哲学范畴"仁"也具有生命的本质特征，宋儒将"仁"与生命视为一体，直接等同起来。程颢的解释颇有代表性："天地之大德曰生。天地絪缊，万物化醇。生之谓性。万物之生意最可观，此元者善之长也，斯所谓仁也。仁与天地一物也，而人特自小之，何哉？"[2]

有所不同的是，西方古贤认为逻辑推理是最高生命的绝对正确的呈现形式，而中国古圣认为，自我生命或个体存在才是最高的宇宙生命的绝对显现形式。前者认为推论形式也包含着个体生命，但它是作为上帝存在的对立面而存在的，虽然它是上帝这一最高生命生发出来的个别化形态，但两者之间存在着很大的差异和矛盾。因此，个体生命要返回上帝的怀抱，就必须通过沟通双方的中介，否定自身的直接的个别性。这样就出现了一个联结双方，并使彼此之间相互过渡成为可能的中介性纽带和桥梁，他们一般将这一中介认作思维、理性或思想。后者则认为天地生命与自我生命原本就是自然的直接的同一体，所以两者之间无须任何中介就可相互过渡，相互显现，自我生命直观自身，宇宙生命的存在性相就昭昭自明。自我本真因此而毕露无遗，两者之间的关系是"返身而诚"的涉身性生存体验和觉悟，而不是外在的形式化和公理化的逻辑推论。宇宙生命与自我生命的直接的无中介的同一性，宋儒对此体验最深，说得最透：杨简曾提出"易己合一"之说，上承程颢

---

[1]〔德〕黑格尔：《哲学史讲演录》第2卷，第226、227—229页。
[2] 引自冯友兰：《中国哲学史》下册，第248页。

"返身而诚"之说，下启王阳明"良知"之说，颇有代表性，他说：

> 易者，己也；非有他也。以易为书，不以易为己，不可也，以易为天地之变化，不以易为己之变化，不可也。天地，我之天地；变化，我之变化，非他物也。私者裂之；私者自小也。……夫所以为我者，毋曰血气形貌而已也。吾性澄然清明而非物；吾性洞然无际而非量。天者，吾性中之象；地者，吾性中之形。故曰："在天成象；在地成形"；皆我之所为也。混融无内外；贯通无异殊；观一画其旨昭昭矣。[1]

中西古圣贤虽然对形而上之绝对存在的显现形式的认知存在着很大的分歧，但对绝对存在之体性的认识是一致的，相通的。他们都认为最高的绝对存在就是创生、化育万物的大生命，称它为理式也好，上帝也好，易也好，仁也好，天也好，名目虽异，但体性不改，同为生命。至于它的存在形式到底是逻辑推论，还是自我生命直观，我们很难从这两种观点中分出高低轩轾来。二者各有所长，都有一定的真理性；又各有所短，都有一定的片面性。若以逻辑推论排斥生命直观，生命的绝对存在可以在形式化和公理化的范围内最大限度地实现其客观普遍性，然而最大的客观性又转向最彻底的主观性，因为逻辑推论形式（包括概念、范畴）毕竟是由人先行设定的主观形式或框架。宇宙生命这一最客观的绝对存在是按照人所设定的主观形式呈现出来的，这就像现代自然科学所揭示的客观规律一样，所谓的客观规律是按照作为科学家的人事先设计好的实验、证明框架呈报自身的，这样客观的自然科学转向最彻底的主观唯心主义！再者，任何逻辑形式，不管它用在怎样绝对的领域中，丝毫不能改变其人为的有限的存在性质，用有限的东西揭示绝对真理或绝对存在，这本身就是一个悖论。以生命直观排斥逻辑推论，生命的绝对存在可以在主观体验和觉悟的范围内最大限度地实现其内在自明性，

---

[1] 引自冯友兰：《中国哲学史》下册，第278页。

这种自明性与自我存在的偶然性缠结在一起，很难同时通达客观普遍性。然而最彻底的主观性往往又转向最透彻的客观主义，因为内在自明性所昭露出来的绝对存在，没有任何人为的虚幻表象遮蔽其上，它像花一样真实无欺地自己绽放、暴露自己的本色，它的直接明证性是不可推移、撼动的。

所以，现代形而上学要全面正确地揭示最高存在的存在状态及其本质，就必须承认逻辑推理与生命直观一样，具有一定的合理性和合法性，只存其一是不行的，合二为一才是正确的。我们暂且将生命直观悬搁一下，留在下文详加阐释。这里首先承认：生命世界与形式逻辑既有矛盾的方面，也有主观同一的方面，这种同一性的效力也仅限于有限的经验世界。现在让我们进一步考察：围绕着生命的推论形式有哪些基本概念和范畴。

第十一章
现代形而上学的基本概念和范畴

黑格尔在分析推论的形式时指出，完整的推论是由普遍、特殊和个别三项或三要素构成的。这三要素中任何一要素都可充当联结其他两要素的中介，形成对立统一体，被中介的、对立的两端可以通过中项相互过渡、转化。因此三要素之间既相互区别，相互限定，又相互联系，贯通一体。例如在生命的推论里，最高生命（理式或上帝）是普遍，与之相对的个体生命是个别，思维、理性是特殊，处于普遍与个别之间，充当中介，沟通对立的两端，使双方相互过渡，实现统一、同一。教父哲学中上帝的存在也是一个推论。圣父为普遍，圣灵为特殊，圣子为个别，圣父和圣子通过圣灵中介，形成不可分割的三位一体。在这三位一体中，圣父、圣灵、圣子可以随便换位，圣父或圣子都可以充当中介，但不会改变三位一体的存在本质。

根据推论的形式构成情况，我们将现代形而上学的基本概念和范畴分为三类，分别归属于推论的三项，即普遍项，特殊项和个别项。属于普遍项的主要是：天、天道、天命和道德，此为第一类范畴；属于特殊项的基本范畴是：人（自我存在）、天命之性和经验之性，与之并列同义的是心、道心和人心，此为第二类范畴；属于个别项的范畴是：意志、直观与情欲，此为第三类范畴。第一类属于本体论，第二类属于存在论，第三类属于心理学，无论是哪一类范畴都是被限定、有界限者，因其界限，所有范畴所揭示的存在都带有经验的有限性和相对性，这一有限性不能同时保证范畴通达形而上之无限。但是，有此绝对性和无限性，才有范畴的道德存在性质。这是一个矛盾。为了解决这一矛盾，我们按照逻辑规则先行设定一个大前提：假定我们这里列出的所有范畴都与形而上之绝对存在有着先验的必然性联系，以此来保证它们的道德存在性质。为了表述准确起见，我们将三类范畴分别称做道德本体论范畴、道德存在论范畴和道德心理学范畴。

根据推论的逻辑法则，这三类范畴是贯通一体的。由大到小，天与天道通过自我的一般存在达及个别生命，彼此相通或同一；反向而行，情形亦复如此。只是逻辑演绎路线的方向和性质不同而已，一为综合的，一为分析的。表面看来，这里所揭示的各类范畴一体相通的情形，与孟子所曾揭示的心、性、天相互包摄、相互发明的情形差不多，其实两者之间存在着本质的差异：前者所揭示的三项一体之关系是外在的逻辑关系，这种外在关系遮蔽了存在自身的真相；后者所揭示的天、性、心三位一体的关系则是内在的存在论关联，所谓"尽心、知性、知天"完全是诉诸良知的生存体验状态，在良知的体验中，心、性、天贯通一体，并通过良知显现自身。这种体验和显现是排斥外在的有限的逻辑形式的。比较而言，孟子在这里所坚持的内在直观主义路线，比片面地坚持逻辑主义路线更可靠，更接近绝对真理。

第一节　道德本体论范畴

天在中国古代哲学中有多种涵义：一为自然之天，如《易经》中所说的天，虽然与地相对，但在广义上包涵着地，自然之天也就是天地。二为人格化的天帝或神，这种观念在商周、两汉颇为流行。三为无生命、无意志的客体之天，它与主体或人相对立，按照自身的客观规律性和法则而存在，如荀子所说的那种天。（"天行有常，不为尧存，不为桀亡。"）四为本体之天，它等同于"道、命、理"，所以又称为"天道"，"天命"或"天理"。宋儒所论

"天道"或"天理"指的就是存在之最高本体,他们对天的解释最深邃、全面、细密。

我们所说的天是指本体之天。作为万类存在的最高本体、终极的原始的根据,天是唯一的、绝对的第一存在。它自本自根,自因自果,在永恒的变易、变化和运动中持存着自身的绝对同一性。

如上文初步指出的那样,这种永恒的变化不是表现为无穷的时间长流,而是表现为吞噬一切有限时间之流的球形空间,然而这个球体是无边的,它只有一个绝对中心,向四面八方开放着无尽的空间,展露着它无所不包的大全性质。

天并不单纯拥有一个空洞的寥廓天边的空间,它同时禀持着持存自身的质料。这个原始的第一性质料就是"气",它亦是唯一的绝对的,所以称之为"元气"更为恰当。庄子说:"通天下,一气耳。"[1] 宋人张载说:"由太虚有天之名。"他又解释说:"气之聚散于太虚,犹冰凝释于水。知太虚即气则无无。"[2] 这些极好的命题都正确地说出了同一个事实:气为天的实体性构成质料或材料。

元气作为天的第一质料,到底是精神的,还是物质的?在这里提出这个哲学的老问题,没有多大的意义。我们完全可以跳出传统哲学限定的这些褊狭的视角来回答这些问题。我们可以说元气既是物质的,又是精神的,也可以反过来说,它既不是物质的,又不是精神的,因为元气兼有精神和物质的两重性。若我们单纯地将元气想象成一种无生命的单一的元素,或粒子,它自身含有发放自身、收回自身的活动倾向,就此而言它颇像莱布尼茨所描述的单子,单子是有活动性和欲望的灵物。张载明确指出气有聚散攻取之欲。"故爱恶之情,同出于太虚,而本归于物欲。倏而生,忽而成,不容有毫发之间,其神矣夫!"[3]

---

[1] 《庄子·知北游》。
[2] 《张载集》,中华书局1978年版,第8—9页。
[3] 同上,第10页。

元气就是这样一种有灵、有神、有情欲倾向的物质性单子。它所兼容的物质和精神的两重性和同一性，将现代唯物主义和唯心主义都打倒在地，它向现代科学呈现着这样的新鲜事："一切精神实际上都只是物质"，或"一切物质都是潜在的精神"。现代自然科学也在证明它的真理性，"几乎全部自然科学概念都是倾向概念：糖的水溶性是糖能够在水里溶解的倾向。弹性、电荷和磁场、可遗传性、记忆力与理解是只有用更为复杂的手段才能描述的另外一些倾向"[1]。

天之元气抛出自身又收回自身的活动倾向不是发生在一个平面上的弧线形的运动，像固定在一条长绳一端的石头一样，人们握住绳子的另一端，用力抛出，然后又拉回来，复停留在抛出之前的位置上。它具体表现为聚散、升降、往来、屈伸、进退、盈虚等多种活动倾向和状态。所谓聚，是指元气向着一个绝对中心汇合、聚集，其汇聚的情形绝不像车轮的辐条一样从车轮边向着轴心辐辏，它是从四面八方而来趋向同一个像黑洞似的、具有强大吸引力的、无形的绝对中心。聚不是集小成大，积精成粗，积有成实，而是积微成和，集精成同，集有成虚，在这个意义上说，聚是对有的消解，聚中有散。所谓散，是指元气从无形的绝对中心抛出自身，向着无边球体的四面八方飘散沉落。因其沉落，聚而成有，所以散不是消散、流失、归于虚无，而是由无成有，由虚成实。所以，就有而言，元气的发散又是有形物的聚积，散中有聚，万物由此而生；而元气向绝对中心的聚集则是有形物的离散，由有入无，万物因此而死。元气就这样在含摄它并包容无限空间的球体的边缘与绝对中心之间上下升降、往来，左右进退、屈伸，变化交替盈虚。如此循环往复，周流不息，变易不居，唯变为常。盈与虚都是渐变之结果，并始终不脱离渐变而存在。渐聚而盈，渐散而虚；虚极而聚，虚而生盈；盈极而散，盈而生虚；盈虚辗转相生，譬如鼓弄囊橐，回环相生，圆运无穷。

元气以如此方式存在运动于虚空的球体中，这是不是意味着它自身的活

---

[1]〔联邦德国〕施太格缪勒著、王炳文等译：《当代哲学主流》下，第603页。

动动力不是出自自身，而是出自虚空球体的绝对中心，好像它总是被绝对中心所释放出来的两种具有对立倾向的力，即引力和斥力推动着。如果是这样，元气就沉沦为没有生命力的单纯地被推动着的材料。事实不是这样。元气自身亦包含着引力和斥力，中国古代哲学认为气有阴阳两性，并认为阳动阴静，其实阴阳就是引力和斥力，引力向内为阴，斥力向外为阳，都是动的。不过，这两种力的作用与绝对中心的两种力的作用方向和倾向正好相反：元气的斥力正好与绝对中心的引力相对，并相互作用，相互诱导，元气的斥力微弱之时转而诱导出吸引之力，于是斥力又借引力返回自身。在绝对中心那边，引力又转而诱导出斥力，它与元气的引力相对，相互作用，相互诱导，在元气引力微弱之时，又被斥力捩转，转向绝对中心，诱导出引力，于是引力又借斥力而返回自身。在这中心与边缘的两极，相互对应的斥力与引力每当双方的力量相互抵消，达于平衡之时，便呈现出静止状态。由静而动，对立两极又从各自自身诱导出倾向相反的力，彼此相互作用、运动，如此动静相生，循环不已。

在这里我可以清楚地看到：所谓元气抛出自身复又收回自身的活动倾向，并不是这样一种情形：元气本身出离原来的一定的空间位置，游走一段距离后，又抽身返回原来的位置，这样就会错误地将元气理解为由诸多元素集成的有限物。元气绝不是诸多元素的集合物，它是绝对不可分割的延绵。它不断抛出自身、返回自身、保持自身同一性的运动倾向，原来是它自身固有的斥力和引力的作用和倾向。这两种力尽管在与绝对中心的两种力的交互作用中不断地运动着、改变着，但它并没改变元气的本质。元气在力的作用过程中始终保持着自身的质的同一性，有所改变的仅仅是它的量，以及疏密、精粗、清浊、明暗等方面的程度。由于两种力在绝对中心与边缘之间往复循环运动，分布到不同时间和距离段上的力的大小强弱便自然有别，与此相对应，元气在各阶段上的疏密、精粗、清浊、明暗程度也就各不相同。

在与中心相对的边缘处，元气最晦暗；在绝对中心，元气最光明。在这两极之间，越是接近绝对中心，元气越是疏朗、精微、稀薄、清亮、光明；

越是接近边缘，元气越是厚密、粗重、沉浊、晦暗。这都是由力的强弱不同所致，于是在边缘与绝对中心之间出现了不同的色相等级。中国古圣提出五行之说，并以五色描绘五行之性相：火赤、金白、土黄、木紫、水黑，并以此为生成万物之最高根据，后人不解，妄加附会，以为它是五种物质元素。其实，它描述的是元气自身变现出的几种级差明显的色相，由深到浅，由暗到明，逐级排列便是：水（黑）、木（紫）、土（黄）、金（白）、火（赤）。火有光明上升之性，呈现着元气的精微、清轻、灵明的存在状态。继而上升，便进入绝对中心，绝对中心是极光世界。极光泯除了一切色的差异，一片清空透明，只有光自身的绝对同一性。水有润下之性，显现着元气的沉浊、粗重、晦暗的存在状态。继续下降，便沉入极光不能达及、普照的阴影世界。阴影世界里万物各具雏形。紫、黄、白是黑、红两极之间的中间状态，亦有光谱级差。这五种颜色是排列有序的光谱系列，它揭示的是元气在运动中形成的差别和差异，这些差异又在极光中形成绝对的同一性。

元气出则有五色，有差异，万物始生；元气入则五气泯同，归于极光的绝对同一性，万物始灭。聚散回环相生，聚则散，散则聚；生死辗转相因，生则死，死则生。所以，元气之存在是绝对差异与绝对同一的统一：就其差异而言，元气为有；就其同一性而言，元气为无。因为极光本虚空，能显现万有，但空无一物。张载曾说，"知太虚即气则无无"，只说对了一半，还应补充一句，"知太虚即气则无有"。倒是佛家看得通透：以"色、空"二字形容元气之存在状态，十分贴切。

元气聚散、出入、生化万物，万物因其聚散有生有死，那么元气有无生死呢？元气无生死，因为元气是永恒的、无限的。元气无限，所以，它永远不断地生长，不见其增；永远不断地死灭，不见其减。它是不生不灭的永恒生命。宋儒程颐以为张载论气有瑕疵，他认为元气聚散、出入、循环运动，成就万物，毁灭万物，绝不可能永远是始终不变的同一之气。其间必有死灭，必有新生，因此元气自身也是有生有灭，不断新陈代谢的。这一说法表面上很在理，其实十分错误。他根本不理解元气的无限性，而把它当做有限的存在。[1]

元气始出而成五气，现五色，五气聚而生成万物，万物毁灭则复归于五气，五气统一于阴阳二力，阴阳二力统一于极光，极光是一，一是虚无。张载深得其妙，他说："湛一，气之本；攻取，气之欲。"[2] 虚无不是一无所有之空洞，而是包摄、生成万有之大全，其大无外，无形可状，故谓之虚无。张载说："气本之虚则湛本无形，感而生则聚而有象。"[3] 讲的是同一个事实。就元气之体而言，是一，是无；就元气的用而言为多，为有。合而言之，元气是一与多、无与有的统一。

这种统一不是静态的统一，而是经时间过程中介而形成的统一。宋人朱熹对这一统一过程的情形和细节曾作过生动的描述，他虽然看不到这一过程的无限性，只以有限的眼光去看，但有一定的参考价值和启发意义。[4]

就元气所变现出的五种气色或色相而言，它无中生有，有迹象，有象状。元气的这种存在状态又可称之为"象"。这个"象"不同于古希腊哲学中的"相"，前者为存在之象，后者为逻各斯之相，即共相。这个象也不是具象或有形之象，而是"大象"，"大象无形"，因其无形，遂显得寥廓无际，朦胧深邃，混沌湛一，玄奥难测。张载说："凡可状，皆有也；凡有，皆象

---

[1] 程颐自以为气有生灭，他说："若谓既返之气，复将为方伸之气，必资于此，则殊与天地之化不相似。天地之化，自然生生不穷，更何复资于既毙之形，既返之气，以为造化。近取诸身，其开阖往来见之鼻息。然不必假吸复入以为呼。气则自然生。人气之生，生于真元。天之气亦自然生生不穷。凡物之散，其气遂尽，无复归本元之理。天地如烘炉，虽万物销烁亦尽。况既散之气，岂有复在？天地造化，又焉用此既散之气？其造化者，自是生气。"（《遗书》第15卷，第6、21页，冯友兰：《中国哲学史》下册，第245页）

[2]《张载集》，第22页。

[3] 同上，第10页。

[4] 朱熹说："一动一静，互为其根，动而静，静而动，开阖往来，更无休息。分阴分阳，两仪立焉。两仪是天地，与画卦两仪意思又别。……浑沦未判，阴阳之气，混合幽暗。及其既分，中间放得宽阔光朗，而两仪始立。康节以十二万九千六百年为一元，则是十二万九千六百年之前又是一个大开阖。更以上亦复如此。直是动静无端，阴阳无始。小者大之影，只昼夜便可见。……阴变阳合，而生水、火、木、金、土。阴阳气也，生此五行之质，天地生物，五行独先，地即是土，土便包含许多金木之类。天地之间，何事而非五行？五行阴阳七者滚合，便是生物的材料。五行顺布，四时行焉。金木水火，分属春夏秋冬，土则寄旺四季。"（《语类》第94卷，第3页；冯友兰：《中国哲学史》下册，第216页）

也；凡象，皆气也。气之性本虚而神，则神与性乃气所固有。"[1] 这里所说的"虚而神"，指的正是大象的神妙、幽玄的本质特征，老子则以"惚恍"、"窈冥"、"寂"、"寥"、"逝"、"远"之类的摹状词来形容大象的显现状态。

"大象"是元气初始绽放万物的可能性场域，又是解构万物、还原万物的源始根蒂。它是真正的哲学所应聚焦的唯一视点或视阈，也是我们全面真切地掌握万物始终、生死之全貌的关键和纲领。老子对此有深刻的觉解，他说："执大象，天下往，往而不害，安平泰，乐与饵，过客止，道之出口，淡乎其无味。视之不足见，听之不足闻，用之不足既。"[2] 他在这里不仅指出了大象涵容万物的存在性质，而且点明了大象的反逻辑性质，大象是与语言和逻辑不相容的。

大象作为生成万物的源始的、唯一的可能性场域（不是平面的，而是立体的），介乎有无之间。它是万物之母，是真有或大有，然而它以无形统摄万物，所以又是无；再者，它从虚空的极光世界而来，向着天地万物而去，所以，它起始为无，终结为有。但是，它最终又离无而去，向着极光世界返回，这样一来，有与无又打了一个颠倒：起始为有，终结为无。

我们把大象的这种介乎有无之间的中介性称为"几"，所以，大象又可称为"几象"。"几"是《周易》中的一个重要范畴，在《系辞》中频频出现，如，"夫易，圣人之所以极深而研几也"，"几者，动之微，吉之先见者也"，"知几，其神乎"！唐人孔颖达曾对"几"作过详尽的解释："几者，去无入有，有理而未形，不可以名寻，不可以形睹者也。"几者，"几微也，是已动之微，动谓心动事动初之时，其理未著，唯纤微而已"，"几是离无入有，在有无之际"[3]。孔颖达的解释有三点值得肯定：（一）运动是"几"的基本存在特性；（二）"几"含有一定的规律和法则，但无形无状，所以，不能以名言来表达；（三）它是万物成形之前的微萌和先兆，处于有无之间。

---

[1] 《张载集》，第 63 页。
[2] 《老子·三十五章》。
[3] （唐）孔颖达：《周易正义》，第 423 页。

所有这些，都是"几象"的存在特征。他所说的无形，是与具体的有形之物相对而言的，举凡一切事物的形状都是有明确规定和界限的，而作为"有"的"几象"则没有限制和界限，所以，它是无形之形。

正是这种存在性质，将"几象"固定在形而上之天道与形而下之器物之间，沟通上下，打通道器。所以，在形而上与形而下之间，并不存在一条界线分明的分界线，只存在一个无规定的隔离带或中介物，即"几象"。孔颖达也认为在形而上与形而下之间存在一个介乎道与器之间的"形"，这个形是囊括诸多器物的大形，也就是无形之形，大有，几象。[1] 孔颖达虽然将"形"或"几象"归入形而下之范畴，但毕竟是先有"几象"，然后才有世界万物（即器世界），"几象"在世界万物之上，先于世界并寓身于世界。

"几象"是天存在运动的第一形式，它与天的第一质料元气相统一，化育万物，万物的生理、机理、机制和结构都为"几象"所先行包蕴、孕育。在这个意义上说，"几象"是天生万物的唯一母种，或原始种子，万物的种子都从这唯一的种子中生出，"几象"是种子的种子。种子揭示着"几象"的所有存在特征。种子具有大全的性质，它包含着一切看不见的东西的界限和规定。说它看不见，因为它不直接呈现。它的直接呈现反倒使它所包蕴的本真存在晦暗不明，在本质上种子并没有呈现什么，它的晦暗性是对它的直接存在的否定，显示着它的虚无性。比如直接用做"种子"的小麻，我们所直接看到的那个小小的颗粒，仅仅是一种空洞的表象形式。在这个形式背后隐藏着即将生出、长成的现实小麻的全部机理、结构和规定。例如麻芽、麻枝、麻秆、麻叶以及小麻的花和果实，这些相互区分的各个生长环节，及其内在联系和结构形式，最初都以看不见的形式被包藏在小麻的种子中。显然，这看得见的东西就是那深藏在黑暗中的看不见的东西的实现和显现，当那看不见的无物之状、无状之象显现为具体的有形之物时，种子存在的直

---

[1] 孔颖达说："道是无体之名，形是有质之称，凡有从无而生形，由道而立，是先道而后形，是道在形之上，形在道之下，故自形己上者，谓之道也，自形内而下者，谓之器也。形虽处道器两畔之际，形在器而不在道也。"（孔颖达：《周易正义》，第392页）

接性也就被扬弃、否定了。但这并不意味着种子被彻底消灭了。种子当初以"无"的存在状态所持存的一般内在结构继续持存于现实事物之中，并成为现实的有限事物自身的最富有活力的否定性力量，它最终又否定、扬弃了现实的有限事物，还原自身，生成新的种子。比如小麻开花秀实之后，经过一定的时日，新的麻子成熟，原来成长起来的繁茂的枝叶渐渐枯死，直至完全毁灭。最拙劣的哲学表述是比喻性举例，因为哲学的真理是无限的，而最卓越的举例和比喻都会将人们的认识视野错误地导向有限。我们以现实生活中的可经验的"种子"来比喻"几象"，尽管两者之间有某种相似性，但毕竟难以避免它的有限性偏差和误导。"几象"作为天生万物的第一种子，它具有无限性，这种无限性具体表现为它的无所不包的大全性质。

"几象"是极微的，因为潜藏在母体或种子中的一切有生命之物的原始基因都是极其精微的，"几象"又是至大的，因为它无限制、无界限、无规定，然而它又是一切有限事物之界限和规定的唯一给出者或唯一源泉。

"几象"作为万物所由生的唯一母种，它包含着永恒的生机和生命力，万物有生有灭，唯"几象"永远生生不息，"几象"是宇宙生命的本初存在方式和形式。（我曾在别的地方提出过"天几"。"天几"就是"几象"，二者原本是同一性概念。）

综上所述，天作为世界万物所由发生、存在的最高根据，有质料有形式。元气为其质料，其形式则有内外之分。单就其外在形式来看，它就是有中心无边际的无限大的球形立体空间，天就是元气与球形虚空的统一体，其中包涵着作用方向和倾向完全相反的两种力，即引力和斥力，或阴力和阳力。这两种力在中心与边缘之间相互作用，相互诱导，相互过渡、转化，循环往复运动。天通过这两种力不断抛出自身向着自身前进，又不断地向后回转，返回自身，在聚散、升降、进退、往来、屈伸、动静、盈虚的变化中始终保持自身的同一性。在同一中有差异，差异就是在元气的变化运动中生成的五种气象或色相，五种色相最终沉没在无差别的极光世界中，统一于光。极光既可泯除色相的差异，又可将此差异变现出来。这种以否定的方式接纳差异的绝对同一性形式就是天的内形式。元气与内形式相统一的初始显现形式是大象。大象具有从无生有或由无入有的中介存在特性，所以又称为"几象"。

"几象"是天生万物的第一存在形式，它包含着万物生长、发展的一切可能性和源始的第一因。它是生化世界万物唯一原种或母种。世界万物（包括人）都是从这一母种中生发出来的。

"几象"包涵着宇宙生命的所有信息，是一切有限生命的"全息胚"。"几象"又具有准确无误、绝对正确的传导性质和功能，它从虚无的绝对本体中原原本本地将宇宙生命的全部信息接收过来，又把它原原本本地导入世界万物的内在性存在。这些信息最初是看不见、摸不着的，但当它潜入万物之后，便由万物的具体存在状态真实无欺地揭露、呈现出来。"几象"是有与无、实与虚、多与一的精妙的融合。说它是一、是空、是无、是仁、是生、是易、是神、是同一，能讲得通；说它是有、是实、是力、是气、是色、是阴阳、是五行、是变化、是差异、是运动等等，也能讲得通。所有这些解释意义，都包含在它的丰富内涵中，它的意义也许是无穷的，因为它的变化和显现方式是无穷无尽的。

天道是天通过"几象"所呈现出来的合规律性、合目的性的结构形式和运行路线。"道"即道路或路线，这是"道"的最古老、最原始的涵义。"道"在《说文解字》里的释义是："所行道也。从辵，从首，一达之为道。"道是人行走通过的路线，有始有终，由始到终贯彻到底，便是通达。没有不通达之路，不能通达也就不是道路。"天几"由自身出发向着抛出的自身前进，又不断返回自身、保持自身同一的运动过程，也是循着一条有始有终的道路前进的，不过，这样的路线不是一条首尾分离的直线，而是一条首尾相接的圆环形路线，它的终点又回落到原来的起点上。

"道"又有规律和法则的涵义，所谓"道者，天人所必由也"，是说天人所行共同遵循着某种必然性规律和法则。"天几"在化育生成万物的全过程中是有节次、有秩序、有恒常的结构形式的。张载说："天之生物也有序，物之既形也有秩。"[1] 他称之为"天序"、"天秩",这便是天道的规律和法则。朱熹说:"大抵天地生物,先其轻清,以及重浊。天一生水,地二生火。二物在五行中最轻清。金木复重于水火。土又重于金木。"[2] 他在这里按照有限事物的存在属性排列五行生成过程中的先后次序、节次,虽然玷污了哲学思想的纯洁性,但他也清楚地意识到五行生化的内在规律性与必然性,这也是天道之合规律的具体表现。

我们在上文初步将中国传统哲学中的五行规定为元气运动变化时生成的五种色相,也就是颜色深浅不同的五种气。由明到暗,依次排列分别为红色、白色、黄色、紫色和黑色。这种排列仅仅揭示着它们之间的外在性联系,而并没有揭示出它们之间的内在性联系,其实在这里呈现着的五种气象之间,存在着内在的逻辑关系,具体表现为五气之两两相对的矛盾统一。首先是火与水,火有炎上之性,即其中所含引力与斥力相互作用的共同倾向是向上升举,而水则有润下之性,即其中所含引力与斥力的基本倾向是向下沉落,于是二者相互对立。但这对立不是绝对的分立,水火不相容,而是可以通过中介相互过渡、实现统一的。木就是沟通水与火的中介,因为木有向着四周发散疏导的活动倾向,于是水便通过木的疏通,向上流通,火亦通过疏导向下流动,这样便形成了水生木,木生火的对立统一体。我们知道元气是在立体的球形空间里存在运动的,水与火的对立统一仅揭示出元气纵向运动的规律和法则,这一规律亦出现在元气的横向运动中。从横向看,木向着四面八方发散、扩张,离间中心,是一种离心力,金则是一种向心力,它从四面八方收回扩散之气,并向着中心凝聚、收敛,于是金与木相对立,而水则兼有发散和聚汇之两重性,以此充当沟通金与木之中介,金生水,水生木,三位一体,金木既对立又统一。再从动静之性来看,木主动,土主静,木土相对,火则体静用动,或本静末动,兼有动静二性,它便成为联结土与木的

---

[1] 《张载集》,第19页。
[2] 引自冯友兰:《中国哲学史》下册,第262页。

中介，木生火，火生土，木土成为对立统一体。所谓五行相生和五行相克，说的就是五行之间的对立统一规律。这便是天道运行所遵循、所呈现的规律和法则。

天道是元气从至高无上处向下沉落的路，又是返身向上回到原处的上升的路；是元气从无何有之乡走出来的路，又是掉过头来向着无何有之乡走进去的路。无论是上下出入，天道的运演路线总是显现为一个首尾相衔接的圆圈。这种有规律的圆形运动形式在古希腊也被一些哲人有所觉察，比较早的有赫拉克利特。他认为火与水是对立的两极，火通过土的中介作用向下沉落，转化为水，水又通过气化向上飞升，转化为火，于是水与火形成对立统一体。这对立统一过程包涵着方向不同、首尾相接的两条路：一条是由火到水的下降的路，一条是从水到火的上升的路，这两条路实质上是同一的，下降的路也就是上升的路，也可以看成是一个由起点出发绕了一圈又返回起点的圆圈。[1]

应当指出，无论是古希腊哲学家，还是中国古代哲学家（包括宋明儒家），他们以物质元素及其结构来揭示宇宙生成、发展之规律的企图都是极其朴素、幼稚的，他们都是在朴素的自然哲学的水平上解释天地的原始根据的。比如赫拉克利特所说的火、土、水、气，宋儒所说的金、木、水、火、土，他们都将这些近似元素的东西看做是有形的、看得见的物质，这就将无限误解为有限了。在这里思想显得极其苍白、贫乏。真正属于思想的东西需要我们去挖掘，可供我们挖掘的是其中所隐含的辩证法思想，即对立统一规律。

天道就是天几按照对立统一规律从自身出发，向着自身前进又返回出发

---

[1] 黑格尔曾对赫氏的这一观点作了详尽的解释："火首先转化（变化）为海；海的一半转化为地，另一半为闪电。"——闪电就是跃出的火。这种说法是很一般性的，而且是很晦涩的。第欧根尼·拉修尔说："火凝缩变为潮湿，到固定时它就变成水"熄灭的（烧尽的）火就是水，就是过渡到冷淡的火，"但干硬的水变成土，而这就是下降的路。接着土又变成流质（被熔化），从它又产生潮湿（海）；从此潮湿又产生海的气化，从此气化而发生万物"，气化之物再变成火，火作为火焰冒出来；"这就是上升的路"。（黑格尔：《哲学史讲演录》第1卷，三联书店1956年版，第307页）

点的圆形运动路线。单就这一圆形的存在性质来看，它是目的性的。讲到目的，人们一般以为目的就是一个纯粹主观的空洞形式，它的内容则是在它自身之外的某种客观的东西，比如房子就是一个合目的性存在，单就房子本身来看，它是由土、木、石、铁、钢筋、水泥等物质材料按照一定的结构图式组建起来的物质集合体。但是，所有这些被组合起来的物质性存在，都是为了"合于某人居住之用"这一主观目的而存在的，它表象着某人"为了……而居住"这样一个空洞的主观目的。此类目的属于西方近代哲学大讲特讲的那种外在性目的，唯其是外在的，因而是有限的。天道所显现的目的与此有限目的判然有别，它是无限的。

还有一种有限的目的性存在就是自然界中的诸多有生命之物。这类目的性也是一个不断返回自身的运动着的圆圈，但它的现实性内容首先与它相外，作为充满敌意的对象而存在。它是通过过渡到对象之存在，并消灭、克服对象的异己性和外在性而返回自身，保持自身的同一性的。诚如黑格尔所言："有生命之物与一个无机的自然相对立，它是后者的主宰力量，并同化后者以充实自身。"[1] 这类目的性存在总是为它的有限的对象所限制、规定，如动物为它所食用的植物所限定，食肉动物则被它所食用的另一类动物限制着，人则为他生存于其中的环境的整个状况所限制，因此他也是有限的目的性存在。天道所揭示的目的则没有这一类目的的有限性，因而它是无限的。它绝没有一个与它相外、相对立的对象世界，更谈不上什么对象性限制。它以自身为对象，自饮自食，自己吃着自己身上的肉，喝着自己身上的血，自生自长，自我享受，永远吃不尽，喝不完，因而它是一个没有生死的永恒生命，或永恒的唯一的终极目的。它包含天地万类的有限生命和目的，它是一切有限生命所由发生的唯一的取之不尽的生命之源，又是一切有限生命目的的终极指向和归宿。

由此可见，天道所揭示、显现的合目的性形式不是内里空无一物的圆

---

[1] 〔德〕黑格尔著、贺麟译：《小逻辑》，第407页。

圈。它包含着实实在在的必然性内容，尽管它是超越经验的，但它是坚不可摧的绝对存在。它就是变现为五种气象的对立统一运动，或按照对立统一辩证法则存在运动的"几象"或"天几"。在这个意义上说，天道作为"几象"存在运动的基本规律和法则，既不是纯粹的辩证法规律，也不是单纯的目的性法则。而是二者的统一、同一，是辩证法的必然性与生命的无限目的性的活的结合与同一，合规律性与合目的性的同一。在这种统一中，是目的性统一了规律性和必然性，而不是相反，辩证法规律统一了目的性。唯其如此，辩证法自身所包含的矛盾运动的时间过程总是被目的性圆圈所包蕴的空间吞噬、淹没着，时间要么作为消逝着的过程而存在于当下空间，要么作为指向未来的趋向或倾向隐含于当下空间，它在运动中历时出现的环节或迹象都同时共存于当下的球形空间中。这就是我们一再描述的"几象"的五种气象，天道就是通过这五种气象的变化运动显现自身的，无此气象，天道就无从显现自身。

就天道的合规律性与合目的性的存在性质而言，它是至真、至善、至美的。圆是天地宇宙间最美的形式，其中的无限目的是至高的善，辩证法规律是绝对的真，真、善、美绝不是截然分立的三物，它们原本是不可分割的生命统一体。无疑，它们的统一具有形而上的先验的纯粹性和无限性，唯其如此，这先验的美善才能对现实世界中诸多美善事物产生必然性联系，成为现实事物之美善所由发生的唯一的绝对根据。所以天道是元真、元善、元美。"元者，善之长也"，也是真的本，美的根。这便是"几象"作为生成万物的母种的绝对精良性质之所在，有此绝对美好的种子，才能生出完善、完美的事物。这个看似深奥的道理，连朴实勤劳的老农都懂，他们在种植之前总是选良种，因为只有良种才能长出好庄稼，坏种绝不会生出好苗。

由此联想到中外哲学史上流传的"性善论"和"性恶论"，两者孰是孰非，一目了然。性善论将人性的善美归因于先验之天的至善至美，并以为两者之间存在着先验的必然性联系，这无疑是正确的，而"性恶论"则大错特错了。西方教父哲学所鼓吹的"原罪说"，力主人性本恶，因为人的原种亚当和夏娃的本性是恶的，充满了原罪，并把这一原罪或原恶遗传给他们所生的万千俗众，让他们承担本不该承担的无尽罪恶。其中的荒谬很少为人所察觉，一直蛊惑着芸芸众生，谬种流传，百世不绝。令人困惑不解的是，一向以逻辑主义著称于世的西方人怎么会不能发现其中的悖谬呢？只要我们稍加推论，就会发现"原罪说"首先是不合逻辑的。按照教父哲学的观点，上帝是绝对完善、完美的，并且是全能的，因此他的创造物、作品也是完善、完美的。可是，他的第一创造和作品，即人的原始种子——亚当和夏娃并不完善和完美，他们充满了缺陷、缺点、毛病和弱点，比如，经不住诱惑（被智慧之蛇引诱）、好吃、偷窃，充满了感性欲望等等，这一切被称为恶的东西都先验地注定了他们的先天罪恶本性，而这些罪恶上帝都事先完全意识到了。问题就出在这里：既然上帝已经察觉到了，那么他为什么不先行将所有这些毛病和缺陷克服或改掉，使他们成为完美无缺的人呢？答案只有两个：要么是上帝无能为力，要么是上帝存心不良。在前一种情况下，上帝并不是万能的；在后一种情况下，上帝用心险恶，心地不善，绝不是个好东西。上帝创造的最高作品尚且如此，等而下之，他所创造出来的其他作品能够完善、完美吗？不管他是无能的也罢，还是恶毒的也罢，这样的上帝是不值得人们敬仰、顶礼膜拜的。

现代经验主义美学、科学实证美学都把可经验的生动具体的感性形式及其特征认做美的本质和灵魂，其中有些学派，例如实践美学学派似乎更注重感性形式背后的理性内容，他们称之为实践的自由，其实质也是合规律性与合目的性的统一。他们所说的规律性与目的性与我们所说的规律性和目的性有天壤之别：前者的规律性是指发生在有限的经验世界中的事物之间的客观联系，目的性是指人对有限事物的狭隘功利目的；而后者，无论是规律性还是目的性都扬弃了经验的有限性，是无限的。所有这些美学观点都是靠不住、不可信的。因为单纯地从有限的经验世界本身很难确立美的标准和本质。我们也不否认经验世界中种种感性现象具有美的潜在性、可能性和现实性。但我们要真正确定现实事物的审美本性，就必须将它还原于形而上之元真和元美,从中发现它与美的形而上之最高根据之间的必然性联系。有此联系,才是真善、大美;无此联系,便无美可言,甚至是丑。而现代经验主义美学诸流派,断然否认形而上的元真、元美,舍本逐末,一味地在经验世界中寻求美,其结果只能是缘木求鱼,所谓的美学充其量也不过是无美学的美学,或反美学的美学。老子说:"天下皆知美之为美,斯恶矣。"[1] 其中道理值得肯定:人人都能耳熟能详地随便指认现实中的美事物,或者说,美成为现实世界中人所共知的经验现象,与此同时人们却遗忘了它的形而上之根据,对元美一无所知,美也就消失了,走向它的反面,成为丑恶。

所以,现代经验主义美学或实证主义美学不可脱离现代形而上学,离了它,美学也就不成其为美学。现代美学如此,现代自然科学,以及带有科学主义倾向的道德哲学、伦理学和历史哲学都是如此,都不能脱离现代形而上学的统领和指导。因为,经验世界中的真假问题、善恶问题、是非问题、美丑问题,最终都要还原到形而上之天道,在其元真、元善和元美中确立唯一的绝对标准和最高根据。舍此,别无他途。由此反思近三百年来的科学发展史,从中不难发现:西方人三百年来一直以所谓的科学主义与人文主义不遗余力地反对、剿灭形而上学,这是多么愚蠢!反形而上学,实质上是反天道。

一言以蔽之,天道是"几象"循着辩证法规律运演自身所显现出来的基本路线和结构形式。从存在论的角度看,天道直接揭示出来的是结构形式,而不是不可名状的规律和法则,规律和法则永远隐伏在相同者、同一者的永恒运动中,深不可测。这一永恒运动当下呈现的是元气及其变相——五气——在球体空间中的并列、共存,以及彼此之间的必然性联系和结合,并且永远如此这般地呈现着,这就是天道的基本结构形式,也是"几象"存在运动的基本方式和形式。

"道"有引发、传导、导向的涵义。天道也有这些意义和功能。"天道"

---

[1] 《老子·二章》。

所揭示的也是它自身所固有的基本结构形式，因其引发、传导功能，而向着经验世界中的诸多事物和天地万物发散、传导、释放自身，于是天地万物都接收并分有了天道的结构形式。所谓分有，不是指这样一种情形：天道的基本结构形式被全盘搬移到现实世界中来，天地万物各分一份，瓜分、解散了天道，占为己有；而是这样一种情形：在丝毫不改天道的前提下，万物分享这出自天道的结构形式，在万物所分有的结构形式与天道原有的结构形式之间，仍然保持着同一性，我们称之为"结构通性"。这就像天上的太阳普照大地万物一样，太阳的光与万物分享的光是同一的，太阳的光源源不断地发射着，大地万物分分秒秒无间息地接受着，然而太阳光不减一分，地上的光也不增一分。天道向天地万物的引发、发散和传导，以及由此形成的天道与天地万物之间的结构通性，便是"天命"。

天命就是形而上之天道与形而下之世界万物之间的授受关系，以及两者之间的内在的结构同一性。朱熹是这样解释天命的："命，犹令也。性，即理也。天以阴阳五行化生万物，气以成形，而理亦赋焉，犹命令也。"[1] 这一解释比较贴切，天命是天化生万物时向有形世界发布的命令。

在有命令发出的地方必有两个意志存在着，一为发出命令的主动意志，一为接受命令并执行命令的被动意志。这种情形在专制的封建国家和现代帝国的政治生活中经常发生着，那颁布政令的国王或帝国元首就是主动意志，而无条件地接受命令的臣民和奴隶们表现出的则是被动意志。

在天命所显现的天人授受关系中也存在着与此相类似的两种意志。如果说天道的合目的性形式揭示着天地宇宙的永恒的绝对生命，那么天命则将这一绝对生命显现为绝对意志，这一意志就是命令的唯一发布者，而接受这一命令的世界万物就是被动的相对意志。

天命所显现的存在于天地间的普遍意志现象与国家政治生活中所发生的特殊意志现象之间有相似之处，但不尽相同，甚至有本质的区别。

---

[1] （宋）朱熹：《四书章句集注》，第17页。

举凡一切意志都是由意愿、意愿的对象和执行力三大要素所构成。在这一点上先验的绝对意志与政治生活中的特殊意志是相近、相似的,但细细分析起来,两者之间的巨大差别便灿然分明地显露出来。在特殊意志中,那个发号施令的主动意志将自己有所意愿的对象和执行力一并指向、交托给接受命令的他者。它之所以要如此这般地去行事,是因为它自身根本没有它所意愿的东西以及与此密切相关的执行力,它压根儿就没有力量和信心自己执行自己的命令。它必须依赖异己的他者,让它代庖,执行自己的命令,完成、实现它所意愿的东西。就此而言,它并不是一个圆满自足的独立的意志。与它相对的被动意志,也是不圆满、不独立的,当它被逼迫接受他者命令时,它自己的独立意志被剥夺了,它被他者的意志所支配,但它拥有真正属于自己的执行力,它以此来执行他者的命令,完成他者的意愿。

绝对意志则是一个圆满自足的独立意志,它是命令的唯一发布者,它又是自己命令的忠实执行者。它有所意愿,它所意愿的就是自己固有的;它是自己执行自己命令的意志,又是自己意愿自己的意志;意愿、意愿对象和执行力都是它固有的东西,并且永远持存于自身,永远圆满自足。既然如此,它又是怎样与遍布于有形世界中的诸多相对意志发生关联的?这是因为绝对意志并不因其圆满自足而封闭自身,相反,它不断地开放自身,并将自身发散、分布到世界众多事物的存在中。这样,诸多有限存在也分享着一个圆满自足的意志,两者完全是同质同构的,区别仅仅在于授受关系中的不同地位和授予状况。绝对意志是唯一的授予者、给出者,相对意志则是固定的接受者、分有者。授予也不是纯粹的给出或献出,而是激发、开启有限事物敞开自身;接受也不是得到某种陌生的东西,而是被激发者照明,自觉发现自己未曾发现的东西。这未曾发现而现在被发现的东西是绝对意志与相对意志共通的存在本质,这就是我们前面指出的结构通性。

天命不仅发生于天人之间,并且普遍地存在于天道与形而下之现象世界之间。天地间一切有生命之物,莫不分有着绝对生命的绝对意志,飞禽动植、草木鸟兽鱼虫都是一个圆满自足的独立意志,并以各自的有限生命真实无欺地呈现、揭示着天命这一绝对意志。

如果说天、天道、天命这些范畴侧重于形而上之本体，那么，道德这一范畴则侧重于形而下之现象世界。道德所揭示的就是本体与现象的统一和同一，它具体呈现着天道、天命与世界万物的同一性存在状况。"德者，得也。"这一古老的解释直至今日仍然是对道德的最确切、最精炼的解释，所谓得，就是指世界万物得天道，得天命。老子有言："昔之得一者：天得一以清，地得一以宁，神得一以灵，谷得一以盈，万物得一以生，侯王得一以为天下贞。"[1]这里天地万物所分有的"一"就是天道、天命。

万物分有或占有天道，成就道德，是天道自身存在运动的本真的显现形式。其本真性具体显现为，天道在其生生不息的永恒运动中，永远保持着它自身的起始占有，在运动的终结点或关节点上总是如其本初地占有着自身。所以，道德就是天道在运动变化着的现象世界中通过诸多有限事物之存在，如其本初地持存自身、占有自身。

儒家道德哲学将道德现象仅仅局限于社会人伦日用之间，将人看成是道德的唯一主体。道德因此而成为人的存在本质，它只显现在人的诸多存在方式和形式上：或者表现为一种内在的修养和体验；（"德者，行焉而有得于心之谓也。则凡行而有得者，皆可谓之德矣。"）[2]或者表现为一种善始善终、始终如一，表力合一的实践行为；或者呈现为英雄、贤人的创制和事业。（"故古之圣人，能治器而不能治道。治器者则谓之道，道得则谓之德，器成则谓之行，器用之广则谓之变通，器效之著则谓之事业。"）[3]这样就将道德的外延极大地缩小了，不切实际地将自然界普遍存在的道德现象排斥出道德范畴，由此导致了以道德主体性为本质特征的人类中心主义。固然，社会人伦现象也是道德的一个重要存在领域，但它绝不能囊括道德的全部领域，整个生命世界都充满了道德现象，岂止人有道德，草木鱼虫亦有道德。儒家的

---

[1] 《老子·三十九章》。
[2] （清）王夫之：《读四书大全说》上，第47页。
[3] （清）王夫之：《周易外传》，中华书局1962年版，第170页。

道德充其量是一种狭义的道德，我们这里所说的道德是广义的道德（其中包含着儒家的狭义道德），其外延包括整个生命世界，自然界、天地间和人世间一切有生命之物，只要它分有着、占有着、维持着天道和天命，它就是有道德的存在。

单就自然界的道德现象来看，也许自然界的存在者比社会中的人更合乎道德。因为自然界的存在者始终顺乎天道而存在，始终如一地占有、持存着天道。因而不会发生异化，不会褫夺、改易它固有的类本质，因而不会背离天道，逆天而生存。（达尔文提出所谓进化论，认为没有不变的物种，举凡一切物种都在进化过程中不断地改变着自己的类本质，此见值得进一步澄清。）而人则往往为他自己的狂悖理性和无限膨胀的贪欲所迷惑，为他自己所创制的物化世界所异化，并沉沦于其中不能自拔，逆天而动，背天而行，于是在异化世界中所得越多，在天道中所得越少，直至完全丧尽天道之良，灭尽道德。

所以在整个道德世界中既有肯定道德的存在者，也有否定道德的存在者，前者为正道德，后者为负道德。老子对此有清醒的认识，他称前者为"上德"，后者为"下德"，并且提出一个直至今日仍然验之有效的正确命题："上德不德，是以有德；下德不失德，是以无德。"这个命题的更为精确的表述应该是："上德不得，是以有德；下德不失得，是以无德。"这是因为：只有在异化世界中一尘不染，一无所得，才能在生命现象世界中持存天道，使其纯全不杂；否则将会使天道沉没，道德沦丧。[1]

由此可见，道德的整个现象界具有辩证法的存在特征，正道德与负道德既对立又统一，彼此相互摧毁、否定，又相互依存。没有正道德也就没有负道德，反之亦然。负道德通过摧毁正道德而存在，正道德又通过否定、

---

[1] 老子是这样说的："上德不德，是以有德；下德不失德，是以无德。上德无为无以为，下德为之而有以为。上仁为之而无以为，上义为之而有以为，上礼为之而莫之应，则攘臂而扔之。故失道而后德，失德而后仁，失仁而后义，失义而后礼。夫礼者，忠信之薄而乱之首。前识者，道之华而愚之始。是以大丈夫处其厚，不居其薄；处其实，不居其华。故去彼取此。"（《老子·三十八章》）

虚化负道德而存在。在人所托身的现实世界中，尤其如此，这一点被儒家忽略了，他们只承认在现实世界中有肯定的道德现象，而否认否定的道德现象。

　　道德的存在本质是虚无。虚无有三义。其一是指道德本体——天道的存在性质和表征，即本体之无。天道作为无所不包的存在之大全，当其向着现象世界开放诸多道德存在者时，它是隐形不现身的，它恍惚无状，窈冥无际，无行迹，无踪影，空空如也。诚如海德格尔所言："'虚无'在此意味着：一个越感性的、约束性的世界的不在场。"[1] 本体之无又是对存在者之全体的否定。由于这一否定，存在者全体便沉进去有入无的虚无化轨道，最终返回天道的虚无中。譬如种子，当其向外开放出枝叶茂盛果实累累的完整植物时，它又开始消解、毁灭它，最终，叶落枝枯，果实落地，一切都化为乌有，只留下返回自身的种子。道德等于虚无，这并不意味着道德不包含真理，恰恰相反，真理与道德是同一的。因为真理不是别的，正是天道圆运不已的同一性圆形运动形式的直接明证性显现，是绝对意志由之而得以意愿自身的那圆周区域的持续存在的保证。

　　其二是存在者之存在之无。当存在者之全体作为"有物"而现身时，它向着未来投射出一个可能性世界，这个被预筹、想象着的世界，在当下并未出场，亦是一虚无。当存在者全体一步步地向前推进自身，由可能性转化成现实性，它的"曾在"或"过去之有"又被当下之有所否定、扬弃，亦成为不在场的虚无。

　　其三是辩证论之无。由于正道德与负道德总是共存于一个相互对立、摧毁、解构的张力场域中，于是双方都在对方被摧毁的废墟或虚无之场持存、显现自身。正道德的存在也就是负道德现象的解体和虚无化，反过来也一样，负道德的存在和显现，也就是正道德的不在场或虚无化。

---

[1]〔德〕海德格尔著、孙周兴译：《林中路》，第231页。

第二节 道德存在论范畴

属于道德存在论的主要范畴是，自我存在、先验性命与经验性命。其实这三个范畴不是判然分立、拥地自立的，而是相互含摄、三合为一的。简言之，先验性命先于自我并寓身于自我而存在，通过自我存在的多样的现实形式显现自身。这被显现出来的一般存在本质或结构，就是经验性命。

宋儒提出"心统性情"之说，其中的心或人心就是自我存在。自我存在包括他人之在，因为自我和他人分有同一个天道、天命，所以，两者的先验本质是同一的，自我等于他人，自我与他者相通。他者可以看成是外现着的自我。根据这个理由，我们用自我存在取代了中国古代哲学中的"人"，"自我"成为与"天"相对的一极。"性"就是寓身于自我存在中的先验性命，"情"则是经验性命的具体显现形式。

自我存在等同于或接近于人心，或"人心"被看做存在论范畴，这一情况出现在明清哲学中。在此之前，"心"被看做是思维官能，主要功能是思考、思想、良知，宋儒朱熹仅仅将心看成是自我生命的一种生理器官和现象。到了王夫之手上，中国古代哲学中的"人心"才被改造为纯粹的道德存在论范畴。他在其《读四书大全说》中首次纠正了朱熹对人心的片面解释："朱子'心属火'之说，单举一脏，与肝脾分治者，此亦泥矣。此处说心，在五脏五官，一切'虚灵不昧'的都在里面（如手能持等）。'虚'者，本未有私欲之谓也（不可云如虚空）。'灵'者，曲折洞达而咸善也。'不昧'有初终、表里二义：初之所得，终不昧之；于表有得，里亦不昧。"[1] 这里的人心实质上指的是人的生命或生存，是人在有限时空中通达性命、持存道德的具体存在状态。从空间看，它包括人的肉体和精神，外在和内在以及人的行为的总和；从时间看，它就是以生死为断限的生命过程。由于心是自我生命或存在，它有多种生存样式，它所固有的本真性命也就不可能单一地显现

---

[1]（清）王夫之：《读四书大全说》上，第3页。

为思维一种形式，它表现于生存的全体现象中。这样，心和性的关系便不是纯粹的认识论关系，而是存在论关系，所以王夫之不说尽心知性，而说"心统性"。他说："盖性，诚也；心，几也。几者诚之几，而迨其为几，诚故藏焉，斯'心统性'之说也。"[1]性命藏于人心之中，其意是说，性命作为自我的先验本质或天命的特殊化形式，先行寄托于自我生存的现象之中，这是"心统性"这一命题所揭示的性命与生存的存在论现象学关系，也是"性命"的解释学渊源。

自我存在的解释学渊源标明了它的外延界限。自我存在作为道德的一种特殊现象，其范围包括人的存在的一切领域。在人之外的整个自然界以及自然事物不属于自我存在的范畴。固然自我存在与自然存在之间存在着原始的同一性，但那种同一性发生在本体论层面上，当自我作为一个类而存在于现象世界之时，它便与这个世界中的、同样作为一个类而存在的其他自然物种相区别、相对待。自我存在范畴也不是完全排除自然事物的，但当自然事物被接纳进自我存在的外延之中时，它就改变了原来的存在性质，被人化了，它就不是原来意义上的自然事物。比如，在动物园里被驯化的人工饲养的老虎与深山老林里捕食野生动物的老虎就不是同一本质的自然存在物。动物园里老虎被人化了，它是为着人们的某种生存目的（游览观光或赚钱）而存在的动物，它成了人的生存本质的物化形态，或物质载体和工具。这也是自我存在与海德格尔之"此在"在外延上的相通或相同之处。"此在"在海德格尔那里也有"自我存在"之义，自然界其他事物属于存在范畴，而不属于"此在"。他说过一句名言："'此在'之本质在于它的生存。""以生存方式存在的存在者乃是人。唯独人才生存，岩石存在，但它并不生存。树木存在，但它并不生存。马存在，但它并不生存。天使存在，但它并不生存。上帝存在，但它并不生存。"[2]

---

[1]（清）王夫之：《读四书大全说》下，第715页。
[2]〔德〕海德格尔著、孙周兴译：《路标》，第440、442页。

然而这并不意味着自我存在与"此在"在内涵上是完全同一的,恰恰相反,两者的涵义大相径庭:前者的本质是形而上的天道、天命,后者的本质是异化世界的内在性结构或一般存在。根据自我存在固有的先验本质,以及它在整个道德世界中的地位和存在状况,我们可以将它初步规定为天命的特殊化形式,道德的殊象。根据王夫之"人心为几"的说法,我们也可以将自我存在规定为人的"几象"或"人几","天命"贯通"天几"与"人几",使二者同一于"天道",二者虽然上下分立,体用有别,但它们各自存在运动的结构形式是相同的,于是形成"结构通性"。

自我存在作为人的几象而存在,包摄着人类存在的所有可能性和现实性,表象着人类存在的全体和大全。在这个大全中集合着人的过去之在、当下之在与未来之在。就这个大全所包含的天道而言,它又是公理和法则的集合、聚集,就像三角形包含着其内角和等于180度这一公理一样,这一三角形可以释放出大小、形状不一的无数三角形的个别化的公式。也可以反过来看,这无数的三角形及其公式,都归一、汇聚、集合成一个抽象的三角形,一个大公理。自我存在表象着人类存在的大全,也可以如是观,它集合着无数个别化的自我存在及其合规律性与合目的性法则。在这个意义上,我们也可以将自我存在规定为人类存在的"共相",这个"相"完全属于古希腊哲学话语系统的逻辑范畴,而不是中国哲学话语系统中的"象"。(关于"相"与"象"的区别,我们将在最后一章论及直观时具体分析,它是弄清楚我们的本质直观与胡塞尔之直观的主要区别的关键。前者直观"象",后者直观"相"。)作为人类的共相,自我存在在逻辑层面上揭示着人类存在的共同本质。

自我存在上承天命而来,又向着现象世界而去,这就是它通上达下的存在性质。向上它与天道、天命相勾连,向下它沉落现象世界(包括异化世界),在有限时空中,现身为诸多生存着的自我。在上与先验性命同一,在下显现为经验性命。

性命是自我存在受之于天、藏之于身的天命。董仲舒在其《对策》中曾提出一个有名的命题："天令之谓命"，这是性命的原始释义，王夫之对此作了进一步的解释："令者，天自行其政令，如月令，军令之谓，初不因命此人此物而设，然而人受之以为命矣。"[1] 王夫之同时认为，性命不为人所专有，自然界中的事物亦有性命，它是人与物共有的先天本质。"天命之人者为人之性，天命之物者为物之性。"[2] 他的这一观点是我所赞同的。如此看来，性命与道德不是成了同一性范畴吗？不尽然。两者有相同点，也有差异点，其主要差异在于：道德侧重于形而上之本体（天道），性命侧重形而下之存在；前者归属于逻辑上的普遍（统摄自然、社会、人生），后者归属于特殊（专注于社会人生），固然性命为人与万物所共有，但那仅仅从性命的原始源头上去看是如此，事实上性命总是先验与经验的综合统一，自我性命或人的性命也是如此，先验性命与经验性命一旦统一于自我存在，人与万物便由同一走向差异，人的性命便成为性命的一种特殊显现形式，与其他物种的性命相区别、相对立。

先验性命是指性命源始于天命的本初或本源性存在状态，它自天命而来的本初性也就是它对自我存在的先在性。张载说："合虚与气有性之名，合性与知觉，有心之名。"[3] 他在这里明确指出：性命生成在前，自我（心）生成在后。朱熹说得更明了："天地之间，有理有气。理也者，形而上之道也，生物之本也；气也者，形而下之器也，生物之具也。是以人物之生，必禀此理，然后有性，必禀此气，然后有形。"[4] 显然，性命先于自我（形气）而存在。

经验性命是指性命在现象世界中的具体呈现方式和形式。自我的经验性命与先验性命既有互相统一的一面，又有相互矛盾、对立的一面。如果自我在现实世界中始终如一地、不折不扣地持存、占有着所得天命，在变化、变

---

[1] （清）王夫之：《读四书大全说》上，第64页。
[2] 同上，第65页。
[3] 《张载集》，第9页。
[4] 引自冯友兰：《中国哲学史》下册，第259页。

易中持续地保持自身的同一性，那么现实世界所呈现出来的经验性命也就是内在的先验性命的真实无欺的客观显现。在这种情况下内在就是外在，两者是统一、同一的。如果自我在现实世界不是按照先验性命持存自身，而是将它悬搁或尘封起来，改弦更张，按照现实世界的存在结构重构人的一般本质（像马克思所说的那种社会关系或结构，海德格尔所说的那种"缘结整体"，就是这种人为的背天的"人类本质"），那么，自我在现实世界中所显出来的经验性命就不是先验性命的真实显现，而是对它的歪曲和遮蔽，在这种情况下，先验性命便与经验性命相矛盾、相对立。

这种矛盾最终还能被自我能动地克服、扬弃，自我通过自身的觉解和觉悟，重新发现被遮蔽的先验性命，并以此消解异化的经验性命，使性命还原于本真、本初状态，于是经验性命与先验性命再度统一、同一起来。所以，张载不无道理地指出："形而后有气质之性，善反之则天地之性存焉。故气质之性，君子有弗性者焉。"[1] 他清楚地意识到，先验性命（即天地之性）与经验性命（即气质之性）既对立，又统一，贵在善反，"善反"就是要自我自由地去还原性命。

第三节　道德心理学范畴

属于道德心理学的主要范畴是，自我意志、欲念和直观。其实，欲念和直观是意志自己存在运动所变现出来的两种内外相维的存在状态，二者统一于意志。

意志是自我性命的个体性、个别化表现形态。它的绝大部分存在状态属于心理学范畴，但又不全是心理学的。因为在意志的心理现象之上还有超越心理学的道德现象，作为一种心理现象，意志是不可定义，只可描述的。所

---

[1]《张载集》，第23页。

以，我们在这里对意志所作的简单定义，并没有说出意志的多少真相，它是一个真实意义极其稀薄的空洞的抽象。意志的全部真相存在于每一个人的切己的生命体验中，这正是意志的个别化、个性特征之所在。有此特征，无须自我来限定意志，所以我们一般不说"自我意志"，而简称意志。

王夫之一口认定人心就是意志。他说："盖曰'心统性情'者，自其所含之原而言也。乃性之凝也，其形见则身也，其密藏则心也。是心虽然统性，而其自为体也，则性之所生，与五官百骸并生而为之君主，常在人胸臆之中，而有为者则据之以为志。故欲知此所正之心，则孟子所谓意者近之矣。"[1] 他这里只看到了意志与自我存在的同一性，而忽略了两者的差异，忽略了意志的个体化生命特征。

意志是个体生命对先验性命的觉悟和自主绽放，所以它是自由的。它所呈现出的性命与天命、天道是同形同构的，三者之间存在着贯通一气的结构通性。

像天道的存在运动一样，意志亦包含着作用方向不同的两种力和活动倾向，即将自身抛出的斥力与拉回自身的引力。这两种力共居一体，力的这一载体便是意气。意志通过斥力由微到著，由静转动，显现为欲念，通过引力转而由外到内，由动转静，显现为直观。

直观不仅仅是观，还有觉。所以有不少哲学家、美学家又称直观为直觉。观以象立，无象便无观；觉因观生，无观便无觉。觉就是对所观之象的慧解和觉悟，悟是觉的最高境界。在那里，一片大光明，晶莹透亮、清净、澄澈、万象俱灭。显然，观与觉是有差别的。直是观与觉的方式。直有四义：根据中国古代哲学的注释，直与义相通，内持正义，才能如其本初地持存天命，显现于外则不会偏离天道，此为第一义；因而直又与"方"相通，内直则外方，方是直的外在显现，直显现为一种道德现象，它是有限的，具有一定的时空界限，此为第二义；直还有直截了当、快速生成、洞达了悟无

---

[1] （清）王夫之：《读四书大全说》上，第68页。

限本体的含义，这一义集中揭示的是意志活动所显现的时间的有限性，突出的是它所包容的空间的广大和无限，此为第三义；直的第四义是指意志活动的道德存在性质，德的本字是"悳"，"德"的原始含义就是一直心，"一直心"就是"心"（自我）与天道直接贯通，交汇圆融。总此四义，合而言之，直观就是自由意志向内牵引自身，静观万象，觉解万象而直接生成的了悟天道的大清明境界。

如果说直观是意志的内敛、凝聚状态，那么欲念就是意志的自由发散、开放状态。欲念又可分为欲望和欲念两种心理形式，这两种心理是蝉联一体、不可截然分割开来的。欲望是意志直接开放出的欲求着的对象性全体，欲念则以自强不息的意志力继续持存、扩充、增殖表象着的欲求对象，使其处于生生不息的无尽的延绵中，于是欲望随着欲念的延绵而不断地扩张自身。

欲念亦有截然不同的两种运动方向和倾向，它或者指向形而上之天道，向内欲求着，向上扩张、敞开意志之体；或者指向形而下的现象世界，向外欲求着，向下扩张、敞开意志。

向上的欲念首先以坚定不移的信仰直接释放出欲求的全体对象，并凭着坚定的信念使其处在充满生意的延绵中，由此引发出对生命世界的平等无私的爱和仁慈。仁慈之心是人们对无限生命世界的直接肯定、珍视、爱惜和同情，它是意志的初始开放状态。意志的自由开放不是盲目无序的，而是自觉有序的。意志的自觉状态来自直观的大清明境界，在这大清明境界中直观先行照明了天道的合规律性结构形式，意志就是按照这一既已照明了的结构形式敞开自身，表象欲求对象的。这便是良知。良知按照既已照明了的天道和天命自由处置欲望所欲求的全体对象，使其各正其义，各安其位。有良知的裁决，人们便先验地明察：在欲求的对象中哪些越位出现，本当退场却贸然出场了，应当在场的却被这不速之客挤去了，于是产生愧疚、羞耻之心。羞耻之心揭示着正当存在的悬欠与不正当存在的临场，实质上是对自我的不正当存在的否定。同样有良知的正确裁判，随着自我否定而来的是对他者存在之合理性的肯定，否定自我，肯定他者，这就是辞让或谦逊之心。良知如其本初地是其所是，非其所非。这样一来，经良知裁处过的欲望的对象全体便能够不断地返回自身，保持自身的同一性，于是欲望着的意志以同一形式永恒地延绵、运动，永远呈现为首尾相接的圆形运动，这便是忠信或诚信。忠信便是始终如一、表里如一、万变不改其初的本真存在，最初由信念表出的欲求着的存在全体，因此而在无尽的变易中得以永恒地保持自身的同一性。这便是向上的欲念合乎天道的绽放状态，它分节次地表现出信念、仁慈、良知、羞耻、谦逊和诚信等多种心理形式，合成一个心理的全象或几象，它直接诉诸直观，或诱导出直观。

  向下的欲念无信仰，不信天，只认眼前看得见的客观对象世界，并把它作为欲望的对象，于是欲望显现为对外部对象世界的欲求和渴望，并将整个对象世界主观地表象出来。正是这种主观性，激发起人们的狂妄和自大，人人都痴狂地以为他们能以表象的形式先行拥有整个世界，进而又激起独自占有这个世界的私欲和贪欲，以为这个世界非我莫属。欲望指向全体对象世界，欲念则指向对象世界中的诸多个别事物。万物层出不穷，欲求随之念念相续，永无间断，私欲因此而不断地扩张、膨胀，并反过来要求其对象世界也应和着它无限膨胀，于是私欲显现为无限制、无边界的恶无限。凡是在现实世界中存在的事物，都是有限制、有规定的，无限制就意味着无现实性。私欲并不甘心自己老是停留在空虚的无限性上，它时时渴望着将自己欲求的对象变成现实。为了实现这一目的，它不得不求助于经验理性。经验理性以记忆、知觉、计划和预想等形式草描出欲望的对象世界的时空范围，并规定了明确的界限。这样，欲望的表象世界便扬弃了自身的无限性，成为理性思维掌握着的有限世界。经验理性的辛苦劳作只是改变了对象世界的存在性质，但是并没有从根本上改变私欲。私欲更加信心百倍地去占有这个明确、明朗了的对象世界，更加坚信这个世界非我莫属的私有性质，狂妄地将自我封为这个世界的唯一占有者、主宰者。世界因此而似乎变成了自我的存在，这便是为笛卡儿和黑格尔所津津乐道的主体性。主体性就是聚集。聚集有两种方式和形式，一为感性存在的聚集，即胡塞尔所描述的那种自我的综合与统一；一为理性的聚集，即黑格尔所演绎的那种逻辑和历史的统一。无论是用哪一种形式聚集起来的世界，都不能满足私欲实实在在的胃口，它要更进一步将聚集起来的被明确认知着的世界转化为现实的有血有肉的世界，如此它才能真正享用这种世界，才真正得到了满足。于是私欲又求助于工具理性或实践理性，通过实践理性将那停留在经验理性中的对象世界投入现实的行动。实践理性进一步精心设计、筹划、谋算、决断这一行动，使它成为一个合理有序的合目的性行为过程。在这一过程的进行中，私欲老是牵挂着那正在被实行着的对象世界，担忧它离自我而去，预想终成泡影，于是产生焦虑。待到它成为现实之后，私欲真正占有了它，经验理性又将个人的死亡表象出来，死亡的悬临，又使充满贪欲的自我整天心怀恐惧，畏惧自己离世界而去，于是产生了对死亡的无尽畏惧。

　　这便是向下的欲念合乎人道的开放状态，它依次呈现出无信仰的主观狂妄、自私、贪欲、经验理性、实践理性、焦虑和畏惧，所有这些心理现象合成一个心理总象或类象，先行于并寓身于异化世界。

　　向下的欲念使意志沉入晦暗，向上的欲念将意志引向直观，由晦暗升华为诚明。晦暗与诚明作为意志的两种存在状态，既对立又统一，二者相对相成，回环相生，恰如白天和黑夜一样，没有黑夜就没有白天，孤则不立。

　　以上所述一切，都是借助概念和范畴说出的存在。范畴、概念、言语，都是人为的假设施，它与被指称的东西完全是两码事。每当存在及其真理被言语说出的时候，它便不是存在和真理了，充其量不过是语言和言说本身而已。所以语言和言说是真理的坟墓。由于这个缘故，我们不妨给现代形而上学的概念、范畴、逻辑和语言统统打上叉号（×），自行否定其绝对真理。下面种种理由都可用做消解语言和逻辑的充分根据：

　　这世界上没有真理，是因为哲学家说得太多了！

　　这世界上没有真理，是因为爱听哲学家讲话，并喜好鹦鹉学舌的人太多了！

要真正发现真理，请哲学家先闭嘴（让哲学家闭嘴的那个也应闭嘴）！

要真正发现真理，请世人也闭目塞听！

每一个人都是天生的哲学家，因为每一个人都拥有通达真理的有效工具，这就是自我直观。

所以，真理就在我心中。"返身而诚"，真实地体验自我性命，切己的真实体验自有真理。

真理是个 X，其正确答案就在每一个人的生命体验中。

现代形而上学埋葬了一切说出来的真理，它只充当真理探索者的向导，向他指明自我存在缘何而来，又缘何而去的方向和路径。当此之时，它不得不放下逻辑和语言，转向自我直观求真理。

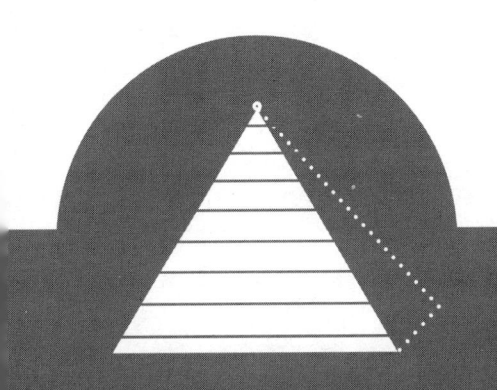

第四篇

自我沉沦之路：言语道断

引论

我们已经循着逻辑的路线追踪形而上天道之轨迹，绕了一大圈，收效甚微，并未真正达及天道。我们仍需改弦更张，诉诸自我直观，通过自我直观绽放出的大清明境界将天道如其本然地毕露无遗地显现出来。但是，从现实出发，我们并不能径直起用自我直观，因为直观作为自我存在的一种显现方式而存在，是有条件的，这一条件就是自我存在的自由和解放。然而在现实中自我首先在世界中存在，周围世界赋予自我以现实的本质，自我因此而沉沦，而异化，陷入世界的晦暗中。由于这个缘故，我们首须勘察自我沉沦于其中的晦暗世界，继而探索自我解放之路。

自我缘何而来，它是怎样沉沦到晦暗的世界中，又是怎样使自身变得晦暗不明的？这是本篇所要查询、探明的主要问题。为了弄清这个问题，我们很有必要重温柏拉图曾提出的那个有名的"洞穴比喻"，这个比喻中包含着许多积极有益的启示，它可以启迪我们具体地把握、理解自我沉沦的真相。黑格尔和海德格尔都十分看重这个比喻，转述如下：

> 我们设想有一个地下室，有如一个大洞，有一条长的通道通向外面，向着阳光，有微弱的阳光从通道里射进来。住在洞中的人紧紧地被锁链缚着，脖子不能转动，所以只能看见洞的后壁。在他们背后的上

方,远远燃烧着一个火炬。在火炬和人的中间有一条隆起的道路,同时有一堵低墙。在这墙的后面,向着火光的地方,又有些别的人,这些人的头并不伸出高过这墙,但是他们手里拿着各式各样的图像、动物和人的偶像,把它们高举过墙,就好像把傀儡高举在灯影戏的戏幕上一样,让他们做出动作,而这些人时而相互谈话,时而又静默不言。于是这些带着锁链的人只能看得见那些投影在对面墙壁上的影像。他们将会把这些影像——这些影像看起来是与原形反转的——当做真实的东西。但他们却无法看见实物本身。至于那些擎举着偶像的人彼此相互间所说的一些话,洞里的人也只能听见其回声,并且会把这些回声当做影像所说的话。假如有一个囚徒被松开了,因而能够转过他的脖子,他现在就可以看见事物本身了:但他将会以为他现在所看见的只是非本质的梦幻,最初看见的影像才是真实的。而假如有人把他从牢狱里带出来,放在阳光下面,他的眼睛将会为阳光照耀感得眩晕,什么也看不见,他将会恨那把他带到阳光之下的人,认为这人使他看不见真理,反而只是给予他痛苦和灾难。[1]

如果我们把太阳直接等同于天道,把被束缚的那些人看成自我,隐身于高墙之下的那些人看成他人,把洞穴看做自我的周围世界,那么,这一生动的比喻便是对自我沉沦的存在状态的生动具体的描写,其中隐含着丰富而深刻的意义:(一)沉沦者是离绝天道寓身于黑暗洞穴中的自我与他者;(二)黑暗的洞穴使自我与天道隔绝;(三)自我一旦背离天道,便失去光明和自由,处于晦暗和不自由状态之中;(四)自我在黑暗中所见到的光明(真理)是人为的假象,它与黑暗一样是对天道之光的遮蔽;(五)自我在洞穴之壁上所看到、听到的一切都是他人制造的幻象和偶像;(六)自我始终被他人的幻影和偶像所蒙蔽;(七)自我对此蒙蔽不能觉悟,以假为真,坚信不疑,

---

[1] 〔德〕黑格尔:《哲学史讲演录》第 2 卷,第 176—177 页。

久而久之成为习惯，不可改易，因此，自我既被他者的幻影遮蔽，又被自己的迷信遮蔽；（八）自我通达天道的唯一途径和方式是解放自己，去掉一切束缚和枷锁，实现自由，掉头转身，走出黑暗的洞穴。

在所有这些被揭明的意义中，并未给出我们所需要的全部答案，我们还要进一步去追问：（一）这个洞穴到底是一个什么样的洞穴？（二）它是怎样形成的？（三）自我与他者又是缘何进入这个黑暗的洞穴的？（四）洞里的那些设施又是谁造的，它的实质到底是什么？（五）自我是被谁绑缚起来的？自我为什么要仰仗别人而不靠自己来解放自己？现在依次回答于下：

（一）那洞穴本是时间穿越于其中的隧道，它标示着自我从天而来、沉沦于世的全过程。尽管这个过程隐身于自我的当下存在，无法直接呈现自身，但它还是顽强地将自己既往的遗留物不断地向着当下抛出，透露着自我曾被漫长的时间所中介的信息。

（二）这个时间隧道不是由造物开凿出来供人们往来穿越的有形通道，而是由自我存在发放自身、演历自身的全过程开放出来的。它直接构成自我存在的世界本质，它是无形的，它的显现状态是黑暗的。在这个意义上，我们可以将沉沦于世的自我认作一个漫长的时间黑洞。

（三）时间黑洞既是自我的现实本质，又是他者的现实本质。因此，自我与他人都是为获取自己的现实本质而进入这个黑洞的，这个黑洞本来与自我或他人不是相外相分的。根据这个事实，"进入"这个说法并不妥帖，更为贴切地说，自我与他者在其离绝了天道之后，就一直徘徊、持留在这个黑洞中，黑洞就是他们的现实之家。

（四）洞里的一切设施同黑洞一样，都是由人（自我与他者）造作出来的，都是人为的假设施。火把、傀儡、偶像、言语都是广义的人造符号系统，就连那堵横在洞中的低墙也是人造的，它将自我与他者分割开来，意味着主客二分。所有这些差异、对立的形式是遮蔽真理的阴影和幻象，它们的存在更加重了自我存在的晦暗和昏迷。

（五）自我并不是被敌对的他者拘囚、捆绑起来的，而是被他自己绑缚起来的。因为是他自己制造了时间黑洞，自己制造了洞里的一切设施，正是这些设施使他昏迷、错乱、偏执、不自由，陷入无底的黑暗和幻觉之中。所以，自我的解放全靠自己，无须凭借他人之力，通向光明之路就在自己的脚下。

我们也可以将这一比喻所描述的一切情景看成一幅二维空间图画，画的主体是被低墙分隔开来的自我与他人，紧密环绕着这一主体的是锁链、火炬、图像、火光、投影、人和动物的偶象和包含所有这一切景象的黑暗背景。如果我们进一步将主体设定为一个中心，围绕这一中心而存在的诸多事物则是它的构成要素，这样我们便得到一幅自我存在的空间性结构图式。那些与自我中心共在着的构成元素，并不是与自我同时出现的，它们有的出现的早，有的出现的晚，如果我们正确地发现它们发生的先后次序，并按此次序逐级链接、排列，那么隐伏于这一空间结构图式背后的诡秘的时间就会被揪出来，自我从天而降沉沦于世的全过程和路线便灿然可见。

这不是异想天开的假设。事实上自我沉沦是有所因缘和凭借的，它所缘所凭的正是语言及其物化的符号形式——文字，我们以"言—名"来合称语言和文字。柏拉图所说的火炬、图像和偶像，作为指示符号的象征都属于我们所说的言—名范畴。自我因言说着、标示着自身的存在而脱离了天道，所以"言语道断"；自我又因言—名的意义之光照亮黑暗空间，显现出他者的影像和幻象，此影像使自我陷入更深重的晦暗中。所以"言—名"是对绝对真理（太阳之光）的最大遮蔽物，无底黑洞的母亲，是它将自我囚禁在漫漫无边、幽深难测的黑暗中。然而这黑暗又成就着自我的现实本质，它使自我脱离本真，将自我塑造成一个无底的黑洞。

洞穴里的黑暗虽然淹没了一切差异和区别，呈现为死寂、黑暗的同一性，但这并不意味着自我的现实本质一直不变，从始至终保持着黑暗的同一性。事实上在此同一性中还是有变化、有差异的，因为不断生成自我的现实本质的言—名系统也在时间的隧道里发生着变化，改变着自身。改变的痕迹、阶段性变易的关节点星星点点地被保留下来，在今天的文字学、历史学、人类考古学中，在各民族广为流传的神话、英雄史诗和历史博物馆中依稀可见。在这些详实可靠的资料和文物中，我们还是可以绎出一条比较清晰的言—名演变线索。这条线索大致可划分为先后衔接的三个阶段，在每一阶段上都有一种颇具历史和时代特点的言—名结构系统，它们分别是：神话—图腾言名系统、宗教—英雄言名系统和拜物—庸人言名系统。这三大言—名系统依次先后发生，先有神话—图腾言名，继而演变为宗教—英雄言名，最后演变为当今世界人人与共的拜物—庸人言名。这三大言—名系统一以贯之地生成着人类安于斯、长于斯的时空隧道，延绵着黑暗的洞穴，成就着、改变着人类的世界本质。现在让我们进一步去逐一分别考察每一言—名系统遮蔽天道，生成自我的世界本质的具体情形。

第十二章

神话—图腾符号世界

首先要澄清的是，我在本章中使用的核心概念，即言—名系统。言—名包括言说与其物化的符号形式，它按照一定民族传统的语法规则和陈述惯例组织起来，便是言—名系统，这是就其语言学特性而言的；言—名又是人的现实的存在方式，就其存在性质而论，言—名系统又是一个世界。我们在第三篇第八章曾经指出，世界包括生命世界、异化世界和道德世界，其中异化世界就是以一定的语言符号为载体，揭示自我存在之价值和意义的，语言符号是异化世界的客观显现形式。在这个意义上，言—名系统也可称为符号世界，言—名系统与符号世界和异化世界在本质上是同一的。（在下文我们将以符号世界取代言—名系统。）

言名（即符号）使自我脱离自然之天，沉沦于世界，并生成着自我的现实本质。这个观点是与卡西尔关于人的新看法密切相关的。他把人定义为"符号的动物"或"文化的动物"，以之来取代"人是理性的动物"这一古老而又流传甚久、甚广的定义。他在进一步解释人的这一新定义时指出：

> 人不再生活在一个单纯的物理宇宙之中，而是生活在一个符号宇宙之中。语言、神话、艺术和宗教则是这个符号宇宙的各个部分，它们是织成符号之网的不同丝线，是人类经验的交织之网。人类在思想和经验

之中取得的一切进步都使这符号之网更为精巧和牢固。人不再直接地面对实在，他不可能仿佛是面对面地直观实在了。人的符号活动能力进展多少，物理实在似乎也就相应地退却多少。在某种意义上说，人是在不断地与自身打交道而不是在应付事物本身。他是如此地使自己被包围在语言的形式、艺术的想象、神话的符号以及宗教的仪式之中，以致除非凭借这些人为媒介物的中介，他就不可能看见或认识任何东西。[1]

在这段话里有几点值得强调指出：（一）符号的形式有多种，包括语言、神话、艺术和宗教等，它们共同构成"符号宇宙"或符号世界；（二）符号世界与自然世界相对，它是人自己与自己直接打交道的世界；（三）符号世界不是静止的、永恒不变的、封闭的世界，它随着人类总体历史的进步而进步；（四）人对自然界的占有与符号世界的占有在整个符号世界的发展进程中成反比，人在符号世界中得之愈多，在自然界中便得之愈少。这些真知灼见都是值得肯定的。但卡西尔只是笼统地指出符号世界的发展变化，而没有进一步去具体分析符号世界的整个发展历史及其阶段性特点。

符号世界的发展变化主要表现为：（一）增加新元素。例如，人类进入阶级社会之后，根据国家政治的需要创造出一系列指示管理者级别和待遇的官吏名衔，这是图腾时代所没有的新符号形式。再如，在现代世界，随着科学技术的不断提高和进步，出现了通讯卫星，广播电视新媒体可以通过卫星将声画信息自由地传播到世界各地任何一个角落，这一新媒体便是既往任何一个时代所没有的符号形式。（二）随着新的符号元素的出现，整个符号世界的结构形式和方式也发生变化。这主要表现在：曾经是占主导或中心地位的某种符号形式被另一种形式的符号所取代，退出中心，流入边缘；随着中心的变化，其他符号元素的地位也发生变化，于是出现了一个结构形式全新的符号世界。

---

[1]〔德〕恩斯特·卡西尔著、甘阳译：《人论》，西苑出版社2003年版，第44页。

黑格尔在其《美学》中将整个艺术世界看成是由多种艺术样式构成的系统，这个艺术系统主要包括建筑、雕塑、绘画、音乐和诗歌五大样式。但他同时认为这共时性的艺术系统是历时性的艺术发展史的产物或结果。他将整个人类艺术发展史划分为三个阶段，即象征型阶段、古典型阶段和浪漫型阶段。在每一个阶段上有一种或几种艺术样式占据着主导或支配的中心地位，标志着这一阶段上艺术总体的典型特征，在象征阶段有建筑，古典阶段有雕塑，浪漫阶段有绘画、音乐和诗歌。这并不是说，在象征阶段只有建筑一门艺术，其他的艺术形式，如绘画、雕塑等就不存在了，相反，它们与建筑共存于同一个艺术系统之中，只是在地位和意义上它们不像建筑那样重要和突出，因而不具有时代的代表性特征，古典阶段和浪漫阶段都应如是观。

我们划分整个符号世界发展史的思路与黑格尔划分艺术发展史的思路基本相同。我们将符号世界发展史划分为三个阶段：早期阶段为神话—图腾符号世界；第二阶段为宗教—英雄符号世界；近、晚期阶段为拜物—庸人符号世界。我们分别选择了每一历史阶段上占据中心地位的符号形式，以此来标示这一历史阶段上整个符号世界的时代性本质特征。所以，在符号发展史的早期阶段，并不意味着只有神话—图腾这种符号形式，相反，还有别的符号形式环绕着这一符号中心存在着，它们与神话—图腾共同构成早期的符号世界。对于宗教—英雄阶段和拜物—庸人阶段也应如是观。

至于神话—图腾之类的连接合成词语，它们之间的关系是偏正的修饰限定关系，中心词语是图腾、英雄和庸人，神话—图腾意指图腾带有很大的神话性质和色彩，仅此而已，两者绝无平等并列的关系。"宗教—英雄"、"拜物—庸人"的情形亦如此。

第一节　神话与图腾的区别和联系

神话与图腾原本是分立着的两种符号形式，它们之间的区别也是明晰、显著的。

关于神话有两个经典定义值得一提：一是马克思的定义，一是卡西尔的定义。马克思是这样说的："任何神话都是用想象和借助想象以征服自然力，支配自然力，把自然力加以形象化"，"希腊神话，也就是通过人民的幻想用一种不自觉的艺术方式加工过的自然和社会形式本身"[1]。这一定义显然突出强调的是神话的实践倾向与社会总体性。神话实质上是初民征服自然、支配自然的实践愿望和要求的幻想或想象形式，这一形式同时标志着一社会或一种族的总体存在状况。这一定义是正确的，但不是全面的，它尚不能全面揭示神话的本质特征。神话产生的根由，绝不是单一的理论兴趣，也绝不是单一的实践兴趣，因为理论与实践的分离是在现代人的意识中发生的。这一点卡西尔看得很清楚，据此，他对神话提出了他自己的新见解。他说：

> 原始人并不以一个希望对事物分类以便满足理智好奇心的自然主义者的眼光来看待自然。他们也不是以单纯实用的或技术的兴趣去接近自然。自然对他们来说既不是一种单纯的知识对象，也不是他们的直接实践需要的领域。我们总是习惯于把我们的生活分为实践活动和理论活动两大领域。在这种划分中我们很容易忘记，在这两者之下还有一个更低的层次。原始人是不会忘记这一点的，他们的全部思想和全部感情都仍然嵌入于这种更低的原初层中。他们的自然观既不是纯理论的，也不是纯实践的，而是交感的（sympathetic）。如果我们没有抓住这一点，我们就不可能找到通向神话世界之路。神话的最基本特征不在于思维的某种特殊倾向或人类想象的某种特殊倾向。神话是情感的产物，它的情感背景使它的所有产品都染上了它自己所特有的色彩。原始人绝不缺乏把握事物的经验区别的能力，但是在他们关于自然与生命的概念中，所有这些区别都被一种更强烈的情感淹没了。他们深深地相信，有一

---

[1] 刘庆福等编：《马克思主义文艺论著选读》，高等教育出版社1994年版，第25—26页。

种基本的不可磨灭的生命一体化（solidarity of life）沟通了多种多样形形色色的个别生命形式。原始人并不认为自己处在自然等级中一个独一无二的特权地位上。所有生命形式都有亲族关系似乎是神话思维的一个普遍预设。[1]

在这里卡西尔深刻地指出，神话的本质是隐伏于理论和实践活动背后的显现为情感的更为原始的一体化生命。他还指出，神话的表现形式是想象和虚构，"神话的世界成了一个虚假的世界，成了其他什么东西的一种伪装。它并不是一种信念，而是一种十足的弄虚作假"[2]。在这一点上，他和马克思的看法是相通的。

根据上述两个经典定义，我们可以将神话看成是原始人关于强大的神秘的自然力（生命力和生殖力）的夸张的幻想和想象形式。这抽象的自然力的虚构形象便是超人的全能的神，它构成了神话的主体。

至于图腾，佛莱则的定义最好，最具权威性。他说：

> 图腾是一群原始民族所迷信而崇拜的物体，他们相信在自己与它们之中的任何一个均维持有极亲密且特殊的关系。……个人和图腾之间的关联是一种自然利益的结合；图腾保护人们，而人们则以各种不同的方式来表示对它的崇敬，如果，它是一种动物，那么，即禁止杀害它；如果，它是一种植物，那么，即禁止砍伐或收集它。图腾和偶像之间的最主要区别是：图腾从不会是孤立的个体，它常是一整群的物体，通常是指某一种类的动物或植物，很少是指一群无生命的自然物，更鲜少是指一群人工制作的物体……
>
> 图腾至少有三个种类：（1）部落图腾，即整个部落的族民皆具有

---

[1]〔德〕恩斯特·卡西尔著、甘阳译：《人论》，第134—135页。
[2] 同上，第128页。

相同的图腾，它们是一代一代遗传下来的。(2)性图腾，在一个种族中的所有男性或女性共同拥有的图腾，它通常只包括同一性别的人在内。(3)个人图腾，仅属于某一个人的图腾，它不再传到下一代。[1]

这一定义把图腾的实质和类型解释得非常清楚、明确、全面，无须我们再多说什么。

根据神话与图腾的定义，我们可以清楚地看出两者之间的区别：前者通过想象或幻想将抽象的东西（自然力、生命力、生殖力）具体化、神化；后者则将生活中息息相关的具体事物名物化、神圣化。但殊途同归，两者以不同的方式塑造着功能和作用极其接近的超人的全能的神圣之物，这便是两者的相通之处。

神话和图腾在发生的次序上有无先后，何者在先，何者在后？这个问题目前学界仍在继续探索、研究着，意见不一致，尚未形成定论。有的学者认为图腾发生在神话之前，卡西尔是这一派的代表之一；有的学者则认为，先有神话，后有图腾，这一派的观点是我所赞成的。我所依据的事实是：在神话中不含些许逻辑成分，情感、想象、幻想是它的实质性内容。在这种非理性心理中，一切概念、范畴和关系都被搅成一团，迷离混沌，模糊不清。而在图腾中则含有概念、范畴的成分，并指示着明确的关系。例如佛莱则所指出的那三种图腾类型，分别隐含着概念的普遍、特殊和个别，原始人只是没有发现这三者之间的内在推论关系；再如，图腾明确地规定并指示着一定的社会结构和关系，它既明确指示着部落内部各成员之间的关系，又明确地指示着部落与部落，氏族与氏族之间的关系。所有这些被指示、揭示着的清晰性、明确性和准概念性，一扫充斥于神话中的朦胧、模糊、含混和不确定性。

根据心理发生学的规律，非逻辑、非理性是人类心智的初发状态，神话

---

[1]〔奥〕弗洛伊德著、杨庸译：《图腾与禁忌》，中国民间文艺出版社1986年，第133页。

正是原始人蒙昧心理的集中体现，图腾所显现的准逻辑状态显然是原始人蒙昧心智发展到一定阶段上的结果，它介于蒙昧心理与逻辑理性之间，是非理性与理性之间的一种中介状态。根据这个事实，我们断定，神话在前，图腾在后。

图腾发生在神话之后，并与神话分离、分立的事实，并不排斥另一个看似相反的事实，即，图腾与神话之间又存在着十分紧密的内在联系，彼此相通相连。就神话的实际情况来看，最初的神话形象往往演变成某一部落的图腾，或者说图腾是从神话形象中发展、演化出来的。从图腾的发生源头来看，神话混合着图腾的原始成分，列维－斯特劳斯为我们提供了一个极有趣的神话，是最好的例证：

> 按照北美几个狩猎部落的传说，万物之初水牛是凶残的野兽，而且"浑身是骨"：它们不仅不能供人食用，而且还是吃人的。于是人曾经是动物的食物，直到后来动物才成为人的主食，但同时又是食物的反面，因为它是一种不可食的动物食物：骨头。怎样解释这样彻底的倒错现象呢？
>
> 按照神话故事：一头水牛曾爱上一个姑娘并想娶她。这个姑娘是一个男性社会中的唯一女性成员，因为一个男人在被一株有刺的植物刺伤后怀上了这个姑娘。于是女人似乎是一个在与人敌对的自然（刺丛）和人类的反自然（怀孕的男人）之间的负结合的产物。尽管人们钟爱自己的女儿和害怕水牛，还是认为同意婚事为佳，于是他们收集起礼物，每一件都代表水牛躯体的一部分：羽盔代表脊骨，水獭皮箭代表胸皮，织毯代表肚子，尖的箭代表胃，鹿皮鞋代表肾，箭代表肋骨，等等。可以这样列举出近四十种对应物。
>
> 于是婚姻交换起着自然和文化之间进行调节的作用，而文化与自然最初被看做是分离的。这一联合通过用一个文化系统替换一个超自然的原始系统而创造了由人操纵的第二自然，即一个中介化了的自然，从此之后水牛变成"浑身是肉"，而非"浑身是骨"，变成了可食的而

非食人的了。[1]

这一种神话在人类整个神话体系中颇具代表性：所有神话都揭示着初民与自然的尖锐矛盾。在这则神话中将这一矛盾具体形象地表现为水牛吃人，而这种矛盾在图腾中很少出现，图腾主要揭示的是人与自然的和谐与适应。所有神话都寄托着初民解决矛盾、寻求与自然统一的理想与愿望，并把这种愿望和理想以幻想或想象的形式表现出来。在这则神话中，吃人的水牛最终与美女结合，成为人的夫婿，由可怕的对象变成可爱的对象，这一幻想正是初民克服自然的敌对性和异己性之理想的具体显现。

在这里我们清楚地看到了图腾的起源和元型。这一与人为善、为人所用的水牛，必将受到获益于它的某一部落或氏族的爱戴、尊敬和崇拜，在这种情况下，水牛便由神话形象转化为图腾。因为对一社会群体普遍地有用，因而被一社会群体普遍地认可，这是图腾得以产生和形成的重要条件之一。"图腾的产生并不是基于人类宗教上的需要，而是出自于实用和日常生活的需要。"[2] "当一个部落对于自己赖以为生的动物自必具有极度的熟悉和兴趣，由此而逐渐形成图腾观。"[3]

正是神话在发生学上对图腾的这种渊源关系，使图腾永远不能彻底摆脱神话的影响而独立存在，所以我在深入探讨图腾的时候，不能忽略此种影响以及它在图腾中的流光余彩。

第二节 神话—图腾符号世界的存在本质

欲知神话—图腾符号世界的本质，首须弄清它的中心符号——图腾——

---

[1] 〔法〕列维－斯特劳斯著、李幼蒸译：《野性的思维》，商务印书馆1987年版，第145—146页。
[2] 〔奥〕弗洛伊德著、杨庸译：《图腾与禁忌》，第141页。
[3] 同上，第144页。

的本质特征。

图腾作为人类早期草创的符号形式，它的主要功能和意义是什么呢？研究图腾的学者们对此看法不同。有一位学者（朱丽斯披克勒）的观点颇具见地，他说："图腾的本质就像一个简易刻画而成的形象文字。只是，当原始民族们习惯于某一动物的命名后，自然而然地对它产生了一种和它极为熟悉及亲近的思想了。"[1] 这个观点无疑是正确的。图腾作为一种特殊的能指形式，它的主要功能和意义在于指示或揭示存在，构造关于存在的意义。但这仅仅是图腾的多种功能之一，除此之外，图腾还有其他种种功能和作用。弗雷泽的观点比较全面，他说：图腾"不但是一种宗教信仰，同时，也是一种社会结构。就宗教信仰方面来说，人们对图腾具有一种出乎自然的尊敬和保护关系；就社会观点来说，则它不仅表示出同部族内各族民之间的相互关系，同时也划分出了与其他部族之间的应有关系。可是，在后来的不断发展中，图腾的此两种形态渐渐地有部分相互混杂：社会意义有时掩盖了宗教意义；或者，在以图腾为基础之社会结构消失的地区里，宗教意义又超越了社会意义"[2]。

弗雷泽明确指出图腾是多功能、多意义的，图腾作为一种信仰形式，它指示着一个超自然的神；作为一种社会结构形式，它指示着一个社会共同体；作为一种特殊的形象文字，它指示着自然事物。

图腾作为一种特殊的能指形式，它与所指之间又有怎样的关系呢？简言之，是相似性隐喻关系。在图腾与超自然的神、自然存在和社会存在之间，普遍地存在着两两相配的相似关系，或逻辑等价关系。图腾确实颇像汉字中的象形文字，比如，"山"便是对自然之山的真实形状的模仿，这一模仿形式与模仿对象是极其相似的。图腾产生的情形与此大致相似：它是对自然界某一物种之个别形象的直接复制、仿制或仿拟。比如，鹰图腾就是真实的鹰

---

[1] 〔奥〕弗洛伊德著、杨庸译：《图腾与禁忌》，第141页。
[2] 同上，第134页。

的仿像或真实写照。原始人把鹰图腾与真实的鹰之间的相似性关系进一步推广到信仰领域和社会领域，以为社会事物与图腾，信仰对象与图腾，乃至社会事物与自然事物和超自然存在之间普遍存在着两两相配的相似性或等价性。

兹举一例，具体分析：

假定一个部落（以狮子为图腾）曾被分成三个氏族，每一个氏族都有一个象征某种自然现象的动物的名字，每个氏族的成员又把自己氏族图腾的动物身体的不同部位作为个别图腾，我们便看到一个比较完整的图腾结构体系：

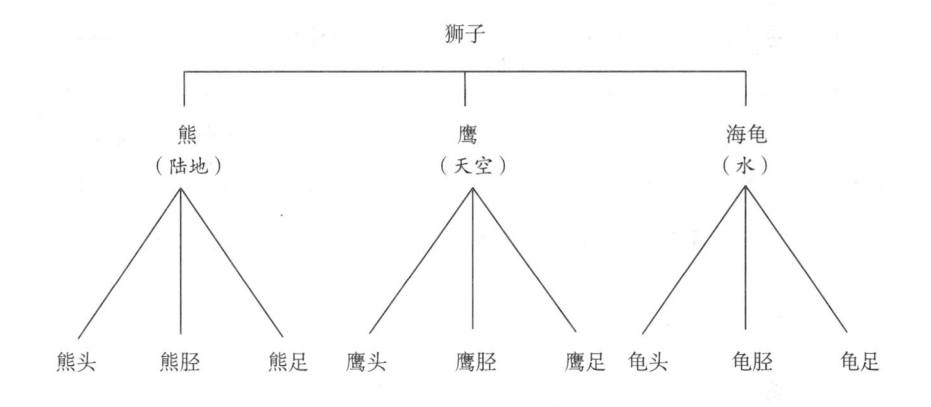

```
                        狮子
         ┌───────────────┼───────────────┐
         熊              鹰             海龟
       （陆地）         （天空）         （水）
       ╱ │ ╲           ╱ │ ╲           ╱ │ ╲
     熊头 熊胫 熊足   鹰头 鹰胫 鹰足   龟头 龟胫 龟足
```

这一图腾体系首先揭示着狮子部落的社会结构形式。在特殊项上，它揭示着熊、鹰和海龟三个氏族之间的内部社会关系，规定着在同一部落内部相互之间必须承担的权利和义务，如共同保护部落图腾，共同遵守部落禁忌和禁律等。在个别项上，它揭示着同一氏族内部各成员之间的关系，规定着各成员之间的权利和义务。这个部落如果实行的是外婚制，这一图腾结构还揭示着该部落与别的部落交换妇女的婚姻关系。显然，这是一个由多种元素、多重关系构成的发挥着多种社会功能的社会结构形式。

这是不难理解的。令人困惑不解的是：原始人认定与这一图腾结构相对应，存在着一个相似的自然事物的结构体系，两者之间是同构的。与熊对应的是陆地，与鹰对应的是天空，与海龟对应的是水，再降一级陆地上的物种分别与熊头、熊胫和熊足相对应，天空的物种分别与鹰头、鹰胫和鹰足相对应。这对应关系和结构方式如同在部落那里所发生的情形一样，完全相似，甚至是相同的。

这种对应和相似，绝不是我们为了方便而提出的假设，它是图腾时代真实存在着的较为普遍的现象。在那伐鹤人的图腾仪式上所咏唱的"制燧石圣歌"中，我们可以看到如下的对应组："鹤—天"，"红色鸣鸟"—太阳，鹰—山，隼—岩石，"蓝色鸣鸟"—树，蜂鸟—植物，玉米甲虫（corn-beetle）—土地，苍鹭—水（海尔）。[1]

在这两两相对的事物之间，不单单发生着两相比配的关系，而且存在着结构和功能上的相似性和相通性，不仅在自然事物和自然事物之间是如此，而且在自然事物和社会事物之间也是如此。列维－斯特劳斯为我们提供了大量原始人治疗疾病的医药学知识和经验，我们从中不难看出，原始人十分相信自然事物（动物）与人在生理功能和结构上存在着普遍的相似性和相通性：

> （居住在西伯里亚的）伊捷尔面人和雅库特人用吞食蜘蛛和白虫来治疗不育；奥塞梯人用黑甲虫油来治疗恐水症；苏尔郭特的俄罗斯人用蟑螂泥、幼鸡胆来治疗脓肿和疝气；雅库特人用浸红虫来治疗风湿病；布利亚特人用狗鱼胆来治疗眼病；西伯利亚的俄罗斯人用吞食活泥鳅和小龙虾来治疗癫痫及其他百病；雅库特人用接触一下啄木鸟的嘴来治疗牙痛，而且用啄木鸟的血来治疗淋巴腺结核，用鼻腔吸入风干啄木鸟粉来医治发高烧，用大口吞咽考克查鸟蛋来治疗肺结核；卫拉特人用鹧鸪血、马汗来治疗疝气和瘊子；布利亚特人用鸽子汤来治疗咳嗽；哈萨克人用泰利古斯鸟腿粉来医治疯狗咬伤；阿尔泰山地区的俄罗斯人用脖子

---

[1]〔法〕列维－斯特劳斯著、李幼蒸译：《野性的思维》，第49页。

上挂干蝙蝠来治疗发烧；卫拉特人用雷米兹鸟窝上的冰柱水滴滴眼来治疗眼病。让我们单来看看布利亚特人是如何利用熊的例子：熊肉有七种不同的医疗用途，熊血的用途有五种，熊脂肪的用途有九种，熊脑的用途有十二种，熊胆的用途有十七种，熊皮的用途有两种。卡拉尔人还在冬季快结束时收集冻熊便，用它来治疗便秘。[1]

其中最有趣的是：啄木鸟的嘴与人的牙齿相配，熊便与人便相配，在这两两相对应的现象背后隐含着结构和功能的相似性和相通性。自然事物与社会事物之间普遍相似相通的观点，不仅是原始医学的基本观点，而且是图腾观的核心观点。明白了这一点，我们便不会面对更为复杂的图腾现象犯简单化的错误。

在原始人的图腾生活中，图腾分类、命名的方式多种多样，概括起来不外乎两种，即宏观分类和微观分类。"前者以采取大量的动植物物种作为图腾（阿兰达族承认的不下四百多种）为特点，而后者以使全部图腾似乎都列入同一物种界限内为特点，如非洲的巴尼欧罗和巴希马族就提供了一个例证，氏族按特殊类型的牛或牛的特殊部位来命名：条纹牛、棕色牛、丰乳牛等；以及牛舌、牛肚、牛心、牛肾等。"[2] 这里出现的绝不单是逻辑分类和名词大小的排列问题，还有一个隐而未显的结构相似性问题。牛舌、牛肚、牛心、牛肾等，作为牛体的组成器官，统一于牛的生理结构，这一有机结构以相似或相同的形式出现在牛部落的图腾体系中，因此，牛图腾所标示的部落的社会结构与动物牛的生理结构相似或相通。

在自然与人事、图腾与自然物种和社会团体之间，普遍地发生着相似性和相通性（简称相似通性），原始图腾观的这一核心观点在原始人的巫术和魔法中表现得更为突出和明显。在某种意义上讲，巫术和魔法是相似通性原

---

[1] 〔法〕列维－斯特劳斯著、李幼蒸译：《野性的思维》，第13页。
[2] 同上，第170页。

理在实践中的推广和应用，在魔法仪式的实施过程中始终贯彻着相似通性原理。我们不妨以祈雨和求丰收的魔法仪式为例：

> 求雨的仪式，主要的是直接模仿雨或能生雨的乌云和雷电，你几乎可以称它为一种"玩雨的游戏"，例如，在日本，虾夷人（日本北海道、桦太等地之土人）将筛装上帆和桨，使它看起来像条船，其他的人则拿着小碗，然后，将它们推送到村庄和田园里用以洒水。同样的，土地的增产也可以戏剧性地经由人类的发生性关系来加以促成。我只简单地举出一个例子，"在爪哇的某些地方，当稻米即将开花的时候，农夫们带着妻子在夜晚到达他们的田园，借着发生性关系来企图勾起稻米的效法以增加生产。当然，乱伦的性关系却被严厉禁止且为人畏惧，因为它被认为可招致收成的失败和促成土地的不育"。[1]

如果说魔法揭示着人事与自然在结构上的相似性和一致性，那么，巫术则揭示着两者在功能上的相通性和一致性，"巫术，在本质上是一种以对待人的方式来影响灵魂的做法——使它们息怒、改善关系、和解、剥夺权力、使它们服从命令——即利用所有在活人身上证明有效的一切手段"[2]。在巫术活动中施术者和施术对象被认定有着相似或相同的灵魂，这灵魂具有与人相同的意志，巫师通过咒语、符箓或某种仪式将人所期待的愿望和要求传达给另一个现身为鬼或神的灵魂，命令或祈求它来实行或完成人的意志。在我国某些落后地区，巫术在民间广为流传，专门从事巫术职业的人称为巫神。巫神给危病患者看病时要举行一个"下阴"的仪式：在一个夜色朦胧的晚上，巫神钻进一个事先挖好的地窖中，然后封上窖口，据说通过这样象征性的"下阴"活动，巫神的灵魂暂时脱离了身体，直奔十八层地狱，与阎罗直

---

[1]〔奥〕弗洛伊德著、杨庸译：《图腾与禁忌》，第103页。
[2] 同上，第101页。

接会面、协商，讨还被他带走或正在带走的病人的灵魂。过了一两个时辰之后，巫师从地窖里钻了出来，带着病人的灵魂回到事主家中，事主又及时举行欢迎灵魂归来的仪式。至此，整个巫术活动宣告完成。在这一"下阴"的巫术中，巫神充当了事主与阎王之间的中介，并通过他所施行的法术，将他的意志和要求传达给阎王，请求他来协助事主召回病人出离了的灵魂。在这一过程及其结果中似乎存在着两种灵魂、两种意志功能的相通性和一致性。

与巫术密切相关的是"万物有灵"的观念，它亦是图腾观的主要观点之一。"原始民族相信每一个人都拥有一个相似的灵魂。这些居住于人类体内的灵魂能够离开且迁居到他人身上，它们是心灵活动的传达工具，同时，在某一个范围内可离开他的身体而独立。刚开始时，灵魂被认为和人类相似，只是在长久的进化过程中，渐渐地失去了物质的特性而显现出高度的'灵化'。"[1] 当灵魂脱离物质而独立存在时，它便可以自由地传导、凭附在一切有形之物（包括有生命之物和无生命之物）上，也可以自由地出离一切有形之物。我们把灵魂的这种普遍的传导性称做"灵魂通性"，"灵魂通性"是图腾与其所指相连接的另一重要方式。如果说"相似通性"是一种间接的转换的连接方式，那么"灵魂通性"则是一种同质的直接的连接方式，弗洛伊德称之为空间的连接或邻接，弗雷泽则认为前者是"模仿性"的，后者是"传染性"的。

"灵魂通性"具体地体现在"传染性"魔法中，"当一个人获得敌人的头发、指甲、废物或一小片衣服时，以某种残暴的方式对待它们，那么，这些报复将像亲自捉住敌人一样，对物件所做的任何伤害都将如数地发生在敌人身上"[2]。缘何如此？这是由于在头发、指甲上所凭附的灵魂与敌人灵魂之间存在着传导、邻接关系，所以对此处灵魂的伤害必然会传导给敌人的另一个灵魂。再如，"在原始民族的观念里，人名是一个人最重要的部分之一。

---

[1] 〔奥〕弗洛伊德著、杨庸译：《图腾与禁忌》，第98页。
[2] 同上，第104页。

所以，当一个人获知某一个人或某一个灵魂的名字时，他同时也将得到了他的一部分力量"[1]。这样一来，通过名字传导，使两个灵魂的力量沟通。在原始人杀死图腾动物的节日庆典仪式中，我们可以清楚地看到，在部落神与部落全体成员之间存在着别样的充满善意和敬仰之情的"灵魂通性"。弗洛伊德为我们提供了极好的例证：

> 在雅典，当布佛尼（意即"壮牛谋杀"）节日时，依照惯例，在献祭祭物后都举行一次审判，那些参加审判的人则被尊为智者。在审判结束时他们一致决议谋杀的责任应由屠刀担负，然后，判决将屠刀投入海中。
>
> 虽然神圣动物的生命必须受到全族人民的保护，但，在维系崇高友谊的前提下，每隔一段时间必须屠杀其中之一只，然后，由全族的人共享其肉和血。在稍后的时期里，我们可以由记载中发现，他们相信当共同食用的食物到达体内后，会使他们之间存在着一种神圣的关联。此种想法，在较早时期，似乎局限在共同食用某种"神圣"的祭物才能生效。神圣祭物的死亡"被认为是维系神与人之间关联的唯一方式"。
>
> ……因为，在早期，献祭的动物本身是神圣不可侵犯的。只有在神之前，所有族人共享祭物和共同担负屠杀动物的责任之下，才能透过祭物使人之间和人与神之间相互认同。祭物是神圣的，同时，亦是属于相同的血族。他们深信借着杀死图腾动物（即指原始的神本身）才能加强他们与神的相似性。[2]

总而言之，图腾作为一种独特的能指形式，通过两种连接方式，即相似

---

[1] 〔奥〕弗洛伊德著、杨庸译：《图腾与禁忌》，第104页。
[2] 同上，第171—172页。

性转换和灵魂通性邻接，将它与所指联结起来，说明、解释世界。

图腾不仅仅是一种宗教信仰，一种社会结构，它还是人类早期的一种世界观，一种解释性符号体系。

作为一种世界观，图腾观突出强调自然与社会，人与神之间的结构和功能的相似性，以及奠基于万物有灵根据之上的灵魂通性。

作为一种解释性体系，形象性图腾符号是隐喻的，自然、社会事物之仿像是喻体，所隐喻的本体则是自然存在、社会存在和超自然的神。

第三节　图腾世界出离天道的虚无性

图腾世界作为原始人草创的第一个比较完整的符号系统，是否真实无欺地揭示、显现了天道呢？答案是否定的。为了进一步弄清这个问题，我们必须进一步追问：图腾连接世界的两种方式是否可靠？由此开放出来的世界是不是原始自然的直接显现？这两个问题至关重要，因为，根据我们在第二篇中提出的自然第一性原则，在生命世界中自然存在是天道的初始绽出形态，也是天道最真实、最正确的客观显现，因此，自然存在具有绝对真理性。根据这一原理，图腾只有真实地显现出自然，才能通达天道，反之则必定会出离天道或歪曲、遮蔽天道。

我们还是抛开假设回到事实上为好。首先来考察、核实图腾连接世界的主要方式的实际情形。

其一，是图腾的相似性连接。如前所述，图腾制度以相似性间接连接的方式，将自然平面上的物种分类系统与文化平面上的社会等级系统勾连在一起，并寻求两者之间的"逻辑等价关系"。列维－斯特劳斯正确地指出：

> 它们所表现出来的同态关系不存在于社会团体和自然物种之间，而是存在于显现于团体水平上的区别和显现于物种水平上的区别之间。因

此，这类制度所根据的是两个区别系统之间的同态关系的前提，一个出现于自然中，另一个出现于文化中。如用垂直线表示同态关系，那么一个"纯图腾结构"可以表示如下：

自然：物种 1 ≠ 物种 2 ≠ 物种 3 ≠ …… 物种 n

文化：团体 1 ≠ 团体 2 ≠ 团体 3 ≠ …… 团体 n[1]

比如，在一个由狮氏族、虎氏族和豹氏族组成的图腾部落中，在自然的一极是真实的狮子、老虎和豹。它们作为同一类属的动物处在动物分类学的同一级别上，再上一级便是猫科，在猫科类以下便是狮、虎、豹的不同种，如华南虎、东北虎、印度虎、黑豹、雪豹、金钱豹等。这样便在自然物种的平面上自然形成如下的分类系统：

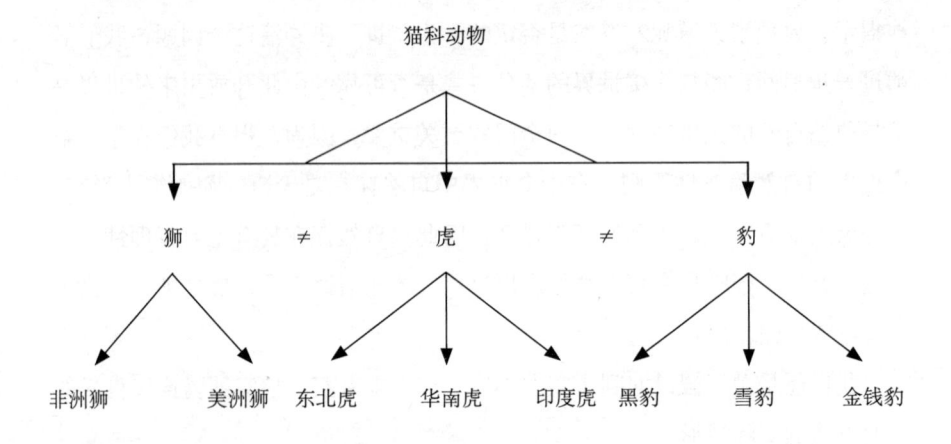

```
              猫科动物
        ／      ｜      ＼
       狮   ≠   虎   ≠   豹
      ／＼    ／｜＼     ／｜＼
   非洲狮 美洲狮 东北虎 华南虎 印度虎 黑豹 雪豹 金钱豹
```

按照图腾的相似性连接方式，在文化的另一极上极其对称、对应地出现结构相同的社会组织形式：

---

[1] 〔法〕列维－斯特劳斯著，李幼蒸译：《野性的思维》，第 131 页。

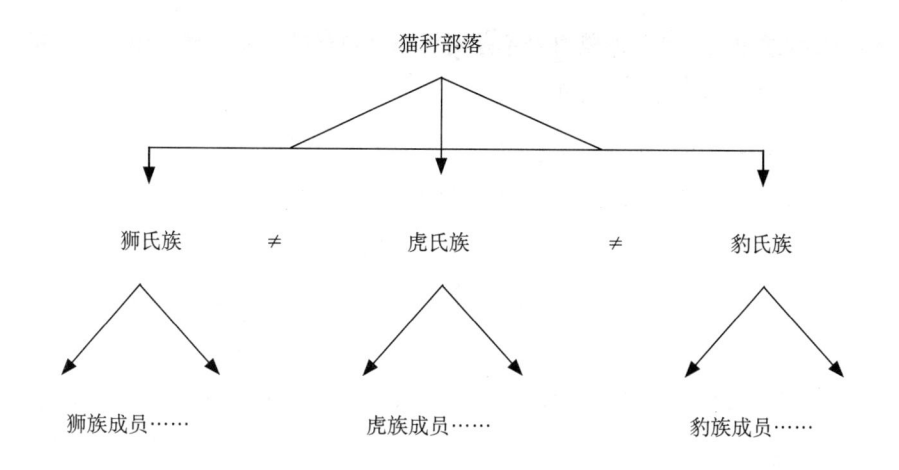

```
                        猫科部落
              ┌───────────┼───────────┐
              ↓           ↓           ↓
            狮氏族   ≠   虎氏族   ≠   豹氏族
            ↙  ↘        ↙  ↘        ↙  ↘
        狮族成员……    虎族成员……     豹族成员……
```

　　狮、虎、豹彼此间相区别着的三大氏族或社会团体是这一社会结构的核心构成要素，分别发挥着不同的社会、文化功能。与此相对应，在自然物种的平面上，狮、虎、豹彼此相互区分着的三类动物，是猫科动物分类学系统的中心构成要素，但它们在这一系统中所发挥的则不是社会学的功能，而是自然的动物学的功能。显然，两者之间尽管存在着结构上的相似性和同态性，但在功能上具有质的差异。这不仅仅表现在相互比配的两个结构系统中的各构成要素的区分标准的差别上，而且表现在彼此对应着的两个构成要素的本质差别上：在自然物种结构中将各构成要素区别开来的是自然物种的分类学标准，在社会结构中将各构成要素区别开来的是社会分工等级和标准；再进一步去看，自然平面上的狮子与社会平面上的狮子氏族绝不是同质的，而是异质的，前者是纯粹自然的、动物的，后者则是社会的、文化的。这个事实表明结构相似或相同的两种事物之间并不存在着本质的同一性。由于这个缘故，由图腾符号连接起来的自然存在与社会存在并不能真实地实现彼此之间的过渡和转化，图腾符号也不能真实地通达它所指示的任何一种存在本身，它最多只能以虚幻、歪曲的形式显现或指示自然存在或社会存在。无论在哪一种情况下，图腾都在制造着关于存在的虚假的、错误的表象：或者是"社会等级把真实的文化错误地加以自然化"，或者是"图腾团体把虚假的自然真实地文化化"[1]。图腾符号不是对第一性自然的真实显现,而是对它的最原始、最本初的存在本质的遮蔽。

其二,是它的以灵魂通性为中介的直接邻接方式,其情形我们已经在分析魔法和巫术的实施情况时具体考察过了。从中不难看出由那种自由出入、周遍万物的"灵魂"或"玛那"所实现的人与世界的交流或感通,亦是一种主观的幻想,这种幻想与真实的自然世界亦相隔甚远。从心理学的角度看,那是真实地发生在原始人想象和幻想中的一种"心理转机现象",原始人幻想着通过某种超自然的意志力量成功地支配和改造自然本身,并把这一过程具体地想象出来,以为在想象中所发生的必然同时发生在现实中。其实这一天真的想象充其量不过是一种主观的心理投射,一种转机,它投射到现实对象上,并不能从根本上丝毫改变现实本身,最多在其上增加一层主观色彩而已。其情形就像烛光将黑影投射到它所照射的事物上一样,而原始人则错误地认定那投射出去的心理幻象就是被它遮蔽的存在本身。弗洛伊德十分正确地指出:"人类对世界所构筑的第一个图像——灵魂说——是由心理造成的。"[2] 灵魂和魔鬼"只是人类自身情感冲动的一种投射而已。他将情感的电荷转向他们,然后,在外在世界中再次安排他们与自己内在心理过程相交会"[3]。他还认为精灵并不存在于自然世界之中,它产生于人的幻想和幻觉。他根据精神分析原理指出:

> 幼儿常用幻想的方式来满足他们的期望,换句话说他们会用感官上的激动来为自己创造一个满意的情境。一个成年的原始人亦可能采取这种方式。他的期望伴随着一种运动冲动(即指意志)把整个周遭环境的面目完全改变以适合他的理想。这种运动冲动提供了一个满足的情境,亦即经由我们所成为运动幻觉的方式使他们所期望得到的满足变为一种

---

[1] 〔法〕列维-斯特劳斯著、李幼蒸译:《野性的思维》,第145页。
[2] 〔奥〕弗洛伊德著、杨庸译:《图腾与禁忌》,第117页。
[3] 同上,第118页。

可能达到的经验。此种满足期望的表现方式正如幼儿在游戏中以纯粹的感觉方法来获致他的满足一样。

这种作用使人们对心理过程发生了过高的评价——即在对世界所抱持的态度中，人们从事实和思想二者中选择了后者，事物本身不再像理想的事物那样为人重视——人们深信对事物所做的任何理想毫无疑问地必将应验于前者。理想事物和真实事物之间被认为有着必然的联系。[1]

抛开弗氏的精神分析方法和基本立场，单就此处所表达到的关于灵魂说起源的观点来看，他的见解不无精当之处。但有一点必须纠正：精灵的观念绝不是原始人的理性和思想的产物，而是非理性的情感和想象的结果。原始人将自己激情和想象中意志力、意志冲动过程及其结果不受任何限制地投射到理想的情景和事物上，以为二者圆融无间，绝对同一，进而将主观心理现象直接等同于客观物理现象。那原本发生在主观情感和想象中的意志力和冲动，经过这一心理转机，便成为弥漫于客观世界中的"精灵"或"玛那"，但这绝不会被看成是纯粹的思想。这精灵又回转过来与每一个原始人的心灵互相感应、交通。所以，"灵魂"或"精灵"实质上是一种主观幻想和想象，是真实的自然世界的替换形式。由此可见，图腾连接世界的第二种方式与第一种方式一样不可靠，它也在制造着关于自然存在的幻想或虚假表象，并以此遮蔽自然，割断人与自然存在的真实的第一性联系。

最后我们还要考察一下图腾作为一种象形文字的词汇学特性。

从某种意义上讲，图腾又是原始人专有的一种命名制度体系。马克斯·米勒在谈到图腾的起源时曾经指出："图腾，刚开始时是一种种族的标记，然后转变为种族的名称，接着变为种族祖先的名称，最后才演变为种族所崇拜东西的名称。"[2] 这一看法含有很大的科学成分。从图腾的实际命名情

---

[1] 〔奥〕弗洛伊德著、杨庸译：《图腾与禁忌》，第107—109页。
[2] 同上，第140页。

况看，原始人对事物命名的兴趣比现代人强烈得多，他们对自然物种具有极其丰富的知识，由他们鉴别出来的物种类别及其名目的数量非常之多，近代物种学家所取得的个人成就与他们的集体成就相比逊色多了；他们对事物的个性特征的敏锐感知力和形象模仿力，更是现代人所望尘莫及的。下面是列维-斯特劳斯所提供的极其可靠的材料，从中可见一斑：

"哈努诺人把当地鸟类分成七十五种……他们大约能分辨出十几种蛇……六十多种鱼……十多种淡水和海水甲壳动物……大约同样数目的蜘蛛纲动物和节足动物……哈努诺人把现有的数千种分为一百零八类，其中包括十三种蚂蚁和白蚁……哈努诺人认识六十多种海水软体动物和二十五种以上的陆地和淡水中的软体动物……他们能辨别四种不同类型的吸血水蛭……总共记录下四百六十一种动物。"

在琉球群岛的一个落后种族，"甚至一个小孩也常常能认出哪块小木头是属于哪一种树上的，而且通过观察木头和树皮的外表、气味、硬度和其他特征来确定那种树的性别，土著们是具有关于植物性别的观念的。他们能成打地叫出鱼类和水生贝壳类动物的各不相同的名称，并十分了解它们不同的特征、习性及性别……"[1]

凭借如此敏锐和精确的感知力、分辨力，原始人创造出一个数量惊人的名词词汇。

南菲律宾群岛的萨巴衣人的植物名词超过一千个（弗雷克），哈努诺人的植物名词将近两千个。与加蓬的一位土著资料提供者一同工作的塞兰斯，最近发表了一份有大约八千个名词的人种—植物词汇表，这些名词出现在附近十二三个部落的语言或方言之中（沃克尔和塞兰斯）。[2]

---

[1]〔法〕列维-斯特劳斯著、李幼蒸译：《野性的思维》，第7—8页。
[2] 同上，第8—9页。

与此相对应，图腾部落群体的社会命名与个人命名的词汇量亦是相当可观的，并且是极富个性化特征的。还是列维－斯特劳斯提供了有关这方面的翔实可靠的资料，据他说，索克族的专有名词总是与氏族动物有关系：

熊族的六十六个名字、野牛族的十一个名字、狼族的三十三个名字、火鸡族的二十三个名字、鱼族的四十二个名字、大洋族的三十七个名字、雷族的四十八个名字、狐族的十四个名字，以及鹿族的三十四个名字都有统计记录。[1]

这里更有情趣的是氏族成员的个人名字，如"闪亮的熊眼"、"黑熊皮脂"等；再如以蟹为图腾的女人，其名称有："蟹产卵"、"潮水把蟹冲到海里"、"蟹藏在洞里并被掘出"等等，这些奇特的个人名字，不仅标示着个人与其氏族的从属关系，而且标示着个人的具体存在状态和性格特征。

如果原始人把如此丰富繁多的社会名词和自然名词仅仅看成是一种词汇或语汇，并同时承认它所揭示的自然事物和社会事物独立于词汇系统而存在，那么，我们不得不承认图腾命名系统具有"唯名论"的性质，没有理由去批评、指责它。但事实并非如此。原始人将名词直接等同于它所指称的对象本身。这不像唯名论，更接近于唯实论，但与唯实论也有区别：原始人不把图腾命名系统中的名词看做是抽象概念，也不把名词看成是生成对象的本体或根据。名词与其对象原本就是不可分割的统一体，"他们对字句的观念就像对待东西一样"[2]。这在图腾禁忌中表现得尤为集中、明显。无论是对活人名字的忌讳，还是对死者名字的禁忌，其理由只有一个：名字仍然与死者或活者的灵魂合为一体，是其存在的不可分割的一部分。"在南美的某些部族里，当着亲属的面前提起死者的名字被认为是对未亡人的最大侮辱，他

---

[1] 〔法〕列维－斯特劳斯著、李幼蒸译：《野性的思维》，第 195—196 页。
[2] 〔奥〕弗洛伊德著、杨庸译：《图腾与禁忌》，第 75 页。

的处罚方式就像对待谋杀犯一样。"[1]这个理由与对活着的尊贵者名字的回避一样,地位低下的人呼叫尊贵者的名字,就是在贬低或侮辱尊贵者本人,"在维多利亚和西北美洲的某些部落,这种现象更进一步为人所施行。当一人死后,所有的亲属不管名字相似与否全部改用新的名字"[2]。还有对死去的敌人名字的忌讳。禁呼其名,是因为害怕敌人的灵魂继续进行报复或加害于己。在防止乱伦的禁忌中,兄弟与姊妹之间不但行动上相互回避,而且忌讳或禁用对方的名字,"他不但不可以说出她的名字,甚且在言语中避讳着它。此种'回避'始自成年仪式,而后持续终生"[3]。女孩亦然。

我们最后考察的结果并不合乎理想,情形依旧:作为一种特殊的象形文字,图腾符号系统混淆了能指与所指的区别,它所建构的仍然是颠倒错乱的虚幻表象世界。这个世界充其量不过是以名词的意涵为中心的主观意义的集合,这个以意义呈现着的主观经验世界遮蔽了自然的本真存在状态,使之无由真实地呈现自身。

总而言之,无论从哪一个角度看,图腾系统作为原始人草创的第一个符号世界,它的特殊指示功能并没有打开一条通往天道的顺畅通道,人们不能由此通达天道,与天同一;相反,图腾反其道而行之,它开放出一个出离天道、阻绝天人的黑洞,并以其制造的迷离晦暗的阴影,即呈现为名词意义的颠倒错乱的主观经验世界(它被柏拉图形象地称为人造形象、各种傀儡和偶像的投射影像),充满黑洞,遮蔽天道的阳光和自然本真。人因此而昏迷转向,错误地以黑暗为光明,以虚幻为真实,执迷不悟,自甘沉沦,不思自拔、自救,永远在黑暗的洞穴中安于囚禁,并把这种黑暗、虚幻和不自由看成是自己的现实本质,岂不悲夫!

人之大悲,起于图腾。图腾符号系统所构造的虚幻阴影世界是人类本真

---

[1] 〔奥〕弗洛伊德著、杨庸译:《图腾与禁忌》,第74页。
[2] 同上,第74页。
[3] 同上,第23页。

存在的最原始的遮蔽形式，也是自我沉沦于世界的初始显现形态。

荣格、弗洛伊德和卡西尔都承认这一点，但我与他们的立场具有天壤之别：他们都把文化看成是自我存在的真正本质，因而，对图腾的作用和功能持肯定的态度；我则把第一性的自然看做是自我存在的绝对本质，因而坚决地否定图腾的文化作用和功能。解构图腾是现代形而上学的主要目的和宗旨。

第十三章
宗教—英雄符号世界

第一节　宗教—英雄符号的起源和本质

宗教言—名与英雄言—名原本是分立着的两个符号世界，二者同源，都是从图腾世界演化出来的。

宗教起源于图腾崇拜，这是不争的事实。宗教所信仰、崇拜的唯一的神或上帝，其前身就是图腾时代的神。按照弗洛伊德的说法，图腾制度所塑造的神，实质上是原始人长期崇拜祖先、敬仰父亲的习惯自然而然地形成的。神，说到底，不过是祖先或父亲影像的一种夸张形式而已。依我看，这是目前流行的关于宗教起源的种种解释中最好的一种解释。[1]

在最纯粹的宗教中，我们仍然看到父亲崇拜观念的影响。在基督教中，圣父、圣子、圣灵三位一体所突出的是上帝与耶稣之间的父子关系。

---

[1] 弗洛伊德是这样解释的：事实上，初民们早已自己讲得很清楚了，他们形容图腾是他们的共同祖先和原始父亲。(《图腾与禁忌》，第 165 页)精神分析的研究已经发现图腾动物事实上即是一种父亲影像的替代，因为，它的特征里包含了两种不同的现象，虽然屠杀图腾是一种禁制，可是，在屠杀它的时候却又变成一种庆典——即图腾被残酷地屠杀，然后，接受哀悼。(同上，第 175 页)从精神分析对人类的探讨中，我们可以惊异地发现这些神都是依据父亲的形象构成的，人与神的关系也常因人与父亲之间的关系的变化而产生改变，简洁地说，神只不过是父亲影响下的一种夸大形式而已。从以前我们讨论到的图腾观中，我们可以看出图腾被视为种族的祖先，就如同一位信仰神的人称其神为父亲一样。(同上，第 182 页)

在图腾庆典与宗教仪式（如基督教的"弥撒"仪式）之间也存在着明显的源始关系与相通性。在图腾庆典中有一个重要的仪式：杀死图腾动物献祭之后，全体氏族成员都充满激情与狂欢，共同分享献祭动物的肉。"那些族民们用吞食图腾来得到他们的神圣性；他们加强与图腾及族民相互间的认同感。这种狂欢的快感和他们的一连串表现，我们可以解释为，他们借着图腾为媒介来达到他们溶入那种神圣的生命之中。"[1] 这与做"弥撒"的情形非常相似，做"弥撒"的目的也是为敬仰上帝，并以此为中介在信众与上帝、信徒与信徒之间实现普遍的沟通和相互认同。有所不同的是，敬献之物不再是杀死的动物，而代之以面包和红葡萄酒，它们分别象征着基督的肉和血。圣徒们分享了圣餐之后，便与上帝合为一体，同时加强了相互之间的认同感。弗洛伊德深刻而正确地指出："图腾餐也许可说是人类最早的庆典仪式，它正是一种重复从事及庆祝上述值得纪念和残酷事件的行为，它是往后所谓的'社会结构'、'道德禁制'和'宗教'等诸多事件的开始。"[2]

我们还可以看到，在图腾禁忌与宗教禁律之间，在图腾制度与世俗的宗教组织之间都存在着某种或隐或显的渊源关系和一致性，只是后者比前者更复杂、更完善，更庞大而已。

然而图腾系统与宗教系统毕竟有区别：前者是多神的，后者是一神的；前者以生命一体化意识弥合此岸与彼岸，不分等级，平等看世界，后者则崇神贬人，判然分离出天国与人世、彼岸与此岸两个世界来；前者多神多义，因而呈现出多元的"教义"，后者则有统一、一义的教义和教规；前者的庆典是约定俗成的群众性组织活动，因而无须专门的社会分工组织或团体来主持、领导，后者的仪式则由享有某种特权和专门知识的少数专职人员来主持，由此形成一个特殊的社会、宗教机构和组织，即以教主为代表的庞大教会和教廷。

---

[1]〔奥〕弗洛伊德著、杨庸译：《图腾与禁忌》，第175页。
[2] 同上，第177页。

图腾世界与宗教世界的本质区别是：前者的符号具有自然的性质，即图腾形象绝大多数直接取材于自然物种，而后者的符号则纯全是人为的，或人工制作的。教规、教义、宗教典籍、宗教仪式、教会组织形式及管理等级名衔，所有这些共同构成宗教符号世界，全都打下了人工制造的明显痕迹，不带任何自然的成分，即使像主教、神甫、传道士之类的神职人员，他们也不是纯粹的自然人，他们也像世俗国家中的各级官吏一样，充当某种社会角色，执行着一个活符号的功能。它与图腾符号的区别仅仅在于：它是一个能言会道的有生命的活物，而后者则是不会直接言说的死物或自然物。

两者之间还有一个不可忽略的重要区别：图腾世界的核心符号是自然物种的形象，而宗教世界的主体符号则是被教会组织联为一体的各级神职人员；前者以相似性连接或灵魂通性邻接的方式打通社会与自然、部落全体与神之间的隔膜与距离，后者则直接以上帝代表的角色和身份沟通神与人、天国与尘世。

英雄符号系统的渊源亦出自图腾世界。它与宗教符号系统另一个相似点在于：它的符号系统也纯全是人工制作的，而非自然的，英雄的非凡的创造行为及其创造成果，构成英雄符号世界的主体。

单就这一点来看，英雄符号系统与图腾世界并没有什么直接的亲缘关系。那么，它到底又是怎样植根于图腾世界，并由此形成内在的渊源关系的呢？这与图腾制度中的特殊的、个别的现象有关。虽然说直接取自自然物种的形象构成图腾符号世界的中心或主体，然而在整个图腾时代也存在例外的情况，即以人工制品为图腾符号。列维－斯特劳斯给我们提供了这一方面的可靠证据，他说：

> 马德拉斯地区一个织工等级德万加人的诸氏族中很少出现植物名，几乎没有任何动物名。相反，人们可以看到下列名称：乳脂奶、牛栏、钱币、水堤、房屋、洗眼药、刀子、剪子、船、灯、衣服、女衣、吊绳、旧犁、寺院、火葬柴堆、瓦片。在迈素尔地区库鲁巴部落中记录有

六十七种实行外婚制的氏族。它们除有动植物名称外还有下列名称：大车、杯子、银子、打火石、毛线团、手镯、金子、金戒指、鹤嘴镐、彩色花边、棍子、毯子、尺子、唇髭、织机、竹筒等等。

可能这种现象不是发生于南方而是发生于周围一带，因为在这里我们会想起某些东南亚部落赋予人工制品的神话作用，像军刀、刀子、长矛、针、柱子、绳子等等。[1]

列维－斯特劳斯还为我们提供了一个极其有趣的图腾特例，它最引人注意之处是它的地域的特殊性，它把我们的视野引向远古的东方：

在印度用人工物，即功能性活动的产品或象征，作为图腾名字的比例很高。由于图腾在一个等级制度中是极其多种多样的，也就可以用它们来表示部落或等级社会本身内诸社会集团的区别。例如在美洲，等级制度的基础受到图腾分类的影响，而在印度，图腾团体的残迹可以用技术或职业的象征来说明。[2]

印度图腾制度的这一特点，也许在整个东方的远古图腾制度中具有代表性和典型性。它对于我们破解东方图腾（包括远古中国图腾）之谜具有极大的启示意义。

直接取材于人工制作品的图腾符号系统是英雄世界的前身，换句话说，英雄世界是由人工制品的仿像性图腾演变或演化出来的。当原始人将崇拜、敬仰之情由人工制作的产品或形器扩展到产品的创造主体和创造行为，进而将创造主体的形象及其行为模式作为崇拜的主要对象时，英雄言—名系统便从图腾言—名系统中分离出来，自成一体，构成一个新型的符号世界。

---

[1]〔法〕列维－斯特劳斯著，李幼蒸译：《野性的思维》，第137—138页。
[2] 同上，第138页。

英雄符号系统与图腾符号系统的主要区别在于：前者的结构中心是在文化的某一领域具有杰出智慧和超凡创造才能的英雄形象及其行为和事业，后者的结构中心则是自然物种的形象；英雄形象是单个人，他是一社会、一民族的代表或典范，自然物种形象则是一全体，一种类，它是一部落、一氏族的通名或共名，它平等地为每一个氏族成员所分有，是全体氏族成员的集合；英雄形象因个人的伟大德行和超凡出众的才能而获得崇高的地位，居高临下，领导、垂范芸芸众生，从而受到群众的崇拜、敬仰、顶礼膜拜，图腾形象则是因其神性而受到部落全体成员的敬重与崇拜；英雄形象以英雄固有的道德沟通神人，感通万物，图腾则以其精灵之力沟通神人，交感万类。

中国古代的易象系统在整个东方世界是最具有典型性、代表性的英雄符号系统。据说它是由中华文明的创始人伏羲首创的，最早有八种，即八卦。它既是伏羲对天地万象的摹写和仿像，又是对伏羲本人的超凡的认识和实践活动及其结果的总结、概括和象征。它作为个人行为的符号化或物化形式，既承载着英雄的道德，又是一社会全体成员的行为规范和典范，是民众从事各种社会文化活动的先行根据和图式。继伏羲之后的英雄或圣人们扩充或补充的其余的易象符号（总共六十四种）都具有同样的性质。其情形在《周易·系辞》中被描述得非常详细：

> 古者包羲氏（即伏羲）之王天下也，仰则观象于天，俯则观法于地，观鸟兽之文与地之宜，近取诸身，远取诸物。于是始作八卦，以通神明之德，以类万物之情。作结绳而为网罟，以佃以渔，盖取诸离。
>
> 包羲氏没，神农氏作，斲木为耜，揉木为耒，耒耨之利，以教天下，盖取诸益。
>
> 日中为市，致天下之民，聚天下之货，交易而退，各得其所，盖取诸噬嗑。
>
> 神农氏没，黄帝、尧、舜氏作，通其变，使民不倦，神而化之，使民宜之，易穷则变，变则通，通则久，是以自天佑之，吉无不利，黄

帝、尧、舜垂衣裳而天下治，盖取诸乾坤。

刳木为舟，剡木为楫，舟楫之利，以济不通，致远以利天下，盖取诸涣。服牛乘马，引重致远，以利天下，盖取诸随。

重门击柝，以待暴客，盖取诸豫。

断木为杵，掘地为臼，臼杵之利，万民以济，盖取诸小过。

弦木为弧，剡木为矢，弧矢之利，以威天下，盖取诸睽。

上古穴居而野处，后世圣人易之以宫室，上栋下宇，以待风雨，盖取诸大壮。

古之葬者，厚衣之以薪，葬之中野，不封不树，丧期无数。后世圣人易之以棺椁，盖取诸大过。

上古结绳而治，后世圣人易之以书契，百官以治，万民以察，盖取诸夬。[1]

易象符号系统实质上是对天地万物存在之规律或共相的模仿，故它与天地万物之间存在着本质的相似关系。"易与天地准，故能弥纶天地之道。"[2]说的就是这个事实。"准"即比配、相似或相类。这与我们在上文中曾经提到过的图腾世界中的相似关系具有本质的区别：在那里，相似性只存在于现象的层面上。同样，在易象与英雄的言行和事业之间亦存在着这种本质的相似性关系，所谓"近取诸身"，即指此。所以，易象直接包涵、承载、呈现着英雄存在之道："易有圣人之道四焉，以言者尚其辞，以动者尚其变，以制器者尚其象，以卜筮者尚其占。"（尚即取。——引者）[3] 就此而言，易象是英雄的独创性成果，它是英雄超凡才能和品质的物化形式和确证，所以它非英雄、圣贤莫属。"圣人以此洗心，退藏于密，吉凶与民同患，神以知来，

---

[1] （唐）孔颖达：《周易正义》，第413—417页。
[2] 同上，第366页。
[3] 同上，第383页。

知以藏往,其孰能与此哉,古之聪明睿智神武而不杀者夫!"[1]由于易象蕴含或呈现着英雄崇高而伟大的仁德和智慧,它便具有普遍的道德通性,英雄或圣人以此来上通"神明之德",下类"万物之情"。

英雄符号系统与宗教符号系统有许多相似或相同之处:第一,二者的中心人物都是才智卓绝的超凡入圣的伟大创造者,诚如卡西尔所言:"没有伟大的创造精神,没有那些感到自己被上帝的力量所激励并且被指定去揭示上帝意志的先知们,宗教就绝不可能找到自己的道路。"[2]将这话用之于英雄世界亦是合适的,没有那些先知先觉者的伟大创造,就没有英雄世界。第二,英雄人物与宗教先知们都因其伟大的创造能力和功勋被推尊为引领一社会全体的唯一的至高无上者,他们因此而成为一民族或一社会全体成员的最高权威和精神导师,耶稣基督在西方社会,穆罕默德在伊斯兰世界,释迦牟尼在印度民族,文王、周公、孔子在中华民族,各自所拥有的地位和受尊崇的程度都不相上下。第三,英雄人物和宗教导师都是天或上帝的唯一忠实使者,他们都直接禀受着天命或上帝的意志,因此,他们的种种存在方式、行为方式及其全部创造成就都是神或上帝的正确显现,他们自身就是绝对真理的化身。第四,由于第三个缘故,英雄和宗教先知们的存在,既是沟通天与人、上帝与俗众的中介,又是引领一民族,连接、感化一社会全体成员合乎神性或道德而存在的典范形式。

但是我们也不能忽略问题的另一面,即两者之间的重要区别。其一,英雄人物既是一民族之历史和文明的创造者和奠基人,又是该民族的最高权威和唯一领导者、管理者,他是圣贤、导师,又是君主和国王,因此,他既超然高举于俗众之上,又立足于世俗的国家政治现实之中,主持、管理着人间的俗务;宗教的创造者则充当着单一的角色,他专心致志于上帝的使命,积极扮演着上帝信使或儿子的角色,并以始终保持与上帝的亲密联系和接触

---

[1] (唐)孔颖达:《周易正义》,第387—388页。
[2] 〔德〕恩斯特·卡西尔著、甘阳译:《人论》,第184页。

为精神生活的最高目的，至于尘世的凡俗生活，对他来说毫无兴趣，那是世俗国王理应插足、过问的事。其二，在英雄世界，圣王合一的必然结果是政教合一，国王也就是教主，宗教禁制制度与国家政治伦理制度合二而一，于是本来世俗的东西显得神圣，本来神圣的东西充满了世俗性；而在宗教世界中则将神的天地与人的世界截然分隔开来，一边是神圣的教会组织和制度体系，另一边是世俗的国家政治制度体系，主教与国王各领其地，分庭抗礼，这便是政教分离。其三，英雄符号系统将形而上的世界与形而下的世界合二为一，进而以人道合天道，以器为道（在古代中国，尤其如此），于是赋予文化、文明乃至整个世界以绝对肯定的性质；而在宗教世界则将天国和尘俗世界分割为二，相互对立，在对立中，宗教以天国否定尘世，从而赋予凡俗世界以绝对否定的性质，赋予天国以绝对肯定的性质。其四，英雄世界无有现实与理想、此岸与彼岸之分别，它直接肯定的是历史与传统，它是封闭的，是围绕一中心不停转动的一个圆；而宗教世界则有此岸与彼岸、现实与理想之分别，它肯定的是指向未来的彼岸理想，并以理想来否定现实，人们通过不断地否定现实而渐渐接近理想，它是开放的，是引导人们趋向未来的一条光线，一条无尽头的漫漫道路。

既然宗教世界与英雄世界是有着显著区别的、相互独立的两种符号体系，那么我们又根据什么理由将二者合为一体，并把英雄符号作为宗教—英雄世界的结构中心呢？其理由有种种，除了二者之间的相似或相通性之外，还有一个重要的历史事实为我们合并宗教符号与英雄符号提供了可靠的客观依据，这就是：在人类文明的发展史上并没有出现过宗教符号单独主导、支配一民族在一时代的全部生活的文化现象，因而，也就没有一个纯全的唯一的"宗教历史时期"或"宗教历史阶段"。尽管在欧洲各民族都共同经历了一个比较漫长的中世纪，西方人总是习惯上将这一时期看做宗教统治的时期，但在事实上，这种看法是片面的。事实的真相是：宗教的统治仅仅发生在主教与教会组织所统辖的范围之内，它没有积极有效地支配或影响世俗的国家政治和伦理生活，在世俗王国中拥有最高统治权和支配权的是国王，而不是主教,尽管主教拥有给国王加冕的权力,但那仅仅是一个形式而已。在整个中世纪充满了神权与王权的血腥斗争,在斗争中各有胜负,在总体上还是王权占了上风。在东方,尤其是中国,英雄符号系统在相当长的历史时期内一直占据着支配的、主导的地位,积极引领、影响着社会文化生活的各个领域,自尧唐虞舜至清朝,一直如此。汉唐以来,佛教西来,也没有能从根本上改变这一事实,宗教在中国一直处在边缘地带,即使偶尔有一个好佛的皇帝站出来大力扶持一下,它还是皇权所掌握的东西,还是不能从根本上改变它在政教合一制度体系中的从属地位。

根据这一历史事实,不难看出:弗洛伊德对人类文明史的划分是极其错误的,至少是主观片面的。他将人类文明史划分为三个阶段,即图腾时期、宗教时期和科学时期。第一个时期说得过去,第二、第三时期则带有很大的主观夸大的成分,与历史事实甚不相符。他完全忽略了东方文明的存在以及东方文明的特殊性。

弗洛伊德所犯的错误是西方绝大多数学者的通病,他们的眼睛总是盯着西方的文明,欧洲的历史,并狂妄自大地总是把他们自己的文明历史看成是人类文明的主流和典范,总是习惯于将他们自己文明的特殊性,直接提升为普遍性,以偏赅全,主观地妄断人类文明史,狂傲地随意贬低、甚至抹煞其他民族的文明史,这便是众所周知的欧洲中心主义。

为了有效地克服、扬弃欧洲中心主义,我们特别地将西方文化学者所忽略的英雄符号世界凸显出来,并标示出它在整个人类文明发展史中的显著地位,这也是我们将英雄符号置于宗教—英雄世界之中心的主要理由之一。

第二节 宗教—英雄世界的晦暗与虚幻

现在让我们进一步探询本节中至关重要的问题,即宗教—英雄世界与天道的关系问题。它是天道的真实显现,还是对天道的更为浓厚深重的遮蔽?

答案是后一个。它和图腾符号一样，是人为的假设施，是投射到天道之绝对存在上的晦暗影阴，其遮蔽的程度和范围远远超过图腾。

现在让我们来具体考察宗教—英雄世界缘何而遮蔽天道的情形。

这首先与英雄符号系统的存在特性密切相关。（我们这里单论英雄符号，而不提宗教，是因为我们将着眼点放在两者的相似性和相通性上，故将宗教存而不论，在这一前提下，我们从英雄世界中所得出的结论，用之于宗教世界也是适合的。）英雄人物及其言行与事业构成英雄世界的主体符号，其情形与宗教世界中所出现的情形大致相同：在那里宗教先知及其言行和事迹构成其主体。像宗教先知们一样，英雄人物也充当天与人的媒介，沟通天人。但是这种沟通与连接不像我们在图腾世界里所看到的那样，在那里图腾符号是通过弥漫于天地万类、物物分有的"精灵"或"玛那"之力沟通神、人与万物的。在这里，英雄人物以他独有的超凡的智慧和道德通上达下，以代表的身份和角色联结天与人。当他以代表的角色自居的时候，他的意志和行为于上代表天的意志，他便成圣、成贤、成英雄；于下则代表万民百姓的意志，他便为帝、为王、为师表。由此形成圣王合一、帝师合一的双重角色。从此可见，英雄符号联结天道与现实世界的重要根据是英雄人物角色的双重代表性。

这种代表性果真能使人们通达天道吗？英雄符号系统以其传统的解释给出十分权威的答案：绝对能够通达天道，无可怀疑。其理由有二：其一，英雄的意志与天的意志是相通的、同一的。这种同一性就直接呈现在天与英雄的十分亲近的遗传关系中，他们的关系是父子关系。在中国自周秦以来历代君主、帝王都以天子自居，人们也都认可他们是天的儿子，为了坐实此事，还捏造了许许多多的神话，渲染、夸张天生帝王的神奇与怪异。由于这个缘故，英雄的所作所为便是代天父行人事，他的意志也就是天的意志。其二，英雄的创制行为在整个英雄世界中具有道德的美学的通性。《易经·文言》有言："君子黄中通理，正位居体。美在其中，而畅于四肢，发于事业，美之至也。"[1] 意即：君子的内在美德通过他的创制行为，自由通畅地流布普及于他的事业中，这便是我所说的"道德通性"。黑格尔在其《美学》中称之为英雄的独立自足性。他说：

> 他们都是些个人（指古希腊神话英雄——引者注），根据自己性格的独立自足性，服从自己的专断意志，承担和完成自己的一切事务，如果他们实现了正义和道德，那也显得只是由于他们个人的意志。这种有实体性的东西与个人的欲望、冲动和意志直接统一就是希腊道德的特点，所以在这种情况下，个人自己就是法律，无须受制于另外一种独立的法律、裁判和法庭。[2]

> 在这种情况下，人见到他所利用的摆在自己周围的一切东西，就感觉到他们都是由他自己创造的，因而感觉到所要应付的这些外在的事物就是他自己的事物，而不是在他主宰的范围之外异化了的事物。[3]

这种"独立自足性"不仅仅显现于英雄人物的内在自由精神世界，而且显现于英雄所创造的整个外部世界，因为这个外部世界作为英雄才智和意志的创造物，原本就是英雄自由意志的客观显现，二者是统一的、同一的。由英雄主宰、掌握的内外合一的圆满而完美的这一世界，同时又为英雄领导的社会共同体的全体成员所分享，他们在这个世界中一样感受着自己的圆满自足性。因为他们的意志与英雄的意志是相通的，英雄全权代表着他们，英雄的意志就是他们的意志。这样一来，整个英雄世界对每一个人都亲密无间、圆融无碍、内外合一、浃洽圆通，其情形就像鱼在大海中一样，自由自在，浑然一体。

---

[1]（清）陈梦雷：《周易浅述》（一），上海古籍出版社 1988 年版，第 102—103 页。
[2]〔德〕黑格尔著、朱光潜译：《美学》第 1 卷，商务印书馆 1984 年版，第 237 页。
[3] 同上，第 332 页。

凡是人在物质生活方面所需要的东西,例如居房和园地,帐篷,床,刀子,航海的船,载人去打仗的车,烹调,屠宰,饮食等等,没有哪一种对人只是一种死板的手段,而是每一件都必须感到其中有他的全部聪明才智,有他自己,所以本来是外在的东西因为和人有紧密的联系而打下人的个性的烙印。[1]

英雄时代的个人也很少和他所隶属的那个伦理的社会整体分割开来,他意识到自己与那整体处于实体性的统一。[2]

由于英雄的自由意志和独特的个性在他所创制的整个世界中具有道德的美学的通性,英雄世界不但是英雄人物本真存在的绝对正确的显现,而且是天道的绝对正确的显现,因为英雄的意志与天的意志是同一的。

事实果真如此吗?绝对不是,这只是文明的卫道士和历史的守护者们编造出来的一派谎言而已。只要我们真实地还原英雄存在的真相,这些美丽而迷人的谎言不攻自破。

首先让我们仔细看一看"代表"的真相。代表存在的真谛是被代表者的不在场,或者说"代表"揭示着被代表者从当下在场撤离、离去、消失,或原本不在,也不趋近、前来的存在状态,它在源始上揭示着本有之无。比如日常生活中有一重要的场合,本该父亲出场,父亲因故无法按时出场,便派儿子代表自己出场,显然儿子(即代表)出场的真相是父亲(即被代表者)的不在场或退场。

代表的另一面是"替换"或"替补","偷天换日","移花接木"这类成语,是对"替补"的绝好描写。这是"代表"之为"有"的存在特性。"替换"是以某一物代替另一物,并直接充当被替换之物,补充被替换之物的位

---

[1] 〔德〕黑格尔著、朱光潜译:《美学》第3卷(下),第118页。
[2] 〔德〕黑格尔著、朱光潜译:《美学》第1卷,第241页。

置,按照被替换之物的存在方式发挥作用和功能。"偷梁换柱",如果用梁来替换柱,那原来本是横着的梁现在被竖起来,它便不再被认做梁了,而被认做柱,并发挥着柱子的功能和作用。尽管如此,梁与柱原本是判然分别的两物,很难混而为一。即便是儿子来替补父亲,子父还是各行其道,相互独立;也有"儿子毕肖父亲"的现象,但那仅仅是外在容貌体态上的相像,而不能同时确保二人的意志、个性和行为方式完全相同。儿子在特殊的场合充当父亲的角色,但他的存在充其量不过是父亲存在的异化形式或假冒形式而已。阴谋家赵高曾经导演的那一场臭名昭著的"指鹿为马"闹剧,也是一种替换行为,他以鹿来替代马,并直接将鹿指认为马,尽管人们当时认同了,但那是赵高以强权和淫威逼迫的结果,在客观上由于真马不在场,滥施强权者便可以随心所欲地任意弄虚作假、颠倒是非。即使在这种情况下,马与鹿毕竟是判然分立的两种存在,那冒充马的鹿,终究不过是马的异化形式而已。

代表具有如此的存在特性,它无论代表什么,对于被代表者来说,绝不是什么好事,不管它代表天、代表地、代表神,还是代表人,情况都是如此。它揭示出被代表者的空位和虚无,并以冒充的异化形式替换、填补虚无。

所以,当宗教—英雄符号将英雄人物宣布为天意或天道的代表时,天道便远离世界而去,英雄的当下在场呈现着天道的不在场或空虚,它以异化的形式占据着天道留下的空位,并冒充天道。显而易见,英雄世界不但不能使人通达天道,反而误导人们出离、疏远天道,它是对天道的更为晦暗、浓厚的遮蔽。

英雄人物充当英雄世界与人民群众的代表,情况亦复如此。它除了显示真正的创造主体缺席、空位,除了呈现李代桃僵或以假充真的假象之外,什么也没有揭示出来。人们千百年来深受这一假象的欺骗,坚信历史是属于英雄的,是由英雄创造出来的,人民群众则与历史创造沾不上边,他们只能坐享英雄创造出来的全部文明成果,将主体地位谦逊地让给英雄,并心甘情愿地让英雄来全权代表他们。这样一来，英雄的存在便陈陈相因地遮蔽着群众存在的主体性真相，人民群众的存在以异化、歪曲的形式呈现在英雄的晦暗阴影中。事实的真相是：真正的创造主体是人民群众，英雄只是他们的假冒的替换形式。这个真相连老实巴交的历史唯物主义之父摩尔根也依稀看到了，他意味深长地说："人类进步的事件不依靠特殊人物而体现于有形的记录之中，这种记录凝结在各种制度和风俗习惯中，保存在各种发明与发现中。历史学家们出于一种需要使个别人物在这些过程中大为突出，于是就把昙花一现的个人当做了持久不变的原则。一切的进步，都要依靠社会整体的工作才能产生，但人们对此归功于个别人物者太多，归功于群众智慧者太少。总的说来，我们承认人类历史的实质与观念的发展有着不可分割的关系，而观念是由人民创造出来的，它表现在人民的制度、风俗习惯和各种发现之中。"[1]

现在让我们接着来考察英雄世界的"道德通性"的真相。

在英雄所制作的整个器物世界中流溢、渗透着"道德的美学的本质"，这是由儒家学派和黑格尔之流编造出的一个虚假的美学幻想。造成这一错误的根本原因是，他们将工具技术性制作活动与纯粹的道德精神实践混为一谈了，或者根本上不承认两者之间的本质区别。道器合一是儒家流传甚广的一个老观点，天道缘何而与人所制作的名物制度统一、同一呢？这是因为君子或圣人所制作的器物是其道德的客观、正确的显现，而圣人的道德承天而来，与天道相通，这显然是将道德实践与制器活动看成一码子事了。黑格尔把实践理性看成是理念发展的最高阶段上的客观显现，他也没有明确区分精神性道德实践与技术性创制活动，而笼统地将二者混而为一。

其实这个区别老早就被亚里士多德明确地指出了。他将人的活动分成两大类：一类是"为着必需的，为着他物而被选择的"工具性活动，即创制，

---

[1]〔美〕摩尔根：《古代社会》，商务印书馆1987年版，第302页。

这种活动的目的在活动之外，活动的目的是为了人的生存；另一类是"以其自身而被选择的"自由活动，即精神性实践，这种活动的目的在活动中，人在这种活动中就能够得到快乐。[1] 前者以外在的异己的工具为中介，故其结果是一个异己的他物，后者则无须凭借外在的中介，精神自己中介自己，自己对自己发生关系，始终不出离自身，所以它是自由的活动。后来康德用更简明的术语来称谓这两种活动：一为技术实践，一为道德实践。

分而言之，这两种实践无论从起点来看，还是从过程和结果来看，都存在着泾渭分明、甚至截然相对的区别。首先，技术实践与道德实践的起始形式不同：前者是"理智"，后者是"明智"。这一区别也是亚里士多德首次发现的，理智是一种科学技术理性，它的主要活动特点是不断出离自身，指向异己的对象性事物，认识、掌握其规律、规则和必然性，以求得在对象中实现自身之目的，它是必然性的认识、改造活动；而"明智"则是"德性之知"或"道德良知"，它不假外求，"返求诸己"，自己以自身为对象，一切都求之于内，圆满自足、自由自在、自本自根，所以它是一种纯粹精神的自由活动。

其次，技术实践与道德实践的活动过程及其方式也大相径庭：前者是离心的出离起始、永远不能返回自身的直线运动；后者则是向心的向着起始不断返回自身的圆形运动。由于技术实践在其进行过程中不断地出离自身、投向对象性事物，并将其现实性不断地落实到连续出现的工具和层出不穷的对象事物上，而不是落实到起始的目的上，这样就形成一个物物相续永无尽头的直线型"恶无限"物质链条，这条连环链所固有的不可逆转的离心运动趋势和倾向，使技术实践永远不能返回自身，归复占有起始存在。所以技术实践的"恶无限"运动将人们引向一条永不回头的不归路，人之大悲，莫过于此！由于道德实践能够凭借天德良知先行照亮、掌握活动目的与对象自身，这样在整个实践活动过程中，它的目的与手段始终能够如其本初地持守

---

[1] 《亚里士多德全集》第 8 卷，中国人民大学出版社 1997 年版，第 225 页。

于内在，而不流落在外，它也就因此而能够向着起始和自身不断前进，持存自身，返回自身，占有起始存在。道德实践的运动本质是自然的运动，也就是我们所说的原始的第一性自然的运动，我们借用亚里士多德的自然概念来说明它的本质特点是颇为合适的，"自然乃是这种事物的自身运动和静止的起始和占有，因而也就是这种事物的运动和静止的原始。首先自在地和从自身而来，并且向着这种事物，自然预先起始地占有这种事物"，还应补充一句：自然的起始持留于运动的终端上，它在运动终点再次占有起始。首尾相接，形成一个向心的圆。[1]

最后，两者的结果，即其现实意义也存在着巨大的区别：技术实践的现实目的和意义最终落实到有限事物的有用性上，人的意义以异化的物的意义显现出来；而道德实践的现实目的和意义始终存在于人自身的天德良知和第一性自然，存在于实践活动过程中持存着的人的天赋本质，人的意义直接显现为人的绝对本质和目的。技术实践的意义说到底是虚无的。理由有二：其一是它的替补性，即以物的意义来替补人的意义，在这种情况下，真正的人的意义缺失、不在场。其二是，这种意义是由异己的他物规定的，由于物的有限性和易逝性，这就需要物物相续、以新易旧，这在逻辑上就会陷入一种他物复他物的"无穷后退"，也就是离人的意义越来越远，尽管它在器物和技术层面上表现为"无穷前进"。其实，物的前进乃是人的倒退，于是"一切欲求就变成无益的空忙"，找不到一种最终的意义。[2] 在技术工具理性成为普遍的统治力量的当代世界尤其如此。海德格尔对此心明眼亮，一语中的："人在技术上制造自己；如若这一点成功，那么人就把他自己炸毁了，亦即把他的作为主体的本质炸毁了，使之在空气中爆破开来，于是，绝对无意义的东西就被当做唯一的'意义'，而对这种效果的维护就显现为人对地球的'统治'。"[3] 而道德实践的意义则无这种被替换、被异化或物化的虚无性，它

---

[1] 〔德〕海德格尔著、孙周兴译：《路标》，第294页。
[2] 〔古希腊〕亚里士多德：《尼各马科伦理学》，中国社会科学出版社1999年版，第1页。
[3] 〔德〕海德格尔著、孙周兴译：《路标》，第298页。

直接显现着最高的善、人的终极目的和意义，因为它是圆满自足、无所不包的、自我规定的、自我实现和自涵意义的，诚如亚里士多德所言："良好的实践自身即是目的。"[1]

那么英雄的创制活动到底属于哪一类实践呢？毫无疑问，它属于技术实践。不管其创制主体是英雄还是群众，它的活动实质与方式是相同的：它是人们利用工具和技术在对象世界中实现某种实用目的的活动。所以，英雄的创制活动及其全部成就与事业（器物或产品世界）不可避免地带有技术实践的存在特性：它具有不断出离、疏远原始自然和天道的"恶无限"离心倾向和不可返回自身起始的直线型运动特点，带有异化、替补人的本真存在的虚空性质。它在场的时候，真正的人被它逼走了。在人的虚无处，根本不存在什么人的目的、意义和价值，更谈不上什么美学的道德通性！在这个世界中要说有什么美和道德，除了是主观的梦想或幻想，还能是别的什么呢？！

现在我们已经一览无余地揭露出英雄世界的全部真相。这个真相表明：宗教—英雄符号世界或以代表的替补方式，或以工具技术出离天道和原始自然的恶无限离心倾向与异化方式，解构道德，疏离、遮蔽天道。它以更有欺骗性和迷惑性的手段和形式，颠倒惑乱人们的良知和心性，将人们带进更深、更浓的晦暗中。它诱惑着人们沉迷、流连于对象世界，执迷于虚假的物化意义，走向一条漫漫无头的不归路，在物化世界和历史不断进步的假象中，制造着人自身的不断退化和堕落，将更大的不幸和灾难带给英雄世界中的每一个人。这里再次印证了德里达所总结出的有名的"替补加速度规律"，或"几何学倒退规律"。"按照这条规律，后来的灾难必然会加重最初的灾难。"[2] 同理，后来的黑暗必然会加重、加深最初的黑暗，宗教—英雄世界所形成的阴影和晦暗使原初图腾世界的晦暗更加黑暗。

---

[1] 〔古希腊〕亚里士多德：《尼各马科伦理学》，第127页。
[2] 〔法〕雅克·德里达著、汪堂家译：《论文字学》，上海译文出版社2005年版，第294页。

第十四章
货币—庸人符号世界

第一节 货币—庸人符号的存在本质

货币也是一种符号形式。在图腾符号世界中也有它的原始的朴素形式，在英雄符号世界它有了进一步的发展，逐步趋于完善，但在这两个符号系统中它都不是主要的核心构成要素，因而总是处于整个符号世界的边缘。现在的情形则发生了重大变化，一个取代宗教—英雄世界的新符号系统出现了，这就是货币—庸人符号世界。在这个符号世界中货币与庸人双雄并立，并驾齐驱，成为这个符号系统的结构中心，其他的符号形式则环绕着这一双子中心而存在，共同构成货币—庸人世界。

货币的存在特性与本质曾被马克思以毕生的精力和才智透彻地研究过了，如果读者有兴趣，请你重温《资本论》，我们对此再也讲不出什么新东西。但有一点必须强调指出：马克思在《资本论》中对货币存在特性和功能的卓绝分析，全部聚焦在经济学的视点上，货币是商品交换的媒介，货币之为价值尺度、流通手段、贮藏手段和支付手段，所有这些都是指货币的经济学本质和功能。这不是我们所要关注的主要之点。我们这里需要集中考察的是货币的存在论本质或特性，马克思对此论及的甚少。

货币不仅是一种经济学意义上的符号，而且是人之存在的现实本质的指代符号。这后一种特性不是货币与生俱来的特性，而是货币发展到一定阶段上的附生属性。货币的这一发展阶段是与人类社会发展的资本主义阶段完全对应的。在这一阶段上商品经济取代了英雄时代的政治和宗教，成为人类社会生活中占统治地位的生活方式和形式，并且是唯一的绝对的普遍形式，它的普遍性不是在某一民族、某一国家或地区范围内有效的，而是在整个地球上绝对有效的。既然如此，我们为什么不把商品作为这时代的整个符号世界的中心呢？这是因为商品没有直接的现实性品格，它必须以货币为媒介来实现自身的价值，货币既是商品的中介物，又是它的现实形态。

货币与商品具有如此密切的内在联系和同一性关系，我们便能轻而易举地从商品的存在特性推断出货币的存在特性。马克思已经指出，商品具有拜物教的性质，后来卢卡契称之为"拜物化"，即以外在的物的关系掩盖或歪曲其内在的本来的人的关系，或者说人的存在及其关系以物的存在与关系的假象歪曲地显现出来，人以物的异化的形式存在着、显现着。这"拜物化"关系直接构成货币的所指内容。我们说货币是人的存在本质的指代形式，指的就是这个事实，它直接指示着人的异化形式，即商品的"拜物化"关系。

货币具有能将一切形式的存在揪到现场的神通和魔力，不管是木石瓦砾，还是飞禽走兽，无论是天地神人，还是鬼怪幽灵，只要货币召唤它们，它们就乖乖地登临现场，这就是所谓"货币万能"。这是"因为货币具有能购买一切的属性，因为它具有占有一切对象的属性，所以货币是对象在优越的意义中。它的属性的普遍性是它的本质的万能，所以它作为万能的本质生效。货币是在人的欲望和对象之间，生活和生活资料之间的媒介。但我们的生活给我媒介来的东西，别人的定在也把她对我媒介着。这是别人对于我。"马克思紧接着引用了歌德的诗，形象地说明了货币的这种特殊功能和性质。

什么浑话，你的脚，你的手，
你的屁股，你的头，
这当然是你的所有；

但假如我能够巧妙地使用,
难道就不等于是我的所有?
我驾驭着它们真是威武堂堂,
真好像我有二十四只脚杆一样。[1]

货币万能,意指货币作为一切可能性而存在的大全性质。作为包摄万有的可能性之大全,货币等于绝对之有,但它同时又是绝对之无,其虚无性有二:一是它的可能性,凡是可能性的东西,都是当下不在场的;其二是它的现实性,当货币由可能性转化为现实性之时,货币立即消失、退场,由它所购买到的商品登临现场,取代了它原先的位置。货币一直处在这种不断被别物中介、替换的变易中,在变易中,它是有又是无,是有无的对立统一。

与货币紧密联系、合为一体的另一种符号形式是庸人。庸人实质上是以商品"拜物化"关系持存、显现着的人。这里的人不是指有血有肉的活生生的个人,而是指被异化或物化的抽象的无生命的人。它的存在本质是由物与物、商品与商品联结起来的僵死的抽象关系,马克思说"人是一切社会关系的总和",指的就是这个事实。所以庸人无人,庸人揭示着真正的人的不在场或虚无。庸,即用。庸人之为诸多商品交换关系的总和或集合,其本质关系和结构的形成是有根由的,这就是由实用性或有用性将种种商品和工具连接、勾连起来的结缘方式,海德格尔称之为"因缘整体",这是一个很了不起的发现。他是这样描述"因缘整体"的:

> 因缘的何所缘,就是效用与合用的何所用。随着效用的何所用,复又能有因缘。例如,我们称之为锤子的那种上手的东西因其自身同锤打有缘(所以我们才称之为锤子);因锤打,又同修固有缘;因修固,又同防风避雨之所有缘;这个防风避雨之所为此在能避居之下之故而"存

---

[1] 马克思:《1844年经济学—哲学手稿》,人民出版社1958年版,第114、116页。

在"，也就是说，为此在存在的某种可能性之故而"存在"。某种上手的东西何因何缘，这向来是由因缘整体性先行描绘出来的。例如，因缘整体性构成了在一个工场中上到手头的东西的上手状态。所以，因缘整体性"早于"单个的用具。某一农庄及其所有农具与产地的关系之因缘整体性亦复如是。[1]

这些精彩的描述无疑是十分精确的，因缘整体实质上是由实用性勾连起来的商品化工具整体。但是海德格尔将这一纯粹物化的因缘整体看成是为着人（此在）的"何所用"的目的而存在的合目的性存在，从而将人看成是独立于这一整体之外，并使用这整体的自由主体，看成是这一整体"何所用"的为何存在之"故"，并断言这个"何所用"就不再有因缘，这就大错特错了。其实人根本没有这种独立的自由和主体性，在现实性上，人也是一种工具和商品，他和其他工具一样被卷进实用性因缘整体，成为结缘的一成分，一要素。在这种情况下人与其他结缘成分，如汽车、沙发、床、便筒、锤子本无二致，抽象的实用性关系构成他的现实本质。庸人就是以这种形式在因缘整体中存在、呈现自身的，真实的人在此被完全物化或工具化了。这就是庸人存在的真相：庸人现身本无人。

在"因缘整体"中形成的实用性因缘关系是庸人的现实本质。在这里提供了哲学上的一个特例，本质并没有质的规定，它沉淀为一个空洞的物化关系的抽象形式，或抽象的物化形式。这个空洞的形式不包含任何属于人的芥纤本质或质素，这里没头没脑，没身没脚，没血没肉，更没有感情、意识、思维、道德、意志和智慧；这里也没有任何自然事物的客观属性，木石铜铁，软硬酸咸，广延空间，等等，都荡然无存。抽象的因缘关系像精灵一样自由自在地漂浮于所有这些实在性之上，居高临下地决定着、规定着人的存在及其现实本质。这一决定性的现实力量既不出自因缘关系自身，更不出自真实的人与自

---

[1] 〔德〕海德格尔著、陈嘉映等译：《存在与时间》，第98页。

然，而来自因缘整体性之外的、威力更大、抽象级别更高的货币。是货币的超强力量将人的一切真实而实在的东西抽空，将为人所用的物品的一切真实的价值和品质压干，统统整合、压缩成一个干枯的、单一的、僵死的抽象形式。这个抽象形式进而又被货币分解为纯粹的"数"和"量"。这里又提供出哲学上的一个奇特事例：数量脱离"质"而独立存在，空洞轻灵的无本质无尺度的量，决定着世界万物的存在，它成了现实世界中的绝对本体和主体，毕达哥拉斯的美妙的哲学幻想，被悬搁了几千年之后，现在变成了现实。货币以量的多寡将自身的魔力传导到人的抽象形式中，鬼使神差地、变戏法似的玩弄着人。它时而使人什么也不是，时而又使人什么都是。在前一种情况下，它以趋于零的方式将本属于人的一切一一席卷而去，于是人不是人，也不是鬼，甚至不是屎尿、垃圾、尘埃；在后一种情况下，它以趋于无限大的方式将天地万有不断地涌向人，聚集于人，归属于人，于是人是天、是地、是贤、是圣、是王侯将相，是大亨巨头，甚至是上帝、诸神，是菩萨佛陀，是撒旦、阎罗。

这样一来，货币和庸人这两种符号在现实的维度上便相互因依，缠结一体，不可分离。庸人的现实性缘结着货币，货币的现实性又反向缘结着庸人，倘若斩断两者之间相互的因缘关系，双方都失去了现实性，尽管货币是万能的。这是货币—庸人符号系统与先前依次出现的两个符号系统相区别的主要特点：在前两个符号世界中分别有一种符号（或为图腾形式，或为英雄形象）占据着主导的中心地位；在这里则有两种符号——货币和庸人——平行并立，但这并不意味着在货币—庸人符号世界中有两个并列的结构中心，事实是，这两种符号分立之时，都不能单独发挥中心的构成作用，只是在相互缠结为一体时才合成一个中心。

第二节　货币—庸人世界离绝天道的虚无性

现在让我们进一步考察货币—庸人世界的存在特征，以最终揭明这个世界远离天道，遮蔽天道的真相。

在货币与庸人的相互因缘关系中还有一个隐含的事实未曾揭明。事实上在货币背后有一个隐身存在，这就是商品；在庸人背后有一个隐身存在，也是商品。商品是货币与庸人的共同隐身存在，正是这一共同隐身存在充当中介，将货币与庸人联为一体。如果我们将商品这一隐含符号填加进来，就出现这样的情形，如图所示：

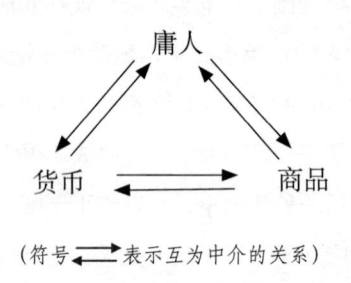

```
            庸人
           ↗  ↖
          ↙    ↘
        货币 ⇄ 商品
```

（符号 ⇄ 表示互为中介的关系）

这互为中介的三种符号构成的三角形结构便是货币——庸人符号世界的结构中心。

这是一个叠合着重重中介关系的符号世界：庸人以货币为中介，与商品相互过渡，形成货币中介关系；货币以庸人为中介，与商品相互过渡、转化，形成庸人中介关系；货币以商品为中介，与庸人相互过渡、易位，形成商品中介关系。在这个闭合的、重叠的中介关系网络中，每一种符号都充当着中介，同时又被别的符号中介着。在这里没有任何恒定的岿然不动的东西，一切稳定的持久不变的东西，即使是太阳系及其恒星，只要被卷进这个中介关系的旋涡中，都会变易不居，旋转不定。在这里没有任何原始的、第一性的东西存在，也绝不允许这样的东西存在，一切被卷入其中的东西都被中介着，甚至被层层中介着，由蛇变成影，由影变成梦……由梦变成幽灵，即使是上帝，造物主，只要落入这个中介性旋涡，它也难逃这残酷的被层层中介的厄运和劫难，它会层层变形，变成禽兽、变成草木、变成粪土屎尿、变成空气、变成数不尽的数……正是这中介关系的无穷魔力将人们引进变幻莫测的迷宫，使他们神魂颠倒，昏迷恍惚，离自然与天道而去，越去越远。

在货币与商品、货币与庸人、庸人与商品之间不但存在着相互中介的关系，而且存在着互为代表、相互替补的关系，后者比前者更为变化多端，更为云谲波诡，更为神秘诡诈。这里的相互代表性和替补性与我们在英雄世界里所看到的那种单纯的代表性和替补性有所不同：在英雄世界里，充当代表的符号具有直接在场性质，唯其直接在场，才暴露出被代表者的不在场，替补性由此而产生，代表也就成了不在场者唯一的替补者，因此代表的存在是不可取代、不可撼动的，它的替补性也是唯一的、神圣不可侵犯的；在货币—庸人世界里，任何一种符号都没有这种稳定的在场状态，更没有这种不可撼动的唯一性和神圣性。我们看到的是全然与之不同的另一种情形：货币代表着庸人和商品，但反过来，庸人和商品又分别代表着货币，因为互为代表，所以双方之为代表的在场性旋生即灭，刚一出场，就被它所代表的对象立即召回，转而成为被代表者，沦为虚无。如此辗转相代，互成虚无。

与代表性相关联的替补性亦复如此。货币替补庸人，庸人反过来又替补货币；商品替补货币，货币又反过来替补商品。替补者瞬息成为被替补者，被替补者刹那又成为替补者，二者回环相生，变易不定，都没有彼此固持着的唯一性与恒定性。这个像走马灯一样旋转不定、变幻迷离的替补性旋涡将互为代表的符号表象不断地卷进无常的黑流中，它似乎将一切都攫住了，但一切被攫住的东西瞬间就化为虚无，像美丽的梦一样一觉成空，来去无影无踪。它能将一切召唤到场，影影绰绰，若即若离，像精灵一样闪烁飘移，流走飞动，但谁也不能将它抓住，抓到哪里，它就从哪里像空气一样蒸发，消散了。这是一个由鬼魂和幽灵组成的魔幻世界，人沉入鬼的世界。一旦沉落这个恐怖的世界，人自身也变成厉鬼了。

在这个鬼怪曼舞的魔幻世界中，人们再也听不到人话了，到处都呱噪着一片呕哑嘲哳的鬼语。鬼语全是欺骗和狡诈，它在喋喋不休地诉说出一切，同时又神秘诡诈地如谵如呓地将一切真相刻意隐瞒起来，它说是即非，说非即是，说有即无，说无即有，它将自身的当下在场坦然说成虚无，它将一切不在场的东西居心叵测地说成实有，它将这一连串谎言编成谜一样的歌，引吭高歌，迷了每一个人的心窍，使他们神不守舍，失魂落魄，神魂颠倒，如痴如狂。是这鬼语将人们投入万劫不复的地狱，是这鬼语呼出铺天盖地的乌烟瘴气和魔幻阴影，充斥无底的黑洞，阻绝了太阳的光辉，用无底的黑暗包围、笼罩住昏迷的人群。从此在沉沦的人们与天道之间横隔着一个无尽头的黑洞，充满一片无边的晦暗，遂使人与天道两无照应，永不相通。这是货币—庸人世界带给人类的空前绝后的黑暗，人类因此而遭受了空前的更大的不幸！

我们寓身于一个共时性符号世界中。神话、图腾、艺术、宗教、英雄形象、货币、庸人、各种官衔、社会等级符号、各种语言文字，等等，所有这些符号以不同的结构方式共同构成一个统一的符号世界，决定、规定着人的现实本质。卡西尔说得好，从此，人便揖别了他的原始的居留地，"人不再生活在一个单纯的物理宇宙之中，而是生活在一个符号宇宙之中"[1]。卡西尔主张，符号及其世界乃是人的本质，此话最多只对了一半。由符号所建构的世界经验只是人的现实本质，但它是以物化或异化的形式呈现着的人的本质，因其异化性质，人的真正的本质或本真存在被它遮蔽了，这一点卡西尔没有看到，也不愿意承认。

符号世界的异化性质绝不是我们不怀好意地、主观地强加到符号世界之上的一种子虚乌有的坏品质，而是符号世界固有的客观本质，这就是中介性。中介性，如同我们在上文所看到的那样，不管它出现在什么存在、什么事物上，那存在、那事物就被它做了手脚，改变了面貌，丧失了它原始的第一性本真存在，成为间接地被他物转移、替代的东西。凡是符号都具有中介性，符号本身就是中介，这是我们既已考察过的三种符号世界的共同本性。人被符号所中介，"人不再能直接地面对实在，他不可能仿佛是面对面地直

---

[1]〔德〕恩斯特·卡西尔著、甘阳译：《人论》，第44页。

观实在了"[1]。卡西尔的这一看法不错，但令人遗憾的是他不能从符号的中介性出发，进一步合乎逻辑地推论出符号对人的本质的异化性质。

卡西尔关于符号的另一种看法也值得一提，他说："符号，就这个词的本来意义而言，是不可能被还原为单纯的信号的。信号和符号属于两个不同的领域：信号是物理的存在世界之一部分；符号则是人类的意义世界之一部分。"[2] 这个观点是正确的，但难免有肤浅之嫌。还应更进一步看到，符号是对信号的替补，符号的在场标志着信号的不在场和虚无。推而广之，整个符号世界的存在状态也是如此，直接呈现着的符号的意义世界，揭示着原始的、自然的义涵世界的阙失和空虚。现代自然主义语言哲学家奎因认为，一切语词的内涵都是空的，他不相信任何一个词具有内涵，因为词的意义具有不受直接的客观经验传染的免疫性，正是这种免疫性将基于自然经验的内涵或意涵消解、清空了。[3] 词是这样，符号及其集合的符号世界也是这样。一切形式的符号世界都是空的。所以，当我们面对任何一个符号世界之时，无论将它看成是真实的自然经验世界的虚无，还是把它看成零，或一无所有的圆形虚空，都不会出错。

诚然如此，我们又对符号世界直接揭示出来的意义作何解释呢？意义绝不是什么有根基的岿然不动的存在，它像天上的云、地上的风、水中的月、镜中的花，倏而生，忽而灭，时而有，时而无。符号世界是零，意义世界既可从零的一端逐渐趋向无穷大，不断膨胀递增，又可从零的另一端逐渐趋向无穷小，不断减缩，直至虚无。符号世界是虚空之场，意义则是在风中流动的云雾阴霾，它可以自由地在此虚空之场进退出入、聚散升降。意义缘何有此变化无常的性质？这是因为意义原本是由人根据现实的需求主观地随机编造出来的，尽管它以一定的物化符号形式为载体，并按照一定的语法、逻辑规则和使用习惯而生成，但这些东西也是由人主观地随意造作出来的。人可

---

[1] 〔德〕恩斯特·卡西尔著、甘阳译：《人论》，第44页。
[2] 同上，第55页。
[3] 参阅〔联邦德国〕施太格缪勒著、王炳文等译：《当代哲学主流》下卷，第214—215页。

以自由地造作它们，也可以自由地清除或替换、改进它们，这些人为的假设施一旦被替代或消除，它所承载的意义也随之发生变化或走向虚无。正是意义的这种变化无常的存在性质，将符号世界拖进时间的隧道。符号世界从空间性的虚空之场揪出了时间性的无底黑洞，意义的黑风席卷着乌云，充满了这个无底黑洞，以其流转不定、变化无常的本性规定着、塑造着蜷缩在黑洞里的所有人的肉体与灵魂。是牛是马，是人是鬼，是禽是兽，任其摆布；呼牛即牛，呼马即马，人在黑洞里成为意义所指、所是的存在。黑暗成了他的现实本质。在这个意义上说，人是一个在意义的无常变化中说不清道不明的存在，他变成了一个黑洞。

意义的变化无常在个人存在中无法把握，但在世界存在的范围内还是有迹可寻的。在我们对符号世界的全程追踪和考察中，我们发现：从神话—图腾世界到货币—庸人世界，世界意义至少发生了三次重大的转变或转换：在神话—图腾世界中，自然物种的类形象构成了世界的意义中心，降至宗教—英雄世界，英雄形象及其创制取代了图腾形象，成为新的意义中心，再到货币—庸人世界，人类创制品的替代形式取代了英雄及其创制品的中心地位，成为新世界意义的绝对中心。

世界意义的这一长程变化，对人的本质又发生了怎样的影响呢？其影响和后果是极其惨重的。从头看尾，触目惊心：人最初受命于天的第一自然以及对于它的忠诚与信仰，完全被清空了，取而代之的是欺骗和虚伪。这种品质俗称为"鬼"。我在上文所说的鬼，除了幽灵的含义以外，主要指的是鬼的这一通俗含义。简言之，世界意义的变化过程，也就是由人变鬼的过程，人的忠诚与信仰逐渐被消解、褫夺的过程，同时也是普遍的欺骗和虚伪逐渐形成、蔓延的过程，实质上是人逐渐远离自然，疏远天道，迷失天道，直至最后完全丧尽天良的过程。

在民间流传着这么一句深刻的警世名言：上古之世，尽人无鬼；中古之世，半人半鬼；当今之世，尽鬼无人。将它用作本章的结语，至为精当。在上古图腾世界里，人们虽然普遍地利用图腾来弄虚作假，但纯朴的原始人并不知道他们自己在造假，也不知道利用图腾来欺骗他人，他们真诚地信假为真，在这种真诚中坚守着他们对天和大自然的信仰和敬畏。在中古英雄世界，英雄则变得阴险狡诈起来，他明知自己在弄虚作假，并以假充真，欺骗愚弄可怜无知的群众，而群众继续保持着上古的忠诚和信仰，愚蠢地将愚弄他们的英雄看成是天或神的化身，并对他们感恩戴德，五体投地，俯首听命。在现代货币—庸人世界，人人都变得狡诈虚伪，人人都在弄虚作假，人人都在自欺，人人都在欺人，人人都知道自己在自欺欺人，人人都津津乐道地干这种自欺欺人的勾当，天赋的忠诚与信仰被一扫而光，人成了彻头彻尾的鬼，世界成了地地道道的鬼界或地狱，它与天堂遥遥相隔。天上的太阳永远地沉落了，它被遮蔽在无底的晦暗中！

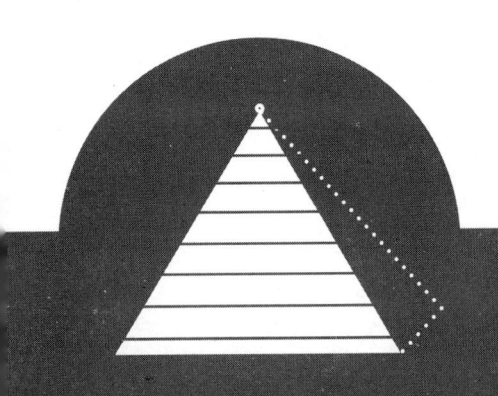

第五篇

自我还原之路：直观明道

第十五章
倒转与自我直观

我们已概略考察了自我沉沦的全过程，以及世界遮蔽天道的一般状况。在上篇，我们着重描述了三种符号世界的存在和显现形式，而对于自我在世界中的具体存在状况避而不谈，于是出现了只见世界不见人的叙述空白或"漏洞"。请宽容的读者切勿以此为口实，责备作者粗疏，运思不精，其实自我在世界中的空白状态，在客观上本来如此。真实的自我原本在世界中不在场，世界所呈现的是真实自我的替补形式或虚幻、空洞的意义表象，它直接揭示的是世界的存在本质，自我在此除了空洞的形式之外，并没有什么真正属于他自身的本质规定或实质性内容。世界的晦暗是自我存在的唯一显现和特性，这晦暗并没有真正揭示出自我存在的任何特殊的东西，唯其晦暗，我们连自己的什么也看不清。这就像漆黑的子夜浓浓夜色笼罩在茫茫荒原上一样，谁也看不出这荒原上到底存在着什么。也许那里有人，有兽，有亭台楼阁，有山水花鸟，但漆黑的夜色取消、磨灭了一切差别，使诸多存在者一同沉没在抽象、空洞的黑暗中，化为同一个黑暗的抽象。

第一节 倒转及其存在方式

自我存在怎样才能从晦暗的世界中凸显出来，显露真相，如其本初地显现自身？柏拉图在他的"洞穴"比喻中给出初步的答案：由那通达绝对真理的智者进入洞穴，解放那些被囚禁者，并引领他们走出洞穴，重见太阳，沐浴绝对真理之光，彻底消除迷误，他称之为"造形"或"倒转"。海德格尔对此作出了他自己的独到的解释："按照柏拉图所作的本质规定，'造形'的意思是引送到在其本质中的整个人的倒转。因此，'造形'本质上就是一种过渡，而且是从无造形状态到造形的过渡。"[1] 所谓倒转，"亦即从首先照面的事物的区域到存在者显现于其中的另一个领域的适应性移置"[2]。尽管这一出色的补充性解释给柏拉图的"倒转"说增色不少，但这一学说仍有许多不明朗的地方需要进一步去澄清。

　　柏拉图给出的解决方案，仅仅指明了一个大致正确的方向，但在如何倒转、由谁来倒转、凭借什么力量来倒转、转移或移置什么等具体问题上疑点重重。依柏拉图之见，处于黑暗洞穴中的自我，要重见光明，复现自我存在之真相，首先要将自身从囚禁、束缚状态中解放出来。自我解放是倒转的首要的必要条件，这是对的。但是，解放的主体不是被囚禁的自我本身，而是自我之外的"他者"，是处于绝对自由状态的智者、贤人。这样，倒转的动力也便成了从外面而来的机械推动力。受此机械力量的推动和牵引，自我从一个黑暗的空间转移到另一个光明的空间。这里所发生的一切变化和转移，都是外力机械推动的结果，实现了倒转或移置的自我并没有从根本上改变了他自身的不自由状态，他在本质上还是一个不自由的人。因此他尽管被移置到朗朗乾坤，沐浴着绝对真理（阳光）之光，但他并没有真正拥有、通达绝对真理，他仍然与天道相分、相外。诚然如此，自我存在最终不能真正清除晦暗，走向澄明之境，归复本真。

　　问题出在哪里？出在柏拉图对解放的错误理解。自我解放或倒转的首要条件不是自我之外的他者，而是自我的觉悟和内在自由。有了这觉悟和

---

[1] 〔德〕海德格尔著、孙周兴译：《路标》，第249—251页。
[2] 同上，第251页。

自由，自我便有了自己解放自己，自行倒转的动力源泉，这内在动力推动着自我转换、移置自身，但这推动力又始终被自我的自由意识所掌握，按照自我所意愿的方向发挥作用。如此实现的倒转和移置，才是自我的真正自由，有此自由，自我才能真正地祛除晦暗，达于澄明之境，通达天道，返本归真。

我们不妨打这样一个比方，来比喻自我通过自身的觉悟来实现倒转的情形：一位流落在外的旅客，在深夜走进人迹罕至的茫茫荒野，迷失了路径和方向，分不清东西南北，于是他心乱神迷，到处乱走乱闯，好像绕圈似地难以走出迷津。他只得停下脚步，静下心来，休息养神，突然一闪念，他想出了走出迷津的好方法，他取出兜里的手电筒，打开开关，照出一片光亮，凭着手电灯的光亮，他细细辨认出自己的行踪所标示出的方向，并顺着行踪所来的方向，逆向向着原初的出发点返回。倒转就是从昏迷中觉悟了的自我，在觉悟之光的照耀和引领下掉头转向，沿着来路向着原始发端处返回。这里的觉悟之光，不是外在的物理的、化学的光亮，像火炬、电灯之类的光，而是发自心灵深处的内在的精神之光。俗话说，人人心中都有一盏灯，讲的就是这种心灵之光。通过觉悟，这种心灵之光从自我的内心深处闪现出来，照亮自身，从而将自身从黑暗无边的周围世界中凸显出来，提升或升华为觉悟着的自由主体。

这里所发生的转移、移置，即从迷误之所向初始出发点转移，不是在一定时间里完成的空间转换，即从一个地方回到另一个地方，像某人从甲地误入乙地，再掉过头来从乙地出发沿着原路返回甲地一样。这种转移实质上是自我存在性质和状态的转化，它不是在时空方面表现出来的量的变化，而是存在本质的变化，这变化也许在时间和空间上没有显著的显现。宋儒以流水之变来比喻自我存在状态之变化和转化，生动而贴切。江河之水在流向大海的过程中，由清逐渐变浊，在变得极其混浊的时候，人们加以澄治之功，截住江河，流水止静，便可由浊变清。这变清之水是既已流出之水，而非倒流回溯至初始源泉的归源之水。清浊有异，源流有别，水则是同一之水，变化也发生在同一之地，江河之水并没有流入别的河床或低洼之地才使自己由浊变清。[1] 倒转的情形与此相似：自我通过内在觉悟之功力实现了自我存在的转化，从晦暗过渡到澄明。

自我觉悟不仅仅直接开放出自我的内在性本真存在，而且间接地揭示着晦暗世界。当自我凭借内在觉悟之光照亮自身，并以一点星光将自我从晦暗世界中凸显或绽放出来之时，自我同时也从自身的存在中标画出世界存在的种种迹象、星星点点的痕迹或踪迹。这些痕迹虽然是符号世界在漫长的时间过程中镌刻在自我存在之上的残缺不全的印记，但它还是能从整体上大致标明世界出离天道的基本方向和路线，这一路线也就是自我出离本真、迷失自身沉入世界的所经路线。自我觉悟在晦暗世界中绽放出来的亮点又是世界前进进程的终结点，也是自我倒转的转捩点或拐点。从此拐点向后回头看，由那些残留下的痕迹所标明的世界来路，同时标示出一条去路；这来路与去路原本是同一条路，只是行进方向相反而已。循着这条去路，自我出离晦暗的世界，向着初始的本源返回。这条返本归真的路线将自我的觉悟之光引向天道之光的边缘处，两光相接，在晦暗世界的地平线上绽出一条划破黑暗的光线来。这条光线给出了黑暗世界的存在界限，使无限的黑暗以有限的整体呈现出来，并随着光线的逐渐扩大而渐渐消退，这就像黎明的曙光标出黑夜的界限一样，曙光的到来与增长也就是黑夜的终结与消逝。

这样，自我便在光点和光线所开放出的微明视阈中，将晦暗世界作为有限整体以否定的方式呈现出来。自我在此不但实现了对自身存在的觉悟，而且同时实现了对晦暗世界的觉悟。在此双重觉悟中，价值中心从虚幻的符号

---

[1] 程颢论人性，认为人性有清浊之变："生之谓性，性即气，气即性，生之谓也。人生气禀，理有善恶，然不是性中元有此两物相对而生也。有自幼而善，有自幼而恶，是气禀自然也。善固性也，然恶亦不可不谓之性也。盖生之谓性，'人生而静'以上不容说，才说时性，便已不是性也。凡人说性，只是说'继之者善也'，孟子言人性善，是也。夫所谓继之者善也者，犹水流而就下也。皆水也，有流而至海，终无所污，此何烦人力之为也。有流而未远，固已渐浊；有出而甚远，方有所浊；有浊之多者，有浊之少者；清浊虽不同，然不可以浊者不为水也。如此，则人不可以不加澄治之功。故用力敏勇则疾清，用力怠缓则迟清。及其清也，则都只是元初水也。亦不是将清水来换却浊，亦不是取出浊来，置在一隅也。"（引自冯友兰：《中国哲学史》下册，第245—246页）

世界转移到真实的自我存在，自我成了与天道这一绝对中心相依共生的相对中心，这中心又是人们本真地观察、体验人自身及其世界，通达天道的唯一的视点和窗口。自我重新占据了这样一个中心地位，他便成为天地宇宙间独一无二的觉悟主体、直观主体。这里的主体绝无西方传统哲学的主客二分之意，它是无对的。因其无对，它也可以看成是独一无二的直观客体，它的观与所观原本是同一的，所观客体就是主体，直观主体就是客体。

根据以上描述，我们可以清楚地看到，柏拉图关于倒转的简略说明并没有从根本上说清"倒转"的全部真相，我们仍需重新解释它。倒转实质上是觉悟了的自我对世界前进进程的基本路线和方向的扭转，并从既已形成的转捩点上向着原始的出发点返回，由此形成价值中心的转移和转化，即由符号世界转移到自我存在，其存在运动的基本形式和方式是自我直观。

第二节　自我直观的本真存在方式

直观得以成立必须具备三大条件：第一，自我觉悟是首要的主观条件，无此条件，所观之象无以显现。第二，所观之象必须从世界的必然性因果链条中挣脱出来，作为相对独立的整体而存在；它可以是显著之相，也可以是精微之相，可以是外在之相，也可以是内在之相。第三，永恒的内在心灵之光是必要的充分条件，它是直观的深湛根据，规定了直观的光明本质、澄明之性。就此而言，无限的晦暗世界不能成为直观对象，这就像人在黑夜里不能看见众物一样。直观也可以观黑暗之象，但那黑暗必须是有限的，比如能看到底的黑洞，在阳光照耀下游荡在天空中的一团乌云或黑雾，即使在这种情况下，有限的黑暗之象并不是直观的恒定之象，在本质上它是直观所要消解的虚幻之象。从否定的方面看，直观就是对晦暗的消解，其间发生着由晦暗到澄明的转化。

由于自我直观的存在方式与倒转的存在方式基本相符，我们便把直观规定为倒转的基本存在方式和形式。倒转揭示着自我存在对世界的绝对否定性关系。这一关系之为本真存在，一方面呈现为世界的解构，另一方面显现为自我的重构，海德格尔将倒转解释为造形，指的就是这一事实，即自我重构。解构世界就是去世界化，亦即使世界虚无化，显现为虚无；自我重建实质上是自我复原或返本归真。当世界被无化之后，自我便在世界无化的虚无之场中如其本初地现了原身，本真的自我直接出场替换了退场的世界。这也是一种替补，但它与我们在符号世界中所描述过的那种替补具有本质的区别：后者是出离天道的以假充真，前者则是返回天道的以真换假；一为向下的假替补，异化的人道替补了天道，一为向上的真替换，天道替换了人道。倒转实质上是由下向上的真替换。世界的虚无化与向上的真替换原本是内外相维、辗转相因的，没有世界的无化，也就没有自我的复原或替换，反之亦然。这两种性质不同的存在都是通过自我直观实现自身的。

现在让我们从自我存在对世界的否定关系出发，具体考察一下自我直观活动解构世界、重构自我的情形。

首先是世界的虚无化。世界的无化不是世界自行解构的结果，我们在自然界能经常看到许许多多自然事物自行解构、归于虚无的情形，如花谢果落、草木枯萎、凋零等等，这种情况绝不会发生在异化的符号世界中。它是被觉悟的自我从内里捅破的，世界的无化实质上是被自我觉悟虚无化。自我觉悟是去世界化的先在活动。当内在心灵之光照亮了自我的本真存在之时，一整套能够确证自我存在绝对正确的新答案随之从心灵深处产生，并以绝对自明的形式显现出来，德里达所说的自然文字，维柯所说的心头字典，所指的都是同一个事实。觉悟的自我从此新答案、新标准重新检测、裁判世界，发现构成世界的所有符号全是错的，于是斩钉截铁地给世界的所有符号打上"×"号。以打"×"号的方式改正符号，涂改整个世界，从而使世界虚无化，这是觉悟的自我对异化世界的绝对否定。此种否定绝不是辩证法意义上的否定，而是存在论意义上的取消、消解或解构。解构的结果落实到自我的内在性存在上，便是自我的内在性清空和澄明。清空如清洁工打扫屋室一样，将异化世界留在心田里的沉淀物和灰尘统统清扫、洗刷干净，来一个彻底的洗心革面；澄明就是去昏迷，去晦暗，用闪现出来的觉悟之光化解、消散笼罩在心头的一切阴影和尘障，使尘封已久的自我本真存在重放光明。这样一来，世界的虚无化最终显现为自我遮蔽物和内在阴影的无化和清空，从肯定的方面来看，则显现为自我的内在澄明或光明之境。

其次是继之而起的自我重建。自我重建实质上是本真自我对虚无世界的替换，即向着形而上之天道回归的真替换。这一替换在宏观总体上显现为逻辑的、实用的文化世界悄然退场，自然的生命世界赫然登场。在这一总体性替换场域中，齐美尔所描述的那种生命（自然）与形式（文化）之间的不可调和的二元对立和矛盾被彻底克服了。自我以其原始的感性的活泼灵动的充实生命取代了那空洞僵化毫无生气的形式，使生命解脱一切文化形式的桎梏，自由自在地生长延绵。于是自我能在生命长河的任何一个现在时真实地体验、感受生命，把握生命，在刹那间对生命之流的当下存在的点式把握和感悟，便成为自我存在最真实、最深湛、最精妙的存在方式和显现形式。现代主义的先行者波德莱尔认为，现代人的存在本质是感觉上的当下性，即最切己的生命在转瞬即逝的刹那间为感官所把握、所体验，这是很深刻的一个见解。但现代派拒不承认这种感觉着的点式人生与形而上之绝对存在相通的事实，从而将自我的这种点式存在看成是无根蒂的随波逐流的现象，这就大错特错了。我所说的自我对生命长河之真谛的点式感悟则是有根蒂的，它与形而上之天道是息息相通的。

自我对生命之流的点式体验和感悟，既有穿透整个文明历史的深度，又有含摄、溶解世界历史总体的形而上之高度和广度。由此开放出一个通达无限的形而上之视阈，在此视阈中自我静观变易不居的生命之流，含动于静，形成静虚之境。时间入于此静虚之境，休止于当下的空间，于是空间成为自我存在的绝对形式，时间退出自我存在，空间直接现身于当下，替换了时间。这一替换是海德格尔所迷惑不解的。在他看来时间才是自我存在的绝对本质，它被空间替换是不可思议的，这一不可思议之事在这里作为天经地义之事奇迹般地发生了。

与这一替换密切相关的是质对量的替换，质料对形式的替换。黑格尔在其辩证法中曾把量与质的相互过渡、转化与统一描述得美轮美奂，好像它们真实地发生在人类历史的客观进程中。事实上这是一个美妙的虚构。按照其逻辑的符号性质，质与量是分立的，分属于两个性质不同的存在领域。其逻辑学本身及其所指都属于符号的意义世界，在这个死寂的无生命的空洞世界里，任何形式的存在都是无血无肉的单一抽象，没有任何质的规定性，只有纯粹的量和数，只有单调枯燥的数量的递增或递减。在数量的增减过程中没有生命存在的丝毫迹象，即使大的战争与瘟疫使成千成万的人一批跟着一批死掉了，它也丝毫不能改变符号世界的存在性质和结构方式，逻辑还是当初那个逻辑，世界还是当初那个世界，一仍旧贯，运作如初。它所呈报出来的仅仅是人口统计数字的减少，表格里数字的改变。这些数字的变化不能引起任何人的同情、痛苦和悲伤，人们看这些数字的增减就像看算盘上算子上下移动一样，漠然无动于衷。这是因为这个由纯粹的数量集合起来的符号世界与真实的生命世界完全分离，彼此互不相干。随着符号世界的解体和退场，真实的生命世界代之而起，自我存在由此而获得了质的规定性，替换了那空洞死寂的无生命的量。那悟彻、感通生命世界的自我时时处处都呈现着鲜活灵动的生命状态，当下感觉着、体验着、痛苦着、悲哀着、焦虑着、恐惧着、愿望着、欲求着、静观着，这一切都是生动具体的生命质量的体现，数量在此可有可无。在某种意义上说，生命当其真实地存在和显现的时候是不可计量的，情感不可计量，想象和意志不可计量，爱和直觉不可计量。当生命被外化在时间中加以计量时，生命本身的价值就被空洞的时间量取消了，变成了毫无意义的东西。有志不在年高，无志空活百岁，这一人生格言讲的就是这个道理。

质对量的替换落实到自我存在上，也就是质料对形式的替换。在符号世界中量与质的分离表现于具体事物，就是形式与质料的分离。这一分离意味着生命的衰竭和死亡。纯粹的形式都是僵死的无生命的存在，如古墓里的木乃伊和实验室里的动、植物标本，符号世界就是与此相似的僵死形式，它将自我受之于天的所有第一性质料或天赋本质完全彻底地排斥在外，自我沉入世界这个死亡之海，蜕变为土木形骸，一个徒具形式的空壳。随着世界的解体，枯亡自我生命的空壳被打破，那被排斥、压抑、尘封的出自自然的第一性质料又暴露出来，归复原状，直接构成自我存在的绝对本质，并洋溢着旺盛的生命力和勃勃生机，于是有生命的质料替换了无生命的形式。

这一出自自然的质料不是别的，正是构成宇宙生命本体或实体的"元气"，它既是自我存在的先验本质或先在质料，又是自我还原之后的现实本质和质料，自我直观、觉悟、想象、情绪、意志等都是由元气变现出来的形式。我们称之为自我的第一性质料，是为了与自我的第二性质料相区别。因为在自我生存中，质料亦处在由精到粗，由微到著的位移和变化中，起始是轻清精微的元气，继而由元气过渡到性相各异的内在性情志，如喜、怒、哀、乐等，继而由内在而外在，情志过渡到血肉形体，由血肉形体又过渡到具有广延和不可入性的物理世界，包括有机界和无机界。自情志以下的质料是粗重的有形物质，它们虽然也是自我存在之质料的重要组成部分，但与情志以上的精微质料毕竟有内外精粗之别。据此，我们将情志以下（不包括情志）的外在性物质材料称为自我存在的第二性质料，在往后谈及质料，主要指的是第一性质料，对于第二性质料暂且存而不论。

觉悟的直观自我以质料替换了形式，这并不意味着本真的自我存在只有质料没有形式，自我存在的质料是有形式的。与出现在世界里的死形式有所不同的是，这里的形式与质料是活的有机统一，二者不可分离，相互渗透，质料就是形式，形式就是质料，凡是有生命之物莫不如此。朱熹对此看得真切："未有天地之先，毕竟也只是理。有此理便有天地。若无此理，便亦无天地，无人无物，都无该载了。有理便有气，流行发育万物。"[1] 这里的理就是形式，气就是质料，举凡一切有生之物，莫不是理与气的统一体，人的生

---

[1] 冯友兰：《中国哲学史》下册，第260页。

命也不例外,"人之所以生,理与气合而已"[1]。

无独有偶,亚里士多德和朱熹在不同的时间和地点得出几乎完全相同的认识,他们二人一致认为,形式和质料共同构成存在的本质,与质料相比,在存在的本质规定中,形式比质料更为根本,更为重要,因为形式先于质料而存在,并在造形的过程中使质料结构化、形式化。形式出于形而上之绝对本体,入于形而下之质料。根据先贤的这一卓越见解,我们可以进一步断言,形式在自我存在的本质规定中发挥着双重作用:它既构成自我存在的外观,又使自我存在的质料内在地持存着天命或天道,成就着自我的天命之性;内外合一,外观就是天命之性的绝对正确的显现。根据这个事实,我们把直观自我与第一性质料合为一体的形式称为:"性命之象"或"真象",即正确揭示天命之性的"象"。我所说的"象"与柏拉图的"相"有相近之处,但不尽相同。柏氏之相,是"可闪现者"、"自行显现者",它具有可闪现状态和可见状态。"作为这样一个闪现者,它就是给出视界者,作为这样一个给出视界者,它就是一个可见的、从而是可知的东西","相是被视见的东西,但这并不意味着,它是通过观看才变成这种东西的,而不如说,相是某个可视见者向观看呈现出来的那个东西,即视野呈现者、视野种子"[2]。"相"的这些存在特性在"象"中都有,二者的主要区别在于:前者与逻各斯、言名相统一,所以又称为理念、共相、爱多斯或善,后者则是排斥逻各斯与名言的。桃李无言,其下成蹊,形象地说明了象无言而自显本性的道理,百花开放,情态各异,唯其无言,方能真实无欺地自显其本色或本性。

"真象"与世俗美学中所说的"形象"也有本质的区别:形象是事物的被闪现出来的外观,比如美艳的花朵,只有在白天明丽日光的照耀下才闪现出来,在夜色朦胧时它就消失在黑暗中,无从闪现;再者,鲜花不能返身自观,它只能被别人的眼睛观看,它被开放在别人的视野中。真象则是自我从

---

[1] 冯友兰:《中国哲学史》下册,第263页。
[2] 参阅〔德〕海德格尔著、孙周兴译:《路标》,第261、319页。

内里自行闪现出来的外观，它自带着光芒四射的心灵之光照亮自身的外观，像明镜映现物象一样真切著明。但此象不是外物的投影，而是从内心深处开放出来的真象。它既可以被他人观照，又可以被自我观照，这里的观照不是用眼来看，而是用心来看。它自行显现自身、自行观照自身，自观自明。由于"真象"自身带有可以闪现之光，它便可进一步开放出生成诸相的可能性视野，由象而生象，由象而显象，这样便有初始之象和继生之象。初始之象是继生之象的母体，海德格尔称之为"视野种子"很有道理。若以初始之象为种子，那么芽便是种子的继生之象，干、枝、花、叶、果便是芽的继生之象。继生之象可以相继而生，也可以相继而灭，如花谢、叶凋、茎枯、果落。继生之象，可以生灭，唯原始真象持恒不变，故真象能如其本初地持存天命，显现天道。

真象的这一存在性质决定了它对言名的解构关系。归根结蒂，质料对形式的替换落实到自我的本真存在上，则是象对言的替换。在这一替换过程中自我直观的基本活动方式和形式是缄默或沉默。悟彻本真的自我以沉默寡言、闭口不谈的方式静止了庸人喋喋不休的唠叨和鹦鹉学舌式的呱噪。唯其不语，真象自显自明，晦暗随之消逝，现出一片光明。

以上所描述的种种替换，侧重揭示的是自我对世界的否定、消解关系。从肯定的方面来看，替换就是一种存在出场，另一种存在随之退场，出场者占据了退场者的场域，并替代了退场者。如一所房子的老主人回家后赶走了房子里暂住的客人，房归原主，赶走了的客人只是退出了房子，移居在别的什么地方，他并没有完全消失。生命世界对符号世界的替换，空间对时间的替换，质对量的替换，质料对形式的替换，其情形都像房子的主人替换客人，并赶走客人的情形。随着生命世界、空间、质、质料和真象的出场，符号世界、时间、量、形式和言名悄然退场，呈现为当下的虚空或虚无，但这并不意味它们彻底消失，在客观上它们还以别的形式继续存在着。它们只是在自我的本真存在场域内显现为虚无，在自我直观活动中被无化着。

从自我造形、重构，自我的直接肯定性来看，用"替换"来描述自我存在，并不十分贴切，更为准确的字眼应该是转换或转化，转换或转化不同于替换，它是同一事物存在性质的转变，但不完全是辩证法意义上的质变，因为它有恢复、修复的复原性。复原性转换是对异化性替补的消除和纠正。比如大病痊愈后的健康，就是复原性转换。这健康就是对疾病的转换或转化，随着健康的出现，疾病的所有症状都消失殆尽，当初被疾病褫夺了的健康又恢复了原状。这复原了的健康就是由疾病转化而来的，患病的主体与康复的主体原本是同一的。自我在直观活动中建构起来的"真象"，实质上是复原性的转换。象对言，缄默对言说，澄明对晦暗，都是对自我存在性质的转化。此生则彼灭，言因象灭，道说停止便是缄默，晦暗消逝光明自现。自我直观静中有动，动即转化，无此复原性转化，自我最终难以持久地立于澄明之境。

第十六章
自我直观三阶级

自我直观静中生动。由于自我对世界的觉解过程有暂有久，复原性转换过程便有快有慢，有长有短。禅宗讲悟分顿渐，顿悟者成佛快，渐悟者成佛慢。顿悟者刹那看破世界，生成真象，径达澄明之境，通达天道；渐悟者则需积日既久之功来慢慢修炼内觉之心，增强觉解之力，真象随此觉解之力的增长而分阶段逐渐生成，于是自下而上在不同阶级上生成不同的直观之象。概而言之，有鬼象，有真象，有几象；与此相对应，自我直观活动从下而上经历三阶级，依次生成假观、真观与几观。这三种直观下起于符号世界之无，上达于天道流行变化之本，相继而生，三象相继而成，逐级替换。真象由鬼象转换而来，几象由真象转化而成，形成一条从下到上的复原或转换链条。这一链条所揭示的正是自我还原的基本路线。这一路线的基本方向与自我沉沦之路的方向正好相反。在异化世界那里，也有一条环环相扣的替补链，图腾替补了自然，英雄替补了图腾，庸人替补了英雄。这一替补链标示的正是从上到下的自我异化之路，循着这一条路线下沉，自我存在越来越远离自然和天道。这条沉沦之路的终点也就是上行的还原之路的起点，还原之路的终点也就是下行的沉沦之路的起点。路径虽同，但方向相反。

能成顿悟者大凡都是天性至高，极其灵明圆通之人。这种超凡入圣之人在庸常世界里万不居一，绝大多数的平常人都是渐悟者。根据这一普遍情况,我们将顿悟者的自我直观存而不论,只描述渐悟者的直观情形。按照渐悟成象的基本路线及其阶级,本章分别描述假观、真观和几观。

第一节 假观与鬼象

假观是自我对世界之无的整体性观照。世界在客观上是不能观照的,它以客观的因果性、必然性关系而存在时直接诉诸逻辑和理性,或者说它是逻辑法则和理性思维所把握的对象,直观无法显现时间中以恶无限的形式不断延续、扩张的事物。当自我以内在觉悟之光照亮自身,并将一点星光向着天道的极光处闪现出一道光线时,黑暗世界的恶无限便在光明与黑暗的交界处或分界线上终止了它不断延续的无限性,以有限的整体呈现出来。这有限的整体除了整体的黑暗之外,别的什么东西也不能呈现出来,这黑暗本身也在光线的包围之中走向虚无,是自身消解着、无化着的黑暗。这虚无化的黑暗整体或整体黑暗的虚无,就是世界以自身否定的形式投向自我直观的假象或影像。自我存在将此"象"内在地呈现出来,这再度呈现的心理假象就是"鬼象"。"假观"就是觉悟自我对"鬼象"的直观。在此直观活动中,自我既能看见"鬼",又能看破"鬼";"鬼象"首先在自我直观中现身,继而又在自我观照下破灭。所以"假观"既成"象",又坏"象";既生象,又灭象;成象在始,灭象在终。"假观"既是对鬼象的显现,又是对鬼象的消解。

"鬼象"虽然是有限的黑暗世界在自我存在状态上的投影,但它并不直接显现世界本身。它本身像幽灵一样看不见,摸不着,当它显现之时,它已凭附到别的存在者之上,并通过改变所附存在者之性状而显现自身。它颇似传说中的鬼魂附身现象,据说,某人被鬼魂附体之后,昏迷癫狂,说出种种怪话,做出种种荒唐之举,这都被看成是鬼魂所要说的话,所要做的事。鬼魂离去之后,这清醒了的鬼魂附体者,对他所曾说、曾做的事一无所知,言谈举止如旧。"鬼象"也可以看成是世界的幽灵凭附在自我存在者身上的显现，它通过改变自我的本真存在状态而直接显现自身。它的现身形式或显现样式是自我情感和情欲，这情感和情欲虽然是自我存在的内在性显现，但它并不是自我本真存在的正确显现，而是对它的颠倒错乱的表现。在此昏迷错乱的情感表现中，自我本真存在迷失了。

迷失本真的情感和情绪被称为"象"，是因为它既是自行显现者，同时又是被观照者。我曾在上文中指出，凡是"象"都具备显现和被显现这两个显著特点。之所以称之为"鬼象"，是因为觉悟的自我在观照此象时已经看透了它的虚假性和趋向无化、行将消失的虚空性。变化无常，摇曳不定，来无踪，去无影，如风不可捉，如气不可握，如影不能留，所有这些都是"鬼"的基本存在特征。这些特征显现于瞬息万变的情感，被直观成象，便是鬼象。

鬼象首先显现为"恐惧"。动物无恐惧，只有害怕和愤怒之类的感情。那仅仅是发生在动物身上的纯粹心理活动方式和形式，它对动物来说不是"象"，因为动物不能同时观照此内在心象，因而它对发生在自己身上的这些心理现象是盲目无知的。唯人在恐惧之时能够自由地观照恐惧，于是恐惧之情感直接显现为直观之象。

恐惧直接显现着自我出离自然之后的存在状态，是自我偏离天道、迷失本真之后的初始现身形式。人类学家和文化学家往往以肯定的眼光看待这一现象，认为对于恐惧的知识乃是人类在脱离动物界或自然界时所取得的最初成果之一。这表面上（也是事实上）的历史性进步，实质上是人类道德的退化或蜕变之始。从此出发，人类走出有多远，出离自然与天道就有多远，本真的迷失与道德的沦丧就有多深。

恐惧揭示着自我与自然、自我与世界、自我与他人的深刻而隐秘的矛盾。在这种种矛盾对立中，构成自我的种种对立面或以遗忘的形式，或以无知的形式直接与自我遭遇。那曾经是自我安身立命的自然母体，由于自我的出离而被遗忘，因而暂时处于被忘却的晦暗中。至于那从未谋面的世界和他者，作为自我将要遭遇的对象，对自我来说是全然陌生的东西。由于自我对它们的无知，它们就像处在遗忘中的自然一样，显现为晦暗不明的东西。晦暗就是虚无，因为在黑暗中不显一物，一切差别着的存在都被消弭为抽象空洞的晦暗。自我被抛入这无限的晦暗和虚无中，就像从一个高不可测的悬崖上跌落下来一样，一直被无尽的恐惧紧紧攫住不放，他对行将逼近的每一刻都充满了恐惧，或者，那正向他走来的陌生的晦暗对象，在每一刻都使他心生恐惧，并加剧着恐惧。恐惧为晦暗不明所生成，为无底的虚无所揪出，这个事实在普通人的日常心理活动和体验中时时被证明着。一个行将出嫁远方的姑娘，从未见过未来丈夫的面，当她坐上花轿、辞别父母之时也充满了恐惧，因为她不知行将遭遇的丈夫到底是狼还是虎。根据这个事实，不难看出恐惧显现的是不可见之物，是晦暗不明的东西，是当下不在场的虚无。

由于自我处在无根系的被抛的跌落状态中，并且是在向着一个无底的深渊跌落，那不断逼近着的未来和那行将成为可能性存在的自我，对当下飘落着的自我来说亦是陌生的、不可知的、晦暗不明的，它亦作为可怕的不可名状的晦暗与当下的自我相对立。这实质上是当下的自我与将要成为的可能性自我的尖锐矛盾和冲突，自我不敢坦然面对自己的未来，并为自己未来的无尽晦暗和巨大危险而深深恐惧，他恐惧自己的未来胜过恐惧他人和世界。

恐惧进一步衍生出经验之知。恐惧一方面将不可知的、陌生的世界呈现在自我面前，另一方面又激发起自我探问这个陌生世界的好奇心，对世界的知识由此而生发。柳宗元的寓言故事《黔之驴》，生动地说明了经验之知最初是怎样从恐惧中产生的具体情形。那老虎初次看到那貌似强大的黔之驴时，由于对驴的无知和陌生而大为恐惧，驴大叫一声，虎便远遁。虎既怕驴，又对它充满了好奇心，于是又慢慢地接近它，细心观察它，试探它，最终它完全摸透了驴的习性和能耐，对驴的恐惧随之而消释，转而进攻驴，吃了它。

经验之知生于恐惧，又消解了恐惧，使恐惧暂时离去、退场。由经验之知生成的表象世界随之出场，替补了暂时退场的恐惧。知识或知性表象世界是陌生的不可知的晦暗世界的转化形式。它的出现意味着原来不可知的世界现在转化为自我所认识和掌握的世界,对自我的否定转而成为对自我的肯定。表象世界对自我的肯定进而强化了自我对世界、对人类总体的独立自主意识。凭此独立意识自我自觉地从人类总体中分离出来,表现为赤裸裸的个体化自我。个体化自我以极端肯定的形式进而显现为自爱和自私。由于自爱和自私,自我便将主观表象的整个世界看成是自我的肯定性存在,并企图独占或独吞这个已知的世界,于是私欲便膨胀为对整个世界的贪欲。

知性的表象世界只是暂时替补了恐惧,但它并没有从根本上消除引起恐惧的种种矛盾和冲突,恐惧因此而隐藏得更深刻、更隐蔽,自爱、自私和贪欲仅仅是浮现于其上的表层心理现象而已。由于这个缘故,自爱、自私和贪欲都包含着极端的排他性,充满着对他人或他者的敌视和仇恨,于是嫉妒、虚荣、骄傲、冷漠、肆无忌惮、丧心病狂便成为自爱、自私和贪欲的衍生形态或补充形式。嫉妒是对他人拥有的爱和荣誉的忌恨和仇视;虚荣则将本来不属于自己的价值和荣誉假冒充作己有;骄傲以主观放大自我价值,藐视或贬低他人的价值;冷漠则是以茕茕孑立、形影相吊的自我漠视他人的存在。由于贪得无厌,自我最终完全被贪欲的对象攫住了,它像孤注一掷的赌徒一样,竟然疯狂大胆地将自己押出去,大赌一把。这种以自己为赌注,并敢于把自己输光赌尽的极端的贪欲,便演变为自我的彻底沦丧,天良丧尽的狂妄。

贪欲不断地放大、膨胀着自我,膨胀着的自我又不断助长着狂妄,这狂妄又反过来吹胀着自我。如此相互助长,恶性循环,最终自我在无限膨胀中被撑破,在破灭中完全撕断了自然的根系,丧尽了本真。于是自我转向另一个极端——由极端的自大——转化为极端的自卑、自疑和不自信。他极不相信自己,也不相信他人,更不相信天地宇宙间任何神圣伟大的东西,信仰、信念、信心从此彻底消失了。

陷入极端自卑、失去自信的自我痛苦地感觉着、体验着自身的无力和渺小,转而又向经验之知求助。经验之知清晰地表象出自我欲求、自我能力与欲求着的对象世界之间的巨大差距,这个差距使自我的欲求无法实现。为了弥平这个差距,卑劣的自我又心生狡智,他诡计多端、神秘诡诈,多方设计圈套，蒙骗他人。他狡猾地将自己的卑劣自私的目的隐藏起来，编造出一个冠冕堂皇的名目，将自己的私欲伪装成能给大家带来好处和福音的崇高的公共目的，诱骗大家共同行动起来，为实现他自己的自私目的而效力。一旦目的普遍地实现，他又立即编造出一个美丽动听的理由，哄走众人，将众人的全部劳动成果一股脑儿攫为己有。这便是典型的欺骗和说谎。欺骗和说谎的典型特征是把真相刻意掩藏起来，以精心捏造的假象或幌子蒙哄、迷惑他人，在他人的迷惑中，利用他人之力来实现自己的卑劣目的，其实质是自我的藐小、无力、无行和不自信。

欺骗和说谎尽管使自我的卑劣目的轻而易举地一时得逞，得到了他想得到的东西，但自我并不能因此而安下心来。他不自信，对他的所得亦不自信，因为他心知肚明，这得到的东西来路不正，他暂时拥有着本来不属于他自己的东西，它就像自己的无根性一样不可靠，靠不住。他整日惴惴不安，担心别人抢回他的非分所得，这就像他整日担心自己被别的什么无名的力量揪走一样，自我于是陷入无尽的焦虑和惶恐不安之中。

焦虑是自我清楚地意识到自身的跌落状态和无根基性之后显现出来的焦急和不安。克尔凯戈尔曾对焦虑作了卓越的解释和描述，在我看来，在现代思想史上他对焦虑的本体论探索所达到的高度是空前绝后的，在这里我也只能平庸地借用他的语言来描述焦虑的现身状态和显现形式。焦虑是一种否定精神，它是自我无根性的否定性表现。它的产生是由于自我内心的充实感断裂了，如同一个人悬临万丈深渊，虽然他暂时没有坠下深渊，但是时时可能坠下深渊的念头紧紧地攫住他的心。正是这种尚未实现的极其危险可能性使人的心境越发焦躁不宁，产生了深刻的焦虑。自我在向往与畏缩中感到焦急和无所适从。焦虑总是面对未来的处境，面对的总是虚无。焦虑的自我总是为当下的不安和危险所揪心，同时又被进退两难的无奈所挟持。退后无望，仿佛正在掉下万丈深渊者不可上升；向前更是死路一条，因为迎接他的将是粉身碎骨的灭顶之灾。他绝望地想抓住身边的一丝一线，来延缓飞速下落的进程，然而这也是不可能的。自我在此所能拥有的、唯一的东西是一股无形的、强大无比的、能将自我消铄尽净的否定性力量，它最终以死亡了结自我，使自我彻底地走向虚无。自我最终拥有的是他自身存在的绝对否定性——虚无。自我为曾经拥有的走向虚无而焦虑，为当下之有行将落入虚无而焦虑，为迎面而来的彻底否定自我存在的大虚无而焦虑。

自我的过去、现在和未来都处在被褫夺的否定、不安和危险状态中，连空洞的时间和空间也似乎要无情地离自我而去，于是自我陷入无限的绝望之中，焦虑进而演变为绝望。绝望是焦虑的极化形式。基尔克郭尔认为"绝望是在那'精神'中的一种疾病"，它具有三重性表现：绝望地不自觉到具有一个自我（非本质地绝望），绝望地不想要是自己，绝望地想要是自己。[1] 他在这里所说的绝望，其外延大于我的绝望的外延，我所说的绝望不包括非本质的绝望，主要是指本质的绝望。所谓本质的绝望是指自我对自己的世界本质有所自觉，意识到自我存在的无根性和非本真性，同时意识到由此而产生的不自由和被异己的必然性力量揪住的无奈。在这种本质的绝望中，自我既为自己沉沦于世界而绝望，又为自己离绝世界而绝望，或者说当他拥有自己的时候深感绝望，当他不拥有自己的时候亦深感到绝望。基尔克郭尔有趣地描述绝望的这一两重性：自我成不成皇帝都绝望，"如果他成为了皇帝，那么他是绝望地摆脱了自己；但是他这时没有成为皇帝，并且绝望地不能够摆脱自己。本质地看他是同样地绝望，因为他不拥有他的自我，他不是他自己。通过成为了皇帝他并不就此成为了他自己，而是摆脱了他自己；而通过没有成为皇帝他为不能够摆脱自己而绝望"[2]。

绝望作为希望的对立面，它是对自我存在之未来的绝对否定，所以它的终极存在方式是彻底终结自我之未来的死亡。绝望并非死亡本身，但绝望中先行表象出自我的死亡，通过这一表象，绝望着的自我先行体验着行将死亡的痛苦。

---

[1] 〔丹麦〕基尔克郭尔著、京不特译：《概念恐惧·致死的病症》，上海三联书店2004年版，第255页。
[2] 同上，第266页。

在对死亡的痛苦体验中，绝望亦表现出两重性：自我绝望地想要去死，以彻底摆脱自己，但想要去死亦是一种希望，这是为绝望所否定的，于是自我转而绝望地不想去死；逃避死亡也是希望，死亡刚刚被赶出前门，又很快从后门被召唤回来，自我面对死亡亦处在要与不要的两难的绝望境地。于是死亡不即不离，始终伴随着自我，左右晃悠，它像无形的可怕幽灵紧紧抓住自我的绝望之心，制造着无尽的痛苦，绝望因此而显现为对死亡的极度惧怕。

这里的惧怕与自我初度面对世界时所表现出来的恐惧是极不相同的：前者是由个体之无激发起来的，后者是由世界或总体之无激起的。基尔克郭尔也曾指出，在恐惧与惧怕（他称之为畏惧）之间存在着本质的区别：恐惧"这个概念完全地不同于畏惧和其他类似的概念：后者是指向某种特定的东西，而恐惧则是那自由的现实性作为那可能性之可能性。因此我们不会在动物那里发现恐惧，恰恰是因为那动物在其天性之中没有被定性为精神"[1]。动物没有恐惧，但会有惧怕，杀鸡给猴看，猴看到鸡之死亡惨相而惧怕。这个事实表明：恐惧是精神性的，而惧怕则是非精神性的。当人为自己的肉体存在行将毁灭或巨大痛苦而极度担心和害怕时，他浑身颤抖所显现的寒彻心骨的惧怕与发生在动物身上的惧怕没有什么实质性的区别，这纯全是出自个体保存欲的本能的非理性的情绪反应。在这种情况下，惧怕也就不能直接显现为"象"，充其量不过是有待人们去直观的单纯形式和虚幻外观；它只有在被自我直观时，才显现为假象。

但是，死亡以及对死亡的先行体验，并未因其非精神性而在哲学上完全失去了存在论的价值和意义。死亡直接给出了自我存在的有限性或终结点，它以否定的方式揭露出自我离现在而趋向未来虚无的整体性，存在的整体与虚无的整体都因为死亡而显著明晰地抖搂出来，并在存在与虚无之间标画出醒目的分界线。这一切都通过自我对死亡的惧怕真真切切地在当下显现出来。生的整体被体验着、显现着；死的整体被体验着、感受着；生死、有无

---

[1] 〔丹麦〕基尔克郭尔著、京不特译：《概念恐惧·致死的病症》，第62页。

的交汇处、结合点亦被自我绝望、痛苦地体验着、揭示着。

惧怕死亡之情绪先行揪出死亡,以此来确证自我存在的有限性和终极界限,同时给出了世界存在的有限性和终极界限。因为自我存在是世界赖以存在的根基,不管世界如何庞大雄伟,但只要自我一旦毁灭,世界便在顷刻间灰飞烟灭。所以,自我存在的终极界限也就是世界存在的终极界限。这个界限也就是自我在世界中存在的最下底线,是世界出离自然本真向下沉沦的底线。惧怕指示着、确证着这一底线的当下存在状态。

如果说恐惧最初从天道沉沦的边缘标示出天人分离的分界线,那么惧怕则在世界的最下边缘上揭示出异化的自我向非精神之物过渡的分界线。两线之间便是自我在世界中存在的全视阈或视界。在此视界之内自我从恐惧这一初生之象衍生出一系列继生之象,合成一个整体视象,我们称之为"鬼象"。

鬼象不是指单一的恐惧,或贪欲,或欺骗,或焦虑,而是指从恐惧到惧怕之间涌现出来的所有情感、情欲和情绪。我们之所以称之为"鬼象",是因为所有这些自我存在的显现样式,无论就其肯定性而言,还是就其否定性而言,都有无根基性的本质特征。自私、自爱、贪欲、嫉妒、骄傲、狂妄、欺骗、说谎,这些极端的肯定自我的存在方式,都立足于经验之知的表象世界之上,由于经验之知背离了出自自然的天德良知,它便命里注定了自身的无根性,这使由它所产生的一切都失去了原始的根基。至于焦虑、绝望、惧怕这些情感和情绪,它们自身就是对自我无根基性的直接体验和感受,其无根的游移不定性是不言自明的。所以,鬼象实质上是无根的虚脱之象。虚脱之象是接近死亡的病象,比如植物,当它被断根之后,首先呈现出枯黄凋落之状,紧接着就是死亡。蒂利希认为,现代人因其有限性、被造性等而产生的对于死亡和命运、罪过和谴责、空虚和无意义的本体性焦虑,是一种没有对象的"恐惧",无名的"烦恼",是心灵绿洲上挥之不去的"沙漠",是一种与人生死相依、死死纠缠、难分难解,寄生的"病魔"。此见解深刻而真切。[1]"鬼象"确实是一种寄生性"魔怔",它是晦暗世界在自我存在中的投影,是凭附在自我存在之上,并使自我迷失本真的幽灵。

所以,"鬼象"以隐晦曲折的方式显现着世界的存在本质。世界的黑暗与虚无在逻辑、语言和科学的领域中无由确证,但在鬼象中活脱脱地现形了,它被自我存在的种种样式清楚地显现着,触之凿凿地确证着。鬼象的无根基性直接揭示着自我的非本真性,间接揭示着世界的虚无性,这是"鬼象"对世界本质的全部认识价值和意义。

"鬼象"的整体性和空虚性只对觉悟的自我存在着、显现着。"鬼象"在揭示世界本质的同时,呈现着一个直观世界的主体,即觉悟的自我。自我以"鬼象"为外观,从总体上直观世界便形成"假观"。称之为假观,是因为"鬼象"是自我存在的假象。它坐实了世界的存在本质,但它并未因此而获得了某种实在性,它仍然是虚幻世界的浮光掠影,因此"鬼象"终究落入被直观主体所戳破的悲惨境地。"鬼象"在假观中生而灭,立而破,由肯定自身走向否定自身。鬼象由恐惧衍生出一系列心理现象,形成一个整体现象,直接构成自我直观的对象,这是"鬼象"的肯定性存在。但觉悟的自我很快洞察出鬼象的无根性,看穿了它的虚幻性,在觉悟之光的照耀下,鬼象自行消解,化为虚无,这是鬼象的否定性存在。在鬼象被消解、戳破之后,非本真的自我存在随之而冰消雪化,一个被尘封、遮蔽的本真自我在鬼象幻灭的废墟上突兀出场,绽露为正在直观的自由的自我。他以自我同一的方式持存着自身,并隐伏于世界背后与世界偕行。当晦暗世界被消解之后,他便赫然敞开自身,登场亮相。这重现的自我,就是先于世界而存在并与天道和自然合一的原始的自我,他是世界的真正主体,是自我的本真存在。这就是"鬼象"在假观中以自身否定的方式所揭示出的存在本体。

自我存在之本体的登临和显现,将自我直观的视角从世界向上推移到本

---

[1] 参阅陈树林:《存在的勇气与哲学旨趣》,《哲学研究》2005 年第 3 期,第 96 页。

真自我，自我的本真存在向着直观自我开放出一个新视界，在此视阈内生成的一切存在之象便是"真象"，对真象的直观便是"真观"。

第二节 真观与真象

真观是从假观过渡、转化而来的，它是对假观的替换和取代。在此替换过程中，转换和替换的只是直观之象，即真象取代了鬼象，而直观主体则岿然不动，保持着自身的同一性，它的变化仅仅体现在直观对象方面。单从直观对象方面看，真象是对鬼象的消解和否定。鬼象方死，真象方生，两者的关系如同夜与昼的关系，夜尽昼来，无黑夜也就无白昼。在这个意义上说，鬼象是真象之母，没有鬼象就没有真象，也就没有真观，所以假观是真观的基础和出发点。

我们在理论上将鬼象的消解、真象的生成过程以及假观向真观的过渡极其简单化了。其实在此过渡和转移过程中存在着许多中间环节，这些环节具体地揭示着自我是如何否定鬼象、建构真象的，并且呈报出实现过渡的中介性存在样式。它们分别是勇气、信仰和回忆。

从假观过渡到真观的中介性存在样式起于鬼象的下限之象——惧怕。对死亡的极度害怕标示着精神的死亡，给出了精神的终结点，划出了精神与非精神之物的分界线。精神死亡之时也就是精神再生之时，在精神沉沦为纯粹物质的地方往往又是精神再度大放光芒的地方。由此来看，惧怕死亡之情绪所标示的精神的终结点又是非精神性存在向着精神性存在生成的转折点，两者之间的交界线或分界线转而又成为精神之光从晦暗的大地上升起的地平线。随着精神的再生而来的是自我存在的勇气。

勇气与惧怕截然相对立，它的显著存在特征是不怕死。勇气有的出自健康身体的强大膂力和血气，孔子称之为血气之勇，或匹夫之勇；有的出自永恒的意志和强大的精神，此为精神之勇。无论是哪一种勇气，都有大胆直面死亡，自愿担当、接受死亡，并超越死亡的存在特征。有所不同的是，血气之勇仅仅能担当、接受、超越个体之死亡，它无力担当并超越世界之毁灭；而精神之勇则不仅能担当、超越个体之死亡，而且能担当、超越世界之死亡。精神之勇本质上是一种直面虚无、担当虚无、超越虚无、肯定永恒与无限的存在勇气，我们这里关注的主要对象是精神的勇气。

精神的勇气作为自我通达本真的基本存在方式，实质上是通过否定自我的非本真存在来肯定自我的本真存在的、自主自决的自我肯定。蒂利希对此看得非常准确，他精当地指出，存在的勇气具有使人"不顾"死亡、罪过、空虚、绝望、毁灭等"非存在"的威胁，并把这种威胁主动接受下来作为生活的一部分的力量和能力。它是存在结构内部的两种因素斗争的结果和体现，是存在不顾"非存在"的挑战、威胁、否定的自我肯定。[1] 这是一个很好的界说，有助于我们更深刻、更具体地把握勇气的存在本质。

勇气具有如此的存在特性，因此而成为彻底消解鬼象的天敌。勇气升起，鬼象便被完全消解、解构。勇气对鬼象的否定和克服，绝不是逻辑的事实，而是存在的事实，它是一种有根基的本真存在消解了另一种无根基的非本真存在而出现的结果。这就像热消融了冰雪的情形一样，当冷冻散尽，冰雪便随之消逝，转而成为清清流水，这流水的存在仍需热来保持。勇气的存在方式也是这样，它在否定、消解了无根基的鬼象之后，转而成为持存本真存在的肯定性力量。

勇气担当、接受世界的虚无，不是接受世界自身的存在，而是接受世界被消解后留下来的虚空之场。勇气并不因为接受了世界的虚空之场而停下了自己前进的脚步，虚无并不是它的终极目的地，它继续前进，将虚无带进先于世界而存在的原始的绝对的永恒存在，即天道和天命。这一永恒存在是自我本真的形而上之渊源和根基，于是勇气最终成为持存天道的绝对肯定性力量，这样一来，世界之无便过渡到天道之有。所以，勇气不仅仅是对自我本

---

[1] 参阅陈树林:《存在的勇气与哲学旨趣》，第96页。

真的绝对肯定,而且是对形而上之天道的绝对肯定。西人谈勇气,只看到它的自我肯定的一面,而忽略了勇气肯定形而上之存在的永恒性质,这无疑是一种片面的见解,我们刚刚提到过的蒂利希亦有此偏见。

自我最初出离了天道,沉落于世界,面对晦暗世界而心生恐惧,继续沉落断了根蒂,面对死亡而绝望、惧怕、焦躁不安、鬼象环生,由此而勾勒出一条下落的线。勇气则从自我惧怕的地方升起,反向上行,穿越了世界的虚空之场,克服了惧怕和恐惧,消解了种种鬼象,一直上升到自我当初的安身立命处,使曾被异化的自我恢复本真,归根复命,并坚定地肯定着自我的原始根基,以此来持存天道和天命。当此之时,信仰便随之而产生了。

信仰是对自我存在的原始根基及其形而上永恒根据的坚定信念和信心。它是对有限世界的怀疑和否定,是对永恒天道的无条件信赖和肯定。其否定与肯定,都不是科学的、理性的,而是意志、情感和情绪性的。这是它与勇气的共通性。勇气与信仰不但相通,而且互本互根,互动互生。勇气原本以信仰为根本,自信是勇气之母。自我面对死亡和虚无,克服了不自信,坚定地自信自我本真之永恒,于是产生了顽强生存不顾死亡的勇气,超越有限,肯定无限与永恒。当此无限被勇气肯定之时,永恒的绝对存在便显现为岿然不动的信仰。勇气与信仰回环相生。勇气因信仰而汩汩涌出,越来越强;信仰因勇气而念念相续,念念在兹天道天命,念念不忘天命天道。自我的原始根基因此而得以永固,天命因此而得以永葆自身的同一性,自我因此而得以避免再度沉落世界之痛苦。显然,信仰是自我深根固蒂的最好方式,基尔克郭尔认为,信仰是克服焦虑与绝望的唯一方式,此见真切。

自我在勇气和信仰中归复本根,重构了自己的原始根基。但这初步复原了的原始根基尚与非理性的存在混合一体,此中有精神,但并不纯粹,而是混杂着感性的个体的东西。在这种情况下,自我与自然的原始合一,自我寓身于其中的天命,以及由此而来的自然生成万物的先验整体性,尚未向精神完全敞开。能将自我存在的形而上的整体状况向精神全面敞开的存在方式是回忆。回忆就是将意识中曾经存在或原本就有的,又被悬搁一段时间的东西再度如其本初地显现出来，使其在精神中一如既往地健康存在、发展。

回忆有两种：一为感性的经验的外在性回忆，一为心灵的精神的内在性回忆。感性的回忆，是将曾经机械接受的已被淡忘了的外在经验表象再度显现出来。这经验原来是从外面嵌入的，是自我"接受一种异己的东西进入思维的意识，这乃是用事物去填满一个空的空间的机械联合过程，而这些事物对于这空间乃是生疏的、不相干的。这样一种外在的增加的关系，把灵魂看做白板（就好像在有机体中分子的增加那样），是不适合于心灵的性质的（乃是死的），而心灵乃是主观性、同一性、存在于并保持在自身内的"[1]。这种机械的无生命的经验表象与精神的本质不相干，有之不见其增，无之不见其减。即使心灵通过回忆，再度将它捡回，显现出来，丝毫无补于精神，它最多只能构成认识的材料，但不能转化为存在，提升为精神。这种回忆是为自由的精神活动所排除的。

我们这里所说的回忆是精神性回忆，它是自我自己内在化、深入自身的一种精神活动方式。在这种回忆中，自我自己发现自身潜在的、曾有的、而被遮蔽或暂时遗忘了的东西，并将它在当下完好如初地显现出来。它再度显现的东西"即是它原先就已经是的东西"，这样，自我从自身出发，经过回忆，又返回自身。"它是它自己运动的起点，但它在运动的过程中绝不走出自身之外。"[2] 内在性回忆的本质如此，便与外在性回忆形成了实质性的对立。事实上，使自我暂时遗忘、迷失曾有本性的正是机械嵌入自我意识的外在性经验，对它的记忆反而封死了内在性记忆涌出的渠道。所以，要唤起内在性记忆，首先必须彻底克服、消除外在性记忆，克服它的最好方法是彻底忘记从外嵌入的所有经验知识，对它闭目不视、充耳不闻。内在性记忆就是通过这样的方式有效地实现自身的。

回忆所重现的东西与自我一度迷失的东西之间具有同一性，但这绝不意

---

[1] 〔德〕黑格尔：《哲学史讲演录》第 2 卷，第 182—183 页。
[2] 同上，第 183 页。

味着是同一个东西因时空的转移而在不同的时间和地点再次亮相和出现，就像一位失主从另一个地方捡回自己丢失已久的东西一样。回忆的重现有深化，有扩张。回忆再度显现出来是穿越了世界的有限时空，并隐伏于自我存在之后的自然的一般存在，其中蕴含着天道和天命。它先于自我和世界而存在，又在世界被消解之后再度被自我回忆起来、显现出来。两者之间虽然具有同一性，但在存在性质上毕竟有别：当它先于世界而存在时，它是纯粹先验的、潜在的；当它在自我回忆中再度显现之时，它是经验的、现实的。这无疑是一种发展、深化。显然，自我的精神性回忆，具有超越自我通达无限和先验本体的存在性质。

精神性回忆将个体与类，经验性存在与先验本体合二为一。自我缘此而将在勇气和信仰中复原了的原始根基回置到形而上先验本体，实现了真正的还原，还原于自然母体。因此自我的原始根基获得了超越自我的存在性质，成为人类共通的、万物共有的、源始的、自然的、无限的永恒存在。这一具有大全性质的存在通过回忆向精神全面敞开了。

经过勇气、信仰和回忆三种中介形态或存在方式，自我从假观向真观的过渡才告完成，自我原始根基的复原和重建才暂告一段落，但并没有最终完成。自我本真的还原在真观中才能圆满地实现。回忆所开放出来的自我存在的永恒的原始根基，仅仅为真观建构了一个本真性视阈，为自我提供了一个自由直观的场域。在这一场域中必须同时出现直观之象，才能真正地进行真观。可是这一直观之象，回忆并没有显现出来。事实上，回忆按其实质不可能显现出真观之象。真观之象是再生的，而不是重现的。它是在复原了的自我的原始根基上再度生长起来的。从原始根基上再度生发出来的根深蒂固的持存本真的生存现象，就是真观的对象，我们称之为真象。自我直观真象，便是真观。真观是自我还原的最有效的现实途径和方式。

自我存在的本真还原并非简单地归复先于世界而存在的原始根基，这仅仅是还原的第一步，还有第二步。第一步深根固蒂；第二步则是发展，让根蒂自然而然地发芽、长叶、开花、结果，使根蒂中潜在的成为现实的，或者使那些因病变而坏死的花叶再度健全地生长出来。以此来看，自我还原颇似病人康复。病人痊愈，首需医生治疗，治疗的目的有二：一是切除身体的病变、坏死部分；二是恢复病人发病前原有的健康而健全的生理心理结构。前者颇似消解鬼象，后者很像自我还原。真正的痊愈不单是解除病症和病变，而且在健全的生理、心理结构复原的根基上，让遭到破坏和损伤的机体再度完好地生长起来。"鬼象"是发生在自我存在之上的"魔怔"，它被消解之后，对自我存在留下的伤害和破残是不可避免的。某禅宗大师（神秀）曾以尘镜之喻来说明自我异化与性命本真的关系，认为异化现象仅仅是堆积在镜面上的一层尘埃，拂去尘埃，明镜清澈如初。此见过于天真，完全忽略了异化对人的重大伤害，自我还原一要归复自我存在的原始根基，照亮生命的先验结构，二要将此先验结构在自我存在的残缺处圆满地生长出来，使先验与经验现实地同一起来。这按照先验结构现实地生长起来、显现出来的种种存在现象，就是真象。

真象亦显现为种种情感样式，其中有初生之象和继生之象。和鬼象一样，真象也是由诸多情感样式构成的一个整体的内在性视像，两者的根本区别是：真象有根基，鬼象无根基。

真象的初始显现是悲悯。孟子称之为恻隐之心，亦可称做是仁慈之心。悲悯之情是自然的永恒生命力在自我原始根基上得以传导、发抒、发挥的具体表现，是宇宙生命与自我生命贯通一体而显现出来的绵绵生意。它在时间上有生生不息的延绵之象，在空间上有波及四方、滋润万有的广生之德。悲悯所发挥的普遍的无等差的永恒生意，能化解、消弭一切矛盾、差异，人与自然的矛盾，人与世界的对立，人与人之间的不平等、差异和隔阂都在悲悯之情中得到和解，归一、统一于物我与共的宇宙生命。自我悲悯所及，万物无一不显盎然生意，与我同生。同类如此，禽兽如此，草木如此，甚至本无生命的木石瓦砾亦是如此。万类一视同仁，一体同生，民胞物与，都是悲悯的对象，同显悲悯之情。只要对象生意受挫，便能激起自我的同情和爱怜，爱之所至便有生意，生意再发处，必有悲悯心。

悲悯之情因他者存在不幸而发。凡遭遇不幸者大凡都因厄运而导致事与愿违，灾难与挫折使美好愿望落空。现实中的恶取代了理想中的善，本当完美无缺、圆满自足地去生存，结果适得其反，落得个千疮百孔，残缺不全。自我自知他者之不幸亦不能幸免于自身，观他者之不幸如同自己之不幸，观自己之不幸亦如他者之不幸，同病相怜，推己及人，推己及物，于是产生了普及同类与万物的怜悯之情。悲悯之情实质上揭示着两种性质不同的存在：一为理想中的善与美，一为现实中的恶与丑，同时表现出对于恶的无奈，对于善的向往与肯定。由于自我暂时被迫安于丑恶的现实境地，而本当如此的美善因此便被悬欠起来，并在现实中显得残缺不全。自我不情愿安于此现状，并热爱着尚未实现的美好；因爱而悔恨、愧疚、自责，于是悲悯之情进而演变为罪责之感。罪责感既有对自己罪恶的忏悔，又有因良知而发的担当罪恶、救补过失的正义和责任感。忏悔是良心对罪的发现，并对罪进行内在性反省和否定。基尔克郭尔将"罪"界定为"那使得人非精神化的事物"或者"使得人变得无精神的事物"，这一见解有一定的道理。在存在论上我们也可以将"罪"理解为自我出离天道、自然的异化存在状态，以及它对自然或本真存在造成的损伤和遮蔽。罪责则含有亏欠的成分，有对于罪的责任。克尔凯戈尔称之为"辜"。亏欠是暂时获罪的自我因其罪而对其本真存在造成的悬欠，自我自知有罪，而自觉地去偿还、补救、填补这一良心上的债务和亏欠，通过自救而救他，使曾经悬欠的存在得以圆满地实现。

孟子曾说过，羞恶之心，人皆有之，朱熹认为"不安处便为羞恶"[1]。这个解释深得羞恶之妙。不安有两义：一是说自我当下并不居留于本当居留之地，不安身于善；二是说自我当下处本不当居留之地，安身于恶，自我自觉自己置身于恶境，并希望离恶向善，不安于恶。孟子首倡的羞恶之心，经朱熹发挥后，便十分接近于我们所说的罪责感，或罪责意识。

有所不同的是，儒家所说的羞恶之心，是指人的先天本性，是纯粹先验

---

[1]《朱子语类》，中华书局1986年版，第2416页。

的存在,而我们所说的罪责意识则指人的后天的通达本真的存在方式。尽管人的本真存在确实由先天自然而来,但它的再度显现则因罪恶而出,罪责感在实质上揭示的是自我的先验本质与经验性罪恶的否定性联系或关系。事实上善是先于世界而存在的,就自我承天而存善的本真存在而言,它是先验的;罪恶则是有限的异化世界的产物,自我对罪恶的认识、反省、体验、明察是经验的。在罪责意识中自我以良心中的善来否定存在于自身的罪恶,持存本真。就此而言,罪责感具有先验与经验的综合存在性质。

就罪责感的先验存在性质来看,它显现为良知对自我的完整的存在本质,即先验之善的明察;就其有限的经验存在性质而言,它显现为良知对罪恶的觉悟,同时揭示着罪恶对先验之善的亏缺和亏欠,并将这种亏缺推己及人,展露为人类全体的亏缺。罪责感不仅仅是一种良知的显现,而且是一种现实的道德行为。在悲悯心的激励下,自我自觉自愿地担当罪恶,自救而救人,填补、救赎自己之罪愆、他人之罪愆,乃至人类全体道德之亏缺和悬欠,使人类一体之善。

在自我救赎的道德行为中,既有自我之救,又有他者之救;补救亏欠的趋善之举,亦有人、我之分。这里就出现了孰先孰后的次序问题。若以自我为先,他人为后,则又容易沦为自私、自爱,难免导致自我中心主义之结果,重蹈异化之覆辙。自私的自我中心主义,无视他者存在之价值,并褊狭地、决绝地排斥他者的存在,在本质上它与道德是相敌对的。在道德的视野中,自我与他者价值均等,一视同仁,自我中心因此而被解构。自我救赎的道德行为因其对自我中心的解构,他者的存在及其价值便被优先地摆在第一位,自我存在退居第二位。当自我价值与他人价值同时并存甚至发生矛盾之时,自我便采取谦逊克制的态度,首先承认、肯定、突出他人之价值,甚至暂时牺牲自我,以利于他人、成全他人,臻于美善。这便是由罪责意识演变而来的谦逊之情,孟子称之为辞让之心。

谦逊之情表现于行为,便是合乎道德的伦理行为。这种伦理行为并不是要彻底否定、消解自我存在之价值,而是要自我行为得体,如其所是地去补救他人之亏欠，自己之罪愆，让自我存在与他人存在各得其宜，各安其位，使去恶存善的行为恰如其分，恰到好处。在此良知又一次突出地显现出来，它明亮如镜，何者为善，何者为恶，了了分明，是其所是，非其所非，分毫不爽。良知见于行动，自我的种种行为俱合天道和道德伦理，如其所非去恶，去得尽；如其所是存善，存得全。去恶存善，既无过当，也无不及，尽合中庸之道。这种发自自我良心深处的能顺从天道、天命而分别是非，觉解善恶，厘定中庸之道的能力和智慧，便是道德良知，孟子称之为是非之心。

道德良知亦具有先验与经验的综合存在性质。就其体而言，它植根于自我的先验性命之中；就其用而言，它显现于自我的经验性命。宋人张载以为德性之知离绝闻见之经验独立自存，这一见解是片面的。此片面性自孟子以来，儒家各派很少有人察觉、纠正，一传再传，流为偏见。直至晚明，王夫之才首次发现这一见解的谬差，认定是非之心并非纯全是先验的，它的流行发用离不开后天经验中的虚假和丑恶，有非才显是，有假才显真，才有别是非、辨真假的智慧发挥作用。道德良知存性命之真于前，辨世界之假于后。真假相较，是非之标准昭昭而显，是非之别如此，善恶之辨亦如此。

道德良知不仅仅是知识，又是行为，知行合一，知中有行，行中有知。明代大儒王阳明对此看得真切著明。他说："知是行的主意，行是知的工夫。知是行之始，行是知之成。若会得时，只说一个知，已自有行在。只说一个行，已自有知在。"[1]

道德良知始知自我先验性命之大全，即善，复知此善之亏缺（即恶），去恶之善，助长、扩充此善，成全此善，最终通过人类全体的道德行为将有所悬欠的善如其本初地圆满实现，并在自我的经验性命与先验性命的合一状态中充分地显现出来。

至此，自我还原大功告成，自我本真的重建圆满实现。这一还原始于悲悯之情，终于道德良知，又有罪责感和谦逊之情行于其中，四种情感样式或

---

[1] 引自冯友兰：《中国哲学史》下册，第289页。

存在方式连贯一体，合成真象。朱熹也认为心之四端原是一个活动生发着的生命有机体，"本只是这恻隐，遇当辞逊则辞逊，不安处便为善恶，分别处便为是非；若无一个动底醒底在里面，便也不知羞恶，不知辞逊，不知是非。"他认为，是恻隐之心的活泼生意将其余三者合成一体，贯通一气的。[1]这一见解真切，从头看起是如此，从尾回看亦见出别种统一性。如果说"动的"统一性在于悲悯之情，那么"醒的"统一性则在于道德良知：谦逊之心有良知，罪责之心有良知，悲悯之情亦有良知。真象演变出四种本真的存在样式，合成一个有机整体，首尾贯通。觉悟自我遍观四象，统观全体，灿然照明自我先验性命之全体，这便是真观所通达的形而上之绝对和无限。

真观亦有知行合一的特点。它不仅仅显现为明善之智，而且显现为成善之行。悲悯、罪责、谦逊和良知是在真观开放出的澄明之场中相继生发、存在的，它们都在自我存在的经验范围内正确地显现着自我的先验性命。就其经验性质而言，它们都是自我本真在经验世界中持存自身同一性的具体显现形式。真象就是经验性命的完整而本真的显现形式或存在方式。在真观中自我的先验性命与经验性命现实地统一、同一起来，天道和天命缘此而得以真切地显现，真观因此而显现为与天道齐一的至高、至大境界。这也是自我还原的终极境地。

真观的极境所显现出的天道和天命，也就是先行于自我和世界的先验天道和天命，即由天之几象初度开放出的天道。自我存在通过真观活动，去鬼象、存真象，使先验天道和天命穿过世界的虚无之场，在自我生成的完满的本真存在中再度如其本初地绽放、显现。天道在自我沉沦和自我还原的双向运动中所实现的这种返回自身的同一性，使自我的本真存在成为现实的道德存在，其存在的本质特征是忠信。朱熹说："尽己之谓忠"，程颢说："忠者无妄"[2]，信者如初，守真不易，始终如一。尽己，即一切求之于自我内在，

---

[1]《朱子语类》，第 2416 页。
[2]（宋）朱熹：《四书章句集注》，第 72—73 页。

并如其本初圆满无缺地将它发挥出来。所以，忠者真实无欺，表里如一，推及他者，亦圆融无碍，忠者与忠者相通，人我合一。忠信实质上是自我的先验性命与经验性命的统一，具体显现为始终如一、内外同一、自我与他人合一。

真观的忠信存在亦是体用合一。其体为忠诚或诚在，其用为诚明或澄明。朱熹深得忠诚之妙，他说："诚者，真实无妄之谓，天理之本然也。"[1] 诚在就是持存、显现于自我内心的完美无缺的天道，有诚在才有天道，无诚无天。孟子说，不诚无物，诚则万物皆备于我，这并不意味着现实中的万物尽在忠诚，而是说万物之可能性存在整体为诚在所先有或先行包孕。天道自立于诚在，其光明自现。由内向外开放出自我性命的光明界域，这便是诚明。光明的功用在于照亮或消除黑暗，无黑暗，光明就失去自身存在的价值和意义。事实上，诚明是通过消除世界之晦暗而显现自身的，具有"使……归于光明"的存在功能。诚明在其为功之时显现为澄明。就像一河浑水，加以澄治之功，由浑浊转为清澈的情形一样，河水澄明包含着一个由浊变清的澄治过程。静观诚在而显现诚明，动察诚在则消解世界晦暗，使自我由假归真之过程，便是澄明。澄明与晦暗反复交战，澄明与诚在交相为用，循环相生，忠信因此而不断扩张，延绵自身，最终将自我的道德存在扩充、推广为人类一体同仁的道德世界。《中庸》云"至诚无息"，说的正是诚在生生不息的不断延绵性质，王夫之说，"至诚不二"[2]，切中了诚在统一万殊，万世不移的存在性质。忠信是道德世界所由生成的基本元素或原子，是道德世界的永恒根基和绝好种子。

至诚之境（真观之极境），就认识而言为至真，就道德而言为至善，就审美而言为至美。我们在上文侧重于描述真观的认识和道德性质，而对它的美学品质的说明、解释很少。真观之境因何而成为至美，这是因为真观所显

---

[1]（宋）朱熹：《四书章句集注》，第 31 页。
[2]（清）王夫之：《读四书大全说》上，第 168 页。

现出来的自我存在的种种形式都是情感,从悲悯到忠信都有情感的显现,并且揭示着自我存在的本真性命。这显示自我本真性命的情感就是地道的美。具体而言,悲悯以及与它密切相关的恐惧、焦虑、惧怕、勇气等情感和情绪,构成悲剧的基本内容。悲剧揭示着人与自然、人与世界之间的矛盾及其统一。悲有所失,失,即自我本真的缺失。造成此缺失的根本原因,是人与天的矛盾及分离。悲剧不仅揭示着自我本真的缺失,而且揭示着自我本真的归复和还原。此还原状态便是忠信。严格地说,忠信是道德的存在方式或状态,它不适合于美的表现。但伴随着忠信还有一种情感长期被忽略了,这便是由忠信而生的喜悦之情。在忠信的诚明之境中,自我和他人尽得本己原初性命,各得其应得,各安其所得,圆满自足。喜有所得,得自我性命之本有,于是皆大欢喜,其喜洋洋矣。对此佛家有真见,他们将喜悦心看做佛心,置于信念之后。这一喜悦之情,表现为美,便是喜剧。

无论是至真、至善,还是至美,都具有先验与经验的综合存在性质,因为它们都是先于世界而存在,并穿越世界之晦暗,解构、超越世界之后再度以自我的经验性存在显现、持存自身的。

真观所观的全体真象实质上是由自我存在之几象生发、发抒出来的完整的现实形态。自我之几象即自我意志表现出的初始之象,它具体显现为自我生存欲望。这一欲望又向内外一分为二,显现为外向性欲求和内向性欲求;前者向着形而下的外部世界开放,后者向着形而上内在性命和天道开放。在时间次序上,外向性欲求行于前,生成种种异化性鬼象,自我意志因此而沉沦、下降,暂时将内向性欲求悬置起来。当外向性欲求占有物化世界、吞空世界之后,良知将它从世界的虚空中拉回,它便掉过头来否定自身,转向内在本真;紧随其后,内向性欲求从世界的边缘处升起,逆向上行,向着自我意志的原始本体——天道返回、复原。在欲望的这一回归本源过程中,欲望相继生发出勇气、信仰、悲悯、罪责、谦逊、良知、忠信、喜悦等存在样式。这样一来,内向性欲望因悬置而造成的亏欠和不圆满便被填补起来,得到满足,一物不缺,所欲必得,念念俱实,俱得性命本真。至此,自我意志表出的原始欲望，最终内在地生长为圆满自足的完善、完美的自我存在。

圆满的、本真的自我存在实质上是为一过程所中介的结果。这一过程也就是自我本真形成亏缺以及它被填补起来的全部经历，它直接标示出自我意志出离自身向外沉沦，继而掉头转向，向上返回自身的全部运动轨迹。由于这一首尾相接的圆形运动轨迹，与天道运行的方式同型、同构、同步、同节律，它便成为合乎天道的、有规律性的自我意志的基本结构形式，成为自我性命本真的本体和根据。由于它首先为自我存在、为人所持存、所显现，我们便称之为人道。由于人道与天道相合，人道便揭示着天道。

从此可见，真观所实现的自我还原，直接还原于人道，并未真正还原于天道。尽管天道因人道而得以显现，但此时的天道尚寓身于自我意志的合规律、合目的性存在运动中，我们所看到的天道是人中之天，并不是天之本然和全体。真观说到底是以人观天，真观主体是站在自然与天道的交界处因天存人，因人存天的。自我存在是以人观天的视点和窗口，因此而被确立为审视世界和天的价值中心。自我中心或人类中心不能尽得天道，往往会遮蔽天道。

由于这个缘故，自我在完成真观之后，为了真正通达、还原天道，仍需继续做功夫，寻求新的、更有效的直观方式。此方式必须能够真正地克服自我中心主义，在人类之外、之上别立一个绝对中心。从此中心出发，观人、观天、观世界、观天的几象，尽得天道之妙，这便是超越真观的几观或空观。

第三节　几观与几象

几观的对象是天的几象，简称"天几"。"天几"是宇宙生命化育万物表出的唯一的初始之象。作为生成万物的可能性全体或整体，其大无外，无外则无边，无边则无形，故几象为大象。大象无形，显现为无。"天几"具体现身为生命意志的初始欲望,此欲望精而又精,微而又微,至小无内,老子对道之精微的描述也可借来描述几象的精微。"道之为物,惟恍惟惚。惚兮恍兮,其中有象;恍兮惚兮,其中有物。窈兮冥兮,其中有精,其精甚真,其中有信。自古及今,其名不去,以阅众甫。吾何以知众甫之状哉?以此。"[1] 几象精微有真,实诚不疑,虽然触之不可得,视之不可见,闻之不可听,无形、无色、无声,但它是万物所由萌生的发端,欲知万物,必先知几象,几象是人们"以阅众甫"的亘古不移的总名。它是生成万物的原始种子,中含"生生不息,化育万物之德,万物之生、长、亭、毒莫不分有其永恒的生育之功德。由万物之有推知其原始种子或母体必为有,所以几象又显现为有,精微无状不可捉摸之有。这一欲望着的精微之有犹如一点灵光闪现于宇宙中心,敞开、绽放万有生成之场,释放出绵绵不绝的永恒生意和生命力,万物从此洞然而出、而生、而始,天道始开;万物至此寂然而入、而终、而死,天道闭合。如此循环往复,生生不息,运转不已。

几观就是对"天几"的直观。由于"天几"具有原始种子化育万物的元存在性质,观此存在,便为几观。"天几"又是大而无外的无形之状,无物之象,无形无物便是虚无,观此虚无,便是空观。通过空观,自我存在才最终真正实现了天道还原。

在真观中,"天几"是通过自我意志现象,间接地显现自身的。天道以人的存在方式显现自身,便被拘囚在自我中心或人类中心。受此遮蔽,"天几"便不能如其本然地完整圆满地显现自身。"天几"要圆满自足地显现出来,必须首先消解、清除自我意志现象的禁锢和遮蔽,让隐蔽于其后的"天几"直接出场、亮相。如此行为,自我才能真正超越真观,转向几观,圆满地还原天道。

几观作为对真观的超越和否定,实质上是自我存在的虚无化,也就是以自我存在之虚无(不仅仅是非本真存在的虚无,而且是本真存在的虚无,道

---

[1] 《老子·二十一章》。

德的虚无，即老子所说的上德不得），观"天几"之本然和全体。

这一虚无化首先是自我意志的终止和消解，它具体显现为自我的一切有限情感和情欲的了断，人情尽灭，七情六欲不存芥蒂。老子说："天地不仁，以万物为刍狗，圣人不仁，以百姓为刍狗。"[1] 讲的正是人的有限情欲的了断状态，庄子称之为"心斋"、"坐忘"，将其描述为形同枯木，心同死灰。由此推广而来，进而将自我存在的一切有限界限消除、清空，既不执于外，也不执于内，不著不留，解除一切束缚，洒脱自在，通融自由，否定一切，杀绝一切。所成清空境界，禅宗称之为禅之至境，并教诲众生欲成此境，"但莫受人惑，向里向外，逢着便杀"[2]。如此一来，自我中心便被消解殆尽，留下一片清明洁净的虚空之场。"天几"和天道由此而毕露无遗地显现出来。

如此看来，"天几"是通过自我存在的虚无化过程所形成的清明之场而圆满显现自身的，其情形就像明镜将所照之物完整地再现出来一样。如此比喻，不太贴切，事实上，在此虚空之场并无任何有形之象。其真相原来是：自我的虚无化所开放出来的一点灵光照到天几的灵明光亮处，以光合光，形成一个极光之场，这便是宇宙生命的中心，或绝对中心。宇宙中心作为极光之场而存在，亦是一个虚无之场，禅宗称之为"三无"，即无念、无相、无住。因此人们不能以任何精神性存在想象它，也不能以任何物质性事物认识它，更不能从中区分出任何边界和界限来。这一虚空的宇宙绝对中心是对自我相对中心的超越、解构和否定。"天几"和天道就从此绝对中心所开放出来的窗口，完整地绽放、显露出来。

这还不是几观的最终完成，或是它所要达到的终极境界。换言之，几观并不驻守这一虚无之场，以无为边；它继续否定，转而消解宇宙的绝对中心，回转到自我相对中心，回到有边，接着又是一个否定，又回转到绝对中心。如此循环往复，以至无穷。相对中心与绝对中心像似一条河流的两岸，

---

[1]《老子·五章》。
[2]《中国佛教思想资料选编》第 2 卷第 4 册，第 270 页。

几观主体不断往返于两岸，顺着绝对否定性河流自由流转。

几观就其体性而言，就是这样一种自由回转于相对中心与绝对中心之间，永不停息地、不断地否定有限界线，消解边见，不断返回自身的圆融智慧，简称圆智。禅宗称之为无边身菩萨、如来或圆见。圆见就是否定一切规定和界限的无边之见，"权以虚空为喻，圆同太虚，无欠无余，等闲无事，莫强辩他境，辩着便成识"[1]。

圆智有无双显，有无互因、互生。圆智以宇宙意志为体，意志以天地元气为质料。元气初聚生成几象，虽然大而无形，却有光色可显，儒家称之为阴阳五行，佛家称之为色相，这便是圆智所显的有。元气散而成极光，极光之场，明亮无边，不显一相，绝对同一，万殊归一，这便是圆智所显现的无。元气聚散升降永无休息，有无互易，辗转相生，生生无穷。

圆智验诸我身，则显现为慈悲和慧觉。慈悲关怀人类之生，肯定自我存在之救世价值；慧觉了悟人类之终极和永恒意义，以死为归，否定、解脱有限的自我存在。无生则无死，无死则无生，死即生、生即死。于天道而言，亦如此：人道始，天道终，始为生，终为死，所以人道生，天道死；人道终，天道始，所以人道死，天道生。圆智通达生死，死生双显。

圆智存诸"天几"和天道，标示着天道流行运化的永恒法则和规律。它的可描述公式是："是非是非非是非非是……"我称之为中边互易辩证法。这一法则既揭示着一切有限生命的绝对否定性，又揭示着宇宙生命本体——天道的绝对肯定性。绝对肯定与绝对否定亦相互过渡，回转不定。

这就是几观以圆智最终所还原的天道。至此，自我直观历经三阶级，觉解三象，悟彻三观，天道遂成。

---

[1]《中国佛教思想资料选编》第2卷第4册，第221—222页。